三联·哈佛燕京学术丛书
学术委员会

季羡林　李学勤　李慎之　苏国勋　厉以宁
（主任）

　　陈　来　刘世德　赵一凡　王　蒙
　　（常务）

邓小南　侯旭东　丁　耘　刘　宁　张志强

渠敬东　李　猛　魏　斌　谢　湜　张泰苏
（常务）　（常务）

三联·哈佛燕京学术丛书

李 震 著

观 物

邵雍哲学研究

Observing Things

A Study on Shao Yong's Philosophy

生活·讀書·新知三联书店

Copyright © 2023 by SDX Joint Publishing Company.
All Rights Reserved.
本作品版权由生活·读书·新知三联书店所有。
未经许可，不得翻印。

图书在版编目（CIP）数据

观物：邵雍哲学研究 / 李震著 . —北京：
生活·读书·新知三联书店，2023.10
（三联·哈佛燕京学术丛书）
ISBN 978-7-108-07685-4

Ⅰ.①观… Ⅱ.①李… Ⅲ.①邵雍（1011-1077）—
哲学思想-研究 Ⅳ.① B244.35

中国国家版本馆 CIP 数据核字 (2023) 第 124567 号

本书出版受到清华大学自主科研计划文科后期专项《邵雍哲学研究》（编号 2021THZWHQ01）的资助

责任编辑	钟　韵	
装帧设计	宁成春　鲁明静	
责任校对	常高峰	
责任印制	卢　岳	
出版发行	生活·讀書·新知 三联书店	
	（北京市东城区美术馆东街 22 号 100010）	
网　　址	www.sdxjpc.com	
经　　销	新华书店	
制　　作	北京金舵手世纪图文设计有限公司	
印　　刷	北京中科印刷有限公司	
版　　次	2023 年 10 月北京第 1 版	
	2023 年 10 月北京第 1 次印刷	
开　　本	880 毫米 × 1230 毫米　1/32　印张 17	
字　　数	408 千字	
印　　数	0,001 – 6,000 册	
定　　价	80.00 元	

（印装查询：01064002715；邮购查询：01084010542）

本丛书系人文与社会科学研究丛书，
面向海内外学界，
专诚征集中国中青年学人的
优秀学术专著（含海外留学生）。

·

本丛书意在推动中华人文科学与
社会科学的发展进步，
奖掖新进人才，鼓励刻苦治学，
倡导基础扎实而又适合国情的
学术创新精神，
以弘扬光大我民族知识传统，
迎接中华文明新的腾飞。

·

本丛书由哈佛大学哈佛–燕京学社
（Harvard-Yenching Institute）
和生活·读书·新知三联书店共同负担出版资金，
保障作者版权权益。

·

本丛书邀请国内资深教授和研究员
在北京组成丛书学术委员会，
并依照严格的专业标准
按年度评审遴选，
决出每辑书目，保证学术品质，
力求建立有益的学术规范与评奖制度。

目 录

序　杨立华　　　　　　　　　　　　　　　　　　001

第1章　绪论　　　　　　　　　　　　　　　　004
　一　形象　　　　　　　　　　　　　　　　　　004
　二　定位　　　　　　　　　　　　　　　　　　007
　三　线索　　　　　　　　　　　　　　　　　　018

第2章　生平　　　　　　　　　　　　　　　　022

第3章　著作　　　　　　　　　　　　　　　　031
　一　《皇极经世》　　　　　　　　　　　　　　031
　二　《伊川击壤集》　　　　　　　　　　　　　047
　三　《无名公传》《洛阳怀古赋》《渔樵问对》　050
　四　《正玄》《太玄论》《太玄准易图》《太玄准易图序》　057

第4章　渊源　　　　　　　　　　　　　　　　078
　一　师承　　　　　　　　　　　　　　　　　　078
　二　渊源　　　　　　　　　　　　　　　　　　102

第5章　易学　　　　　　　　　　　　　　　　129
　一　问题意识与总体特点　　　　　　　　　　　130

I

二 易学史观	156
三 卦变	169
四 成卦	193
五 易图	210

第6章 体用 — 243
一 体用前史	245
二 体用来源	253
三 体四用三	259
四 体用对待	279
五 余论	295

第7章 心性 — 304
| 一 论性 | 304 |
| 二 论心 | 334 |

第8章 观物 — 353
| 一 观物 | 354 |
| 二 安乐 | 369 |

第9章 治道 — 380
一 《皇极经世》	381
二 皇王前史	396
三 皇帝王伯	413

附录一　点校本《邵雍集》《邵雍全集》补正　443
附录二　《全宋诗》所收吕公著诗辨疑　466
附录三　极数知来：邵雍形象与托名占法之演变　469
附录四　王夫之对邵雍思想的批评检论　488

引用文献　508

出版后记　527

Observing Things
A Study on Shao Yong's Philosophy

Contents

Preface   *Yang Lihua*

Chapter 1   Introduction

Chapter 2   Life

Chapter 3   Works

    Annals under Supreme Principles

    Collections of Yichuan Ji-rang Poems

    Shao Yong's Autobiographical Essays

    Shao Yong's Taixuan Essays

Chapter 4   Origins

    Mentors

    Orgins

Chapter 5   Studies of the *Changes*

    Main Themes and General Characteristics

    Views of the History of the *Changes*

    Transformation of Hexagrams

Formation of Hexagrams

　　　Diagrams of the *Changes*

Chapter 6　Ti-yong

　　　Prehistory of Shao Yong's Concept of *ti-yong*

　　　Origins of Shao Yong's Concept of *ti-yong*

　　　Yong within *Ti*

　　　Yong versus *Ti*

　　　Conclusion

Chapter 7　Mind and Nature

　　　On Nature

　　　On Mind

Chapter 8　Observing Things

　　　Observing Things

　　　Happiness

Chapter 9　Principles of Governance

　　　Annals under Supreme Principles

　　　Prehistory of *Huang-di-wang-ba*

　　　Shao Yong's Theory of *Huang-di-wang-ba*

Appendix 1　Supplement and Rectification of the *Collative Works of Shao Yong*

Appendix 2　On Lü Gongzhu's Poems in *Quan Song Shi*

Appendix 3　Exploring the Numbers and Knowing the Future - On the Transmutation of Shao Yong's Images in History and the Apocryphal Divining Methods

Appendix 4　Evaluation on Wang Fuzhi's Critique on Shao Yong's Thoughts

Bibliography

插图目录

图 1 《太玄准易卦名图》 066
图 2 《太玄准易卦气图》 066
图 3 《太玄准易图》 067
图 4 《太玄准易图》 067
图 5 《六十四卦相生图》整理图 174
图 6 《变卦反对图》整理图 177
图 7 《伏羲八卦圆图》 212
图 8 《先天八卦对待之图》 215
图 9 《伏羲六十四卦圆图》 222
图 10 《伏羲六十四卦次序图》 223
图 11 《太极至六十四卦图》 226
图 12 《六十四卦阴阳倍乘之图》 228
图 13 《先天六十四卦生成次序圆图》 230
图 14 《文王八卦圆图》 238

序

杨立华

《朱子语类》："康节煞有好说话，《近思录》不曾取入。近看《文鉴》编康节诗，不知怎生'天向一中分造化，人于心上起经纶'底诗却不编入。"又："康节其初想只是看得'太极生两仪，两仪生四象'。心只管在那上面转，久之理透，想得一举眼便成四片。其法，四之外又有四焉。凡物才过到二之半时，便烦恼了，盖已渐趋于衰也。谓如见花方蓓蕾，则知其将盛；既开，则知其将衰；其理不过如此。谓如今日戌时，从此推上去，至未有天地之始；从此推下去，至人消物尽之时。盖理在数内，数又在理内。康节是他见得一个盛衰消长之理，故能知之。若只说他知得甚事，如欧阳叔弼定谥之类，此知康节之浅陋者也。程先生有一束说《先天图》甚有理，可试往听他就看。观其意，甚不把当事。然自有《易》以来，只有康节说一个物事如此齐整。如扬子云《太玄》便零星补凑得可笑！若不补，又却欠四分之一；补得来，又却多四分之三。如《潜虚》之数用五，只似如今算位一般。其直一画则五也，下横一画则为六，横二画则为七，盖亦补凑之书也。"看朱子关于邵雍的种种评论，可见在北宋五子当中，邵子之学与其他四家的异趣。即使是朱子集大成式的哲学建构的努力，也无法在整体上涵纳邵子的思想。

邵雍的独特性至少体现为三个方面。首先是人格的样态。一方面，明道称康节是"振古之豪杰"；另一方面，他个人的情志当中，还是更多超然闲阔的意思。这与周、张、二程负时代之重的自我期许有很大的不同。其次是思想的渊源。邵雍受学于李之才，虽然最后形成了自己的理论体系，但终归有宋初道教思想影响的印迹。这既使邵雍哲学自然地拥有了超越学派囿限的、更为理性的立场，同时也使得他的哲学在以"自立吾理"为目标的北宋儒学复兴运动中，始终未能融入主流的趋向。第三个方面是概念的系统。哲学家的时代性，首先体现为语言的时代性。时代的语言不仅形塑物的秩序、结构人的感知，也构成了思考和表达的边界。如何通过系统的、概念的方式，将蕴涵在时代语言当中的思想和表达的潜能转变为时代哲学的现实，是哲学工作不可或缺的内涵之一。邵雍的哲学几乎穷尽了那个时代可系统化为概念的语词，由此构造出了一个极其详密的理念世界。而这一括囊万有的概念系统，从根本上讲是无法被片断性地接纳的——要么整体保留，要么干脆忽略。《近思录》不入康节语，是有更深层的原因的。

我真正开始留意邵雍的哲学，已经是2012年左右了。相关阅读和思考的心得在2013年秋季学期的"中国哲学史"课上讲授，后来收入到《宋明理学十五讲》当中。我对邵雍哲学的关注，一定程度上构成了李震这本新书的背景。

李震2009年入北京大学哲学系。从大一开始，他便有志于中国哲学的研究。2013年，李震完成本科阶段的学习，在我的指导下，直接攻读博士学位。以邵雍哲学作为博士论文的题目，是我的建议。李震思考和研究的风格绵密深细，肯下拙实繁碎的功夫，研究邵雍的文本和思想可谓相得益彰。

体用概念是解读邵雍哲学的关键。既往的中国哲学研究，往往将体用作为自明的概念，而忽视了不同哲学家赋予其中的独特内涵。李震对邵雍哲学中的体用概念做了详尽的分疏，并以此为枢纽对其易学哲学给出了新的研究和阐释。在很多方面，更新了我们对邵雍哲学的理解。作为两宋道学研究的新成果，李震的这部专著是值得向读者郑重推荐的。

2015年，李震获哈佛燕京学社的资助，赴美做为期一年半的访问研究。临行前来我办公室。当时他的邵雍研究正在最艰难的阶段：恍然间若有所得，但又茫然无入手处。我对李震说："最重要的是，你得有学术的雄心。"这是我对李震的期许。在某种意义上，也是对新一代年轻学人的期许。

2019年12月23日

第1章

绪　论

一　形　象

《西游记》开篇有云：

> 盖闻天地之数，有十二万九千六百岁为一元。将一元分为十二会，乃子丑寅卯辰巳午未申酉戌亥十二支也。每会该一万八百岁。且就一日而论：子时得阳气，而丑则鸡鸣；寅不通光，而卯则日出；辰时食后，而巳则挨排；日午天中，而未则西蹉；申时晡而日落酉；戌黄昏而人定亥。譬于大数，若到戌会之终，则天地昏曚而万物否矣。再去五千四百岁，交亥会之初，则当黑暗，而两间人、物俱无矣，故曰混沌。又五千四百岁，亥会将终，贞下起元，近子之会，而复逐渐开明。邵康节曰："冬至子之半，天心无改移。一阳初动处，万物未生时。"到此，天始有根。[1]

《水浒传》定场诗说：

---

[1] 吴承恩：《西游记》第一回，人民文学出版社，2010年，第1—2页。

诗曰：

> 纷纷五代乱离间，一旦云开复见天。
> 草木百年新雨露，车书万里旧江山。
> 寻常巷陌陈罗绮，几处楼台奏管弦。
> 人乐太平无事日，莺花无限日高眠。

话说这八句诗，乃是故宋神宗天子朝中一个名儒，姓邵，讳尧夫，道号康节先生所作。为叹五代残唐天下干戈不息，那时朝属梁，暮属晋，正谓是："朱李石刘郭，梁唐晋汉周，都来十五帝，播乱五十秋。"后来感的天道循环，向甲马营中生下太祖武德皇帝来。这朝圣人出世，红光满天，异香经宿不散，乃是上界霹雳大仙下降。英雄勇猛，智量宽洪，自古帝王都不及这朝天子。一条杆棒等身齐，打四百座军州都姓赵。那天子扫清寰宇，荡静中原，国号大宋，建都汴梁。九朝八帝班头，四百年开基帝主。因此上邵尧夫先生赞道："一旦云开复见天。"正如教百姓再见天日之面。不则这个先生吟赞，那时西岳华山有个陈抟处士，是个道高有德之人，能辨风云气色。一日骑驴下山，向那华阴道中正行之间，听得路上客人传说："如今东京柴世宗让位与赵检点登基。"那陈抟先生听得，心中欢喜，以手加额，在驴背上大笑，撇下驴来。人问其故，那先生道："天下从此定矣。"❶

元明以降的民间文学，在开篇处往往安排一位高人出场，或讲述洪荒古史，或留下命运判言。常扮演这一角色的，有北宋邵雍（1012—1077）。《西游记》借他道出元会运世的宏大尺度，《水浒

---

❶ 施耐庵、罗贯中：《水浒传》引首，人民文学出版社，1997年，第1—2页。

传》倩彼写下遭逢盛时的历史感叹。小说作者所借重于邵雍的,主要不是他学达性天的理学修养,或是恢弘深刻的哲学思辨,而是在民间流传的近于历史之前知者的奇异形象,以此来为整部小说划定基调与坐标。邵雍的神秘色彩由此可见。

无独有偶,在民间占卜类文献中,也常出现邵雍的身影。宋元以来,以《梅花易数》为代表的众多占算门类,都将邵雍奉为术数宗主。在诸书的描述中,邵雍同样具有前知之能,只是这种能力不再指向宏观历史,而是用来处理人生中的具体疑难。借助特定的数字方法,邵雍被认为能够对人物的衰旺始终给出预测,"指一二近事,当面可验"❶。既有预测,必能指津。对百姓日用、趋吉避凶来说,此种"决嫌疑,定犹与"的指南意义非小,故在民间,关于邵雍的传说至今不绝。

在道教传统中,邵雍也多少获得了位置。从子弟后学的追述开始,邵雍与道教宗师陈抟之间被建立起学派的关联,此后,邵雍的形象里越发渗入了道教的成分。朱子认为,邵雍的《先天图》"次第是方士辈所相传授底"❷;俞琰大谈《先天图》有"和气周流乎一身"❸的丹学妙用。在道教内部,元代有根据邵雍纪年重述道教历史者❹;明《正统道藏》编纂时,更将邵雍的著作《皇极经世》《伊川击壤集》一概收录在内。❺经过数百年渲染,到明末清初,汉学前驱起而批判理学时,认为邵雍具有某种道教身份,甚

---

❶ 程颢、程颐:《河南程氏外书》卷十二,《二程集》上册,中华书局,2004年,第428页。
❷ 黎靖德编:《朱子语类》卷六十五,中华书局,1986年,第1617页。
❸ 俞琰:《易外别传》,《道藏》第20册,文物出版社、上海书店、天津古籍出版社,1988年,第312—313页。
❹ 杜道坚:《玄经原旨发挥》,《道藏》第12册,第758—779页。
❺ 《正统道藏》太玄部(《道藏》第23册,第1—454、486—587页)。

至根本就是道教之混入儒家者,已是各家不言自明的前提和默契。

这些形象,传奇而隐秘,光怪又陆离。在各色光环的加持下,邵雍拥有了广大的神通,但本来面目却也日渐模糊,以致难以辨认。穿过后世的层层滤镜,严肃的研究者不能不起而追问:在历史上,作为哲学家的邵雍本人究竟有着怎样的人生经历?创立了何种理论学说?有过怎样的精神世界?其思想学术的独特性到底何在?

探究这些问题,是本书的任务。

二 定 位

本书致力于对邵雍及其哲学做一系统研究,廓清种种的离奇传说,呈现思想的内在结构。两重目标中,"廓清"的任务较易达成:文献考辨可以表明,历史上的邵雍本人毕竟只是一位"凡人",既无特殊信仰,亦罕言及命理,更不是能精确预卜王朝气数的神妙先知;类似传说多是后世的发挥与托名,其史源学痕迹是可以步步追溯的。由此,对邵雍思想的研究主要应在非神秘的范围内进行。相比之下,"呈现"的任务或许要更为困难。面对丛错纷杂的邵雍思想,试图取得任何宗旨上的共识和细节上的定谳,都绝非易事。至少在以下的两重定位上,学者的态度常存在严重分歧:

第一,儒家与道家。

邵雍究竟是儒家还是道家?这是邵雍研究要回答的关键问题。然而,想要得出全无争议的结论却着实不易:从任何一方出发,似乎都能找出有力的证据。认同儒家者自然可以举出诸多例证:比如邵雍名列北宋五子,是宋明理学的重要奠基人,一生始终以儒自视,"口未尝不道儒言,身未尝不行儒行"❶;邵雍最重要的哲学论著《观物内篇》完全是对儒家价值的揄扬;二程对其谨守儒者本分给予极高肯定❷;朱子将其与周敦颐、张载、二程并列❸;南宋理宗年间以其从祀孔庙❹;《宋史》将其列入《道学传》❺;等等。反过来,认同道家者,也可以从邵雍体用、观物哲学的道家渊源,对于老庄文字与思想的频繁征引,以及"同向静中观物动,共于闲处看人忙"❻的人生态度里发现不容忽视的道家

---

❶ 邵雍:《无名公传》,《邵子观物篇渔樵问对》第8册,《中华再造善本·唐宋编》,北京图书馆出版社,2005年。

❷ 程子云:"某接人多矣,不杂者三人:张子厚,邵尧夫,司马君实。""世之信道笃而不惑异端者,洛之尧夫、秦之子厚而已。"(《河南程氏遗书》卷二上、卷四,《二程集》上册,第21、70页)

❸ 较能表现朱子对邵雍定位的有《六先生画像赞》及《沧州精舍告先圣文》,在其中,朱子明确将邵雍与周、张、二程和司马光并列,且称"周程授受,万理一原,曰邵曰张,爰及司马,学虽殊辙,道则同归"(《晦庵先生朱文公文集》卷八十五、卷八十六,《朱子全书》第24册,朱杰人、严佐之、刘永翔主编,上海古籍出版社、安徽教育出版社,2010年,第4001—4003、4050页)。朱子在沧州以六子及李延平从祀孔子的祭祀实践,《语类》中也有记载(《朱子语类》卷九十,第2295—2296页)。这表明,邵雍被朱子明确视为理学核心群体的成员。至于《近思录》未收邵雍文字,常被拿来作为论证朱子认为邵雍无与于道统的证据。其实,《近思录》未收邵雍语,朱子晚年已有不满。由此看来,不收邵雍语颇可能是出于吕祖谦的意见,即令不然,至少"朱熹晚年于康节之学转多肯定"(方旭东:《〈近思录〉新论》,《哲学研究》,2008年第3期),总是确定无疑的。

❹ 邵雍在宋理宗端平二年(1235)首度从祀,淳祐元年(1241)去列,宋度宗咸淳三年(1267)再度从祀(脱脱等:《宋史》卷四十二、卷四十六,中华书局,1977年,第807、897页)。此事更早的缘起是宋高宗绍兴七年(1137)胡安国上疏,请求将二程、邵雍、张载"封爵,载在祀典"(李心传:《建炎以来系年要录》卷一百八,中华书局,1988年,第1755—1756页)。此外,如上条脚注所述,至少在朱子晚年,士人中已有了以邵雍从祀孔子的做法。

❺ 《宋史》之前,王称在《东都事略》中曾将邵雍置于《隐逸传》,而与周、张、二程所在的《儒学传》有别(《东都事略》卷一百十八,《景印文渊阁四库全书》第382册,台北:台湾商务印书馆,1986年,第774页)。不过,这一区分根据的只是身份上的入仕与否,而不是思想上的异同。

❻ 邵雍:《依韵和王安之少卿六老诗仍见率成七》,《伊川击壤集》卷十三,《邵雍全集》第4册,上海古籍出版社,2015年,第264页。

气息。❶ 面对这些同等确凿的证据，任何非黑即白的判定都显得过于轻易，无法真正解释邵雍思想人格的复杂性。

同样真实且根深蒂固的两种传统，在邵雍身上共同交织成融贯的精神气质。这意味着，理解邵雍不能采取抽象的、单方面的声索学派归属的方式——此种思路在根本上就是偏颇的，而应追问，儒与道在邵雍这里究竟是如何具体地被综合起来的。换言之，真正有意义的问题在于探讨邵雍会通儒道的方式。从生平与思想来看，邵雍对儒家身份的坚守体现在仁义礼智的价值肯认、孝悌忠信的立身持守、推尊孔子的圣人观念、圣王之治的政治关怀，这些归根结底，主要是道德性和政治性的内容；而其对道家要素的吸收，除神仙道装的外在形迹、"悟尽周孔道，解开仁义结，礼法本防奸，岂为吾曹设"❷的放旷言语外，更根本的则在于对人性的特殊理解。邵雍人性论的最大特点，是强调其淳朴自然与精神性的含义，而不突出道德性的内涵。这种持守素朴、保任天真、消去情欲、少涉是非的人性论，具有鲜明的道家特征，而与儒家关注德性的一般立场有别。❸ 邵雍道家气息的根柢正在于此。以此种心性论为基础，邵雍在工夫上推崇"无心""若问先天一字无"❹的不着意态度，在气象上表现出自在安乐、自然洒落的特点。在富有道家成分的心性论基

---

❶ 朱子已有这样的评论："因论康节之学，曰：'似老子。只是自要寻个宽闲快活处，人皆害它不得。后来张子房亦是如此。方众人纷拿扰扰时，它自在背处。'"（《朱子语类》卷一百，第2544页）对于邵雍思想中的道家倾向，刘咸炘曾作较系统的述论（《邵尧夫学说》，《推十书》甲辑，上海科学技术文献出版社，2009年，第169—175页）。现代学者也有探讨（刘复生：《邵雍思想与老庄哲学》，《中国道教》，1987年第4期；萧汉明：《道家功夫，仙人气象——读邵雍〈击壤集〉》，《道家文化研究》第26辑，陈鼓应主编，生活·读书·新知三联书店，2012年，第150—181页）。
❷ 邵雍：《秋怀》，《伊川击壤集》卷三，《邵雍全集》第4册，第42页。
❸ 郑开：《道家心性论研究》，《哲学研究》，2003年第8期。
❹ 邵雍：《先天吟》，《伊川击壤集》卷十七，《邵雍全集》第4册，第342页。

底上，邵雍建立起对于价值与政治的肯认。这种儒道会通的理路，在北宋五子乃至整个宋明理学中都十分独特。❶

心性论上的道家底色显示出，邵雍对儒道的会通已经深入到相当根本的层面。除此之外，邵雍会通儒道的另一个维度，是对物的论析。邵雍哲学以观物为特色，观物的核心在于观物之理。邵雍建构了一套庞大周遍的物理体系，在其中，所有事物都以其自然本有的一分为二或体四用三的条理贯穿起来，世界的结构在此种物理中得到体现。这样自然、确定、齐整的秩序，主要突出的不是理的价值意义上的应然性，而是其自然与必然的内涵。宏观地来讲，"道家偏于天道而明自然，儒家偏于人道而贵名教"❷，自然与应然是儒道之间一条重要的判分标准。邵雍将致思的重点投向较少价值性的自然之理，在本质上反映的确实更多是近于道家的精神取向。而当此种自然之理被邵雍整合到《易传》"穷理尽性以至于命"的结构中去之后❸，道家与儒家在邵雍这里也就得到了一种统一。❹ 放在更加远景的历史视角中来看，邵雍这一整合有

---

❶ 例如，周敦颐虽"主静"（《太极图说》），程颢虽提倡"心普万物而无心""情顺万物而无情"（《定性书》），但这些近于道家的色彩只是工夫上的倾向，其心性的基本结构仍是儒家式的。

❷ 余敦康：《魏晋玄学与儒道会通》，《魏晋玄学史》，北京大学出版社，2016年，第3页。

❸ 《观物内篇》云：《易》曰：'穷理尽性以至于命。'所以谓之理者，物之理也。所以谓之性者，天之性也。所以谓之命者，处理性者也。所以能处理性者，非道而何？"（《邵雍全集》第3册，第1150页）邵雍观物所得之理最终导向命的修养，这一理性命的模式仍是儒家的根柢。

❹ 张学智先生说："这种观物延续了《易传》'穷理尽性以至于命'的影响，却已将孟子的'尽心知性知天'所表现出的伦理性投射消解得所剩无几，而以'数'所决定的万有自身的原理、性质等为观照重点。'观物'就是顺承物之所现而已无所与。"（《宋明理学中的"终极关怀"问题》，《中国社会科学》，2016年第9期）此外，能够体现邵雍经由观物而会通儒道的另一个例子是，邵雍认为"名教之乐固有万万焉，况观物之乐复有万万者焉"（《伊川击壤集序》，《邵雍全集》第4册，第2页），这里，道德的名教之乐与自然的观物之乐被认为内在于同一修养过程中，明显有儒道（转下页）

着更深的理论意义。自然之理是魏晋玄学着意发挥的旨意，邵雍将自然之理与儒家相会通，这其实意味着，经历了玄学的所谓歧出之后，作为中国哲学的新形态，宋代道学登场的基本姿态并不是直承秦汉，而是颇吸纳了玄学与道家的成分，达到新的儒道结合。邵雍哲学是这种新结合的形态之一。早期道学对于自然性颇有消化，北宋五子中，周敦颐、张载不乏关于天道的论述，程颐特别强调"理自然"及"自然之理"❶，这都显示出会通儒道的时代倾向。❷ 与诸子相比，邵雍的观物之学在此点上尤其富于自觉性和体系性，其会通的程度是较为彻底的。

邵雍在心性上以无的形式包容有的价值，在存在上将物之自然导入道德性命之中。以这内外两重根本意义为基础，邵雍建立起自己儒道会通的哲学。本书对于邵雍思想之根本独特性的第一点定位，即是认为，邵雍是宋明理学乃至整个中国哲学史中儒道会通的重要样本。邵雍提供了一种具有深度和实践性的儒道结合方案，其深刻性固远超一般士人亲近山林、吟赏烟霞的闲情野趣，即较其他成熟的会通方案也各擅胜场，颇有可资对比的价值。例如，相较于此前的玄学传统，邵雍对德性有更直接的肯定，对治道有更普遍的设计；相较于后来的心学理论，邵雍则将无滞无着的追求更多从境界落实到了心性、进而从心体下沉到了性体之中。而在所有方案中，对于万物秩序亦即自然之理的系统揭示，尤其是邵雍的最大特色。此种儒道会通的身份，为理解邵雍哲学提供了基本指归。

（接上页）会通的态度。这一点，余敦康先生已经注意到了（《汉宋易学解读》，华夏出版社，2006年，第289—290页）。

❶ 土田健次郎：《道学之形成》，朱刚译，上海古籍出版社，2010年，第202—206页。
❷ 尽管如此，在邵雍和以程朱为代表的理学主流之间，还是存在着核心问题关切到底是理还是物的差别。关于这一点，参见本书第六章。

第二，哲学与易学。

邵雍是哲学家，也是易学家。在邵雍思想中，这两重主题的关系如何？采取怎样的研究视角，才能对两者作通贯的呈现？这里，有必要作一些方法论上的回顾与探讨。

在哲学史叙事中，邵雍常被认为占有重要位置。20 世纪 30 年代以来，近代以来重要的哲学史、理学史写作对邵雍大体都有论述。❶ 其间虽不无特例，如牟宗三先生《心体与性体》不言邵雍，但对其哲学性仍予承认。❷ 哲学史重视邵雍固然有出于形式性的考

---

❶ 全部列举有关邵雍的研究是无意义的，但指出其中的主要代表仍有必要。仅就专著来说，较早在哲学史或理学史写作中论述邵雍的，有吕思勉（《理学纲要》，商务印书馆，1931 年；初版时间，下同）。其后，冯友兰（《中国哲学史》下卷，商务印书馆，1934 年；《中国哲学史新编》第 5 卷，人民出版社，1988 年）、钱穆（《宋明理学概述》，台北：中华文化出版事业委员会，1953 年；《中国学术思想史论丛》第 5 册所收《濂溪百源横渠之理学》《论太极图与先天图之传授》两文发表于 20 世纪 40 年代）、唐君毅（《中国哲学原论·原教篇》，新亚研究所，1975 年）、方东美（《新儒家哲学十八讲》，台北：黎明文化事业股份有限公司，1983 年）、侯外庐、邱汉生、张岂之（《宋明理学史》上卷，人民出版社，1984 年）、蒙培元（《理学范畴系统》，人民出版社，1989 年）、陈来（《宋明理学》，辽宁教育出版社，1991 年）、杨立华（《宋明理学十五讲》，北京大学出版社，2015 年）给出了研究邵雍哲学的重要参照。更详细的情况，参见相关综述（杜保瑞：《邵雍儒学建构之义理探究》，《华梵人文学报》，2004 年第 3 期；张显运：《邵雍研究：二十年学术史的回顾与展望》，《孔子研究》，2012 年第 3 期）。

西方学界中，包安乐（Anne D. Birdwhistell, *Transition to Neo-Confucianism: Shao Yung on Knowledge and Symbols of Reality*, Stanford: Stanford University Press, 1989）、韦栋（Don Wyatt, *The Recluse of Loyang: Shao Yung and the Moral Evolution of Early Sung Thought*, Honolulu: University of Hawai'i Press, 1996）、华澜〔Alain Arrault, *Shao Yong (1012–1077): poète et cosmologue*, Paris: Collège de France, 2002〕著有邵雍研究的专书。此外，值得提及的是，邵雍诞辰 1000 周年之际，《华裔学志》曾组织纪念工作坊，多位学者撰写了论文〔*Monumenta Serica*, Vol.61 (2013):139–299〕。日本学界中，楠本正继作了较为全面的研究（《宋明时代儒学思想の研究》，千叶：广池学园出版部，1962 年）。

❷ 牟宗三先生说："术数家常只是自然主义与命定主义，而孔门义理则却必须是道德的理想主义。此所以宋、明儒只讲理，不讲数，而邵尧夫不入宋、明儒正宗之故。"（《心体与性体》上，上海古籍出版社，1999 年，第 151—152 页）又说："《心体与性体》）不是写哲学史，而是单讲宋明理学。若是写哲学史，有些前后过节之处就要联贯起来，有些不相干之处也要写。譬如说邵尧夫，在哲学史中也该有一章。（转下页）

虑,即邵雍哲学整齐的结构似乎最能体现传统中国哲学所缺乏的"形式上的系统"❶,但实质上的意义,即邵雍确实提供了一套关于本原与万物、价值与秩序、认知与修养的系统理论,贡献了诸多重要概念与模式,才是其思想受到关注的真正原因所在。此类研究一般将易学理论、观物方法、历史思想当作邵雍哲学的重点。

哲学史论著虽关注邵雍易学,但受限于体裁、主题,对易学的讨论常不能深入。这无法充分揭示易学在邵雍学术中的丰富内涵和核心地位。易学研究可以有效弥补这一缺憾。至少从20世纪50年代起,关于邵雍易学的专门论著已经出现。❷90年代之后,集成性的易学史研究问世,邵雍易学得到了更深入、全面的处理,❸以易数、易图为代表的邵雍易学的主要内容都已得到了一定讨论。

(接上页)但是我们专讲宋明理学时,邵尧夫就不在内了。尽管他在当时很有地位,二程和他也很熟,时有来往,但他们讲学问并不在一条路上。邵尧夫的学问并不在这个系统之内。"(《中国哲学十九讲》,上海古籍出版社,2005年,第302页)牟先生将邵雍完全看作"自然主义与命定主义"的"术数家",这是误读。

❶ 冯友兰:《绪论》,《中国哲学史》上,《三松堂全集》第2卷,河南人民出版社,2001年,第252页。

❷ 吴康《邵子易学》(台北:台湾商务印书馆,1959年)、蔡德安《康节先天易学平议》(台北:龙泉出版社,1973年)是较早的案例。

❸ 朱伯崑(《易学哲学史》,华夏出版社,1995年)、高怀民(《邵子先天易哲学》,作者自印,1997年;《宋元明易学史》,广西师范大学出版社,2007年)、林忠军(《象数易学发展史》第2卷,齐鲁书社,1998年)、潘雨廷(《易学史发微》,复旦大学出版社,2001年;《读易提要》,上海古籍出版社,2003年;《易学史丛论》,上海古籍出版社,2007年)、李申(《易图考》,北京大学出版社,2001年;《周易图说总汇》,华东师范大学出版社,2004年,与郭彧合编)、王铁(《宋代易学》,上海古籍出版社,2005年)、余敦康(《汉宋易学解读》,华夏出版社,2006年)、郭彧(《易图讲座》,华夏出版社,2007年)、赵中国(《宋元明清易学史视野下的先天学研究》,中国社会科学出版社,2021年)贡献了有关邵雍易学的重要研究。海外学者中,今井宇三郎(《宋代易学の研究》,东京:明治图书出版株式会社,1958年)、川原秀城(《数と易の中国思想史:術数学とは何か》,东京:勉诚出版,2018年)、苏德恺(Kidder Smith)与韦栋(*Sung Dynasty Uses of the I Ching*, Princeton: Princeton University Press, 1990)的研究较有代表性。至于相关论文,更是数不胜数。

应该说，易学研究为理解邵雍提供了必不可少的途径。

哲学史研究描摹了思想概貌，易学史研究疏通了象数体例。在此基础之上，邵雍易学与哲学究竟是何种关系，就开始作为一种问题浮现出来。对此给予特别关注、致力于将易学与哲学两方面结合起来的，是易学哲学的进路。在《易学哲学史》中，朱伯崑先生对此种研究方法作了经典论述：

> 一般的哲学史的著作，对易学中的哲学也有所论述，但由于受到其自身体裁的局限，总的说来，是脱离易学发展的历史，脱离易学自身的问题，讲其哲学思想，没有揭示出其易学同哲学的内在联系。易学哲学有自己的特点，其哲学是依据易学自身的术语、范畴和命题而展开的，而这些范畴和命题又出于对《周易》占筮体例、卦爻象的变化以及卦爻辞的解释，从而形成了一套独特的理论思维形式；其对哲学问题的回答是通过其理论思维形式来表达的。因此，易学哲学的发展，就其形式和内容说，都同易学自身问题的开展，特别是同对占筮体例的解释紧密联系在一起，有其特有的理论思维发展的逻辑进程及其规律。探讨这些问题就是易学哲学史的任务，这是一个新的研究课题，其内容既不同于作为经学史的易学史，也不同于一般的哲学史。这同佛教史、佛学史和佛学哲学史一样，既有联系，又有区别，各有自己的特殊任务。总之，易学哲学史所研究的对象，是历代易学中的理论思维并由此而形成的哲学体系发展的历史，它是哲学史的分支，具有专题史的性质。❶

---

❶ 朱伯崑：《前言》，《易学哲学史》第1卷，第2—3页。

易学哲学研究一方面由于深入易学自身的术语、范畴和命题，因而没有一般哲学史论著脱离易学来讨论易学哲学文本的"隔靴搔痒"[1]的弊病；另一方面又因致力于发现、讲明易学中的哲学，而有别于一般易学史研究。这种方法扭转了此前常见的简单将哲学文本断章摘取作语录使用，而不考虑其固有文体、语境与主题的做法，不仅为易学哲学研究提供了可靠的方法指引，对于整个中国哲学史的研究也有普适的参考价值。在朱伯崑先生与后来者对于易学哲学文本的解读中，此种方法已经得到了有效的验证，其意义是开创性的。

易学哲学的目的在于将易学解读与哲学分析相结合，其具体应用，则有两种不同方式：或以易学文本为根据来解读哲学思想，或以哲学理路为线索来分析易学文本。朱伯崑先生在《易学哲学史》中对两种方法皆有采用，前者尤其为人所熟知。在《易学哲学史》对《周易正义》《周易程氏传》《周易本义》等易学文本的典范性解读中，都可见到此种方法的应用。此种方法致力于从易学文本中总结出关键的体例和概念，进而根据这些体例和概念来解读思想。这实质上也就是更倾向于认为易学哲学是从易学中推导出来的，而不是反过来，认为易学是哲学观念形塑下的产物。朱先生所谓易学哲学"是依据易学自身的术语、范畴和命题而展开的"，就鲜明地道出了此种方法的理据。此种方法特别适用于有明确体例的注疏文本，盖此类文本有固定的格式限制，注经者只能通过作为形式的易学体例和作为内容的易学概念来表达自己的哲学思想。因此，分析易学文本就能大体完整地把握作者的哲学。在这个意义上，注经者的哲学确实可以说主要是从易学文本中推

---

[1] 朱伯崑：《序》，《易学哲学史》第1卷，第1页。

导出来的。但对于不具备此种严格体例的易学文本，是否仍应简单套用这种方法，似有待于思考。面对此类文本，如果仍将作者的哲学观点还原、化归到文体形式中，认为作者的哲学一定是从易学文本直接导出的，或许就不免有误读的风险，因为作者在撰作时并不一定要像注经一样，将《周易》经传的体例当作阐发自己思想所必须接受的限制；相反，对于《周易》的阐释却可能是作者独有哲学观念影响下的产物。推而论之，这里的关键在于，对于非注疏类的易学文本来说，究竟是易学为哲学给出了内容，还是哲学为易学赋予了形式。

揆诸上述标准，邵雍思想大体属于后一种情况。邵雍易学在根柢上就具有非注疏的性质：注疏是对经传的解释，邵雍易学探究的却是居于经传文辞之先的先天卦象，文辞在邵雍看来已经落入后天的范围。从这一观念出发，邵雍易学及其文本载体《观物篇》不仅不具备注疏的文体形式，在基本理念上更与注疏背道而驰。这样特别的邵雍易学，无法在注疏之学的框架下得到恰当的容纳与处理。

进一步，邵雍易学不但具有非注疏的性质，而且其根本的指导性原则也不在于易学内部。邵雍之学当然有其易学史上的来源：整体来讲，邵雍易学可以认为是在继承了李之才的卦变说方案的基础上，通过严格区分象与辞而发展出的一套数理化的易学体系。这是无疑问的，也是本书要专门论述的。然而，值得注意的是，这一体系的哲学宗旨却不来自易学自身。分析邵雍易学可以发现，当中有一条一以贯之的主线：先天后天。邵雍对于伏羲之《易》与文王之《易》的分判、对于成卦与卦变的区分、对于易数与易图的解读，从哲学上讲，归根到底，都是以先天后天的时间性作为判准。然而，先天后天这一邵雍易学的关键结构，本身却恰恰不是一个易学概念：我们翻遍北宋以前的易学文献，也无法发现邵雍意义上的先天后天在易学之中应用的蛛丝马迹；《系辞》虽有先天后天之说，却只是提供了概念的名目，邵雍的立意与之容有距离。邵雍先天后天的理论实际上来自其历史哲学。邵雍是将对于历史进程的理解应用到其易学当中，以伏羲与文王的历史分期作为分判易学体系的哲学根基，由此实现对于传统易学的改造。从根本观念上讲，邵雍易学建立在其历史观基础之上。在这个意义上，可以说，不是邵雍易学导出了邵雍哲学，而是邵雍哲学影响了邵雍易学；不是易学经典推出了特定的哲学观念，而是哲学思想为易学文本提供了特定的思想根基。邵雍易学与哲学的关系，有与表面印象相反的复杂情形。❶

认为邵雍哲学并非由其易学产生，还有另外的原因。考察邵雍思想可以发现，易学仅仅构成了其中的一个部分，在此之外，邵雍哲学自有其不能被化归为易学的复杂性。举例来说，邵雍关于体用的理论、对于心性的思考、关于皇帝王伯之治道的敷陈，这些都不是易学的延伸，而是各自有其独立的主题、语境和脉络。此类内容在邵雍的文字中占有相当的比重，以至于邵雍最重要的哲学论著《观物内篇》完全是对自然、历史与治道的论述，全不涉及易学问题。随意忽略这些内容或是将其置于次要的地位，固然不合道理；而如果将这些非易学的思想笼统当作邵雍易学哲学的一部分或衍生物来处理，同样也缺乏根据：这不仅模糊了邵雍哲学的内涵，错解了邵雍易学的意义，在基本的文献使用上也是错位的。

在上述三重意义上，邵雍易学不应轻易被当成其哲学的基

---

❶ 类似地，周敦颐《太极图说》、张载《正蒙》虽然具有易学哲学的性质，但其哲学思想同样不能仅靠文中的易学体例或概念推出。这是因为，二者本来就是借《易》以立言，而不是立言以注《易》，并不遵从注疏之学的体例，其核心观念毋宁说是超经典、超学派的。

础;相反,邵雍易学的内涵、宗旨与地位,恰恰有必要置于其整个哲学体系当中以及根本理念的统摄之下,重新加以审视。本书对于邵雍思想之根本独特性的第二点定位,即是认为,邵雍是出于观物的宗旨建构了哲学史上少见的庞大体系,包括易学在内的邵雍思想的各个部分都是对于观物宗旨的表达,都是对于物理的揭示;对于物的浓厚兴趣是邵雍思想的最大特色。反过来,若将易学看作邵雍思想的根本身份,则其观物的真正宗旨必将湮没难辨。❶用前文的区分来说,本书的立场大体更接近于易学哲学的第二种方法,即以哲学理路为线索来分析易学文本,而不是以易学文本为根据来解读哲学思想;或者,更准确地讲,本书是致力于在深入易学语境的基础上,将邵雍思想重新纳入哲学史研究的完整考察范围,而不试图在易学领域内解决全部问题。如果从易学中推导哲学的思路可以被简略记作"易学—哲学"的话,那么,本书以哲学视角审视易学的思路或可以称为"哲学—易学"。以"哲学—易学"为方法,本书全部的研究可以在根本上被归结为一点,即重新在哲学视野下发掘邵雍思想的内涵与意义。

三 线 索

本书是关于邵雍哲学的整体性研究。本书认为,邵雍哲学以

---

❶ 钱穆先生说:"然康节于象数外实别有天地,其得力在能观物,此一派学问,在中国颇少出色人物。前有庄周,后有康节,再无第三人可相比拟。康节乃是撇脱了人的地位来观物者。"(《濂溪百源横渠之理学》,《中国学术思想史论丛》第5册,生活·读书·新知三联书店,2009年,第61—62页)此语点出了邵雍易学与观物之学间的区别。

观物为特色，致力于通过对事物之条理、结构与规律的普遍观察，实现对于世界的系统性刻画与统摄性理解，以及对于身心的自在安顿。邵雍将一切感官与思维可以把握的对象都纳入物的范围，诸如宇宙生化、万物形体、《周易》结构、历史治道都是邵雍观察的对象，其哲学因此具有了广大的气象与完整的体系；邵雍用一分为二或体四用三的数字形式表达事物之理，其哲学因此获得了高度的形式性、理则性、明晰性；邵雍的观物预设了旁观静赏、两不相伤的立场，作为一种人生态度，这为身心的安闲自在提供了可能。

本书主要取哲学史的进路，通过概念分析来呈现邵雍哲学的义理内涵；同时辅以经学史和思想史的方法，将邵雍哲学放置在经典诠释和时代思想发展的宏观脉络中加以考察。全书九章，分为三部分：第一章绪论，阐述本书的问题意识与研究思路；第二至四章，考察邵雍的生平、著作与师承情况；第五至九章，从易学、体用、心性、工夫和境界，以及历史和政治思想多个方面呈现邵雍哲学的内涵。此外，附录部分对邵雍著作的文献情况、后世传说与评价作了专题考察。以下就正文各章的主要内容略作说明。

第二章，叙述邵雍一生行止与精神风貌。

第三章，考订邵雍著作的真伪与分合。本章指出，邵雍的主要著作《皇极经世》最初并不包含《观物外篇》，《观物内篇》与《观物外篇》各自主要代表邵古与李之才这邵雍学术的两大源头；《伊川击壤集》（后或简作《击壤集》）诗作与后世托名占诗不能混同；《无名公传》《洛阳怀古赋》《渔樵问对》是邵雍寄托怀抱的自传性文字；《正玄》等四篇反映了邵雍的《太玄》学思想，揭示出邵雍"一分为二"易学方法的来源。

第四章，考察邵雍的师承与渊源。本章认为，此前研究较少留意的邵雍与其父邵古之间的学术承传其实十分重要,邵雍是在整理、综合了邵古与李之才两家之学的基础上形成自己的学说。以陈抟一种放说、《周易参同契》说、天根月窟说为代表的种种将邵雍学术渊源追溯至方外的传说都无根据,而是出于后世的附益。

第五章,论述邵雍易学。本章认为,易学是邵雍思想的重点。从问题意识和基本特点看,邵雍易学已经呈现出与前代根本不同的面貌。邵雍易学的独特性,根本上来源于其区分伏羲之易与文王之易、区分先天与后天的独特的易学史观。此种易学史观乃是邵雍以其哲学观念塑造易学的结果。通过成卦、卦变、易数、易图等主题,邵雍建构起一套系统、庞大的象数易学理论,不仅丰富了对于易学之形式性的理解,也阐释出了《周易》当中含而未发的关于生成与运动的自然之理。

第六章,论述邵雍的体用论。本章指出,体用是邵雍哲学中极为关键、极具特色的概念,而前人对此的关注较少。中国哲学体用论的历史,存在着"本体论"与"形质论"两种传统,邵雍的体用论可说是以"形质论"为先导,而以"本体论"为其立言的对象。邵雍的体用论重在阐明经验事物的条理、结构与规律,其具体展开则是通过体四用三和体用对待——事物内部、事物之间的体用关系——这两个维度实现的。体用是邵雍通过"观物"把握"物理"的哲学进路的方法与内容所在,是邵雍哲学当中连接形上学、自然观、工夫论和政治历史思想的津梁,也是邵雍哲学当中极具创发性的部分。

第七章,论述邵雍的心性论。本章提出,邵雍性论的特点在于:在内容上主要关注性的自然含义,较少涉及性之善恶的道德问题;在价值上较少受到儒家道德义理之性的影响,而更多体现出与道家自然淳朴之性的亲缘关系。邵雍特别强调心的本体地位和作用，但其所谓心与后世心学传统的本心概念仍有区别。邵雍主张通过工夫之无与本体之无，消除意念之心，最终达到与本体合一的境地。

第八章，论述邵雍的工夫与境界。本章认为，邵雍的观物工夫既是认识原则，也是修养方法。在认识论的意义上，观物之学重点在于"以理观物"，求得对于事物之理的客观认知；在修养论的意义上，观物之学重点在于"观意思"，从对物的审美之中获得情感愉悦。邵雍关注个体的安乐自在，固然表现出与典型儒家士人主体性的距离；但同时，安乐的态度较之道家无情的立场又有不同，其中仍然浸润着方内的气息。邵雍的人格境界体现出儒道会通的一种可能。

第九章，论述邵雍的历史与政治思想。本章指出，邵雍《皇极经世》本质上是一部编年体通史，邵雍通过其纪事内容与体例来表达关于历史的理解。通过皇帝王伯之说，邵雍对历史与政治作了更集中的论述，他的这一思想继承自秦汉以来的旧说，而又有所改造，其实质是结合王霸对立与王霸并举两种观念，既承认德义的首要地位，又在此前提之下容摄伯道，为其赋予适当的位置。在治道论述中，邵雍特别突出圣人的地位，将皇帝王伯之道看作圣人所揭示的历史与政治的根本规律，凸显出圣人与历史之间的本质性关联。

第 2 章

生 平

邵雍（1012—1077）❶，字尧夫，谥康节，人称康节先生。祖籍范阳（今河北涿州一带），宋大中祥符四年生于衡漳（今河北邯郸，一说河南林州）。

范阳邵氏被认为源出西周召公❷，但在宋初却并非显贵。邵雍曾祖邵令进在赵匡胤军中任校尉，宦迹不显；祖父邵德新"读书为儒者"，父邵古"以明经教授乡里"，皆未入仕。❸从邵氏父子后来在共城、洛阳的生活境况看，范祖禹称其家世寒素❹，适得其实。

---

❶ 邵雍自述其生日为"祥符辛亥十二月二十五日"（《生日吟》，《伊川击壤集》卷十八，《邵雍全集》第 4 册，第 365 页）。大中祥符辛亥年始于西元 1011 年，一般皆以此为邵雍生年。但柏士隐（Alan Berkowitz）与华澜（Alain Arrault）指出邵雍生日已入西历次年［Alan Berkowitz, "On the Dates of Shao Yong", *Chinese Literature, Essays, Articles, Reviews*, 5 (1983): 91; Alain Arrault, *Shao Yong (1012–1077): poète et cosmologue*, pp. 60–61］。大中祥符辛亥年十二月二十五日为西元 1012 年 1 月 21 日（参见陈垣：《中西回史日历》，中华书局，1962 年，第 514 页），是柏、华之说为确。

❷ 陈绎《邵古墓志铭》："其姓姬，出自召公，别封燕，世为燕人不绝。"（吕祖谦编：《宋文鉴》卷一百四十三，中华书局，1992 年，第 1998 页）邵雍诗中亦言"吾祖道何光，二南分一方""我实康公孙"（《过陕》《和陕令张师柔石柱村诗》，《伊川击壤集》卷二、卷三，《邵雍全集》第 4 册，第 14、47 页）。

❸ 陈绎：《邵古墓志铭》，《宋文鉴》卷一百四十三，第 1998 页；张崏：《康节先生行状略》，载朱熹：《伊洛渊源录》卷五，《朱子全书》第 12 册，第 987 页。

❹ 范祖禹：《康节先生传》，《范太史集》卷三十六，《景印文渊阁四库全书》第 1100 册，第 400 页。

邵令进老归范阳，后避戎难，转徙于上谷（今河北易县）、中山（今河北定州），最后定居衡漳。❶ 至邵雍幼年，邵古又迁共城（今河南辉县）。❷ 天圣年间（1023—1032），邵古效仿晋人孙登，隐于苏门山下。❸ 父祖的人生志趣对邵雍深有影响，在后来的岁月里，邵雍也选择了隐居的生活方式，其思想中的隐逸底色早在此时已然打下。不过，悠然林泉的高致并不妨碍儒者的认同与持守。从立身行事来看，较之隐逸情怀，儒家的教化与品格对邵氏门风的塑造更深：从邵德新开始，邵氏一门五代世世读书业儒，多人

---

❶ 《宋史·邵雍传》谓至邵古方自范阳徙衡漳，与陈绎、程颢之说相悖，今不取（《宋史》卷四百二十七，第12726页）。

❷ 程颢《邵尧夫先生墓志铭》："先生之幼，从父徙共城。"（《河南程氏文集》卷四，《二程集》上册，第502页）邵氏徙共城之年已难确知，所可知者：其一，迁徙之时必在邵雍初长成后。邵雍《无名公传》自谓"生于冀方，长于冀方"（《邵子观物篇渔樵问对》第8册），可知邵雍幼年在衡漳度过。其二，迁徙之时必在邵古居母丧之前。陈绎《邵古墓志铭》有"（邵古）才十一岁而孤……长益好学，必求义理之尽，余二十年而终母丧于卫"（《宋文鉴》卷一百四十三，第1998页）之语，可知邵古迁居共城（共城即卫）时其母当尚在。邵古生于雍熙二年（985），十一岁当至道二年（996），长而后二十年母丧，其时约在大中祥符九年（1016）以后。是年邵雍四岁，正当幼时。唐明邦、郭彧先生《邵雍年表》系此于乾兴元年（1022），未详其据，但大略当之（唐明邦：《邵雍评传》，南京大学出版社，1998年，第389页；郭彧：《邵雍年表》，《邵雍全集》第5册，第18页）。

邵古的卒年，诸家所记有所出入。邵伯温言其卒于治平四年（1067），陈绎《墓志铭》则言其卒于治平元年（1064）。韦栋（Don Wyatt）注意到了这一问题，指出当以陈绎之说为准。(*The Recluse of Loyang: Shao Yung and the Moral Evolution of Early Sung Thought*, p. 126) 支持陈绎之说的另外一条论据是，邵雍《伊川丈人正音叙录》文末明确提到："伊川丈人（即邵古）享年七十有九，宋治平元年正月一日卒于洛阳道德里。"（张行成：《易通变》卷十九，《景印文渊阁四库全书》第804册，第454页）可见当以陈绎之说为确。又，据此，邵雍熙宁元年（1068）所作《伤二弟无疾而化又一首》所云"慈父前年忽倾逝"，此"前年"只当作"前数年"解（《伊川击壤集》卷六，《邵雍全集》第4册，第87页）。

❸ 陈绎《邵古墓志铭》："（邵古）天圣中尝登苏门山，顾谓其子雍曰：'若闻孙登之为人乎？吾所尚也。'遂卜隐居于山下。"（《宋文鉴》卷一百四十三，第1998页）苏门山在共城。此当在邵古"终母丧于卫"之后。是邵古先迁共城，后又近徙苏门山下。陈绎《墓志铭》明言邵古迁苏门山在天圣年间，二《年表》却系之于乾兴元年，未当。

入仕为官,儒者是邵氏明确而一贯的身份自觉。❶ 不离人事而性好丘山,一本德义而乐慕安闲,邵雍此后会通儒道的精神取向,与家世门庭的陶冶直接相关。

邵雍虽生长寒门,但自幼好学,已经显露出非凡的志向。二十岁左右正式从师前,邵雍游学于乡里,虽有所获,平生学问宗旨尚未确立。❷ 其思想与学术成形的关键时期,在此后师从李之才求学的数年之间。天圣年间,邵雍居母丧。❸ 邵古迁于苏门山下,邵雍独辟一室于百源之上,勤苦为学,"冬不炉,暑不扇,夜不就席者数年,卫人贤之"❹。山东李之才❺ 于此时权共城令,闻邵

---

❶ 邵德新读书为儒者;邵古素业儒行,为乡教授,葬以士礼;邵古长子邵雍以儒学成名,次子邵睦登进士第;邵雍长子邵伯温为官数十年;伯温子邵溥、邵博学名较著,为南宋名臣。邵雍自述云:"家素业儒,口未尝不道儒言,身未尝不行儒行。"(《无名公传》,《邵子观物篇渔樵问对》第8册)

❷ 与北宋其他学者特别是生长于庆历以后的学者相比,邵雍广泛游学的经历显得十分特殊。究其原因,一来有时代背景的影响:北宋州县之普遍立学晚在庆历四年以后(欧阳修《胡先生墓表》:"庆历四年,天子开天章阁,与大臣讲天下事,始慨然诏州县皆立学。"见《居士集》卷二十五,《欧阳修全集》第2册,中华书局,2001年,第389页),邵雍少时,学校未立,游学是求师的重要方式。二来受限于家境条件,邵雍曾对邵伯温谈道:"吾早岁徒步游学,至有所立,艰哉!程伯淳、正叔虽为名士,本出贵家,其成就易矣。"(邵伯温:《邵氏闻见录》卷十八,中华书局,1983年,第194页)三来,最关键的,这也与邵雍自身学无常师、博采兼综的学术倾向有关。

❸ 邵雍母亲何时过世,未有详载。邵伯温云:"康节先公少日游学,先祖母李夫人思之恍惚,至倒诵佛书。康节驰归,不复出。夫人捐馆,康节持丧毁甚,躬自爨以养。祖父置家苏门山下,康节独筑室于百源之上。"(《邵氏闻见录》卷十八,第194页)这是认为其时在天圣年间邵古迁居苏门山以前。

❹ 程颢:《邵尧夫先生墓志铭》,《河南程氏文集》卷四,《二程集》上册,第502页。

❺ 史籍所见北宋李之才共有三位。其一为宋太宗时光禄寺丞,其二为宋神宗时辽国使官(见李焘:《续资治通鉴长编》卷十九、卷二百五十八,太平兴国三年春正月己亥条、熙宁七年十二月己丑条,中华书局,2004年,第421、6304页),其三为邵雍之师,字挺之。本书所言李之才,皆指李挺之。

李之才卒于庆历五年(1045),《宋史》本传载之。至于李之才生年,包括《宋人传记资料索引》在内的研究多未提及。李裕民先生据尹洙致叶清臣书所言李之才年岁推定李氏当生于咸平四年(1001),所考甚确,其说可参[《宋人生卒行年考》,(转下页)

雍好学，登门叩访，一见相契，遂授业。其时当值天圣末年或明道年间（1032—1033）。❶ 从此，邵雍追随李之才求学。李之才转任孟州，邵雍亦随行前往，从学甚久。❷ 邵雍虽学无常师，但一生思想学术与行事去取，颇以得自李氏者为折中。职是之故，邵雍对其师极为服膺，以为天下得道者非李与邵莫属。❸ 李邵授受是宋

（接上页）中华书局，2010年，第92页］。此外，《续资治通鉴长编》康定元年九月己未条与欧阳修《石曼卿墓表》，亦可佐证尹洙致书年月。李之才既生于咸平四年（1001），卒于庆历五年（1045），知其长于邵雍十岁，卒年四十四岁。按，《宋史·李之才传》实本晁说之《李挺之传》而来（《嵩山文集》卷十九，《四部丛刊续编》，商务印书馆，1934年，第15页下至第18页下）。

❶ 李之才为天圣八年（1030）进士，李邵相见必在此后。李邵相见时，邵雍正居母丧（《李挺之传》，《嵩山文集》卷十九，《四部丛刊续编》，第16页上）。邵雍居丧在天圣年间，终丧不晚于明道二年（1033），则李邵相见必在此间，即天圣八年至明道二年之间（1030—1033）。这一结论可从邵雍诗中得到印证。邵雍有诗谈及李之才的告诫，诗云："忆昔初书大字时，学人饮酒与吟诗。苟非益友推金石，四十五年成一非。"（《忆昔吟》，《伊川击壤集》卷十二，《邵雍全集》第4册，第231页）所谓"益友"，据邵伯温的记述，是指李之才（《邵氏闻见录》卷十八，第202页）。此诗作于熙宁七年（1074），上溯四十五年为天圣七年（1029）。其时李之才尚未中进士，知"四十五"当为约数，若以四十至四十五之间计之，时间正与上述推论相符。又，从"益友"之称来看，邵雍与李之才关系亲密，似在师友之间。

❷ 邵伯温云："挺之去为河阳司户曹，康节亦从之。"（《邵氏闻见录》卷十八，第194页）又云："（李之才）任孟州司户。"（《易学辨惑》，《景印文渊阁四库全书》第9册，第403页）晁说之亦云："（李之才）再调孟州司法参军。"（《李挺之传》，《嵩山文集》卷十九，《四部丛刊续编》，第16页下）三者所记应大体同时。盖河阳即孟州，司户曹即司户参军；司户、司法之不同，或为误记，或有转职。以《李挺之传》推算，石延年荐李之才自孟州转泽州签书判官，约在康定元年末至二年初（1040—1041）。若以明道二年至康定元年计，邵雍从学之才至少也有七年之久。至于李之才转任泽州后邵雍是否随行，则不得而知。邵雍在从李之才问学期间，似亦不废游学。邵伯温云："闻汾州任先生者有易学，又往质之。"（《邵氏闻见录》卷十八，第194页）其事记在邵雍师从李氏之后、赴孟州之前。

❸ 邵雍转益多师，但提及的师承只有李之才一位。邵雍弟子称述其学统时，也只以李之才一脉言之。邵雍又许李之才为得道，"自言须如我与李之才方得道"（《河南程氏遗书》卷二上，《二程集》上册，第32页）。其表李氏之墓，亦称"求于天下，得闻道之君子李公以师焉"（《李挺之传》，《嵩山文集》卷十九，《四部丛刊续编》，第18页上）。此"求于天下"语有其特指，对应于《无名公传》"求学于国人"，实际上是以李氏为人师之最。

代思想史和学术史上的一桩"大事因缘"。由李之才传下的包括图书易学在内的学术传统为邵雍哲学的展开提供了最为重要的思想材料与表达形式,中国哲学史上一种极为独特的思想即将由此绽出异彩;后来,通过学者阐扬与民间传播,李邵一系的思想观念更在相当根本的意义上参与和影响了宋以后易学、理学世界观的演变进程。❶

邵雍在得李之才传授后,再次启程游学,足迹遍及南北。❷访学既毕,退居百源,"大覃思于《易经》,夜不设寝,日不再食,三年而学以大成"。至此,邵雍学术的基本面貌已然确立。庆历年间(1041—1048),邵雍来到洛阳授馆,既爱其山水人情之美,又以洛阳天下之中,"可以观四方之士"❸,遂于皇祐元年(1049)举家迁居于此。此年邵雍三十七岁。他人生中最为精彩传奇的后半段,即将在洛阳拉开序幕。

邵雍初至洛,寓居佛院之中,洛人多未识之。但邵雍学问深广,气象粹然,笑语终日,待人以诚,很快获得了洛人的爱重,从学者渐众。洛阳的世家名士为其所吸引,心悦诚服,或为朋友,或称门生。此时的洛阳,既有富弼、吕公著、司马光等退居的元老重臣,也有即将为整个中国思想史翻开新页的二程和往来

---

❶ "道学""理学"等概念,前辈学者早有区分。本书参照陈来先生的分法,以"道学"专指理学形成时期以北宋五子为代表的思想,而以"理学"统称渊源于北宋五子、盛行于宋明时期的整个思潮(《宋明理学》,华东师范大学出版社,2004年,第6—7页)。

❷ 张崏所谓"游于河汾之曲,以至淮海之滨,涉于济汶,达于梁宋"(《康节先生行状略》,载朱熹:《伊洛渊源录》卷五,《朱子全书》第12册,第986页),程颢所谓"走吴适楚,过齐鲁,客梁晋"(《邵尧夫先生墓志铭》,《河南程氏文集》卷四,《二程集》上册,第502页),即当此时。邵雍诗中对这段经历也有谈及(《为客吟》,《伊川击壤集》卷十九,《邵雍全集》第4册,第406页)。

❸ 张崏:《康节先生行状略》,载朱熹:《伊洛渊源录》卷五,《朱子全书》第12册,第986页。

于洛的张载,人文之盛,冠绝一时。邵雍皆以道德学术与之为友,得其尊事,酬唱过从,交游甚密。邵雍贫无所寓,众人为其在洛阳买田宅园林❶,邵雍以"安乐窝"名其居。❷每年冬夏闭门,春秋出游,常乘小车周游城中,随意所适;以论道赏景、饮酒赋诗为乐,悠然自得。洛人闻其车音,争相迎候,至有仿安乐窝而造"行窝"以候其至者;家有争纷疑惑,悉决于"吾家先生"❸。张载以"先生高卧洛城中,洛邑簪缨幸所同"❹描述邵雍居洛的情形,邵雍也不无得意地自称"小车行处人欢喜,满洛城中都似家"❺。以一寒士而得满城士庶敬重亲慕如此,邵雍的人格感染力之强,千载之下,仍令人油然神往。

邵雍早岁"慷慨欲树功名"❻,有入仕之心❼;即使到了迁洛之初,仍盼望有朝一日能够得君行道,一展抱负。❽然而这份雄心终究未能实现,退而化成一片隐逸情怀。从诗中反映的情况来看,

---

❶ 洛人为邵雍买宅共有三次。第一次在皇祐元年(1049),邵雍初迁洛后不久,刘元瑜等在履道坊西为其置宅;第二次是嘉祐七年(1062),王拱辰在天津桥南五代节度使安审琦宅旧基上筑屋,富弼又为买园,供邵雍居处;第三次是熙宁年间行买官田之法,富弼、司马光等又集资帮助邵雍买下房园田契。邵雍虽居之,但不改契名(《邵氏闻见录》卷十八,第195—196页)。历次买宅,邵雍皆有答谢诗(《新居成呈刘君玉殿院》《天津新居成谢府尹王君贶尚书》《天津敝居蒙诸公共为成买作诗以谢》,《伊川击壤集》卷一、卷四、卷十三,《邵雍全集》第4册,第6、49、248页)。

❷ 安乐窝是邵雍天津桥南宅之称。其名始见于熙宁三年(1070)所作《风吹木叶吟》(《伊川击壤集》卷七,《邵雍全集》第4册,第111页)。

❸ 脱脱等:《宋史》卷四百二十七,第12727页。

❹ 张载:《诗上尧夫先生兼寄伯淳正叔》,《张载集》,中华书局,1978年,第370页。

❺ 邵雍:《小车行》,《伊川击壤集》卷八,《邵雍全集》第4册,第134页。

❻ 脱脱等:《宋史》卷四百二十七,第12726页。

❼ 邵雍初答李之才语,自云此前"为科举进取之学耳"(《易学辨惑》,《景印文渊阁四库全书》第9册,第403页)。邵雍诗中亦云:"当年有志高天下,尝读前书笑谢安。"(《代书寄友人》,《伊川击壤集》卷五,《邵雍全集》第4册,第68页)

❽ 邵雍《洛阳怀古赋》云:"如欲用我,吾从其中。"(《邵氏闻见录》卷十九,第213页)

邵雍隐逸之志的最终确定，当在皇祐元年（1049）以后、嘉祐元年（1056）以前。❶ 早年不得仕时，邵雍对于自身处境不免有"其如困顿何""总是灰心事"❷的慨叹；然而一朝立定隐居之志，却又能真正安贫乐素，自得其趣。邵雍虽得朋友扶持，隐居生活仍然十分清苦。❸ 但即便如此，邵雍也从未借机向公卿求官；富弼等多次荐其入仕，邵雍皆辞而不从，甚至连朝廷赠予的处士之名也不愿接受。❹ 隐逸之于邵雍，不是故作清高以邀名利的外在姿态，

---

❶ 邵雍的隐居志向起于何时，前人并未作历史的考察，似乎这是邵雍毕生一贯的立场。真实的情况当然并非如此。在皇祐元年所作的《洛阳怀古赋》中，邵雍仍有"如欲用我"，则"千古之上犹反掌焉"（《邵氏闻见录》卷十九，第213页）的期待；但至嘉祐元年，却已发出了"平生如仕宦，随分在风波，所损无纪极，所得能几何"的感叹，明言"与其丧吾真，孰若从吾爱""能知闲之乐，自可敌卿相"（《闲吟四首》《高竹八首》，《伊川击壤集》卷一，《邵雍全集》第4册，第11—12页），这与此前入仕的倾向大不相同。此后，邵雍再不曾有用世态度的表达。可知邵雍最终立定隐居之志，当在此七年之间。

《击壤集》正文所录诗作有明确系年者，除皇祐元年四首之外，最早从嘉祐元年开始，皇祐元年至嘉祐元年七年间的诗作付之阙如。

❷ 邵雍：《共城十吟》其九，《伊川击壤集》集外诗，《邵雍全集》第4册，第432页。据邵雍原序，《共城十吟》作于庆历七年（1047）。

❸ 邵雍《瓮牖吟》状其屋之陋与家之贫："用盆为池，以瓮为牖。墙高于肩，室大于斗。布被暖余，藜羹饱后。"《酒少吟》亦云："此物近来贫，时时得数斤。……未饮先忧尽，虽斟不敢频。"（《伊川击壤集》卷十四、卷十七，《邵雍全集》第4册，第286—287、355页）

❹ 邵雍被荐入仕有四次。前三次都在嘉祐六年（1061），富弼初荐，文彦博、王拱辰先后再荐；第四次在熙宁二年（1069），吕海、吴充、祖无择共荐。富弼初荐时曾有语："为我问邵尧夫，可出，当以官职起之；不，即命为先生处士，以遂隐居之志。"（《邵氏闻见录》卷十八，第197—198页）张岷以为荐官共两次，是将前三次合为一次之故（《康节先生行状略》，载朱熹：《伊洛渊源录》卷五，《朱子全书》第12册，第986—987页）。数次被荐，邵雍皆有答谢诗（《谢富丞相招出仕二首》《代书答开封府推官姚辅周郎中》《诏三下答乡人不起之意》《和王安之少卿韵》，《伊川击壤集》卷二、卷六、卷七，《邵雍全集》第4册，第29、101—103页）。

韦栋认为，邵雍未从吕海之荐入仕，致使吕海深有怨望（*The Recluse of Loyang: Shao Yung and the Moral Evolution of Early Sung Thought*, pp. 133-134），这其实是误读。《伊川击壤集》卷七收有邵吕二人熙宁三年（1070）的赠答诗，从中根本看不出所谓的怨望情绪。

而是主动选择、乐在其中的生存状态。

邵雍之隐有个人遭际的因素，但也是其哲学取向的自然结果。邵雍哲学以观物为宗旨，观物给邵雍带来的精神愉悦远超世俗诸般享乐之上❶；同时，其思想底色中又有浓厚的明哲保身色彩，不愿在宦海中风波浮沉，"只是自要寻个宽闲快活处，人皆害它不得"❷。这样，隐于西都，既能闲观人才风物之盛，又能避免入仕对身心造成的戕害，就成为了邵雍的最佳选择。对于作为哲学家的邵雍来说，这未始不是一种成全：由静观中体贴而来的义理感悟与精神享受，其意义与价值，都非矫性入宦所能比拟。

居洛时期，邵雍迎来了自己学术思想的完全成熟。治平三年（1066），《伊川击壤集》初稿完成；熙宁四年（1071），《皇极经世》成书。两书的著成标志着邵雍思想的最终定型。❸ 晚年的邵雍对于自己数十载体贴得来的学问境界非常自信，认为已经尽得物理人情，至诚与天为一。在《无名公传》中，他这样回顾自己一生的成学历程：

> 年十岁，求学于里人，遂尽里人之情，己之渣滓十去其一二矣。年二十，求学于乡人，遂尽乡人之情，己之渣滓十去其三四矣。年三十，求学于国人，遂尽国人之情，己之渣滓十

---

❶ 邵雍《伊川击壤集序》云："予自壮岁业于儒术，谓人世之乐何尝有万之一二，而谓名教之乐固有万万焉，况观物之乐复有万万者焉。"（《邵雍全集》第4册，第2页）

❷ 黎靖德编：《朱子语类》卷一百，第2544页。

❸ 从前后不同时期的诗文可以看出，邵雍在居洛以后思想有所深化。但是，这种深化并不涉及所谓改儒归道或改道归儒的问题。既有研究中存在着这样一种倾向：通过将邵雍居洛以后不同时期的思想分别归入儒家与道家的范畴，证明邵雍曾经变换思想门庭，是儒道兼综的人物。其实，邵雍思想中当然有道家因素，但并非居洛以后始有。这样的论证既不合于邵雍思想的发展历程，也没有揭示儒道之辨的内涵所在，难以如实诠解出邵雍思想的真实特质。

去其五六矣。年四十，求学于古人，遂尽古人之情，已之渣滓十去其七八矣。年五十，求学于天地，遂尽天地之情，欲求已之滓，无得而去矣。❶

这一自述与邵雍一生的行迹基本是一致的。两相结合，邵雍一生的为学次第，大致可以总结为如下的五个阶段：早年求学于乡里，是第一期；二十岁至三十岁间师从李之才，确立学问大旨，是第二期；投吴适楚，遍访游学，然后退居共城，学以大成，是第三期；居洛以后至《皇极经世》成书以前，思想进一步成熟深化，是第四期；晚年学究天人，浑融洞彻，是第五期。在北宋中后期群星灿烂的思想光谱中，无论是就学问成就还是后世影响而言，邵雍都留下了令人瞩目的印记。

熙宁十年（1077），邵雍病重。司马光、二程、张载等前来探望，邵雍以言相慰，云："试与观化一遭。"❷ 临终留诗一首：

> 生于太平世，长于太平世。老于太平世，死于太平世。
> 客问年几何，六十有七岁。俯仰天地间，浩然无所愧。❸

---

❶ 邵雍：《无名公传》，《邵子观物篇渔樵问对》第8册。该段语意仿自《孟子·万章下》"一乡之善士"章。"年五十"之"年"，《邵雍全集》缺，据《性理大全》等本补。

❷ 程颢、程颐：《河南程氏遗书》卷十，《二程集》上册，第112页。

❸ 邵雍：《病亟吟》，《伊川击壤集》卷十九，《邵雍全集》第4册，第408页。有研究者根据《击壤集》出土本中的一则异文，认为邵雍卒于七十七岁而非六十七岁（张跃明：《邵雍〈伊川击壤集〉版本考》，北京大学硕士论文，1991年，第18页）。实际上，邵雍卒于熙宁十年，时年六十七岁，《击壤集》与程颢《墓志铭》皆有明文，并不存在争议。所谓异文，只是讹误，不足为据。研究者又引钱大昕《疑年录》以为证，然钱大昕正主六十七岁而驳七十六岁之说，适足以反证其误（《疑年录》卷二，《续修四库全书》第517册，上海古籍出版社，1995年，第156页）。《击壤集》出土本的这一异文问题，祝尚书先生较早已经注意到了（《宋人别集叙录》上册，中华书局，1999年，第229—230页）。

第 3 章

著 作

邵雍留下的著作不多，成书仅有两种，但涉及的文献问题却颇为复杂。就自著书而言，此前的研究对于其篇章归属和文献性质仍然不乏误解，亟需澄清；在自著书之外，历代尚有大量托名邵雍的伪书流传，全面梳理相关文献并分析这种伪托所反映的思想史意义，同样是有待完成的任务。只有在如实甄别文献真伪和厘清文本异同的基础上，关于邵雍思想的严谨研究才有可能真正展开。托名著作的情况，书末另有专文讨论❶，本章主要处理邵雍自著书的问题。

一 《皇极经世》

朱子云："康节之学，其骨髓在《皇极经世》。"❷《皇极经世》❸是邵雍留下的唯一论著，也是研究其思想最为系统、重要的材料。

---

❶ 参见本书附录三。
❷ 黎靖德编：《朱子语类》卷一百，第 2553 页。
❸ 《皇极经世》后世又称《皇极经世书》，两名往往混用。本书从邵雍语，概称为《皇极经世》。

从邵雍诗中的描述可知❶，该书当写就于熙宁四年（1071）❷，是反映邵雍晚年思想的集大成之作。

《皇极经世》书名的含义，诸家解说不一。邵伯温云："至大之谓皇，至中之谓极，至正之谓经，至变之谓世，大中至正、应变无方之谓道。"❸这一说法以"皇极"为"大中"，可谓得之。邵雍所谓"皇极"，原是本于《尚书·洪范》"建用皇极"，取建中立极之意，指自然与人事的最高原则。但邵伯温将"经世"解作"正变"，以与"皇极"并列，这样逐字拆解，虽颇整饬，却未必与邵雍原意相合。实际上，"经世"当有取于《庄子·齐物论》"春秋经世先王之志"。邵雍所谓"经世"似有两重意涵：一方面，

---

❶ 邵雍：《书皇极经世后》，《伊川击壤集》卷八，《邵雍全集》第4册，第131—132页。
❷ 《皇极经世》成书于熙宁四年，至于何时动笔，邵雍未曾提及。邵伯温记载，邵雍居共城时，王豫居新乡，以诗相招，诗中有"邵子著书十万许，图得圣人心甚苦"之语（《易学辨惑》，《景印文渊阁四库全书》第9册，第406页）。在邵雍著作中，"十万许"的体量只能是《皇极经世》，不可能是别的著作。如果这一记载可靠，那么，《皇极经世》的撰作早在邵雍迁洛前就已经开始，且已完成相当篇幅。

与成书时间相关的另一个问题是纪年时间。潘雨廷先生注意到，《皇极经世》以会经运部分的纪年不是截止于熙宁四年，而是截止于熙宁十年，即邵雍卒年。这意味着，邵雍在熙宁四年《皇极经世》成书后并未停止记录年时，而是至其去世乃止，"然则雍最终完成此书，当为熙宁十年"（《论邵雍与〈皇极经世〉的思想结构》，《易学史发微》，第345页）。潘先生此说大体可从。不过，这是就以会经运部分的纪年而言；若就以运经世部分的纪事来说，则《皇极经世》至后周显德六年（959）已止。此外，另一个不能不留意的事实是，《皇极经世》在后人手中多有续记。吴澄谈到，元人郑松作《皇极经世续书》，在邵雍以运经世显德六年的基础上又下续二百七十五年，"自庚申宋兴，至甲午金亡"（《皇极经世续书序》，《吴文正集》卷十六，《景印文渊阁四库全书》第1197册，第176页）。明人黄畿谈到，当时所见"今本"《皇极经世》录有宋神宗以后事迹，乃是南宋祝泌所增（《皇极经世书传》卷二，《四库全书存目丛书》子部第57册，齐鲁书社，1995年，第267页）。而《道藏》本《皇极经世》以会经纪年更是下推至明洪武元年以后（《皇极经世》卷四下，《道藏》第23册，第147页）。由此观之，以文渊阁《四库全书》本为代表的以会经运部分熙宁十年的纪年截止时间，固然可被认为是邵雍所记，但也不无出于后人补笔的可能。保守估计，《皇极经世》主体部分的成书时限，似仍当以邵雍诗所系的熙宁四年为准。

❸ 邵伯温：《皇极系述》，见胡广编：《性理大全》卷八，国家图书馆藏明嘉靖刻本。

经者纪也，经世指记录时世，这正合于《皇极经世》效法《春秋》以编年体记录年世的体例；❶另一方面，经世似也寓有经纶世务之意，盖言此书宗旨在于阐明治道，以佐世用。《春秋》只记东周二百四十二年史事，《皇极经世》则扩而充之，上及尧舜，下至于宋，意在以"皇极"这一治道的最高标准统摄、照鉴此三千三百余年间人事的污隆得失。

传世本《皇极经世》多由四部分组成：其一是元会运世的历史年表❷，其二是声音律吕之学，其三是《观物内篇》，其四是

---

❶ 《齐物论》"春秋经世先王之志"下，成玄英疏云："春秋者，时代。先王，三皇五帝。志，记也。"王先谦云："春秋经世，谓有年时以经纬世事。"（《庄子集解》卷一，中华书局，1987年，第20—21页）王先谦认为，《齐物论》所谓"春秋"非孔子之《春秋》；不过，《皇极经世》所谓《春秋》却确实是指孔子之《春秋》。《皇极经世》是仿效孔子作《春秋》之体例与寓意，而将其延展为一部编年体通史。

❷ 在元会运世部分中，邵雍记载了自传说中尧即位之甲辰年（公元前2357）至后周显德六年（959）之间共计三千三百余年的历史。邵雍的纪年受到后世不少学者的推崇，有根据邵雍纪年以著史者，如胡宏作《皇王大纪》，张栻作《经世纪年通考》，元察罕作《帝王纪年纂要》；有根据邵雍纪年以发挥己说者，如元杜道坚《玄经原旨发挥》；也有详细撰文以考核其事者，如清余文靖作《皇极经世考》。胡宏云："西洛先觉邵雍氏作《皇极经世》，历考尧即位之年，起于甲辰。惟雍精晓天之数，必不妄也，故用之以表时叙事，庶几可以传信乎"（《皇王大纪》卷三，《景印文渊阁四库全书》第313册，第30页）朱子云："《皇极经世》纪年甚有法……伯恭极取之。"（《朱子语类》卷一百，第2548页）胡宏与朱子的评价可以代表后世学者对邵雍纪年的一般态度。

现代研究者对《皇极经世》纪年与史书纪年的关系有所探讨（郭彧：《〈皇极经世〉与〈夏商周年表〉》，《国际易学研究》第7辑，朱伯崑主编，华夏出版社，2003年，第308—321页；郭彧：《〈皇极经世〉夏商周年表》，《邵雍全集》第3册，第1478—1483页；高怀民：《邵子先天易哲学》；彭涵梅：《邵雍元会运世说的时间观》，台湾大学博士论文，2004年，第222—225页）。邵雍纪年是否与真实历史尽符，不在本书讨论之列。不过，仔细核对可以发现，邵雍纪年颇多自相矛盾之处：一事件的系年，不仅不同版本有所差异，同一版本的三份历史年表间往往也有出入。取文渊阁《四库全书》本为准，任举一例：经辰之寅二千一百六十三的首年，以元经会录为夏仲康二年，而以会经运、以运经世却录为仲康三年。不仅如此，三份年表所记君主之名也时有不同。仍以文渊阁本为例：经辰之申二千二百二十之乙未，以运经世载秦躁公立，以会经运却误作秦桓公，即位年份亦改作丁酉[《皇极经世》卷二上、（转下页）

《观物外篇》。一般认为,元会运世部分和《观物内篇》是邵雍自作,声音律吕部分本是邵古著作,《观物外篇》则是弟子张崏记录的邵雍授课的笔记。❶ 由于四部分非出一手,缀合四篇而成的传世本《皇极经世》也就不能被简单认为是邵雍著作的原貌。

邵雍原著的《皇极经世》包含哪些篇章?按《邵雍集》整理者的意见,原本《皇极经世》只有元会运世部分,后三部分是邵

(接上页)卷三上、卷四上、卷五上、卷五下,《景印文渊阁四库全书》第803册,第362、451、510、586、649页]。类似这样前后矛盾的情况,在《皇极经世》各本中所见多有。这些疏误可能是来自编刻,但更像是原本之误。换言之,邵雍去世前似未得详细校正其书,传世的《皇极经世》仍是一个有待修正的版本。

❶ 张行成认为《观物外篇》是邵雍文字,只是由门人纂辑而成:"先生诗云:'若无扬子天人学,安有庄生内外篇。'以此知《外篇》亦是先生之文,门人盖编集之耳。"(《皇极经世观物外篇衍义》卷一,《景印文渊阁四库全书》第804册,第39页)冯友兰先生也持类似观点(《中国哲学史新编》第5册,《三松堂全集》第10卷,第67页)。然而,从下文所引邵伯温后记之语来看,该篇并非邵雍所作,而是邵雍弟子张崏的笔记。这一点,张行成其实也承认:"《内篇》先生所著之书也,《外篇》门人所记先生之言也。"(《皇极经世观物外篇衍义》原序,《景印文渊阁四库全书》第804册,第38页,文字据中国科学院图书馆藏明刻本《皇极经世观物外篇衍义》校正)其意只在强调《观物外篇》应作邵雍著作看待。

《观物外篇》在一些邵雍语录下,还记有小字注文。前人认为,这些注文部分是邵雍阅正笔记时的批语。黄畿云:"《外篇》乃邵子因门人所记而笔削之者也。见或未定,心或未安,则分书其后,曰'宜更思之'、曰'更详之'。"(《皇极经世书传》卷七,《四库全书存目丛书》子部第57册,第408页)清人王植亦云:"愚按《外篇》盖门人所记,邵子尝为之阅正。"(《皇极经世书解》卷九,《景印文渊阁四库全书》第805册,第514页)这些批注确实可能来自邵雍。但至少应指出的是,《观物外篇》注文的情况复杂,其中既有对疑难问题的批注(如"日有八位而数止于七"条下,注曰"更思之";"三四十二也"条下,注曰"此盖阴数分其阳数耳"),也有对文本所指的说明(如"《图》虽无文"条下,注曰"《先天图》也";"刘绚问无为"条下,注曰"刘质夫"),还有对版本异文的补充(如"一八为九"条"四分为十六"语下,注曰"一本无此五字")。后两种情况明显不该是邵雍所言,而应是后世读者或编者所加。其实,细玩"更思之""此盖"的语气,即使是第一类批注也未必一定是出于邵雍手笔,而可能是后世读者在理解《观物外篇》时留下的记录。文献不足,注文的确切情形已难考知,姑且存疑于此。附录一对注文的版本问题另有考察。

雍去世后邵伯温整理时所加入。❶这一推测的根据何在，整理者没有详细说明。❷本书认同元会运世部分是邵雍原著的观点，但认为后三部分的归属仍有可商。以下就三部分的情况逐项加以讨论。

第一，声音之学源出邵古，邵雍对邵古原书作了改动，将其收入《皇极经世》中，非由邵伯温添入。

《皇极经世》的声音律吕部分出于邵古，可以陈绎《邵古墓志铭》为证，其文云：

> （邵古）独喜文字学，用声律韵类古今切正为之解，曰《正声》《正字》《正音》者，合三十篇。❸

这就是《皇极经世》声音律吕之所本。由此来看，整理者关于声音之学来源的说法无疑是正确的。但整理者没有指出的是，《皇极经世》所录已非邵古之旧。这可以从三方面得到说明：从结构上看，邵古所著包含《正声》《正字》《正音》三部分，而《皇极经世》声音部分不含《正字》，两书已有不同；从篇数上看，邵古原书三十篇，编入《皇极经世》后或六篇（《正统道藏》本），或

---

❶《邵雍集》，中华书局，2010年，前言第6—7页。

❷ 整理者认为《皇极经世》只指元会运世部分，或许是受到了一些旧说的影响。《皇极经世》之名有时确实被用来专指该书的元会运世部分，如朱子云："《皇极经世》是推步之书。"（《朱子语类》卷一百，第2547页）这就是将元会运世部分等同于《皇极经世》全书。《朱子语类》言及《皇极经世》处多同此义，但也有例外，如同卷朱子答胡安之问"经世书"水火土石，石只是金否"一节，便是以《皇极经世》包举《观物篇》。可见，以《皇极经世》代指元会运世部分的说法只是略称，既不能一概代表朱子的观点，更不能据以论断《皇极经世》本书的内容。

❸ 陈绎：《邵古墓志铭》，《宋文鉴》卷一百四十三，第1999页。

十六篇（宋本、《四库全书》本等）❶，其间亦有改动；最关键的，从内容上看，两者也有出入。南宋张行成《易通变》录有邵雍所作的《伊川丈人正音叙录》，对邵古的声音之学作了简要述论。❷学者已经注意到，将此文与《皇极经世》的声音律吕部分相对比，可以发现两篇思想虽大体一致，但一些重要概念的用法却有所区别；举凡《皇极经世》对旧说加以改动之处，都与邵雍哲学的基本原则相一致。❸这就是说，《皇极经世》中的声音律吕部分其实是邵雍按自己的哲学体系对邵古学说加以改动整理而得，应当视作邵雍思想的组成部分。❹《伊川丈人正音叙录》作于治平二年（1065），❺《皇极经世》成书则在六年之后。邵雍消化旧说，出以己意，应该主要就是在此六年之间。

整理者又认为，声音律吕部分是由邵伯温编入。事实上，这部分更可能是由邵雍自己收在《皇极经世》中。一方面，《皇极经

---

❶ 宋本《皇极经世》声音律吕部分为十六篇，见下引张行成《皇极经世索隐》语。《四库全书》本为十六篇，察之可见。此外，考《性理大全》按语，《性理大全》所据之《皇极经世》底本，其声音律吕部分亦为十六篇（《性理大全》卷七）。由此观之，十六篇似为《皇极经世》声音律吕部分之常制。
❷ 除张行成外，宋元之际学者亦曾述及邵古声音之学大旨，皆本《伊川丈人正音叙录》而来（王应麟：《困学纪闻》卷八，翁元圻等注，乐宝群等校点，上海古籍出版社，2008年，第1061—1062页；鲍云龙：《天原发微》卷十，《道藏》第27册，第670—671页；钟过：《新编分门皇极经世书类要》卷九，《傅斯年图书馆藏未刊稿钞本·子部》第8册，邱仲麟主编，台北："中研院"历史语言研究所，2016年，第367—371页）。
❸ 平田昌司：《〈皇极经世声音唱和图〉与〈切韵指掌图〉：试论语言神秘思想对宋代等韵学的影响》，《东方学报》，第56册，1984年3月，第194—196页。
❹ 张行成已经意识到了两种学说之间的差别："声律之学本出于伊川丈人，康节祖述之，小有不同，理则皆通。"（《易通变》卷十九，《景印文渊阁四库全书》第804册，第454页）
❺ 邵雍《伊川丈人正音叙录》文末云："（邵古）宋治平元年正月一日卒于洛阳道德里，十月三日藏于伊川神阴原。后一年，嗣子雍集录其书而追述其事。"（《易通变》卷十九，《景印文渊阁四库全书》第804册，第454页）"后一年"即治平二年。

世》的声音之学既然出于邵雍改订,判断此部分并非邵雍亲手所定而是由他人整理编入就需要相当有力的根据作为证明,而整理者此说无法得到任何材料的支持;另一方面,距离邵雍之时尚近的张耒、邵伯温和王湜对《皇极经世》的结构曾有描述,三人提到,《皇极经世》"以阴阳刚柔之数穷律吕声音之数,以律吕声音之数穷动植飞走之数"❶、"声音律吕两相唱和"❷,书中有"配律历及平上去入四声处"❸。这说明,声音之学部分在当时刊行的《皇极经世》中已有收录。后文可知,三人所记述的很可能就是《皇极经世》的原本。由此来看,认为声音之学部分最初即收在《皇极经世》中,应该是更合理的结论。

第二,《观物内篇》在邵雍原本《皇极经世》中已有收录,并非由邵伯温添入,且该篇最初另有其名。

《观物内篇》原在《皇极经世》之中,可以从结构上得到说明。《皇极经世》被认为有一个显著的特点:其篇章结构与《周易》大体类似。也就是说,元会运世部分相当于上经,声音律吕部分相当于下经,《观物内篇》则相当于《系辞》,乃是揭明题旨、收束全书之作。对此,前人已明言之。邵伯温、王湜指出,《观物内篇》乃"准《系辞》而作者"❹,是总论"《皇极经世》之所以为书"❺。而张行成论述更详:

> 先生之书名《皇极经世》,总十二卷,分为《观物》

❶ 胡广编:《性理大全》卷七。
❷ 王湜:《易学》,《景印文渊阁四库全书》第805册,第683页。
❸ 张耒:《续明道杂志》,宛委山堂本《说郛》卷四十三,《说郛三种》第5册,上海古籍出版社,2012年,第2004页。
❹ 王湜:《皇极经世节要序》,《易学》,《景印文渊阁四库全书》第805册,第683页。
❺ 胡广编:《性理大全》卷七。

六十二篇。以元经会、以会经运、以运经世六卷三十四篇者，日月运行之变数，是为历数也；声音律吕相唱和四卷一十六篇者，日月星辰、水火土石之变化数，是为律数也：如《易》之有上下经、六十四卦也。余二卷十二篇之文，所以畅二数之义，如《易》之有《系辞》也。❶

"二卷十二篇"者，正是指《观物内篇》。《观物内篇》既然要发明《皇极经世》大意，自然不应独立单行，而应是《皇极经世》中固有的全篇纲领。❷

《观物内篇》原在《皇极经世》之中，也可从邵雍自述中得到印证。邵雍有四首诗谈及《皇极经世》，诗中提到的《皇极经世》对于历代治道的比较与评价不见于元会运世或声音律吕部分，而是明显脱胎自《观物内篇》。❸ 邵雍既将《观物内篇》的治道思想归于《皇极经世》名下，可见原本《皇极经世》必含有《观物内篇》。由此来看，所谓《观物内篇》是由邵伯温后来添入的说法，同样并不可信。

前人研究较少留意的一个问题是：《观物内篇》是不是该篇原名？容易看出，《观物内篇》与《观物外篇》之名彼此相对，两篇之名是为相互区别而起。在《观物外篇》的文末后记中，邵伯温曾经提到后者的成书本末：

---

❶ 张行成：《皇极经世索隐》卷上，《景印文渊阁四库全书》第804册，第3页。
❷ 当然，这并不意味着后世《观物内篇》没有单行本。《皇极经世》规模浩大，后世往往取《观物内篇》与《观物外篇》单独刻印，如南宋吴坚刻本即然。
❸ 邵雍：《书皇极经世后》《安乐窝中一部书》《皇极经世一元吟》《经世吟》，《伊川击壤集》卷八、卷九、卷十三、卷十七，《邵雍全集》第4册，第131—132、167—168、262、353页。

> 康节先公既捐馆，门弟子记其平昔话言，合二卷，尚恐传录之际不能无差，然亦足以发明成书，因命之曰《观物外篇》。❶

门弟子指张崏。《易学辨惑》亦载：

> 元丰官制行……（张崏）未几感疾，卒于京师，官才宣义郎。子望（张崏）平时记录先君议论为多。家人但见其素所宝惜，纳之棺中。其后子坚（张峋）得其遗稿见授，今《观物外篇》是也，盖十才一二。❷

据此，该篇本是张崏遗稿，元丰年间张崏卒后，其兄张峋转交与邵伯温，最终以《观物外篇》得名。❸《观物外篇》问世时，邵雍已然过世，《观物外篇》之名显然不会是出于邵雍手笔；这样，为了区别于《观物外篇》而来的《观物内篇》之名也就不可能是邵雍所定，《内篇》《外篇》应当是邵伯温或邵雍弟子在得到张崏遗稿后所命之名。那么，邵雍原本《皇极经世》中《观物内篇》的原名是什么？我们注意到，程颢为邵雍作的《墓志铭》有"有

---

❶《邵子观物篇渔樵问对》第5册。类似记载亦见陈振孙：《直斋书录解题》卷一、卷九，上海古籍出版社，1987年，第17、278页；马端临：《文献通考》卷二百一十，中华书局，1986年，第1726页；胡广：《性理大全》卷十一。

❷ 邵伯温：《易学辨惑》，《景印文渊阁四库全书》第9册，第407页。

❸《性理大全》卷十一引所谓张崏之语："先生《观物》有内外篇，《内篇》先生所著之书也，《外篇》门弟子所记先生之言也。《内篇》理深而数略，《外篇》数详而理显。学先天者，当自《外篇》始。"《观物外篇》得名在张崏卒后，张崏不可能预知其名。《性理大全》此处其实是引张行成之语（《序》，《皇极经世观物外篇衍义》，《景印文渊阁四库全书》第804册，第38页），而误以为张崏。

《观物外篇》著录邵雍语录，同一主题下往往不止一条，彼此含义相近，可以互相发明。这应当是张崏综合邵雍多次讲授的内容而成。

第3章 著作

《问》有《观》"❶之语。程颢作《墓志铭》时值邵雍去世当年,其时《观物外篇》尚未问世,程颢只能是以《观物篇》(《观》)之名指称《观物内篇》。此外,张行成也曾提到:"《观物篇》立言广大,措意精微,如《系辞》然。"❷也是以《观物篇》称呼《观物内篇》。❸由此来看,《观物内篇》最初当即以《观物篇》为名,《内篇》《外篇》是在《观物篇》原名基础上作出的区分。❹

第三,《观物外篇》不曾收录在邵雍原本《皇极经世》中,该篇编入《皇极经世》无法推定是否出于邵伯温之手。

上文已经说明《观物外篇》系张崏遗稿,《观物外篇》发现时,邵雍已经去世,故该篇最初未由邵雍编入《皇极经世》。这与整理者的意见是一致的。但整理者认为《观物外篇》是由邵伯温添入《皇极经世》,本书却持保留态度。仔细分析伯温所言可知,其中并未提及《观物外篇》。邵伯温云:

---

❶ 程颢:《邵尧夫先生墓志铭》,《河南程氏文集》卷四,《二程集》上册,第504页。"《问》"指《渔樵问对》。

❷ 张行成:《皇极经世索隐》序,《景印文渊阁四库全书》第804册,第2页。

❸ 此外,南宋庆元三年(1197)刻本《新刊国朝二百家名贤文粹》所收《观物内篇》,也径题作《观物篇》(《新刊国朝二百家名贤文粹》卷二十一,《续修四库全书》第1652册,第505—514页)。

❹ 《皇极经世》各篇皆以《观物篇》系名。在这个意义上,《观物篇》虽是《内篇》原名,却非《内篇》专名;或者说,作为《内篇》原名的《观物篇》其实是对包括元会运世、声音律吕以及《观物内篇》在内的整个邵雍之学的定位。这是《观物篇》在名义上需要注意之处。此种篇名可能是邵伯温所加,但从程颢《墓志铭》已提及《皇极经世》六十二卷(实为六十二篇)来看,也有可能是邵雍生前所定。

潘雨廷先生从《道藏》本《皇极经世》有《外篇》而无《内篇》之名入手,认为元会运世、声音律吕、《观物内篇》三部分可以合称《观物内篇》,以与《观物外篇》相对,并认为今本《内篇》《外篇》的区分当起于邵伯温或张行成(《论邵雍与〈皇极经世〉的思想结构》,《易学史发微》,第345—346页)。潘先生已留意到内外的差别,惜未注意上引邵伯温语、张崏事迹及程颢铭文,否则当可指出内外之别的产生原由。

《皇极经世》书凡十二卷。其一之二,则总元会运世之数,《易》所谓天地之数也。三之四以会经运,列世数与岁甲子,下纪帝尧至于五代历年表,以见天下离合治乱之迹,以天时而验人事者也。五之六以运经世,列世数与岁甲子,下纪自帝尧至于五代书传所载兴废治乱、得失邪正之迹,以人事而验天时者也。自七之十,则以阴阳刚柔之数穷律吕声音之数,以律吕声音之数穷动植飞走之数,《易》所谓万物之数也。其十一之十二,则论《皇极经世》之所以为书,穷日月星辰、飞走动植之数,以尽天地万物之理;述皇帝王霸之事,以明大中至正之道。阴阳之消长,古今之治乱,较然可见矣。故书谓之《皇极经世》,篇谓之《观物》焉。❶

整理者提出,在经邵伯温改编的《皇极经世》中,"十一卷为《观物内篇》,十二卷为《观物外篇》"❷。邵伯温原文明明是十一、十二两卷连言,不知整理者内外篇分属两卷的说法从何而来。❸事实上,邵伯温文中所言十一、十二卷"日月星辰、飞走动植之数""皇帝王霸之事""大中至正之道"云云,指的都是《观物内篇》,这在结构和内容上是可以一望可知的;相反,《观物外篇》

---

❶ 胡广编:《性理大全》卷七。
❷ 《邵雍集·前言》,第6页。
❸ 整理者认定的十二卷本《皇极经世》包含《观物外篇》,且《内篇》《外篇》分属两卷的看法,可能是受到了《正统道藏》本的影响。该本是唯一符合上述编排形式的存世版本。然而,《道藏》本虽在存世本中刊刻较早,却不过是改编本,错漏严重,并非善本,其卷次编排不能视同《皇极经世》原貌。对此,附录一有进一步的讨论。

《道藏》本不仅讹脱较多,在分篇上也不具有典型性。《皇极经世》今无宋元本存世,目前可见的明代刻本多为十二卷本系统,多数是将《观物外篇》附于十二卷后。后来,《四库》本也基本延续了这一分篇传统。这就是说,大多数《皇极经世》传本是将《观物外篇》作为原十二卷的附录处理。《道藏》本合并编排,反而是个例。

所论天文、《周易》之数云云则明显与此不同，且相对繁琐细碎，并非总论"《皇极经世》之所以为书"的要旨大纲。这说明，邵伯温所描述的，恰恰是没有加入《观物外篇》的《皇极经世》。❶

整理者又援引两宋之际王湜《易学》以为证。王湜云：

> 康节先生衍《易》作经，曰《皇极经世》。其书浩大，凡十二册，积千三百余板。以元经会二策，以会经运二策，以运经世二策，声音律吕两相唱和四册，准《系辞》而作者二册。❷

整理者言："王湜所见十二卷本的《皇极经世书》，已是邵伯温于邵雍去世后将《皇极经世》与《观物篇》合在一起，又加入其祖父邵古的声音律吕之学与张崏听邵雍讲学时所作的笔录厘定而成。"❸ 其实，王湜所言篇章结构与邵伯温完全一致：末两册既然出于邵雍亲笔，又是"准《系辞》而作者"，就只能是《观物内篇》，而与《观物外篇》无关。换言之，王湜所见的也是没有收录《观物外篇》的《皇极经世》，且该书在当时已经刻印。邵伯温和王湜描述的既然是与《观物外篇》合刊以前的《皇极经世》的结构，从两人所处时代看，这十分可能也就是邵雍所著《皇极经世》的原貌。至于邵伯温是否曾将《观物外篇》纳入《皇极经世》另行刊印，今已不得而知；《皇极经世》将《观物外篇》收入其中

---

❶ 邵伯温所言《皇极经世》包括《观物内篇》而不含《观物外篇》，还可得到他书的印证。陈振孙《直斋书录解题》录有《观物内篇解》，下云："康节之子右奉直大夫伯温撰，即《经世书》之第十一、十二卷也。"(《直斋书录解题》卷一，第17页)由此可知，《皇极经世》卷十一、十二为后来附有邵伯温解的《观物内篇》，而《外篇》不在其中。

❷ 王湜：《易学》，《景印文渊阁四库全书》第805册，第683页。

❸ 《邵雍集·前言》，《邵雍集》，第6页。

的做法是否始于北宋，也难以确考。❶ 在这样的情况下，简单认定《观物外篇》是由邵伯温添入《皇极经世》，是不够严谨的。

以上对《皇极经世》的结构作了简要分析，指出邵雍原本《皇极经世》包括元会运世、声音律吕及《观物内篇》三部分，《观物外篇》系后来添入。《观物内篇》与《观物外篇》是研究邵雍思想的主要材料，关于两篇之间的关系，这里有必要再略作补充。

《观物内篇》与《观物外篇》作者不同，前者是邵雍自作，

---

❶ 目前可见的最早收录有《观物外篇》的《皇极经世》，是明《正统道藏》本，这同时也是《皇极经世》存世的最早版本。该本将《观物内篇》与《观物外篇》各属一卷，同编在十二卷内。潘雨廷先生注意到《道藏阙经目录》未收入《皇极经世》，由此推测《皇极经世》"殊有可能"在北宋政和时已入《道藏》(《论邵雍与〈皇极经世〉的思想结构》,《易学史发微》，第345—346页）。然而，未收入《道藏阙经目录》并不必然说明某书曾在元藏之中，更不能导出曾收入金藏乃至《政和万寿道藏》的结论，而只是意味着：该书或者收入元藏且未被焚毁，或者根本就不曾收入元代以及更早的道藏。《道藏》本《皇极经世》显然属于后一种情况，这是因为，如前文所提及的那样，该本以会经运的纪年竟然晚至洪武年间。换句话说，《道藏》本《皇极经世》的底本确定无疑是个明本。这一点，现代的《道藏》研究者已经指出了（参见 Marc Karlinowski 撰写的词条，*The Daoist Canon: A Historical Companion to the Daozang*, ed. Kristofer Schipper and Franciscus Verellen, Chicago & London: University of Chicago Press, 2005, vol. 2, p. 752）。

张行成有《皇极经世观物外篇衍义》，据此题名，《观物外篇》似乎在张行成时已经编入《皇极经世》。然张行成《进易书状》但云《观物外篇衍义》，不与《皇极经世》连言（《全宋文》第196册，曾枣庄、刘琳主编，上海辞书出版社、安徽教育出版社，2006年，第359页）。这样，《皇极经世观物外篇衍义》的今名是否出于张行成自题、当时是否已有收入《观物外篇》的《皇极经世》，仍难遽下结论。从前引张行成"先生之书名《皇极经世》，总十二卷，分为《观物》六十二篇"之语看，张行成所见的《皇极经世》似乎并不包括《观物外篇》。张行成之后，南宋末年的祝泌提到："康节虑其书之未有统也，复以《观物篇》通一部之数而系之，以总其书六十二篇。又有《外篇》二，不以《观物》系之。书实六十四篇也。"（《观物篇解》卷一，《景印文渊阁四库全书》第805册，第11页）祝泌此说语焉未详，其云"书实六十四篇"，可能表示当时已有收入《观物外篇》的六十四篇本《皇极经世》；但从"《外篇》二，不以《观物》系之"看，《观物外篇》似又不在祝泌所认为的《皇极经世》之内。要之，目前尚无足够有力的史料可以断定包含了《观物外篇》在内的《皇极经世》版本在北宋或南宋已经出现。

后者是弟子所记，上文已有说明。这里需要追问的是：除了作者不同，两篇在内容上有着怎样的差别？这种差别的原因何在？或者说，什么构成了《观物内篇》与《观物外篇》在内容上的分篇标准？

这一问题，前人已经有所注意。冯友兰先生认为，两者分篇的标准在于"数"与"象"。冯先生说："就《观物篇》的内容说，内篇讲的是'数学'，外篇讲的是'象学'。内外之分可能是表示邵雍是以'数学'为主，'象学'为辅。"❶ 冯先生提出邵雍之学以数为主，以象为辅，可谓卓识；但认为《观物内篇》主于数，《观物外篇》主于象，却与实际情况不符。实际上，"数学"虽然在《观物内篇》中有所涉及，但所占比例甚低，《观物内篇》仍以说理为主；类似地，"象学"固然见之于《观物外篇》，却也远远没有达到一篇主旨的地步，其实，《观物外篇》所论反而以数为多。与冯先生以"数"和"象"区分内外相比，张行成以"理"与"数"区分两者的说法可能更切合真实的情况。张行成云："《内篇》理深而数略，《外篇》数详而理显。"❷ 这符合阅读两篇的直观感受。但进一步细读可以发现，两篇之理与数的内容其实并不相同：《观物内篇》之理既非《观物外篇》之理，《观物外篇》之数也非《观物内篇》之数。张行成的说法消解了两篇在内涵上十分重要的差别。这样，上两说虽能廓清一些疑惑，但邵雍分篇的真正标准仍未得到说明。真正理解这一问题，或许需要从邵雍对待两篇之学的不同态度入手。

一个值得注意的情况是，邵雍对待《观物内篇》与《观物外

---

❶ 冯友兰：《中国哲学史新编》第5册，《三松堂全集》第10卷，第67页。
❷ 张行成：《序》，《皇极经世观物外篇衍义》，《景印文渊阁四库全书》第804册，第38页。

篇》的态度迥然有别：《观物内篇》随《皇极经世》传世，人人可读；《观物外篇》之学则唯二三弟子得之，他人不得与焉——即使是邵伯温也不得其传：邵伯温撰有《皇极系述》《观物内篇解》，能发明《内篇》大意；但伯温初未得见《外篇》，后来虽得张崏原稿，似仍不能尽通其理，故《性理大全》仅录其《内篇》注释，《外篇》则少见有说。❶ 由此来看，只有得授《外篇》的学者才算得上是邵雍的亲传弟子。邵雍如此区分内外，显然是有意而为之，他将《外篇》之学秘不外传，其原因究竟何在呢？

本书认为，邵雍的区分与二篇之学的来源和性质不同有关。《观物内篇》与《观物外篇》各自侧重邵雍学术渊源之一端。《观物内篇》以四象相交作为贯穿自然与人事的基本法则，将日月星辰、水火土石、声音律吕等排比罗列，这在邵古思想中已具雏形，《观物内篇》在相当程度上是对邵古思想的继承和发挥。与此不同，《观物外篇》则少言日月星辰云云，而是侧重于卦爻、历数和物理之学。❷ 这些内容，《观物内篇》亦少言之。后文可知，邵雍关于易学、历法和物理之学的知识，大多得自李之才。《观物内篇》与《观物外篇》所大体区分开的，其实正是邵古和李之才这邵雍思想的两大源头。

邵雍之学兼家学与师传两脉，其家学见诸著述，师说则唯于师弟子间托付。邵雍所以不将主要得自李之才的《观物外篇》之

---

❶《宋史》邵伯温本传言其著有《观物内外篇解》(《宋史》卷四百三十三，第12854页)。但考之他书，不论是邵氏著作、学者注释还是《郡斋读书志》《直斋书录解题》等书目著录，都未言伯温有《外篇解》存世。疑此系《宋史》编者涉《内篇解》名近而误。

❷ 当然，作为综合性的语录，《观物外篇》所载并不限于上述内容，而是同样涉及《观物内篇》的自然论和历史观，以及其他零散主题；反过来，《观物内篇》对《观物外篇》中的元会运世之数也有论及。只不过，这些都不是两篇各自的主旨所在。

学广以示人，大抵是因为历数之学被认为关乎天道人事❶，不能付与奸邪之徒，故非善才美质不授❷；且其学繁难，非聪慧者不能明，非亲传者不易得；此外，在师门传统上，李邵一脉也素有秘传的色彩。相比之下，主要得自邵古、以说理为主的《观物内篇》则少涉及此类问题，故得以随《皇极经世》行世。就此而言，内外之名其实应该在对换的意义上得到理解：名为《内篇》者实有普遍的公共性，以《外篇》得名者反而有内传秘学的意味。❸

《皇极经世》的主要情况已如上论。最后，有必要对版本问题略作说明。《皇极经世》传本众多，但大抵皆出明代以后，时有讹脱衍倒之处。常熟翁氏旧藏南宋吴坚刻《观物内篇》《观物外篇》及《渔樵问对》《无名公传》，去古最近，错谬较少，颇能正通行本之讹。本书所引相关文字，均据吴坚刻本校定。

---

❶ 邵雍最亲近的弟子当属王豫和张崏。二人为舅甥，皆记有邵雍之学。张崏所记为《观物外篇》，王豫所记，据后世所载，为"《皇极经世体要》一篇，《内外观象》数十篇"（黄宗羲、全祖望：《宋元学案》卷七十八，中华书局，1986年，第2622页）。两人同师邵雍，所记内容应大体相似；换言之，王豫所记可以认为是《观物外篇》的另一个版本（《内外观象》疑即《观物内外篇解》之义）。后来，从张崏墓中发现《观物外篇》，王豫遗稿则据说先是被郑夬趁其病重时贿赂其仆窃得，改著以为己书；一百余年后，又被杜可大从盗王豫墓者手中得到，传与廖应淮。其人皆称之能察阴阳消长，洞见祸福先机（见邵伯温：《易学辨惑》，《景印文渊阁四库全书》第9册，第401—403、408—409页）；并参上引《宋元学案》卷七十八，第2622页）。值得注意的是，出自王豫、张崏的两个版本的《观物外篇》都是或在病中，或在身后，以遗稿的形式被人获得。这些记述不论真假，背后似乎都有一种暗示，即此书原是"不传之秘"，不应"流传人间"，有"道破天机"之处。
❷ 章惇、邢恕、秦玠、郑夬等欲从邵雍学象数，邵雍皆因其人品不佳而不之许（《易学辨惑》，《景印文渊阁四库全书》第9册，第401—403、408—410页）。谢良佐记载道："邢七（邢恕）要学，尧夫不肯，曰：'徒长奸雄。'"（《上蔡语录》卷下，《朱子全书外编》第3册，朱杰人、严佐之、刘永翔主编，华东师范大学出版社，2010年，第35页）
❸ 余嘉锡先生曾论周秦旧籍内外篇定名之缘由。《观物内篇》《观物外篇》之定名，从编者角度看，略近于余先生所谓"后人偶得遗稿，惜其放失，则又搜辑成帙，或遂重为编定……其较为矜慎者，乃不敢以乱原次，别编之为外集"（《古书通例·论编次第三》，上海古籍出版社，1985年，第115页）。若从作者角度看，内外篇之别，则如上文所论。

二 《伊川击壤集》

《伊川击壤集》为邵雍诗集，收录邵雍诗作约一千五百首。❶伊川者，邵雍葬亲伊水上，自称伊川翁，故以伊川名；击壤者，邵雍以帝尧之时安乐之民自比，又欲以寄托治道之要，故取传说中民众歌咏帝尧之力何有的《击壤歌》以题之。❷从邵雍原序来看，《击壤集》初次结集是在治平三年（1066），❸此时收录的篇什只占后来定本的四卷多；其后的篇目，应该是邵雍去世后由邵伯温整理而成，成书当在元祐六年（1091）前后。❹

《击壤集》所收诗作基本按照严格的编年顺序著录，❺从中不仅可以考知邵雍居洛交游的情况，也能把握居洛三十年间邵雍思想

---

❶ 不同版本收录篇目略有差异。详细统计，参见郑定国：《邵雍及其诗学研究》，台北：文史哲出版社，2000年，第95—100页。

❷ 邵雍云："志士在畎亩，则以畎亩言，故其诗名之曰《伊川击壤集》。"（《伊川击壤集序》，《邵雍全集》第4册，第2页）关于击壤出处的考察，参见钟肇鹏：《说〈击壤歌〉》，《文史杂志》，1986年第2期；饶龙隼：《击壤歌小考》，《古典文学知识》，2001年第2期。

❸ 邵雍序末云："时有宋治平丙午中秋日也。"（《伊川击壤集》序，《邵雍全集》第4册，第2页）

❹ 邢恕《后序》云："其子伯温裒类先生之诗凡若干篇，先生固尝自为序矣，又属恕以系其后，义可辞乎？元祐六年辛未夏六月甲子十有三日，原武邢恕序。"（《伊川击壤集》，《邵雍全集》第4册，第480页）

❺ 其中，卷首《观棋大吟》、卷二十《首尾吟》一百三十四首以及《集外诗》未明确系年，是例外。华澜先生指出邵雍诗中所述年龄与系年存在出入，并据此对《击壤集》系年的严谨性提出怀疑［The Recluse of Loyang: Shao Yong and the Moral Evolution of Early Sung Thought"（book review），*T'oung Pao*, Vol. 86, p. 172］。华澜先生提到的情况确实存在，但考虑到邵雍诗中所述年龄可能是虚岁，或有将就诗韵、举其成数者，由此造成的年龄出入并不足以证明《击壤集》的系年本身及各诗间的相对顺序有误。若以《击壤集》篇目综考其事，可以看出，在系年上，集中各篇没有明显的错误，在主题上，同一时期所作的诗歌也往往相关。这说明，《击壤集》的系年基本是可靠的。《击壤集》中绝大多数诗作没有提及年龄，但仍有明确的系年，这应是出于邵雍自己的记录。

的发展演变。特别地,由于迥异于大多数理学家的浪漫情怀,在邵雍处,诗歌这一文体并不仅仅是点缀,更是宣畅情怀、表达思想的不可替代的形式。对于理解邵雍关于人性、工夫、境界与历史的思考来说,《击壤集》中的篇目往往是最重要的材料。

《击壤集》传世版本众多。1975 年,江西星子县又出土宋版《击壤集》两部,虽非全帙,但收录邵雍佚诗数十首,洵为珍贵。❶ 相关佚诗后已收入《全宋诗》,今《邵雍全集》所录《击壤集》在《全宋诗》的基础上又有校订,是目前可见收录较全、使用较为便利的版本。❷

关于《击壤集》,需要特别说明的一点是所谓篇数问题。邵雍在诗中自称"《击壤》三千首"❸,但即使加上出土本所见佚诗,今本《击壤集》也不过一千五百余首。为了解释剩余一半诗作的去向,有研究者从现存《永乐大典》中抄出所录《前定数》诗歌近一千五百首,认定这就是失传千年的邵雍遗作。❹ 这真可谓惊人之论。如果此说属实,不仅《击壤集》可得完璧,邵雍研究乃至整个北宋中后期的文献、文学与思想研究都将因此而收获大量珍

---

❶ 出土本今已影印出版,即《重刊邵尧夫击壤集·邵尧夫先生诗全集》,《中华再造善本·唐宋编》,国家图书馆出版社,2014 年。相关情况,参见熊学明:《宋刻〈邵尧夫先生诗全集〉考述》,《赣图通讯》,1987 年第 2 期;胡迎建:《宋墓出土的两部邵尧夫诗集》,《文献》,1988 年第 4 期;吴圣林:《江西星子县宋墓出土宋版古籍》,《考古》,1989 年第 5 期;李致忠:《九江星子出土邵雍〈击壤集〉〈诗全集〉略考》,《文献》,2013 年第 6 期;丁延峰:《星子县出图宋槧〈击壤集〉〈诗全集〉新考》,《古典文献研究》第 20 辑下卷,程章灿主编,凤凰出版社,2017 年。

❷ 关于《击壤集》版本情况的详细研究,参见张跃明:《邵雍〈伊川击壤集〉版本考》;陈仕华:《〈伊川击壤集〉板本考》,《"中央"图书馆馆刊》,1992 年第 1 期;郑定国:《邵雍及其诗学研究》,第 93—122 页;祝尚书:《宋人别集叙录》上册,第 227—239 页。

❸ 邵雍:《击壤吟》,《伊川击壤集》卷十七,《邵雍全集》第 4 册,第 347 页。

❹ 丁治民:《邵雍"击壤三千首"考》,浙江大学出版社,2009 年。

贵的材料。情况真的是这样吗？其实，所谓《前定数》，不过是托名邵雍的占书而已。该书明代已见著录❶，书中分男女以干支配卦爻，每爻下附占诗一首。占者起卦定爻，根据占诗推定运命。这实际上是签占的一种。今北京大学图书馆藏日本延宝六年（1678）和刻本《康节先生前定易数女命》、日本京都大学图书馆藏和抄本《新刊康节先生前定男命易数》，即将该书按男女分为两部而得。《前定数》中充斥的都是"莫怪犬羊灾自挠，且修阴骘待寅申"❷这样迷信颠顸的文字。与《击壤集》相比，两者一为占书，一为诗集，其间主题、思想与文字的差别至为明显，不容混淆。宋元以来，此类托名邵雍的占算书籍为数甚夥，《前定数》不过是其中一支。❸这些文献虽题为邵雍所作，但毫无疑问只能当作托名看待，不能看成是解读邵雍思想的可靠根据。

《前定数》既然不是邵雍所作，那么，剩下的一千五百首诗又当作何解释？其实，剩余篇目的下落，邵雍在诗中已经明白道出。其《借出诗》云：

诗狂书更逸，近岁不胜多。大半落天下，未还安乐窝。

《又借出诗》云：

安乐窝中乐，娲皇笙万攒。自从闲借出，客到遂无欢。❹

---

❶ 研究者提到，《前定数》之名见于明人韩雍与倪宗正的文集中（丁治民：《邵雍"击壤三千首"考》，第4页）。
❷ （旧题）邵雍：《康节先生前定易数女命》上，北京大学图书馆藏日本延宝六年和刻本。
❸ 参见本书附录三。
❹ 邵雍：《借出诗》《又借出诗》，《伊川击壤集》卷十七，《邵雍全集》第4册，第344、358页。

从《击壤集》所载来看，邵雍诗作在生前已颇受欢迎，时有来求借者，而且所借篇目甚多。❶ 大半诗作或唱和赠人，或借出未还，邵雍又无底稿留存，这就是所谓"失诗"❷ 的真相。就北宋士人诗作结集的情况而言，这一情况乃是常态，不足为奇。

需要注意的是，并不是先有一成形的三千首的《击壤集》，然后集中诗作才不断散佚。实际上，《击壤集》大概从不曾有三千首之多。邵雍生前《击壤集》初次结集时，诗作不过三百余首；后来邵伯温又加编纂，其数虽然不得详知，但从出土本和传世宋元本《击壤集》收诗总数都在一千五百首左右、与通行本相差甚小来看，第二次结集的《击壤集》诗数也不太可能有大的偏差。程颢提到的"古律诗二千篇"❸，作为四舍五入的成数，应该比较符合《击壤集》的真实情况。因此，三千首之名可说是邵雍诗作之约数❹，而不能说是《击壤集》收诗之总数。

三 《无名公传》《洛阳怀古赋》《渔樵问对》

《皇极经世》与《击壤集》而外，邵雍另有数篇文章传世，其中亦颇涉及思想与行事。本节略作述论，着重考察各篇的写作年代和真伪情况。

---

❶ 如邵雍有《天津看雪代简谢蒋秀才还诗卷》《答宁秀才求诗吟》，皆言求诗之事。宁秀才所借，更是"几乎三百首"之多（《伊川击壤集》卷九、卷十六，《邵雍全集》第 4 册，第 164、334 页）。
❷ 邵雍：《失诗吟》，《伊川击壤集》卷十七，《邵雍全集》第 4 册，第 353 页。
❸ 程颢：《邵尧夫先生墓志铭》，《河南程氏文集》卷四，《二程集》上册，第 503 页。
❹ 邵雍《失诗吟》云："前后落人间，三千有余首。"可见三千首是邵雍诗作之总数（《伊川击壤集》卷十七，《邵雍全集》第 4 册，第 353 页）。

首先来看《无名公传》。❶该篇是邵雍的自传，多引《击壤集》诗句以敷演成文。从文中所引诗句最晚者为熙宁八年所作之《瓮牖吟》来看❷，该篇当作于邵雍去世前两年之内，是邵雍文章当中可知的写作时间最晚的一篇，足以反映邵雍晚年的思想状况。程子与邵伯温都曾提及该篇❸，前文在讨论邵雍的成学经历时也已引用。对于理解邵雍的人格气象来说，《无名公传》是十分重要的材料。

其次来看《洛阳怀古赋》。该篇在先前的研究中常被忽略，但其实颇为重要：在《怀古赋》中，邵雍提出了其皇帝王伯说的雏形。《皇极经世》与《击壤集》诸篇都作于邵雍晚年，此时，邵雍思想已经成熟定型；而《怀古赋》作于皇祐元年（1049）前后，反映的是邵雍迁洛早期的观点。将《怀古赋》与晚期作品相对比，从中可以考见邵雍思想的一些发展变化。

《怀古赋》作于何时，以不同版本为据会有不同的认识。该篇早见于《邵氏闻见录》，后被吕祖谦编入《宋文鉴》。《邵氏闻见录》本《怀古赋》云：

> 洛阳之为都也，地居天地之中，有中天之王气在焉。予家此始半岁，会秋乘雨霁，与殿院刘君玉登天宫寺三学阁，洛之风景因得周览。❹

---

❶ 又名《无名君传》《无名君序》《无名君引》。
❷ 邵雍：《瓮牖吟》，《伊川击壤集》卷十四，《邵雍全集》第4册，第286页。
❸ 程子云："如《无名公传》言'问诸天地，天地不对，弄丸余暇，时往时来'之类。"（《河南程氏遗书》卷二上，《二程集》上册，第45页）邵伯温云："故《无名君序》云：'见善人未尝急合，见不善人未尝急去。'"（《邵氏闻见录》卷十九，第216页）
❹ 邵伯温：《邵氏闻见录》卷十九，第213页。

据此，该篇当作于邵雍迁洛半年之时，即皇祐元年前后。然而，《宋文鉴》本《怀古赋》"始半岁"却作"治平岁"。❶若然，则《怀古赋》当作于治平年间（1064—1067）。其时邵雍迁洛已有十五年，下距《皇极经世》成书不过五年左右，距离邵雍去世也只有大约十年的时间。这样，《怀古赋》就不是邵雍迁洛早期的作品，而应看作晚期思想之体现。两说究竟何者为确呢？

两者中，《宋文鉴》本"治平"之文当系讹误。一方面，从行文上看，"治平"之文语意不通。首先，若作"治平岁"，则"予家此"三字当属上读，"治平岁"当属下读，文意破裂，颇有不贯。其次，《怀古赋》是被邵伯温作为邵雍初迁洛事记录下来的，这从《邵氏闻见录》引《怀古赋》前所述"康节先公自共城迁洛，未为人所知也，宗颢独馆焉……康节登其院阁，尝作《洛阳怀古赋》"❷的背景语可见之。如果《怀古赋》作于治平年间，邵伯温不当将其与初迁洛事并记。再次，《邵氏闻见录》在《怀古赋》后，有"熙宁间，宗颢尚无恙"❸之语。治平不过四年，又与熙宁相接，如果《怀古赋》作于治平年间，邵伯温似不当言"尚"字。这说明，"治平"之文在语脉上是颇有疑点的。

另一方面，更关键的，从时间上看，"治平"之文也有问题。《怀古赋》是邵雍与友人刘元瑜登临天宫寺三学阁所作。《击壤集》中存有邵雍与刘元瑜的唱和诗一首❹，正作于皇祐元年，此后二人再未见有诗文往还。据《宋史》本传及《续资治通鉴长编》，刘元

---

❶ 邵雍：《洛阳怀古赋》，《宋文鉴》卷五，第63页。《宋文鉴》本《洛阳怀古赋》的其他讹误，参见本书附录一。
❷ 邵伯温：《邵氏闻见录》卷十九，第211页。
❸ 邵伯温：《邵氏闻见录》卷十九，第213页。
❹ 邵雍：《新居成呈刘君玉殿院》，《伊川击壤集》卷一，《邵雍全集》第4册，第6—7页。刘元瑜字君玉。

瑜至和年间（1054—1056）起即转任潭州、襄州等地，最终卒于青州任上❶，吴廷燮《北宋经抚年表》系之于治平元年（1064）。❷难以想象，去世当年、远在青州的刘元瑜如何会突然与邵雍在洛阳登临吟咏。此外，文中的官职也透露出一些信息。邵雍在《怀古赋》中称刘元瑜为殿院。所谓殿院，指殿中侍御史。刘元瑜任殿中侍御史在其早年，方其知青州时，邵雍不当复以旧职相称。由此来看，治平之说亦不合情理。综合以上种种，《怀古赋》之作只能在邵雍初迁洛时，即皇祐元年前后。

最后来看《渔樵问对》。❸此篇的作者素有争议❹，前人也颇有考辨。主要说法有五：其一，邵雍；其二，邵伯温；其三，张载；其四，刘安节；其五，刘安上。❺看似诸说纷纭，是非难辨，但若从文本来源和思想面貌入手考察，则可发现，《渔樵问对》与邵雍学说之间的亲缘关系是极为明确的。

在文本来源方面，郭彧先生作了详细比对：

> 今以是书内容与《观物内篇》对照之，可知："天下将

---

❶ 脱脱等：《宋史》卷三百零四，第10071—10072页；李焘：《续资治通鉴长编》卷一百八十，至和二年六月戊辰条，第4358页。

❷ 吴廷燮：《北宋经抚年表·南宋制抚年表》，中华书局，1984年，第73页。

❸ 又名《渔樵对问》《渔樵问答》。

❹ 参见余嘉锡：《四库提要辨证》卷十，中华书局，1980年，第582页；孙猛：《郡斋读书志校证》，上海古籍出版社，2011年，第452—453页；以及郭彧先生的总结，见邵雍：《邵雍全集》第4册，第468—471页。

❺ 邵雍说，如程颢：《邵尧夫先生墓志铭》，《二程集》上册，第504页；晁说之，见胡广编：《性理大全》卷十三；脱脱等：《宋史》卷四百二十七，第12426页。邵伯温说，见黄震：《黄氏日钞》卷三十三，《景印文渊阁四库全书》第708册，第19页。张载说，见孙猛：《郡斋读书志校证》，第452—453页。刘安节说，见刘安节：《刘左史集》卷四，《景印文渊阁四库全书》第1124册，第104—107页。刘安上说，见永瑢等：《四库全书总目》卷九十五，中华书局，1965年，第801页。

治……安得无心过之人而与之语心哉"之二百四十字为《观物内篇》第七篇中文字;"夫所以谓之观物者……过此以往,未之或知之也"之四百八十八字为《观物内篇》第十二篇中文字;"谓其目能收万物之色……又安能从妄人而行妄知妄言者乎"之五百四十字为《观物内篇》第二篇中文字;"仲尼曰……谓其行无辙迹也"之二百十五字为《观物内篇》第五篇中文字。四处合计直接引用《观物内篇》内容一千四百八十三字。黄百家于《宋元学案·百源学案》中评价此书,曰"去其浮词并与《观物篇》重出者",录存不足二千字。如果再去其与《伊川击壤集》重出者,则所余无几。可见,《渔樵问对》一书是与邵雍《观物内篇》及《伊川击壤集》关系极为密切之书。❶

郭彧先生列出的都是《渔樵问对》完全照引《观物内篇》的段落;除此之外,《渔樵问对》中还有不少略变其文字,而文意与《观物篇》完全一致的语句。例如:

1. 《观物内篇》言"时有消长,否泰尽之矣,经有因革,损益尽之矣"❷,《渔樵问对》则言"时有否泰,事有损益"❸。
2. 《观物内篇》言"君行君事,臣行臣事,父行父事,子行子事,夫行夫事,妻行妻事,君子行君子事,小人行小人事,中国行中国事,夷狄行夷狄事,谓之正道"❹,《渔樵

---

❶ 见邵雍:《邵雍全集》第4册,第469—470页。引文略有疑义:所谓"不足二千字"者,是郭彧先生统计,并非黄氏原文。黄百家但云:"去其问答浮词并与《观物篇》重出者,存其略焉。"(《宋元学案》卷九,第382页)

❷ 邵雍:《观物内篇》,《邵雍全集》第3册,第1156页。

❸ 邵雍:《渔樵问对》,《邵雍全集》第4册,第465页。《邵雍全集》"泰"讹作"丧",据他本改。

❹ 邵雍:《观物内篇》,《邵雍全集》第3册,第1168页。

问对》则言"君君,臣臣,父父,子子,兄兄,弟弟,夫夫,妇妇,谓各安其分也"❶。

3.《观物外篇》言"火无体,因物以为体"❷,《渔樵问对》则言"火无体,待薪然后为体"❸。

类似这样的例子为数甚夥。由此可见,《渔樵问对》与邵雍其他著作之间存在着极为直接的文字关联。至于认为《渔樵问对》与《击壤集》有重出之处,则非是。《渔樵问对》对《观物篇》虽多有征引,却全未引及《击壤集》诗句。从其多引《观物内篇》看,《渔樵问对》或许作于前者著成之后;两者文字上的不同或互补,可能是邵雍在前者基础之上作的修改或发挥。❹

除了文本上的一致性,在思想面貌方面,《渔樵问对》与邵雍学说的亲缘性也十分明显。除去上述直接引自《观物内篇》的部分不论,《渔樵问对》其他段落对于水火、体用、体性、利害、意言象数、性情形体等概念的探讨,往往与《观物篇》相一致,且有互相发明之处。例如,《观物内篇》以人之人为圣人,《渔樵问

---

❶ 邵雍:《渔樵问对》,《邵雍全集》第4册,第466页。
❷ 邵雍:《观物外篇》卷下,《邵雍全集》第3册,第1219页。
❸ 邵雍:《渔樵问对》,《邵雍全集》第4册,第456页。
❹《渔樵问对》的文本有其复杂性,似是若干独立章节的汇合,而非一气连贯的作品。举例而言,从行文上讲,一个明显的标志是,在开篇由"渔者垂钓于伊水之上,樵者过之,弛担息肩,坐于盘石之上"展开的第一回合的讨论以樵者的赞叹结束后,下文起笔竟又重申了"渔者与樵者游于伊水之上"的情境,此处的"复调"无论如何指示了某种整合的痕迹。此外,第一章结束处的"乃析薪烹鱼而食之,饫而论《易》",在第二章讨论的天地、人物关系中并无对应,论《易》的内容要到《渔樵问对》中段"量力而动者智矣哉"以下方才出现,这种"脱线"也显示出文本结构上的松散或失序。而从主题上讲,如学者已经指出的,《渔樵问对》各段可按内容分为若干章节,不同章节之间彼此相对独立。如龙伯格(Knud Lundbæk)在其译稿中,曾将该篇分为二十一章(*Dialogue Between a Fisherman and a Woodcutter*, translated by Knud Lundbæk, Hamburg: C. Bell Verlag, 1986)。

对》则以人之人为仁人；又如,《观物外篇》以阴阳、动静言体用,《渔樵问对》则在此基础之上复以利害、隐显言体用,又明确指出天下之物皆具体用,为《观物篇》所未见；又如《观物外篇》云"火无体,因物以为体"❶,《渔樵问对》则言说更详,云:"薪,火之体也。火,薪之用也。火无体,待薪然后为体；薪无用,待火然后为用。是故凡有体之物,皆可焚之矣。"❷ 这些论述不仅可以佐证《渔樵问对》的思想来源,更能发《观物篇》之所未发,对于完整理解邵雍思想颇有裨益。除上述涉及《观物篇》的内容,另有部分材料是《渔樵问对》所独有。如《渔樵问对》解《系辞》"易有太极"一段,及论复卦、无妄卦、姤卦义,皆不见于他书。邵雍易学罕言卦义,此数段为少有的直接解说卦义的记载,足为珍贵。

根据引文和思想状况,《渔樵问对》作者五说中的大多数可以排除。刘安上为刘安节之讹。❸ 刘安节《刘左史集》罕言义理,《渔樵问对》在集中颇不相称❹,故周中孚云:"或元承爱其书而录之,编集者误取以殿诸后欤？"❺ 张载虽言天道性命,但自成特色,与《渔樵问对》不同。唯一看似难以全然证伪的是邵伯温。前人或根据《渔樵问对》大量征引《观物篇》文字,而认为该篇出于邵伯温伪造。南宋黄震即持此见,认为该篇是"伯温得

---

❶ 邵雍:《观物外篇》卷下,《邵雍全集》第3册,第1219页。
❷ 邵雍:《渔樵问对》,《邵雍全集》第4册,第456页。
❸ 四库馆臣云:"(《渔樵问对》)刘安上集中亦载之。"(《四库全书总目》卷九十五,第801页)实际上,《渔樵问对》载于刘安节《刘左史集》,刘安上《给事集》则无。四库馆臣似因名近而误。
❹《渔樵问对》编入他书的情况并非孤例。黄震提到,南宋人编有《伊川至论》一书,本是集录程颐之语,但《渔樵问对》却"不知何为亦剿入其中"(《黄氏日钞》卷三十三,《景印文渊阁四库全书》第708册,第19页)。如果据此认定《渔樵问对》是程颐所作,显然是荒谬的。
❺ 周中孚:《郑堂读书记》卷三十六,《续修四库全书》第924册,第422页。

家庭之说而私附益之,明矣"❶。但如若注意到《无名公传》同样多引《击壤集》诗句,即可知这种自我征引本就是邵雍行文的一贯特色。《渔樵问对》的这一特征非但不足以证明其伪,反而显示出该篇在文字风格上与邵雍其他作品之间的密切关联。换一个角度考虑,如果此篇真出于邵伯温之手,在《观物内篇》已随《皇极经世》传世的情况下,伯温伪造《渔樵问对》,却大量征引人人可见的《观物内篇》文字,这无异于自揭其伪,于情理不合。此外,程颢在《墓志铭》当中,也早已指明了邵雍有《渔樵问对》之作。❷应该承认,即使不能完全排除《渔樵问对》部分文字有出于邵氏后学增益的可能,但该篇的基本观念与文字主体仍然明显源于邵雍;以此解读邵雍思想,不存在根本上的争议。

四 《正玄》《太玄论》《太玄准易图》《太玄准易图序》

以上诸篇之外,另有《正玄》等题为邵雍遗文者四篇,同样值得引起注意。

与前述《皇极经世》诸书相比,此四篇的情况有所不同。就内容主题而言,《皇极经世》诸书着重阐发邵雍自己的思想,具有鲜明的个人特色;而《正玄》诸篇则是依傍之作,是对扬雄《太玄》的解释与发挥。就传布情况而言,《皇极经世》诸书或独立成

---

❶ 黄震:《黄氏日钞》卷三十三,《景印文渊阁四库全书》第708册,第19页。黄震又引晁公武之说加以论证。在《宋元学案》中,黄百家也曾引述黄震此说,表示赞同。但就在黄百家按语之下,全祖望便提出了质疑:"晁氏但云'邵氏言其祖之书也',是盖疑词,而未尝竟以为伯温作也。"(《宋元学案》卷九,第382页)
❷ 《邵尧夫先生墓志铭》云:"有《问》有《观》。"(《河南程氏文集》卷四,《二程集》上册,第504页)《观》指《观物篇》,《问》指《渔樵问对》。

书，或收在后世刻印的邵雍文集之内；《正玄》诸篇则或已佚失，或是仅保存在他书的记载当中。从其重在阐发扬雄而非邵雍自己的思想来看，此数篇写就的时间可能相对较早，或许尚在《皇极经世》成书之前。由于并不常见，且内容与邵雍本人的哲学思想相去有间，《正玄》诸篇历来没有得到较多重视。但其实，此数篇与邵雍学术的问题意识有密切的关联：从根本上讲，《正玄》诸篇都是围绕《太玄》与《周易》的关系而发，其所共同揭示出的，乃是"《太玄》准《易》"这一邵雍易学的重要原则。以下，本节围绕"《太玄》准《易》"这一主题，对《正玄》诸篇的情况作一考述。

首先，关于《正玄》。

《正玄》今已亡佚。金生杨先生指出，南宋章如愚《山堂考索》、明《永乐大典》以及章潢《图书编》中保存有关于《正玄》的记载。❶ 上三书之外，元梁寅《策要》和明唐顺之《荆川稗编》也有记述。❷ 诸书所载大抵以《山堂考索》为本，内容大同小异，皆以《正玄》为邵雍所作。

从《山堂考索》的描述看，《正玄》是对扬雄《太玄》的改编。其改动主要表现在以下几方面：

第一，变《太玄》四重为上下四爻。《太玄》每首的符号分为方州部家四重，其形制与《周易》六爻相似。但实际上，《太玄》的符号只是以"数"的形式记录该首所在的序次，并不具备"拟

---

❶ 章如愚：《山堂考索》别集卷三，中华书局，1992年，第1288页；解缙编：《永乐大典》卷四九三九，中华书局，1986年，第8326页；章潢：《图书编》卷八，《景印文渊阁四库全书》第968册，第241页。参见金生杨：《邵雍学术渊源略论》，《中华文化论坛》，2007年第1期。

❷ 梁寅：《策要》卷六，《宛委别藏》第72册，江苏古籍出版社，1988年，第228—229页；唐顺之：《荆川稗编》卷四十三，《景印文渊阁四库全书》第954册，第18—19页。

诸其形容，象其物宜"(《系辞上》)的"象"的意义。❶相应地，《太玄》之重也就没有《周易》之爻的独立地位。《正玄》"以方州部家而为爻之形象，而以上下命名"❷，以爻言之，这是将《太玄》之重视同《周易》之爻，使其具有爻的意义，并为其赋予赞题；❸以卦言之，这是用《周易》之象改造《太玄》之数，使《太玄》的符号也具备空间性的象的内涵。这是《正玄》改编的第一步。

第二，删《太玄》一首九赞为五赞。《太玄》每首符号有四重，而辞有九赞，辞与图、赞与重不能一一对应。《正玄》"减九赞为五赞"❹，使赞与重可以彼此相配。这样，赞辞就成了对所在之重图像的描述，具有了类似爻辞之于爻象的意涵。这是《正玄》改编的第二步。以上两步是《正玄》的主要工作，即按《周易》的形式对《太玄》加以改造。

第三，将《太玄》十二卷按九天重排为九卷，每卷九首。

第四，为《太玄》首赞配以五行。《太玄》原本已将首赞与五行相配，但八十一首当中，水火木金各得十八首，土仅得九首，比例不协。《正玄》则将八十一首"以水火木金土，随次序而品第

---

❶ 详见本书第五章第一节。关于《太玄》的系统研究，参见郑万耕：《扬雄及其太玄》，北京师范大学出版社，2009年。

❷ 章如愚：《山堂考索》别集卷三，第1288页。

❸ 《太玄》本有赞题，以初一、次二以至上九为名，仿效的是《周易》自初至上的爻题。《正玄》赞题的特殊之处，在于以下下、下上、中下、中上、上下、上上为名。司马光提到，宋衷、陆绩《太玄注》曾为一首九赞配以下至中中至上上之序(《太玄集注》卷一，中华书局，1998年，第1页)。《正玄》赞题的这种命名方式，或许受到了宋、陆之说的影响。此外，《太玄图》与《周易图》本《太玄准易图》同样有下下至中中至上上的字样，但其所指是一州九家(首)，而非一首九赞，与宋、陆之说和《正玄》不同。《太玄图》的这种标记，可能是本自《太玄莹》"方州部家，八十一所，画下中上，以表四海，玄术莹之"(《太玄集注》卷七，第189页)之语。

❹ 章潢：《图书编》卷八，《景印文渊阁四库全书》第968册，第241页。

之"❶,这样,五行皆各得十六首(水十七首)。此外,由于删减赞数,《正玄》对各赞与五行的配比可能也有调整。

第五,以"工""兀""示""正""器""亦""坐""光""幽"九类摹象《太玄》。

《正玄》的改编多有令人费解之处。例如,《太玄》每首九赞,《正玄》删减之后,保留的是哪五赞?删九为五之后,每首有四重五赞,如何使辞与象相对应?❷《太玄》每首每赞都与昼夜、节气和星宿度数相配,《正玄》删九为五,各赞所值的度数如何调整?"象工""象兀""象示""象正"云云又是何意?❸《正玄》原书不存,这些问题今已无从索解。可以确定的是,在《正玄》看来,《太玄》不能使辞与象一一对应是其最为根本的缺陷所在,而改造的方法即是以《周易》的形式整理而表出之。这一思路所遵循的,正是邵雍所谓"《太玄》准《易》"的宗旨。❹

其次,关于《太玄论》。

---

❶ 章如愚:《山堂考索》别集卷三,第1288页。

❷ 一种推测是令调整后的五赞,一赞当首辞,其余四赞当赞辞。这样需要以原本具体的一赞统摄全首,似违情理。但在删九为五的前提下,这是唯一可能的使辞与象一一对应的形式。而且,也只有这样才能与下下、下上、上下、上上的赞题相合。

《太玄》本无首辞,今各首首名后的文辞来自原先独立成篇的《太玄首》。《太玄首》相当于《周易》的《彖传》。司马光指出,《太玄首》原与《太玄测》等各篇一起,整体附于《太玄》赞辞之后,至晋范望作注时,才将《太玄首》与《太玄测》散于各首之中(《太玄集注》卷一,第1页)。《正玄》如何处理现有的《太玄首》文字,《山堂考索》诸书未载。推其意,《正玄》或以赞辞充当首辞,而与《太玄首》并列,即仍因范望之例。

❸ 从字面上猜测,"工""兀""示""正"云云可能是以字形象征首形(━、╍、┅的位置与数量):如工有两横,象征第一至九首,其象上两重皆为一;兀上为一横,下为两画,象征第十至十八首最上一重为一,次上重为一、╍;等等,以次类推。

❹ 同样是主张《太玄》准《易》,《正玄》的思路与下述数篇有所不同:下述数篇都是称赞《太玄》对《周易》的模拟之功,《正玄》却是认为《太玄》对《周易》的模拟仍不到位,因此有必要"正《太玄》之所未正"(《山堂考索》别集卷三,第1288页)。

《永乐大典》载有一篇题为"《渔樵问对》附集《太玄论》"❶的文献，后收入明徐必达刻印的《邵子全书》。❷ 该篇明确以邵子之名立言，又题作《渔樵问对》附集❸，文中年代、思想、文风亦复与邵雍相契，当为邵雍之作。该篇对了解邵雍关于扬雄《太玄》的评价颇为重要。其文如下：

> 邵子曰：准天地者莫过于《易》，准《易》者莫深于《太玄》，然《易》与《太玄》意趣同而指用异也。夫《易》有两仪四象，八卦相荡而成六十四，故三百八十四爻备焉；《玄》以一而生三，以三而生九，而成八十一首，故七百二十九赞备焉。此生数之异也。《易》之体本乎八象，《玄》之用配乎五行，此体用之异也。《易》之卦始于乾而终于未济卦，《玄》之首始于中而终于养。中者法于中孚，养者法于颐。此始终之异也。所谓生数之异者，盖《易》以一而生两，《玄》以一而生三。两者自天地而起，三者自三方而分。及究其阴阳分配，法象显著，不差其数，不失其宜，此其所以为同也。所谓体用

---

❶ 原书下注：一作《太玄准易是非论》。
❷ 是否收录《太玄论》，各本《邵子全书》并不一致。仅就所见而言，清华大学图书馆、哈佛燕京图书馆藏《邵子全书》卷七仅收《渔樵问对》《无名公传》，而中国科学院图书馆藏《邵子全书》该卷在此二篇外，还收有《太玄论》《劝学说》《文中子赞》三篇。此外，研究者提到，日本内阁文库所藏《邵子全书》也收有此三篇（王诚：《先天后天：邵雍哲学思想研究》，北京大学博士论文，2009年，第21页）。各本《邵子全书》皆题徐必达刻于明万历三十四年（1606），但就以上所论观之，疑《邵子全书》在初刻之后或有补版，《太玄论》等三篇盖即系补版时收入。点校本《邵雍集》未参《邵子全书》，漏收《太玄论》；《邵雍全集》虽以《邵子全书》参校，仍未收入此文，颇为可惜。
❸ 中国科学院图书馆藏有明刻本《皇极经世观物内篇》十二卷，并《渔樵对问》一卷，《附集》一卷。《附集》中收录《太玄论》等邵雍文字。由此来看，《永乐大典》所谓"《渔樵问对》附集《太玄论》"，未必是指《太玄论》是《渔樵问对》的"附集"，而可能是说《太玄论》收在《渔樵问对》之后的《附集》中。

之异者，《易》以天地雷风水火山泽为体，则五行在其中矣；《玄》以水火金木土为用，则八象在其中矣，此其所以为同也。所谓始终之异者，盖其卦以阴阳盛衰、人事消长相授其义；❶《玄》次决，其首以日之躔次、宿之分度以周其数。然其间二气迭运，变化不穷，此其所以为同也。

夫《易》之作，始于伏羲而终于孔子，其道备矣。而扬雄独以贤者之才尽兼九圣之业，再探其赜，继而为之。其立法、其配象、其设辞、其为教，岂能复出于圣人乎？宜其意趣大同而指用稍异也。然则《玄》之不作，《易》宁有阙？《玄》之既作，《易》宁有补？若然，则其为是乎？其为非乎？昔者扬雄挺诚明之性，生祸乱之代，内穷圣域，识洞天人，顾《易》之道，求而得之，故研其虑，覃其思，以尽其性理，以阐其幽奥，故《玄》不得不作也。盖雄自谓深明《易》，而作《玄》以准《易》也，非敢与《易》并行矣。其辞微，其旨晦，保其存，惧其亡，盖当乎乱世而历（原注：一有其字）艰险也。《易》曰："作《易》者其有忧患乎？"又曰："于稽其类，其衰世之意耶？"此亦可见雄之志矣。然《玄》之既成，雄颇自厚，谓世不我知，当俟知我者。故刘歆、严尤或以为非，桓谭、张衡或以为是。非之未必废，是之未必兴，盖其道之深也。呜呼！自雄殁于今千年，未见有如雄者，况议雄之是非乎？班固谓雄非圣人而作经，故绝其嗣，此迂阔之甚矣。《法言》曰："通天地人曰儒。"若雄者，可谓大儒也。不及雄者，宜非之乎？❷

---

❶ 此段《玄》与《易》并举，下既云"《玄》次决"，疑"盖"字下、"其卦以阴阳盛衰"之上，或阙"《易》"云云。

❷ 《永乐大典》卷四九二三，第7995—7996页；并据中国科学院图书馆藏《邵子全书》本校改。

如别名《太玄准易是非论》所显示的,《太玄论》主要讨论的是《太玄》与《周易》的关系,以及应该如何评价这种关系的问题。在文中,邵雍从生数(数字)、体用(卦象五行)、始终(卦序)三方面描述了《太玄》之于《周易》的准拟性关系,认为两者既有差异又彼此相似,"指用稍异"而"意趣大同"。三方面中,数字一项尤为重要,邵雍在这方面的论述也最为关键。邵雍指出,"《玄》以一而生三",《太玄》分化成八十一首、七百二十九赞,遵循的是一分为三的规律;相对应地,"《易》以一而生两",《周易》分化成六十四卦、三百八十四爻,遵循的是一分为二的规律。后一点的拈出,是《太玄论》一篇最值得注意之处。盖《太玄》准《易》,乃是常识;《太玄》分三,亦系成说;❶但《周易》分二、以二相生,前人却未曾言之。邵雍经由《太玄》而指明《周易》,不仅点出了《太玄》准《易》的根本方式,更道出了《周易》的生成结构,为自身易学体系的建构打开了空间。邵雍论《太玄》诸篇从不同角度各自阐发了"《太玄》准《易》"的原则;但明确指出《周易》一分为二的生成结构者,唯有《太玄论》。

  由于认可《太玄》的拟《易》之功,邵雍对于扬雄作《太玄》亦颇肯定。在邵雍看来,扬雄作《太玄》不是对《周易》的僭越,而是对《周易》的阐释,目的在于"以尽其性理,以阐其幽奥"。《太玄》体现了扬雄非凡的才性("贤者之才""诚明之性")、宏大的抱负,和对于《周易》制作宗旨的洞察。在这个意义上,邵雍称许扬雄是通天地人的大儒❷,《太玄》是足以辅准《周易》的

---

❶ 例如,唐人王涯《说玄》指出:"以一生三,以三生九,以九生二十七,以二十七生八十一,三相生,《玄》之数也。"(《太玄集注》附录,第234页)

❷ 邵雍又言:"扬雄作《玄》,可谓见天地之心者也。"(《观物外篇》卷下,《邵雍全集》第3册,第1225页)

巨著，而对刘歆、班固等人的苛责颇表不屑。邵雍自身的易学取径与《太玄》密切相关，他对《太玄》的推崇之中，有以扬雄明《易》之功自况的意味。❶

再次，关于《太玄准易图》。

与其他诸篇文字不同，《太玄准易图》是一幅图式。该图不见于邵雍著述，而是保存在朱震《汉上易传卦图》、杨甲《六经图》，以及南宋人所辑的《大易象数钩深图》和《周易图》中。❷ 诸书收录该图并未标明作者归属，但图式揭明的《太玄》准《易》的宗旨，明显与邵雍易学相合。上举诸书中，后三书将《太玄准易图》与《皇极经世全数图》、《皇极经世先天数图》等与邵氏学术有关的图式相连排列，这种排列次第似乎也暗示，三书编者认为《太玄准易图》与邵氏之学密切相关。最直接的判断依据来自北宋学者晁说之。晁说之《嵩山文集》收录有邵雍《太玄准易图序》❸，序文所阐发的正是《太玄准易图》之义。在《易玄星纪谱后序》

---

❶ 《太玄论》中，除《太玄》准《易》之说外，邵雍的易学史观也值得留意。《太玄论》云："夫《易》之作，始于伏羲而终于孔子，其道备矣。"此可补《观物外篇》之不足。盖《观物外篇》但言伏羲之《易》与文王之《易》，罕言孔子与《周易》之关系。由《太玄论》可知，邵雍易学仍приблиз遵从《汉书·艺文志》"人更三圣，世历三古"的宗旨，仍将《易传》看作孔子的作品，从而仍是在《易传》的精神下理解《周易》。

❷ 朱震：《汉上易传卦图》卷中，《景印摛藻堂四库全书荟要》第3册，台北：世界书局，1988年，第791页；杨甲：《六经图》卷一，毛邦翰补，《景印文渊阁四库全书》第183册，第175—176页；佚名：《大易象数钩深图》卷下，《道藏》第3册，第197页；佚名：《周易图》卷下，《道藏》第3册，第162页。

《大易象数钩深图》与《周易图》两书的辑者素有争议。旧说以为辑者系元人张理，刘师培指出二书皆南宋作品（《读道藏记》，《刘申叔遗书》下册，江苏古籍出版社，1997年，第1990—1993页）。王铁认为《大易象数钩深图》为南宋郑东卿所编（《宋代易学》，第184—186页），陈睿宏认为两书撰作年代虽在南宋，具体作者却难定论（《宋代图书易学之重要辑著：〈大易象数钩深图〉与〈周易图〉一系图说析论》，台北：政大出版社，2016年，第46—55页）。

❸ 晁说之：《嵩山文集》卷十，第1页上至第2页下。

中，晁说之更明确将《太玄准易图》系于邵雍名下。❶这就为判定该图作者提供了最有力的证据。此外，后世学者在称引该图时，也无一例外将其归为邵雍所作。❷《太玄准易图》系邵雍作品，应无疑义。

诸本《太玄准易图》题名略有不同：《六经图》和《大易象数钩深图》各收两图，分别题作《太玄准易卦名图》（见图 1）和《太玄准易卦气图》（见图 2）；《汉上易传卦图》和《周易图》各收一图，题作《太玄准易图》（见图 3、图 4）。与题名相应，各图内涵亦分卦名、卦气两类：前者如《太玄准易卦名图》，以玄居中，逐层向外展开为三方、九州、二十七部、八十一家，各家下注首名及所准《周易》卦名；后者如《太玄准易卦气图》，中央虚玄之位，由内到外分为十二支、十二律、二十四气、八十一首，各首下注初气所入星宿度数。《汉上易传卦图》本《太玄准易图》近于《太玄准易卦气图》，所不同者只是将十二支、十二律移在最外；《周易图》本《太玄准易图》则将《卦名》《卦气》二图合而为一，在最外层首名及卦名下注其入星宿度数。上两类相比，卦名图重在展现《太玄》自身的结构，卦气图则重在展现《太玄》与历法的关联；或者说，卦名图重在以《玄》准《易》，卦气图则重在以《玄》准历。该图既以"太玄准易"为名，卦名之义在所

---

❶ 晁说之云："继而得康节先生《玄图》，布星辰，辨气候，分昼夜，而《易》《玄》相参，于中为极悉矣。"（《易玄星纪谱后序》，《嵩山文集》卷十，第 31 页上）从"《易》《玄》相参"等描述看，"《玄图》"即《太玄准易图》。

❷ 张行成明文提到"康节《准易图》"（《翼玄》卷一，《续修四库全书》第 1048 册，第 106 页）。薛季宣提到邵雍"谱《太玄图》"（《叙焦氏易林》，《浪语集》卷三十，《景印文渊阁四库全书》第 1159 册，第 475 页），也是指《太玄准易图》。此外，南宋胡次和《太玄索隐》也曾称及邵雍《太玄准易图》（《永乐大典》卷四九三六、卷四九三七，第 8277、8289 页）。《宋元学案补遗》也将此图隶于邵雍名下（王梓材、冯云濠：《宋元学案补遗》卷十，中华书局，2012 年，第 1003—1004 页）。

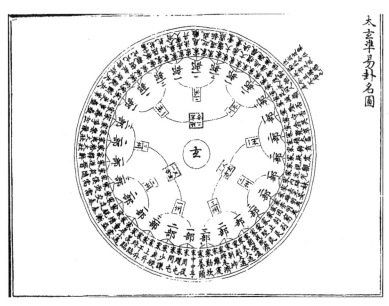

图1 《太玄准易卦名图》(《六经图》,文渊阁本)

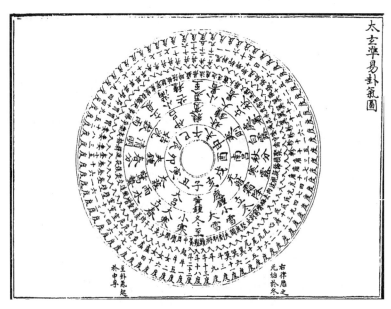

图2 《太玄准易卦气图》(《六经图》,文渊阁本)

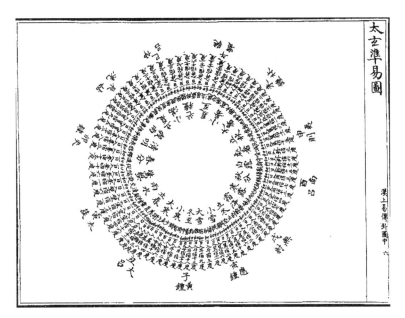

图 3 《太玄准易图》(《汉上易传卦图》,摘藻堂本)

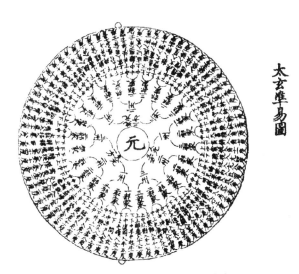

图 4 《太玄准易图》(《周易图》,《道藏》本)

第3章 著作

当有；而从晁说之所得邵雍原图"布星辰，辨气候，分昼夜"❶的情况看，卦气之义亦在其中。由此观之，《太玄准易图》起初可能兼有两种图式，如《周易图》本然，后来的《卦名》《卦气》二图或许是分拆的结果。❷

前文提到，揭明《太玄》准《易》的根本逻辑是邵雍《太玄》学的核心关切所在。就此而言，较之以《玄》准历，以《玄》准《易》在邵雍学术中实居于更重要的地位。事实上，《太玄准易图》的最大意义，正在于其图像化地揭示了《太玄》与《周易》在根本原理上的一致性：《太玄准易图》所展示的《太玄》由一玄以至三方、九州、二十七部、八十一家的一分为三的展开次第，正对应于《先天图》所展示的《周易》由太极以至两仪、四象、八卦乃至六十四卦的一分为二的生成结构。两者是对《太玄论》"《易》以一而生两，《玄》以一而生三"❸原理的图像表达。❹

---

❶ 晁说之：《易玄星纪谱后序》，《嵩山文集》卷十，第31页上。
❷ 《宋元学案补遗》据石刻本《汉上易卦图》所收之《太玄准易图》，即兼有卦名与卦气，其图可参（《宋元学案补遗》卷十，第1003—1004页）。此图形制与通行本《汉上易传卦图》所收之《太玄准易图》（本书图3）有所不同。
❸ 邵雍：《太玄论》，《永乐大典》卷四九二三，第7995页。
❹ 历史地来看，《太玄准易图》不是最早对《太玄》结构给予图像化揭示的文献，《太玄》中的《玄图》已经揭明此点。晋范望注中提到，《太玄图》"图画四重，以成八十一家""四重谓分浑天为方州部家四重之位也"（扬雄：《太玄经》卷十，范望注，《四部丛刊初编》，第1页上）。可见，《太玄》以一生三、次第展开的结构，在《太玄图》中已有体现。《太玄图》的可能形式，在宋以后的《太玄》文献中有所保存。（《太玄经》卷十，《四部丛刊初编》；张行成：《翼玄》卷一，第104页）

值得特别注意的是，从现有资料看，宋代《太玄图》的形式与邵雍《太玄准易图》相当接近。这种相似性既可以见之于图，也可以见之于文字记录中。据记载，孔子四十六世孙孔旼，"晚年惟玩《易》《老》诸书，它书亦不复读。为《太玄图》张壁上，外列方州部家，而规其中心，空之无所书，曰：'《易》所谓寂然不动者，与此无以异也。'"（《续资治通鉴长编》卷一百六十一，庆历七年八月丁未条，第3883页）"外列方州部家，而规其中心，空之无所书"表明，孔旼《太玄图》与邵雍《太玄准易图》在结构上基本一致；而"《易》所谓寂然不动者，与此无以异也"（转下页）

值得玩味的是，按照"太玄准易"的图名，上述逐层展开的形式是《太玄》效法《周易》而得；但其实，在易学史上，《周易》由太极以至六十四卦的结构却是经由《太玄》才得到说明的。这一点鲜明地体现在《先天图》与《太玄准易图》的关系之中：只有以《太玄准易图》为参照，《先天图》自内而外的结构和《周易》由简至繁的次第才能得到真正展示。在这个意义上，或许不妨说，重要的不是《周易》为《太玄》赋予了结构，而是《太玄》为《周易》给出了注解；不是《先天图》构成了《太玄准易图》仿效的模板，而是《太玄准易图》为《先天图》准备了绘制的前提。如果说《先天图》在邵雍易学中占有核心地位，那么，《太玄准易图》则是这一核心图式得以画出的参照与导引。

《太玄准易图》另一个值得关注的问题是卦名与首名的配比。《太玄准易图》将《太玄》八十一首与《周易》六十四卦相互配合，这一思路并非至邵雍始有。扬雄作《太玄》本就是准拟《周易》，各首之名已经含有与《周易》相对比的寓意，如周有复义，故周准复；养有颐义，故养准颐；等等。后来，晋范望在《太玄注》中给出了《太玄》各首与《周易》各卦之间详细的对应关系。❶及至北宋，司马光等学者更进一步提出了新的配比方案。与其前后的配比方案相对比可知，《太玄准易图》在所准卦名上完全是继承了此前的《太玄》学传统，而没有受到司马光《太玄集注》的影响。例如，羡首，范望准临卦，邵雍亦准临卦，司马光则准

（接上页）则表明，两者将《太玄》与《周易》相类比的意识也有相近之处。有理由推测，邵雍《太玄准易图》可能受到了当时某种《太玄图》的启发，或者直接就是以《太玄图》为蓝本绘制的。进一步，因为《太玄准易图》十分可能又是《先天图》绘制的重要参照，由此推断，《先天图》的创设极可能有着来自《太玄》学的直接的渊源背景。

❶ 见扬雄：《太玄经》，范望注，《四部丛刊初编》。

小过；夷首，范望准大壮，邵雍亦准大壮，司马光则准豫。由此来看，邵、司马虽然交往密切，但邵雍的《太玄》学并未受到司马光的影响；反之亦然，司马光的《太玄集注》虽然成书较晚，却同样是独立思考的结果，并不存在所谓"应是司马光采用了邵《图》的系统"的情况。此后，晁说之在《易玄星纪谱》中对邵雍和司马光的《太玄》之学加以综合，其各首所准之卦皆同于司马光，而与《太玄准易图》时或有别。由此观之，所谓"晁《谱》的《易》《玄》相准的系统，应该是邵《图》的系统"❶的说法，也有待于斟酌并作进一步的研究。总之，对考察宋代易学与《太玄》学的互动来说，《太玄准易图》提供了一个重要的切入点。❷

需要说明的是，有研究者认为，《太玄准易图》不是为《太玄》而作，而是对《正玄》的解释。从《太玄准易图》全未提及《正玄》来看，这一说法并不准确。实际上，《正玄》是《太玄》的改编本，而《太玄准易图》仍是对《太玄》固有结构的图示，两者之间从主题到内容都不存在关联。

最后，关于《太玄准易图序》。

《太玄准易图序》最早见载于晁说之《嵩山文集》，题作《康节先生太玄准易图序》。❸ 其后，张行成、王应麟、魏了翁、《永乐大典》、朱彝尊等历代学者引及该篇，都以之为邵雍之作。❹ 从

---

❶ 王铁：《宋代易学》，第110页。
❷ 关于宋代《太玄》学的研究，参见王铁：《宋代易学》，第102—110页；金生杨：《〈太玄〉研究史浅论》，《西华大学学报》(哲学社会科学版)，2008年第1期；张钰翰：《北宋扬雄〈法言〉〈太玄〉疏解著述考》，《理论界》，2013年第7期；刘成国：《宋代尊扬思潮的兴起与衰歇》，《史学月刊》，2018年第6期。
❸ 晁说之：《嵩山文集》卷十，第1页上至第2页下。
❹ 张行成：《翼玄》卷十二，《续修四库全书》第1048册，第212页；王应麟：《玉海》卷三十六，江苏古籍出版社、上海书店，1987年，第693页；魏了翁：《四川茶马牛宝章修扬子墨池以书索题咏》，《鹤山先生大全文集》卷六，《四部丛刊续编》，（转下页）

字面上看,《康节先生太玄准易图序》似乎可作两解:一是邵雍作《太玄准易图序》,二是晁说之为邵雍的《太玄准易图》作序。此篇收在晁说之集中,似乎也暗示了后一种情况的可能性。然而,《嵩山文集》中的文字并不全是晁说之所作。就在同卷中,《嵩山文集》还收录有《温公太玄历》《温公读玄》《说玄》《集注扬子太玄序》,此四篇皆为司马光所作,见于司马光著作中❶,学者显然不会因为《嵩山文集》收有这些篇目,便将其认定为晁说之手笔。类似道理,根据《太玄准易图序》载于《嵩山文集》中而判断该篇出于晁说之之手,同样缺乏依据。实际上,《康节先生太玄准易图序》应该与《温公太玄历》诸篇一样,乃是邵雍与司马光所作,而非晁说之所作。其所以收在《嵩山文集》之中,或是晁说之辑录前贤文字,以广流传;其所以题曰"康节先生""温公",乃是为了与《嵩山文集》中晁说之自己的作品相区别。从内容看,《太玄准易图序》与《太玄准易图》《太玄论》密切相关,可以彼此互证;从行文看,《太玄准易图序》直明道理,不叙始末,也不像是身为后学的晁说之为前辈题写文字应有的口吻。综合以上种种,应该承认,该篇当系邵雍作品。

《太玄准易图序》是对《太玄准易图》的文字解释。序文简短,图式着力表现的《太玄》三分的原则与首名、卦名相配的方案在文中都未详述,文章有限的篇幅主要是用来说明一个主题:

(接上页)第1页上至第3页上;《永乐大典》卷四九三六,第8277页;林庆彰等主编:《经义考新校》第10册,第4842页。此外,吴澄集中亦收此文,而未著姓名(《吴文正集》卷二十,《景印文渊阁四库全书》第1197册,第218—219页)。现代学者中,王铁、金生杨先生亦认为该篇当为邵雍所作(《宋代易学》,第110页;《邵雍学术渊源略论》,《中华文化论坛》,2007年第1期)。

❶《温公太玄历》等四篇收在整理本《太玄集注》中。四篇原先的著录情况,参见整理者的说明(刘韶军:《前言》,《太玄集注》,第9页)。

《太玄》与《周易》,是地与天的关系。❶

《太玄准易图序》云:"夫《玄》之于《易》,犹地之于天也。"❷ 此语既是对《太玄》与《周易》地位的衡论,同时也是对两者性质与来源的说明。按照序文的说法,"天主太极,而地总元气",《周易》是"本乎太极而作",太极所生的两仪、四象、八卦,以及卦爻所主的节、候、气、度,本质上都是天文性的存在,因而《周易》属天;《太玄》是"本乎元气而作",元气所生的方州部家,以及由此而来的昼夜、刚柔,都是在地的空间性的事物❸,因而《太玄》属地。❹"太极运三辰五星于上,元气运三统五行于下"❺,《太玄准易图序》将太极与元气分别看作天地展开的主宰与动力、看作《周易》与《太玄》各自所效法的本原,这种天地并立的处理方式,表现出一种根本性的二元意识。

《太玄准易图序》的太极、元气之说语有所本。《汉书·律历志》述刘歆《三统历》说,云:"太极运三辰五星于上,而元气转三统五行于下。"❻ 此即《太玄准易图序》说之由来。《太玄准易图序》引用《三统历》此语,是为了切合扬雄准《三统历》(即《太初历》)而作《太玄》的背景。因此,这里的太极、元气二元论,

---

❶ 魏了翁诗云:"谓《玄》于《易》地承天,就中邵子尤知《玄》。"(《四川茶马牛宝章修扬子墨池以书索题咏》,《鹤山先生大全文集》卷六,《四部丛刊续编》,第2页上)即为此而发。

❷ 晁说之:《嵩山文集》卷十,第1页上。

❸ 方州部家、刚柔之为空间性的事物,显而易见。昼夜之为在地,可以参考邵雍的说法。《观物外篇》云:"有地然后有二,有二然后有昼夜。"又云:"天行不息,未尝有昼夜,人居地上以为昼夜。"(《邵雍全集》第3册,第1183页)

❹ 《太玄准易图序》以《太玄》属地,与扬雄自己对《太玄》的定位不同,扬雄明显是将玄比拟于天。《玄首序》云:"驯乎玄,浑行无穷正象天。"(《太玄集注》卷一,第1页)

❺ 晁说之:《嵩山文集》卷十,第2页上。

❻ 班固:《汉书》卷二十一上,中华书局,1962年,第985页。

其实是作为《太玄》背景的汉代思想的一部分，而不是邵雍特有思想的表达。实际上，不仅类似的二元论不是邵雍的观念，就连此种本原意义上的元气概念，也不曾在除《太玄准易图序》以外的邵雍著作中出现。❶在邵雍自己的哲学当中，并不存在元气与太极并立的模式。这是面对《太玄准易图序》必须明确的问题。

进一步论之，邵雍哲学之于太极、元气二元论的距离，其实也就是邵雍相对于早期易学世界观的突破所在。早期易学世界观的基本模式是乾坤二元论，将天地或乾坤并列为根源性的存在。❷《三统历》的太极、元气二元论，就是此种乾坤二元论的变形。这种理论将元气与太极并列作为最高本原，将天与地处理为两个彼此独立的序列，如此二元的模式虽然能对天地差异给出说明，但却无法为万物赋予根本上的统一性，无法在一元的基础上指示出具有普遍关联性的世界图景。邵雍哲学中也存在天地并立的结构，如《观物内篇》开篇首先通过"天之大，阴阳尽之矣，地之大，刚柔尽之矣"❸点出天地之差别，继而又严格按照阴阳、刚柔的并立结构论述自然万物的生化过程；但这种并立的格局归根到底是建立在"生天地之始者，太极也""乾坤起自奇偶，奇偶生自太极"❹的一元性基础之上。邵雍以太极为本原，以天地为太极所生之物，这恰恰是以一元二体的结构，对此前以天地为本原、没有

---

❶ 张行成在对邵雍易学的注释中，多次在天地相对的意义上使用太极、元气概念，与《太玄准易图序》的说法颇为相似。如云："天之太极从地而右转，地之元气从天而左行。"(《皇极经世观物外篇衍义》卷二，《景印文渊阁四库全书》第804册，第79页) 又云："太极元气者，天地之配也。"(《易通变》卷一，《景印文渊阁四库全书》第804册，第202页) 从根本上讲，这些继承的都是《三统历》的观念，而不能认为是对邵雍思想的发挥。
❷ 进一步的讨论，详见本书第五章第四节。
❸ 邵雍：《观物内篇》，《邵雍全集》第3册，第1146页。
❹ 邵雍：《观物外篇》卷下，《邵雍全集》第3册，第1240页。文字据他本校正。

明确表达出一元性的早期自然哲学作了奠基与超越,其相对于早期易学世界观的突破是十分根本的。在这个意义上,《太玄准易图序》多以前人的观念描述《太玄》与《周易》的关系,所表达的邵雍本人的思想其实十分有限;但反过来,正是因为多述前人之言,该篇恰可以从另一面比较地显示出前人思想与邵雍的区别究竟何在。该篇的价值主要即系于此。

除了二元论的宗旨,《太玄准易图序》在细节上也有一些值得留意的地方。就卦气而言,《太玄准易图序》以八经卦司八节,以坎离震兑四正卦二十四爻司二十四气,以十二辟卦司七十二候,以除去四正卦的六十卦司三百六十日,这些都是沿用此前卦气说的传统,不曾用到先天之学的内容。此种配比,应该也是出于与《太玄》相凑泊的考虑。这些内容不能用作解读邵雍易学特色的根据。

就历法而言,《太玄准易图序》提到,《太玄》所准历法的周期为四千六百一十七年,《周易》所准历法的周期为三万一千九百二十年。考之历书可知,四千六百一十七年是《太初历》一元之数❶,三万一千九百二十年是四分历一极之数❷。《太初历》是扬雄《太玄》之所本❸,四分历是先秦古历,与《周易》

---

❶ 《汉书·律历志》云:"乃以前历上元泰初四千六百一十七岁,至于元封七年,复得阏逢摄提格之岁,中冬十一月甲子朔旦冬至,日月在建星,太岁在子,已得太初本星度新正。"又引《易九厄》:"凡四千六百一十七岁,与一元终。"(《汉书》卷二十一上,第975、984页)四千六百一十七岁是西汉太初改历以后所用的一元之数,《三统历》亦用此数。

❷ 《周髀算经》卷下云:"十九岁为一章。四章为一蔀,七十六岁。二十蔀为一遂,遂千五百二十岁。三遂为一首,首四千五百六十岁。七首为一极,极三万一千九百二十岁。"(程贞一、闻人军:《周髀算经译注》,上海古籍出版社,2012年,第149—150页)

❸ 邵雍云:"洛下闳改《颛顼历》为《太初历》,子云准《太初》而作《太玄》。"(《观物外篇》卷下,《邵雍全集》第3册,第1233页)

（《易传》）的年代接近。❶ 邵雍选取此两数作为《太玄》与《周易》所准历法的周期，皆有根据来历，可见其熟谙历学，确实是自有心得。两数中，后一数不见于常用历法，似有术数色彩：四分历以四千五百六十年为一元，元之上不设更高的时间单位；《周髀算经》却提及三万一千九百二十年之数，将其当作一首（元）之数之上的、"七首为一极"的更高时间单位，但似又未赋予其明确的历法含义。故钱宝琮先生认为："'七首为一极'一节，则似参用阴阳家说，无可理解矣。"❷ 该数在《乾凿度》中也有出现，且谶纬的意味更强。❸ 王铁先生根据《乾凿度》，认为邵雍思想有来自《易纬》的影响。❹ 从上述历法设置来看，这一

---

❶ 四分历有古四分历与东汉四分历之不同，前者战国已实行，后者系东汉据旧历改造而得。学者指出，包括上元甲子、上元积年在内的古四分历的部分数字与方法非先秦之旧，而是东汉推算补充的（张培瑜、陈美东、薄树人、胡铁珠：《中国古代历法》，中国科学技术出版社，2008 年，第 212—216 页）。不过，章蔀纪元之数并不在此列。换言之，一元四千五百六十之数，古四分历早已有之。由四千五百六十推得的三万一千九百二十之数，虽然不见于正史对古四分历的记载，但应该也不是东汉改历增补的结果。该数见于《周髀算经》，后者一般认为此书成于西汉时期（钱宝琮：《周髀算经考》，中国科学院自然科学史研究所编：《钱宝琮科学史论文选集》，科学出版社，1983 年，第 131—134 页）。这样，该数出现在历法中，应不晚于西汉。此外，该数又见于《乾凿度》卷下。学者认为，《乾凿度》卷下成书约在两汉之际（张学谦：《关于今传〈周易乾凿度〉文本构成的再考察》，《中国哲学史》，2020 年第 4 期）。这样，该数出现在文本中的时间也可以得到进一步的佐证。以两书为根据，基本可以认为，三万一千九百二十之数是以古四分历为基础得来的。该数既见于《周髀算经》，又见于《乾凿度》。两者相比，《周髀算经》收录该数可能相对较早，这一来是因为两书的年代毕竟有相对先后，二来是因为，一般而言，一数只有在至少已经具备一定的历法含义之后，纬书才会援引以表达应天受命的观念，而不可能相反。

❷ 钱宝琮：《周髀算经考》，《钱宝琮科学史论文选集》，第 129 页。
❸ 《乾凿度》卷下云："三万一千九百二十岁，录图受命，易姓三十二纪。"（赵在翰辑：《七纬》卷二，中华书局，2012 年，第 50 页）
❹ 王铁：《宋代易学》，第 110 页。

结论大体是可以成立的。❶ 邵雍思想中虽完全不存在"录图受命"的谶纬观念，也全无纬书的非理性态度，但对纬书中的自然知识确实有所接纳；❷ 此种接纳虽十分有限，但毕竟构成了邵雍观物之学的部分知识性来源。❸

最后，顺便可以提及，《太玄准易图序》中提到了《太玄》与《周易》的两种历法周期，但《皇极经世》一元十二万九千六百之数却与两者都不相同，而是自成一格。这种差异盖因三书的性质有别：《太玄》与《周易》之本在于测天，故其历法必求历元而后定；《皇极经世》之实在于纪事，故其历法不离日用，元会运世之数是从编年著史的年月日时之数推广而来。由此可以窥见《皇极经世》根柢处的史学性格。❹

---

❶ 不过，王铁先生认为《太玄准易图序》提到的甲寅元也是其说出于《乾凿度》的证据，却未必准确。实际上，古六历中的殷历早已使用甲寅元，包括《淮南子》在内的西汉文献也已著录甲寅元，甲寅元本身并无谶纬的意味。从文字上看，《太玄准易图序》所谓"上元甲寅青龙之首"，应与《尚书纬·考灵曜》"青龙甲寅摄提格"（《七纬》卷十，第 207 页）、《续汉书·律历志》"纪岁青龙未终，三终岁后复青龙为元"（范晔：《后汉书》志第三，中华书局，1965 年，第 3058、3082 页）等说最接近，这些仍在历法而非谶纬的范围之内。

❷ 邵雍思想与纬书的另一相似之处，是对于数与物关系的探讨。详见本书第五章第一节。

❸ 《太玄准易图序》有费解之处。上文三万一千九百二十年是一例，此外，"太初上元"与"太极上元"的提法也是一例。《三统历》有"太极上元"的说法，指设定中的历法起点，但并无对应意义上的"太初上元"。邵雍这里似乎是借助《三统历》的概念而另造出了一种历元名称。而且，按照《太玄准易图序》的本意，《周易》应本于四分历；但序文将其对应于太极上元，又容易给人以本于《三统历》的误解。这些都是《太玄准易图序》含义不甚明确的地方。

❹ 前人认为元会运世之数或是本诸《大衍历》，受印度影响（宇野哲人：《中国近世儒学史》，马福辰译，台北：中国文化大学出版部，1982 年，第 66 页）；或是本诸《九执历》，受回教影响（陈钟凡：《两宋思想述评》，东方出版社，1996 年，第 60 页），皆不免为猜测语。实际上，元会运世之数无甚奥秘，不过是以月日十二、三十之数相乘而已。关于《皇极经世》的史学性格，第九章有详细讨论。

以上，本章分四类，对邵雍传世著作的基本情况作了考察。后文关于邵雍思想的讨论，皆以此为基础而展开。四类之外，题为邵雍遗文者尚有一些。❶但这些与邵雍哲学关联甚小，本书不再赘论。

---

❶ 曾枣庄、刘琳主编：《全宋文》第 46 册，第 43—72 页；邵雍：《邵雍全集》第 4 册，第 448—454 页。文物所见邵雍遗文，参见刘连香：《北宋邵雍书篆祖士衡墓志考》，《四川文物》，2008 年第 1 期；赵振华、商春芳：《洛阳邵雍遗迹研究》，《湖南科技学院学报》，2007 年第 10 期。

第 4 章

渊　源

著述之外，师承也是邵雍研究中难以回避的复杂问题。从历史上看，极少有某位哲学家的师承关系像邵雍这样受到后世的特别重视，以至于形成了种种彼此不同、众说纷纭的叙述；反过来，各种关于邵雍师承的叙述又都蕴涵了对于邵氏学术宗旨和性质的不同理解，从而使得本已深奥难懂的邵雍思想变得更加面目纷繁。由此，关于邵雍师承的分析已经不仅是整理旧说的学术史，而同时也具有了为思想解读提供指归的鲜明的思想史和哲学史意义。以下，本章分直接师承和学派渊源两节，对邵雍的师承情况作一系统的研究。

一　师　承

邵雍的师承中自然是以李之才最为引人注目。李之才传下的思想材料与开启的致思方向，对于邵雍哲学的形成具有关键性的影响。但与此同时，邵雍思想的另一源头却被长久地忽略了。❶ 这

---

❶ 对邵古在邵雍师承关系中的地位的忽视，从程颢与邵伯温已经开始。程颢所撰《墓志铭》与邵伯温追忆其父祖的文字都没有提及邵古给予邵雍的思想学术上的影响。后来，李之才一系因为被追溯至陈抟而愈发显贵，相比之下，邵古更显得寂寂无闻。这样，褒扬李邵师承而忽视邵氏家学，就成了后世描述邵雍师授时最常见（转下页）

就是邵雍之父邵古的思想。事实上，邵古对于邵雍思想的塑造是基础性和结构性的。不仅《皇极经世》的声音之学是得自邵古，整个《观物内篇》也是依托于邵古思想的基础而展开。王铁先生曾有论断："邵古对邵雍学术的影响，至少不会下于李之才对他的影响。"❶ 这是有见之言。

邵古与邵雍的学术关系既然如此紧密，对于邵雍思想来源与特色的探究就不能不以辨析两人思想的传承与损益状况为前提。下文即首先考察邵氏父子的家学承继，再来分析李邵一系的师门传衍。这样安排，一方面是为了切合邵雍从学的先后顺序，另一方面也是因为，在邵古尚有学说流传、而李之才已几无文字存世的情况下，只有首先辨明邵古与邵雍之间的思想关联，以此为基础，邵雍与李之才之间的学术承传关系才能得到进一步厘清和落实。

（一）邵古

前章已经指出，邵古的《正声》《正音》经邵雍修改后保存在了《皇极经世》当中。但《皇极经世》所载声音之学只涉及声音唱和的具体图式，邵古声音之学的学说大旨及其背后的哲学观念在其中则未见有说。这部分内容，可以见之于邵雍所撰的《伊川丈人正音叙录》。从文末"集录其书"的说法看，该篇是邵雍集录

（接上页）的情况。张行成、王应麟、鲍云龙等曾注意到邵古、邵雍思想的承继性，但只是数语提及，未作深论。包括冯友兰先生和朱伯崑先生在内的现代学者在考察邵雍师承时也大多承继旧说，只论述李之才一脉，对邵古思想则未作讨论。对于邵古地位的真正重视起自平田昌司和王铁先生（《〈皇极经世声音唱和图〉与〈切韵指掌图〉：试论语言神秘思想对宋代等韵学的影响》，《东方学报》，第56册，1984年3月，第191—200页；《宋代易学》，第50—51页）。由此，邵古在邵雍思想形成中的作用才逐渐进入研究者的视野。不过，两位先生对于邵氏父子思想概念的具体含义尚未作更深入具体的分析比较，而这正是考察二人思想异同的关键步骤。

❶ 王铁：《宋代易学》，第51页。

《正音》文字而成,主要部分全用邵古原文,可以视同邵古之作。《正音叙录》对邵古思想作了精当概括,从中可以考见邵古学说的大貌。为便讨论,先将《正音叙录》原文具引如下:

> 伊川丈人曰:天地生万物,万物皆有形焉。既有形焉,而有音焉。天地之音,莫大于雷风水火。及散之万物,虽类不同,其鸣一也。物有动焉,有植焉。其动也,动于情,情有喜怒哀乐,随其所发而鸣焉;其植也,植于性,性有坚脆燥湿,随其斫击而鸣焉。动植有大小,其音亦若是矣;性情有善恶,其音亦若是矣。然而万物之音各得其一焉,唯人也,独能兼于万物。惜哉,人之不自知其贵也!
>
> 伊川丈人曰:前世所行之事,今世所凭者,书也;今世所行之事,后世所凭者,书也。观其书必知其事之所在,故音不正则辞不备,辞不备则事不明,事不明则安有不害于道者哉?然则意不在辞,事不在音,非辞非音,其意与事可得而知耶?是故古之学者必先正音,其次正言,其次正辞,其次正事。以声正音,以书正言,以文正辞,以理正事,音言辞事正而道不正者,未之有也。
>
> 伊川丈人曰:音非有异同,人有异同;人非有异同,方有异同。谓风土殊而呼吸异故也。东方之言在齿舌,故其音轻而深;南方之言在唇舌,故其音轻而浅;西方之言在颊舌,故其音重而浅;北方之言在喉舌,故其音重而深。便于喉者不利于唇,巧于齿者不善于颊。由是讹正牵乎僻论,是非生乎曲说,幡然淆乱于天下矣。不有正声、正音,恶能正之哉?
>
> 噫!声音之生也久矣,其必待人而后正耶?人能正而必有时者耶?知其说者,从天地之道而不为私焉,始可与言声音者

矣。天有阴阳，地有柔刚，律有辟翕，吕有唱和。一阴一阳交而春夏秋冬备焉，一柔一刚交而东南西北备焉，一辟一翕交而平上去入备焉，一唱一和交而开发收闭备焉。春夏秋冬备而万情生焉，东南西北备而万质成焉，平上去入备而万声生焉，开发收闭备而万音成焉。律随天而变，吕随地而化，辟随阳而出，翕随阴而入，唱随刚而上，和随柔而下，然后律吕声音之道各得其正矣。

日生律，月生吕，星生声，辰生音。金成律，土成吕，火成声，水成音。日月星辰、金土火水正而天地正焉。是故知律吕声音之道可以行天地矣。律为君，吕为臣，声为父，音为子，律为夫，吕为妇，声为男，音为女。君臣、父子、夫妇、男女正而人道正焉。是故知律吕声音之道可以行人道矣。

日数十，月数十二，星数十，辰数十二。金数十，土数十二，火数十，水数十二。进日星金火之全数，退月辰土水之全数，是谓正律之用数；进月辰土水之全数，退日星金火之全数，是谓正吕之用数。以正律之用数协正吕之用数，是谓正音之用数；以正吕之用数和正律之用数，是谓正声之用数。正律之用数一百一十二，正吕之用数一百五十二，正声之用数万有七千二十四，正音之用数万有七千二十四。律感吕而音生焉，吕感律而声生焉。律吕与天地同和，声音与万物同顺。是故古之圣帝明王见天地万物之情交畅，然后作乐以导之，以诗言志，以歌永言，以律和声，然后作乐以崇之，命工以播之，此所谓八音克谐而百兽率舞，人神以和而凤凰来仪也。则是学也，岂直大息言释音正文义而已哉？

伊川丈人姓邵名古，字天叟，本范阳人。幼而好学，不幸早孤，受经外师，凡历数家，而患其音文不一。因谓同门曰：

"师者,众也。可为众之向道者,故谓之师。且前师之所是,而后师非之;又不知后师之所是,而复非后师者果是耶?非耶?若是非出乎彼此,则使谁为之正耶?且音文尚不能一,而矧义理者乎?学经不先正其音与文,犹命物不以名。若名不先正,其何由适于用哉?夫音者心之气也,文者心之形也。心之气发诸口、达诸耳之谓言,心之形发诸手、见诸目之谓书。书由言扬,言由书彰。使千古万世而下若父传子受,心了焉而知者,无如音与文也,得不谨乎?"于是观天地消长,察日月盈缩,考阴阳度数,賾刚柔形体,目烂心醉五十年,始得造于无间矣,因定正律、正吕、正声、正音以正天下音及古今文。大矣哉!音之与文,其为教之始欤?非唯能尽人之情伪,抑亦能尽天地万物之情伪。举世皆知音而不知声,知吕而不知律,奈何?若知母而不知父,安得而为训哉?伊川丈人独能发千古之未知,非唯发千古之未知,而又能广千古之未传也。伊川丈人享年七十有九,宋治平元年正月一日卒于洛阳道德里,十月三日藏于伊川神阴原。后一年,嗣子雍集录其书而追述其事。❶

容易发现,《正音叙录》与邵雍著作中的不少段落在文字上十分相似,后者往往直接是承自前者而来。例如:

1. 《正音叙录》言"天地生万物",《观物外篇》言"天地生万物,圣人生万民"❷。
2. 《正音叙录》言"万物之音各得其一焉,唯人也,独能兼于万物。惜哉,人之不自知其贵也",《观物外篇》言"唯

---

❶ 张行成:《易通变》卷十九,《景印文渊阁四库全书》第804册,第452—454页。
❷ 邵雍:《观物外篇》卷下,《邵雍全集》第3册,第1217页。

人兼乎万物，而为万物之灵。如禽兽之声，以其类而各能得其一；无所不能者，人也。……人之生真可谓之贵矣。天地与其贵而不自贵，是悖天地之理，不祥莫大焉""人之贵兼乎万类，自重而得其贵，所以能用万类"❶。

3. 《正音叙录》言"天有阴阳，地有柔刚"，《观物内篇》言"天之大，阴阳尽之矣；地之大，刚柔尽之矣"❷。

4. 《正音叙录》言"一阴一阳交而春夏秋冬备焉，一柔一刚交而东南西北备焉"，《观物内篇》言"阴阳尽而四时成焉，刚柔尽而四维成焉""一阴一阳交而天之用尽之矣""一柔一刚交而地之用尽之矣"❸。

5. 《正音叙录》言"律随天而变，吕随地而化"，《观物外篇》言"韵法：开闭者律天，清浊者吕地"❹。

6. 《正音叙录》言"日月星辰、金土火水正而天地正焉"，《观物内篇》言"日月星辰交而天之体尽之矣""水火土石交而地之体尽之矣"❺。

7. 《正音叙录》言"君臣、父子、夫妇、男女正而人道正焉"，《观物内篇》言"君行君事，臣行臣事，父行父事，子行子事，夫行夫事，妻行妻事，君子行君子事，小人行小人事，中国行中国事，夷狄行夷狄事，谓之正道"❻。

8. 《正音叙录》言"日数十，月数十二，星数十，辰数十二。金数十，土数十二，火数十，水数十二"，《观物内篇》言

---

❶ 邵雍：《观物外篇》卷上、卷下，《邵雍全集》第3册，第1214、1219页。
❷ 邵雍：《观物内篇》，《邵雍全集》第3册，第1146页。
❸ 邵雍：《观物内篇》，《邵雍全集》第3册，第1146页。
❹ 邵雍：《观物外篇》卷下，《邵雍全集》第3册，第1221页。
❺ 邵雍：《观物内篇》，《邵雍全集》第3册，第1146—1147页。
❻ 邵雍：《观物内篇》，《邵雍全集》第3册，第1168页。

"太阳之体数十,太阴之体数十二,少阳之体数十,少阴之体数十二;少刚之体数十,少柔之体数十二,太刚之体数十,太柔之体数十二"❶。

9. 《正音叙录》言"进日星金火之全数,退月辰土水之全数,是谓正律之用数;进月辰土水之全数,退日星金火之全数,是谓正吕之用数",《观物内篇》言"进太阳、少阳、太刚、少刚之体数,退太阴、少阴、太柔、少柔之体数,是谓太阳、少阳、太刚、少刚之用数;进太阴、少阴、太柔、少柔之体数,退太阳、少阳、太刚、少刚之体数,是谓太阴、少阴、太柔、少柔之用数"❷。

10. 《正音叙录》言"正律之用数一百一十二,正吕之用数一百五十二,正声之用数万有七千二十四,正音之用数万有七千二十四",《观物内篇》言"太阳、少阳、太刚、少刚之用数一百一十二,太阴、少阴、太柔、少柔之用数一百五十二""日月星辰之变数一万七千二十四""水火土石之化数一万七千二十四"❸。

以上都是邵雍与邵古思想亲缘关系的直接体现。综合来看,邵雍对于邵古思想的继承主要在于以下四个方面:第一,在天地结构上,认为分天分地,天有阴阳,地有柔刚,阴阳成四时,刚柔成四维,天有日月星辰,地有金土火水(水火土石);第二,在万物之数上,认为日月星辰、金土火水(水火土石)各具干支之数,彼此进退消长,互相唱和,以成声音(万物)之数;第三,在人物关系上,认为人兼万物之能,故最为贵,应当自重自贵;第四,

---

❶ 邵雍:《观物内篇》,《邵雍全集》第3册,第1171页。
❷ 邵雍:《观物内篇》,《邵雍全集》第3册,第1171页。
❸ 邵雍:《观物内篇》,《邵雍全集》第3册,第1171—1172页。

鲜明的儒家人伦立场。四者之中,第二点特别值得注意:一般认为的邵雍思想中最具特色的"数学",其实并非邵雍凭空立说,而是颇有得于邵古,两者在具体数字和运算方法上大多相证相合。由此可见,邵雍确实在相当程度上承继了邵古的思想成果。整个《观物内篇》,在根柢处,就是发挥邵古思想的产物。

邵雍对邵古的继承又不是墨守成说,而是颇有损益。整体而言,邵古的思想主要是一种音韵学,更确切地说,乃是一种等韵学。❶邵古对天地万物固然也有论及,但其关注的对象主要只是万物之声音,而非万物本身,天地、日月星辰、金土火水等都只是作为律吕声音的来源才附带地在邵古思想中具有意义。换言之,邵古的思想主旨既不是"论道",也不是"观物",而只是"辨音"。邵雍则对此作了根本性的扭转,大幅削减了关于律吕声音的论述,把关注点从声音移至道与万物,将声音作为万物属性之一种置于道与物的统摄之下,从而把邵古的声音之学改造为一种哲学。由此,邵古思想才在一种哲学体系中获得了自己的位置。

具体来说,邵雍对邵古的改造主要体现为以下几点:

第一,在宇宙结构上,邵雍提出了动静、老少、阴阳刚柔等范畴,为天地与日月星辰、金土火水(水火土石)等提供了存在论上的属性说明和发生论上的来源解释;提出了变化、暑寒昼夜、

---

❶ 邵古的声音之学属于等韵学的范围,但因问题意识有别,在形式与内容上较之最典型的等韵学仍有距离。关于邵氏父子音韵学的研究,除前引平田昌司文外,参见陆志韦:《记邵雍〈皇极经世〉的"天声地音"》,《陆志韦近代汉语音韵论集》,商务印书馆,1988年,第35—44页;周祖谟:《宋代汴洛语音考》,《问学集》,中华书局,1966年,第581—655页;李新魁:《汉语等韵学》,中华书局,1983年,第64、172页。关于祝泌对《皇极经世》音韵学所作发挥的研究,参见李新魁:《〈起数诀〉研究》,《李新魁语言学论集》,中华书局,1994年,第338—403页;李新魁:《汉语等韵学》,第171—179页;大岩本幸次:《〈皇极经世解起数诀〉声音韵谱校异记》,日本京都:临川书店,2011年。

雨风露雷、性情形体、走飞草木等概念，并以更加齐整、一贯的四分形式，将其组合成为一个复杂的生成系统，丰富了邵古自然观的内容；以及，如学者所指出的，变金土火水为水火土石，确立与后天五行相区别的先天四象。❶

第二，在体用关系上，邵雍吸收了邵古的"全数""用数"思想，而以"体数""用数"的概念重新加以系统化的表述。经过改造和丰富的体用概念，在邵雍关于《周易》卦爻、时间历法、天地结构、万物关系乃至历史进退、治道消长的思考中发挥了至为关键的作用，而这组概念最重要的思想源头之一，就是邵古对于声音之学中整体与部分、静止与发用的关系的认识。

第三，在万物之数上，邵雍发展了邵古的算法，并将数字与万物进一步地关联起来。在邵古的"数学"中，数字是对律吕声音的描述，邵雍则将其改造成为对于万物的说明。邵古"数学"中的最大数字是"正声之用数""正音之用数"，邵雍将其改称为动数、植数，在此基础上又加推衍，以动数、植数相乘得动植通数，从而在数的名称、形式与数值上实现了对万物更周遍的模拟。

第四，在声音之学上，邵雍将邵古正律、正吕与正声、正音的两层结构简化为正律、正吕的经纬关系，又以老少阴阳刚柔统摄日月星辰、金土火水，将声音之学纳入其哲学的整体框架之中。

第五，在人物关系上，邵雍除继承邵古人兼于物的思想外，更突出圣人之兼于人，指明为学要以成圣为目标。

以上就是邵雍对邵古思想所作的主要改造。至于在邵古没有谈及的易学、历学、史学和物理之学等方面，邵雍秉承李之才之

---

❶ 平田昌司：《〈皇极经世声音唱和图〉与〈切韵指掌图〉：试论语言神秘思想对宋代等韵学的影响》，《东方学报》，第56册，1984年3月，第196页。

所传，结合自己阅史观物之所得，或与邵古之学相印证，或发邵古之说所未发，《观物内篇》《观物外篇》多可见之。应该说，邵雍的这些调整并不是枝节或随意的改动，而是在其哲学观念主导之下，有选择地加以取舍，有结构地加以安排。从中，邵雍不仅为自己的哲学确立了基本的结构，也使来自家传、师授和自得的思想在这一整体中实现了较为浃洽的融合。

邵古之于邵雍的影响，前人虽然关注不多，但毕竟有所留意。邵雍去世后，弟子张峋评价其学思历程，有"观天地之消长，推日月之盈缩，考阴阳之度数，察刚柔之形体"❶之语，这与邵雍在《正音叙录》中对邵古学术大旨的概括"观天地消长，察日月盈缩，考阴阳度数，赜刚柔形体"如出一辙。张峋虽没有直接道出邵雍与邵古在思想学术上的关联❷，但其评语无疑是对两人学术承继性的肯定。❸后来，全祖望在《庆历五先生书院记》中描述北宋道学初兴的情况时也特别提到了邵古：

有宋真、仁二宗之际，儒林之草昧也。当时濂洛之徒方萌芽而未出，而睢阳戚氏在宋，泰山孙氏在齐，安定胡氏在吴，

---

❶ 张峋：《康节先生行状略》，载朱熹：《伊洛渊源录》卷五，《朱子全书》第12册，第985页。

❷ 作为邵雍亲传弟子的张峋为何没有明确点出邵雍与邵古之间的学术承传，确实令人费解。一个可能的解释是，邵雍授予弟子的学问以李之才一脉为主，故而张峋追溯其师承时，也就主要只以李邵一系立论。从张峋所记《观物外篇》的内容大多出于李之才所传授来看，这种情况是有可能的。

❸ 子弟后学对于邵雍、邵古学术大旨的评价如此相近，背后可能有着这样的寓意：邵雍对邵古声音之学虽颇有改造，但不愿立异于其父，故嘱弟子以对于邵古之学的概括作为对自己学术的评定。这种情况并非孤例。程颐之学有别于程颢，但程颐在谈到二人异同时也曾有类似的说法："我昔状明道先生之行，我之道盖与明道同，异时欲知我者，求之于此文可也。"（朱熹：《伊川先生年谱》，《河南程氏遗书》附录，《二程集》上册，第346页）

相与讲明正学,自拔于尘俗之中。亦会值贤者在朝,安阳韩忠献公、高平范文正公、乐安欧阳文忠公皆卓然有见于道之大概,于是学校遍于四方,师儒之道以立。而李挺之、邵古叟辈共以经术和之,说者以为濂洛之前茅也。❶

全祖望不仅指出了邵古是邵雍思想的源头之一,还从"庆历之际,学统四起"❷、儒学将兴未兴的大背景下,肯定了邵古通过邵雍对于北宋道学兴起所起到的道夫先路之功。应该说,这一评价是相当高的。今天回顾来看,邵古确乎是道学初兴之际最早倡明学术、以儒自任的学者之一。邵古之名在当时少为人知,但其对邵雍思想的深刻影响以及先发之锐的历史地位应该得到承认。

除声音之学外,据《郡斋读书志》著录,邵古另有《周易解》五卷。❸ 如果此说为确,那么,邵雍的易学中可能也有得自家传的成分。然而,《周易解》一书今已不存,其真伪也素有争议。何焯《郡斋读书志》批语即云:"此必妄人伪作。"❹ 以《正音叙录》观之,邵古思想中鲜有易学的痕迹。❺ 对其学术的定位与研究,仍当以声音之学为基本的范围。

邵雍与邵古的思想关联已如上述,此外需要说明的一个问题是邵古思想的来源出处。《正音叙录》言邵古"受经外师,凡历数家",其从学本末早已无从考证。然而,后世却出现了一种关于邵古师承的离奇描述。度正在《周敦颐年谱》中提到:

---

❶ 黄宗羲、全祖望:《宋元学案》卷三,第134页。
❷ 黄宗羲、全祖望:《宋元学案》卷六,第251页。
❸ 见孙猛:《郡斋读书志校证》,第30页。
❹ 见孙猛:《郡斋读书志校证》,第30页。
❺ 邵古学说中可见的唯一与《周易》有关的材料,是《正音叙录》"师者,众也"之语,这或是引用《周易·师卦·彖传》。但《尔雅·释诂》亦解师为众,是此亦不足确证。

> 或谓邵康节之父邂逅文恭于庐山，从隐者老浮图游，遂同授《易》书。所谓隐者，疑即寿涯也。其后康节著《皇极经世书》，以数为宗。文恭立朝，论尧迁阏伯于商丘主辰，迁实沈于大夏主参。商丘为宋，宋火德；大夏为并，并为水。古称参辰不并，火盛则水衰，宜进辰抑参。盖亦星历之学也。❶

文恭即胡宿。此事后来在王应麟《困学纪闻》中有更加详细的记载：

> 上蔡谢子为《晁以道〈传易堂记〉后序》，言："安乐邵先生《皇极经世》之学，师承颇异。安乐之父，昔于庐山解后文恭胡公，从隐者老浮图游。隐者曰：'胡子世福甚厚，当秉国政；邵子仕虽不耦，学业必传。'因同授《易》书。"上蔡之文今不传，仅载于张栻《书文恭集后》。康节之父伊川丈人，名古，字天叟。❷

及至刘因，其说又有变化：

> 或又谓周子与胡宿、邵古同事润州一浮屠，而传其《易》书。❸

上三说大同小异，当以王应麟引述的所谓谢良佐、张栻之说为最早，度正之说是在王应麟说基础上将"隐者老浮图"等同为寿涯，

---

❶ 度正：《周敦颐年谱》，《周敦颐集》附录，中华书局，2009 年，第 112 页。
❷ 王应麟：《困学纪闻》卷一，第 114 页。
❸ 刘因：《静修先生文集》卷二十二，《四部丛刊初编》，第 1 页下。

刘因之说则将周敦颐也加入了同学的行列,地点也从庐山移到了润州。今谢良佐之言不见于其语录,张栻《书后》亦不见于今本《胡文恭集》,❶王应麟此说已然无可对证。不过,从史实上证实或证伪此说虽有难度,但若从思想上着眼,立见其中颇多可疑之处。

上引王应麟说的关键,在于认为邵古是从释氏问学,以此证成邵古、邵雍之学源出佛家而非儒门。但其实,邵古的儒家立场十分鲜明,对佛教拒斥相当严厉。由《正音叙录》可见,邵古肯定君臣父子,推崇圣帝明王作乐崇德,对于儒家的政治与人伦观念高度认可;由邵古去世时"吾生平不害物,不妄言,自度无罪。即死当以肉祭,勿用佛事乱吾教"❷的遗命更可知,邵古对佛教深有排斥,不假辞色。邵古毕生所学若是从释氏得来,似不应以这样激烈决绝的态度反对师教;反过来,邵古若是如此决绝地反对师教,则又不应将其如此宝而重之地传与邵雍。从另一方面来看,邵古之学在于律吕声音,而非《周易》,即令其果"从隐者老浮图游",所得也绝不应是《易》书。为此说者,大概不曾细致考察邵古学说的真实情况。由此观之,所谓从学释氏的说法实难与邵古的生平学术相洽。王应麟此说,确如后人所评价的,乃是"浮薄不根之说"❸,"此不待圣智者,知其必不然矣"❹。

邵古与佛教关系的另一重论证,是由平田昌司先生提出的。平田先生认为,中国的等韵学创自佛教僧侣,长期由僧人掌握;邵古的声音之学既是等韵学之一种,理应也是出于僧人传授。❺这

---

❶ 这一点,翁元圻已经指出。见王应麟:《困学纪闻》卷一,第115页。
❷ 邵伯温:《邵氏闻见录》卷二十,第221页。
❸ 刘因:《静修先生文集》卷二十二,第1页下。
❹ 度正:《周敦颐年谱》,《周敦颐集》附录,第113页。
❺ 平田昌司:《〈皇极经世声音唱和图〉与〈切韵指掌图〉:试论语言神秘思想对宋代等韵学的影响》,《东方学报》,第56册,1984年3月,第191—194页。

是从学说内容的角度说明邵古之学源出佛教。邵古之学确实是等韵学,这一点,只要将《皇极经世》中的声音图与《韵镜》、《四声等子》等五代宋以来的等韵著作稍作比较,就会有直观的认识。由此看来,邵古学说确实可能有来自佛教的影响。然而,这种可能性仍不宜过分夸大。这是因为,音学与佛理毕竟不能等同,佛理宣扬的是佛教理念,而音学不过是语言交流的工具,虽然早期多由僧人掌握,本质上却与佛说无涉。因此,即使邵古的声音之学真的是得自僧侣,也不足以证明其思想有佛教的渊源。况且,邵古的声音之学是否得自僧人,亦难定论。平田氏只是根据等韵学早期发展的一般概况立论,但具体到邵古从学的北宋中前期、具体到邵古个人,等韵学是否仍完全掌握在僧侣手中、邵古是否从僧人传其学说,殊难推定。❶ 从邵古激烈反佛的态度看,其学得自士人而非僧侣的可能性或许更大。而且,师授在邵古学术中占有的位置本身就相对有限。按照《正音叙录》的记载,邵古"受经外师,凡历数家",而后患其音文之不一,"目烂心醉五十年"于其间,方才学有所成。如此看来,邵古从师而得的似乎更多是进入声音之学的一个导引,其学说中自得的成分大抵颇多。这样,来自僧人的可能影响就更不宜过高估计。总之,邵古学术有来自僧人传授的可能固然不能完全排除,但若据此论定邵氏父子的思想一定有佛学渊源,则未免失之穿凿。❷

---

❶ 关于等韵学的发展史,参见李新魁:《汉语等韵学》,第44—49、61—66页。
❷ 邵雍对待佛教的态度看似不如邵古激烈,但同样持否定立场。邵雍与僧人虽有来往,但仅限于应酬;虽据记载曾肯定王通以佛为西方圣人之说,但对佛理终不曾褒奖一二(《邵氏闻见录》卷十九,第211、215页)。邵雍著作中不仅全无研讨佛理的内容,相反,其批判佛教的态度却相当明确。邵雍诗云:"浩浩长空走日轮,何烦苦苦辨根尘。"又云:"自有吾儒乐,人多不肯循。以禅为乐事,又起一重尘。"又云:"求名少日投宣圣,怕死老年亲释迦。妄欲断缘缘愈重,徽求去病病还多。"又自述云:(转下页)

最后,跳出个案,从道学与佛教关系的宏观视角来看,这一时期有关儒者从学于佛门的说法并非孤例。著名的周敦颐与胡宿同师润州鹤林寺僧寿涯,得"有物先天地,无形本寂寥,能为万象主,不逐四时凋"之偈而成其学的记载❶,即与邵古师事释氏之说约略同时,内容也大体相似。此类叙述代表了当时一种流行的理解,即认为道学在根柢上出于佛教。甚至,即使在道学群体周边,此类观点也不无影响。❷ 不过,小说家言毕竟不能反映历史的

(接上页)"不侫禅伯,不谀方士。"又云:"学仙欲不死,学佛欲再生。再生与不死,二者人果能?"(《崇德阁下答诸公不语禅》《再答王宣徽》《学佛吟》《安乐吟》《死生吟》,《伊川击壤集》卷七、卷八、卷十四、卷十八,《邵雍全集》第4册,第105、141、280、286、383页)这些都是对佛教的直接批判。邵雍既批判佛教,对佛理应有了解;虽有了解,但又终不加论及。张崏《康节先生行状略》称邵雍"于书无所不读,诸子百家之学皆究其本原,而释老技术之说一无所惑其志"(《伊洛渊源录》卷五,《朱子全书》第12册,第987页),大抵可以反映真实的情况。分辨儒佛极严的程子,对邵雍之不杂于佛也有极高的评价:"某接人多矣,不杂者三人:张子厚、邵尧夫、司马君实。""世之信道笃而不惑异端者,洛之尧夫、秦之子厚而已。"(《河南程氏遗书》卷二上、卷四,《二程集》,第21、70页)邵雍的立场由此可见。

前辈学者或根据司马光《戏呈尧夫》诗"羡君诗既好,说佛众谁先,只恐前身是,东都白乐天"之语,认为邵雍对佛学颇有吸收。其实是误解。实际上,这里的尧夫不是邵雍,而是范纯仁,纯仁亦字尧夫。司马光集中,凡与邵雍唱和之诗皆标明邵尧夫,单言尧夫者则指范纯仁。《戏呈尧夫》载温公集卷十五,在此之前,卷十四已收司马光《邵尧夫先生哀辞》,尤可证是时邵雍已逝,《戏呈尧夫》诗非为邵雍而作(司马光:《温国文正司马公文集》卷十四,《四部丛刊初编》,第6页上、下;卷十五,第6页上)。

❶ 晁公武云:"景迂云:胡武平、周茂叔同师润州鹤林寺僧寿涯。其后武平传其学于家,茂叔则授二程。"(《郡斋读书志校证》,第40页)此说不见于传世晁说之著作。黄百家亦云:"晁氏谓元公师事鹤林寺僧寿涯而得'有物先天地,无形本寂寥,能为万象主,不逐四时凋'之偈。"(《宋元学案》卷十二,第524页)此说亦不见于晁氏之书。关于周敦颐与寿涯关系及"有物先天地"偈语的考证,参见杨柱才:《道学宗主:周敦颐哲学思想研究》,人民出版社,2004年,第57页。

❷ 值得注意的是,邵古和周敦颐师从释氏的记载不少是源出两宋之际北宋五子的门人。前引王应麟、晁公武说即认为,邵古之说是出自谢良佐,周敦颐之说是出自晁说之。谢良佐、晁说之晚年皆信佛。类似的情况在五子弟子中绝非个案,朱子有"程门高弟如谢上蔡、游定夫、杨龟山辈,下梢皆入禅学去"[《朱子语类》卷一百一,(转下页)

真实。实际上,道学对于佛教思想资源虽然深有资取,核心观念毕竟是自家体贴出来的;道学与佛学固然有所互动,但互动中自有其复杂的思想理路,并非通过秘传偈语或《易》书这样简单的形式。将道学简单处理为佛道的产物,而忽视其鲜明的儒家身份与独立的思想创制的意义,既不足以揭示道学的特质与品格,也是对佛道的误读。❶

(二)李之才

邵古之外,邵雍最重要的师承当属李之才。李邵授受的始末,前文已有说明,这里主要讨论李邵授受的内容问题。由于李之才的文字几已全部散佚❷,关于李邵授受内容的探讨,只能借助他书的记载展开。

根据诸书的记载,李之才传授给邵雍的学问主要有三种,即所谓义理之学、物理之学与性命之学。邵伯温《易学辨惑》云:

> 先君受《易》于青社李之才,字挺之。……挺之闻先君好学苦心志,自造其庐,问先君曰:"子何所学?"先君曰:"为

(接上页)第2556页]的著名评论。就此而言,所谓周邵之学出于佛教的说法,或许可以理解为在北宋五子发明道学之后,发生在其门人弟子中的,具有一定流行性的由于师传不在、持论未坚而导致的思想回潮、亲近佛教的现象。这一情况,要到朱子集道学之大成、再一次严明儒佛疆界之后才得以改变。关于谢晁诸人与佛教的关系,见黄宗羲、全祖望:《宋元学案》卷二十二,第860页。

❶ 关于宋代道学与佛教关系的论述,参见荒木见悟:《佛教与儒教》,廖肇亨译,台北:联经出版事业股份有限公司,2017年;熊琬:《宋代理学与佛教之探讨》,台北:文津出版社,1985年;周晋:《道学与佛教》,北京大学出版社,1999年;李承贵:《儒士视域中的佛教:宋代儒士佛教观研究》,宗教文化出版社,2007年。

❷ 今见李之才存世文字仅有墓志铭一篇,与其学术无关(《大宋左千牛卫将军卫君夫人高平县君墓志铭》,《全宋文》第26册,第185—186页)。

科举进取之学耳。"挺之曰:"科举之外,有义理之学,子知之乎?"先君曰:"未也,愿受教。"挺之曰:"义理之外,有物理之学,子知之乎?"先君曰:"未也,愿受教。""物理之外,有性命之学,子知之乎?"先君曰:"未也,愿受教。"于是先君传其学。❶

晁说之《李挺之传》则云:

之才叩门来谒,劳苦之曰:"好学笃志果何似?"雍曰:"简策之外,未有迹也。"之才曰:"君非迹简策者,其如物理之学何?"他日则又曰:"物理之学学矣,不有性命之学乎?"雍再拜愿受业,于是先示之以陆淳《春秋》,意欲以《春秋》表仪五经,既可语五经大旨,则授《易》而终焉。其后雍卒以《易》名世。❷

《易学辨惑》与《李挺之传》两说大同小异,可以参互读之。两说都认为,李之才传予邵雍的学问包含了物理之学、性命之学;此外,《易学辨惑》还提到了义理之学。这些学说应该有其具体指向。结合邵雍著作加以分析,可以大略推知其主题。

所谓义理之学,指关于道义、是非或所当然的学问。借用现代语言来说,义理之学约略相当于道德和政治哲学。在《李挺之传》提及的五经中,义理之学应该大体对应于《春秋》。这是因为:就顺序而言,《易学辨惑》认为李之才所授之学以义理之学

---

❶ 邵伯温:《易学辨惑》,《景印文渊阁四库全书》第9册,第403页。
❷ 晁说之:《李挺之传》,《嵩山文集》卷十九,第15页下至第18页下。

为首,与《李挺之传》先授《春秋》,"意欲以《春秋》表仪五经"的先后次第相合;就内容而言,邵雍的春秋学重在录实事,定功过,以《春秋》为"名分之书"❶,而定五霸之功过名分正是义理之学较量是非、审核道义的体现。春秋学的这种"义理"性格,《史记》《春秋》以道义❷的说法表达得非常清楚。除了狭义上的春秋学,义理之学在邵雍学术中还体现为所谓皇帝王伯之学。后者以《春秋》的态度,对传说中从伏羲以降的全部治乱兴衰的历史加以褒贬评价,实际上是春秋学的推阐与展开。后文可知,邵雍对于《春秋》性质和五伯❸功过的理解有得于穆修。由此来看,邵雍的春秋学与皇帝王伯之学,可能都是自穆修、李之才传下的学问之一端。❹

所谓物理之学,指关于万物的自然知识的学问,相当于自然哲学或自然科学。《观物篇》《渔樵问对》对邵雍的自然思想多有记载,诸如元会运世的历史纪年、阴阳进退的消长关系、走飞草木的万物分类,这些都属于物理之学的范畴。显然,物理之学是特别能体现李邵一脉学术特色的内容。需要注意的是,物理之学中又有邵古所传与李之才所传之不同。邵古所传主要是万物分类以及声音之学,李之才所传则集中于历法与易数。❺前者是以

---

❶ 邵雍:《观物外篇》卷下,《邵雍全集》第3册,第1231页。

❷ 司马迁:《史记》卷一百三十,中华书局,1959年,第3297页。

❸ "五伯"义同"五霸",伯、霸古字通。本书引用古文以原文用字为准,言"王霸""王霸之辨""霸道"则取用霸字,言"皇帝王伯"则主要用伯字。

❹ 邵伯温提到,种放为陈抟撰写的叙述其生平学术的碑文中,有陈抟"明皇帝王伯之道"的说法(《邵氏闻见录》卷七,第70页)。如果此说为确,那么,皇帝王伯之学就应当可以追溯到陈抟。然而此说并不可信。详细讨论,参见本章第二节。

❺ 邵雍关于天文历法的知识主要得自李之才。李之才晚年为官泽州,泽州人刘羲叟从学历法,史称刘氏之学"远出古今上,有扬雄、张衡所未喻者"(《宋史》卷四百三十一,第12825页)。李之才之精于历学由此可见。

"律"为主干,后者是以"历"与《易》为重点;前者集中见于《观物内篇》,后者集中见于《观物外篇》。两者同收在邵雍著作之中,面貌相近,但却各有其源,不能混淆。这部分内容,除易学外,大多不在五经之中。

所谓性命之学,指在身心上做修养工夫,以达到安性顺命之境界的学问,相当于心性论与工夫论。以邵雍哲学的取向观之,这里的性当指自我,命当指遭遇,性命主要是从内与外、人与天相区别的角度强调身心的修养工夫,而非讨论道德本性之善恶。从《易学辨惑》认为性命之学是李邵授受之卒章、《李挺之传》将《周易》当作五经传授之终篇来看,李之才的性命之学可能与其易学关系颇深。《观物外篇》既言"不知乾,无以知性命之理"❶,又言"《图》虽无文,吾终日言而未尝离乎是"❷,都可以见出李邵性命之学与《周易》的关联。❸除《周易》外,邵雍又特别强调《春秋》与性命之学的关联,认为"《春秋》,尽性之书也""人言《春秋》非性命书,非也"❹。在邵雍看来,《春秋》直书功过,因事褒贬,而无我正是性命之学的最高境界和究竟目标,《春秋》因此表达了圣人无我、不容私意的修养境界:"圣人何容心哉?无我故

---

❶ 邵雍:《观物外篇》卷上,《邵雍全集》第3册,第1213页。此语应是对《乾卦·彖传》"乾道变化,各正性命"的诠释。

❷ 邵雍:《观物外篇》卷上,《邵雍全集》第3册,第1213页。

❸ 当然,这并不是说易学本身就是性命之学。李邵一脉的易学重在象数,就其象数部分而论,反而多属物理之学;性命之学只是就其易学象数中所蕴涵的精神宗旨和价值取向言之。

将《周易》当作性命的根源,或者说,以《周易》作为建构性命之学的基础,也是周敦颐哲学的取向。《通书·诚上第一》云:"大哉《易》也,性命之源乎!"(《周敦颐集》,第14页)

❹ 邵雍:《观物外篇》卷下,《邵雍全集》第3册,第1231页。

也。岂非由性命而发言也？"❶ 考虑到邵雍的春秋学颇受到李之才的影响，《春秋》与性命之学的上述关系，或许也与李之才的点拨有关。李之才指点出的性命之学的为学方向受到邵雍的特别重视，《观物外篇》主张"得天理者不独润身，亦能润心；不独润心，至于性命亦润"❷，又言"不至于性命，不足谓之好学"❸，可见邵雍确实是将身心修养当作为学的最终指归。

在上述种种学问中，易学构成李邵授受的大端，值得细加探讨。李之才的易学究竟包含哪些内容？由于李氏已无论《易》文字流传，邵雍也不曾指明其易学的哪些部分是得自李之才的传授，文献不足，李邵易学授受的详情已无法得到完全清楚地刻画；但参之以诸书记载，仍可得出以下几点认识。

第一，李之才已经采用图式解《易》，其易学以卦变为主。

李之才流传下来的易学文献只有南宋朱震《汉上易传卦图》及《六经图》等收录的两种卦变图。从中可见，易图是其易学的基本形式，卦变是其易学的重要主题。李氏易学的这些特点对邵雍颇有影响。后来邵雍创制《先天图》，这种以图表《易》的形式，一方面固然是受到《太玄图》的启迪，另一方面也与李之才的传统一脉相承。至于李之才卦变，邵雍虽未详论，但两者之间也有深刻的继承、损益关系。邵雍与李之才易学在基本性格上是相似的。

第二，邵雍区分伏羲之《易》与文王之《易》的问题意识与李之才有关，但现存的李之才易图与《先天图》之间没有明确的关联。

---

❶ 邵雍：《观物外篇》卷下，《邵雍全集》第3册，第1231页。
❷ 邵雍：《观物外篇》卷下，《邵雍全集》第3册，第1224页。
❸ 邵雍：《观物外篇》卷下，《邵雍全集》第3册，第1225页。

李之才卦变是自前人发展而来的。与汉易的卦变传统相比，李之才卦变有一根本的不同，即完全不迁就解说卦辞爻辞的需要，而是致力于纯形式的卦象规律展示。这意味着李之才已经将象与辞彻底区分开来，而这正是邵雍区别先天后天、分辨伏羲之《易》与文王之《易》的判准所在。据此来看，区分伏羲之《易》与文王之《易》的问题意识在李之才处或许已有萌芽。

　　前人多以为邵雍《先天图》是得自师传。朱子有云："《先天图》直是精微，不起于康节，希夷以前元有，只是秘而不传，次第是方士辈所相传授底。"❶ 抛开陈抟和道教的问题不论，朱子认为《先天图》是从穆修、李之才等一脉传承而下，邵雍只是得其师说。然而，这一说法无法得到李之才卦变说的支持。理论分析表明，无论是反对卦变还是相生卦变，都既不能推出《先天图》的卦序，也无法得出《先天图》的卦位。❷ 这意味着，李之才的卦变说与《先天图》之间不存在直接的联系。另一方面，宋人关于李之才易学内容的记述完全集中在卦变说，不曾旁及其他易学问题，这种记载也表明，《先天图》是作为邵雍而非李之才易学的内容而为时人所认识。实际上，认为数代秘传一图、绝不显露、突然至某人而大明的说法，本身就是相当不合情理的。审慎起见，《先天图》的某些萌芽或雏形在邵雍以前已经具备的可能固然不能轻易否认，但就现有材料所显示的李邵学术的整体情况看，将《先天图》主要看作邵雍的创制，应该说是更合理的推测。

　　《先天图》是邵雍易学的总纲，涵括了邵雍易学的大部内容。《先天图》既然应该不是由李之才传下的，以《先天图》为核心的

---

❶ 黎靖德编：《朱子语类》卷六十五，第1617页。
❷ 学者或认为《先天图》卦序来自李之才卦变说。关于这一问题的辨正，参见本书第五章。

邵雍易学就确乎是"所自得者多矣"❶。根据邵伯温的记载，邵雍从学于李之才，不是径直承受全部学问，而是在请李之才"略开端，无竟其说"之后，凭借自己的思力加以推证，"退而思之，幸得之以为然"❷。《先天图》正是这种思而自得的态度的成果。两人学说内容上的异同，与其学问授受的情形有直接的关系。

第三，李之才传与邵雍的易学，与《河图》《洛书》关联不深。《宋史》邵雍本传载李邵授受，云：

> 北海李之才摄共城令，闻雍好学，尝造其庐，谓曰："子亦闻物理性命之学乎？"雍对曰："幸受教。"乃事之才，受《河图》、《洛书》、宓羲八卦六十四卦图像。❸

按照《宋史》的说法，邵雍从李之才处得到的易学包括《河图》《洛书》在内。但实际上，邵雍著作中几乎找不到与《河图》《洛书》有关的内容；仅有的提及《河图》《洛书》的一处，意指还相当模糊，后世学者对此颇有争论。❹ 如所周知，北宋真正重视《河

---

❶ 程颢：《邵尧夫先生墓志铭》，《二程先生文集》卷四，《二程集》上册，第503页。
❷ 邵伯温：《易学辨惑》，《景印文渊阁四库全书》第9册，第408页。朱子曾引用此说，评价道："此意极好。学者当然须是自理会出来，便好。"(《朱子语类》卷一百，第2542页）
❸ 脱脱等：《宋史》卷四百二十七，第12726页。
❹ 邵雍云："圆者星也，历纪之数，其肇于此乎？方者土也，画州井地之法，其仿于此乎？盖圆者《河图》之数，方者《洛书》之文。故羲文因之而造《易》，禹箕叙之而作《范》也。"（《观物外篇》卷上，《邵雍全集》第3册，第1190页）此段中，《河图》《洛书》的样式如何并不明确。张行成认为邵雍主《图》九《书》十之说（《皇极经世观物外篇衍义》卷四，《景印文渊阁四库全书》第804册，第101—102页）。朱子、蔡元定主张邵雍持《图》十《书》九之说（《周易本义》卷首，《朱子全书》第1册，第18页）。魏了翁、毛奇龄则指出，邵雍所谓《河图》《洛书》并未明言数字，无法确定其与通行的四十五点或五十五点《河图》《洛书》的关系［《跋司马子己先后天诸图》，（转下页）

图》《洛书》的乃是刘牧一派，此派学者不仅提出了众多图式，还从中衍生出了复杂的象数体系；相比之下，河洛之学在邵雍思想中完全不占有重要位置。《宋史》的上述记载，更像是对李邵授受内容的误记。

李邵易学授受的大致情况如上所论。最后，如果跳出易学视角，对李邵授受加以统观，则可知，除物理之学别有来源外，李之才授与邵雍的学问基本与五经对应，就中尤以《周易》《春秋》为主。这与邵雍著作表现出的特征——《观物外篇》多言易学、《观物内篇》倡论皇帝王伯、元会运世效法《春秋》——是一致的。由此可见，邵雍之学确乎是以五经为基础、以大《易》为归本。相比之下，四书虽然也为邵雍所提及，但其频次与地位远不足以同五经相提并论。将这一特点与北宋五子中的其他四位相比较可以发现，邵雍归本大《易》、依托五经的特征与周敦颐相近，与张载亦相仿佛，而与二程相去较远。在二程处，对于四书的讨论明显增多，四书开始取得独立于五经的地位，逐渐成为道学思想由以展开的最重要的经典文本。这是北宋五子前后两代的差别在经典系统上的表现。

除邵古与李之才外，邵雍学术还有其他来源。《邵氏闻见录》载，邵雍早年曾从"汾州任先生"❶问《易》。可以想见，邵雍早岁

（接上页）《鹤山先生大全文集》卷六十三，第6页上；《河图洛书原舛编》，《毛奇龄易著四种》，中华书局，2010年，第73页］。胡渭承西山、西河之论，又认为邵雍此段是就《观物外篇》"圆之数起一而积六、方之数起一而积八"之语牵缀为之，所论重点乃在圆方图形的几何关系（《易图明辨》，中华书局，2008年，第118—120页）。王铁先生立足胡渭之说，认为邵雍所言正是《图》十《书》九之意（《宋代易学》，第73—75页）。

❶ 邵伯温：《邵氏闻见录》卷十八，第194页。

投吴走越，访学南北，所问学者应不止任氏一家。但诸家之学今已无考。从邵雍不曾在著作中提及来看，诸家之学对于邵雍的影响应该有限。邵雍学术的直接来源，主要是上述的邵古与李之才两脉。

除了以上确有其事的记载，在邵雍身后，还颇形成了一些关于其师承关系的离奇描述。最典型者，乃是邵雍得其母藏江休复书、遂成其学之说。张耒《续明道杂志》云：

> 邵雍字尧夫，洛阳人也。不应举，布衣穷居，一时贤者皆与之交游。为人岂弟，和易可亲，而喜以其学教人。其学得诸易数，谓今五行之外，复有先天五行，其说皆有条理，而雍用之可以逆知来事，其言屡验❶。某在史院时，曾得其著书号《皇极经世论》者数十卷，读之不甚可晓。其书中所论有配律历及平上去入四声处，莫可考也。又有《周易》卦图，未曾见之。或言雍此学无所授而心自得也；或言雍父得江邻几学士家婢而生雍，婢携江氏家书数编来邵氏，雍取而读之，乃得此学，未知信否。❷

张耒叙述《皇极经世》篇章次第，皆与实际情况相合；但所谓邵雍读江氏家书、"乃得此学"的说法，却未免荒唐无稽。与此相似，南宋章渊在《槁简赘笔》中也记载了邵雍因其母而得江氏遗书的故事。❸ 此类小说家言荒诞不经，原本不值一驳，但流传久

---

❶ "验"，宛委山堂《说郛》本讹作"险"，据文意改。
❷ 张耒：《续明道杂志》，宛委山堂本《说郛》卷四十三，《说郛三种》第5册，第2004页。
❸ 章渊：《槁简赘笔》，涵芬楼本《说郛》卷四十四，《说郛三种》第2册，第720页。金生杨先生对两家之说有所驳论，参见金生杨：《邵雍学术渊源略论》，《中华文化论坛》，2007年第1期。

远，渐成一家之言，后世学者亦或受其影响，如王夫之即曾援引此说以攻邵雍。❶ 其实，此类说法在文献与逻辑上都是难以成立的：就江休复而言，江氏有《嘉祐杂志》传世，所载皆北宋史谈故事，与邵雍之学全无相关；❷ 欧阳修为江休复所作《墓志铭》以及《宋史》本传叙其事迹，言其著有《唐宜鉴》《春秋世论》，亦不言其与易学有涉。❸ 故邵雍得江氏之书云云，可说是无稽之语。就邵雍而言，此说更是完全忽视了邵氏家学与李之才师授的传统。前文已述，邵雍的宇宙论、体用观和声音之学本自邵古，其经学则主要得自师传，这些都有确实的文本可据，明白可信。如果邵雍真是从不知所从来的江氏藏书中得其学术，那么，江氏学说为何会见于素昧平生且年辈更长的邵古与李之才的笔下？反过来，如果认为江氏之学有不同于邵古、李之才的内容，其学说在邵雍著作中却又难觅踪影。这些都是张耒此说所无法解释的。张耒此说表明，其对邵雍之学确是"读之不甚可晓"，其言实不足信。

二　渊　源

上节对邵雍直接的师承关系作了梳理。以此为基础，本节进一步溯流而上，对关于邵雍思想渊源的诸种传说展开分析。较之直接的师承关系，这些背景因素与邵雍思想的关联更为间接，本

---

❶ 王夫之：《周易内传发例》，《船山全书》第1册，岳麓书社，1988年，第651页。关于王夫之的批评及对其批评的评价，详见本书附录四。

❷ 江休复：《嘉祐杂志》，《景印文渊阁四库全书》第1036册，台北：台湾商务印书馆，1986年。

❸ 欧阳修：《江邻几墓志铭》，《居士集》卷三十四，《欧阳修全集》第2册，第500—502页；脱脱等：《宋史》卷四百四十三，第13093页。

非邵雍哲学研究的重点所在；但渊源问题的实质是性质问题，对于邵雍学说来源的认识直接关系到邵雍思想隶属何家的判断，就此而言，渊源问题又是探讨邵雍思想必须处理的内容。以下即就相关谱系和传说加以检讨，努力廓清笼罩在邵雍思想渊源与性质问题上的诸种误解，以为后文分析邵雍思想提供一个尽可能可靠且有意义的基础。

（一）陈抟—种放说

邵雍师承关系中一个极为重要、引起后世学者诸多争论的话题，是李邵学术的渊源问题。在朱震等宋代学者的叙述中，以《先天图》为学术主旨的李邵一脉源自陈抟，并与陈抟传下的《河图》《洛书》和《太极图》两系一起，一花开三叶，构成宋代易学和道学的源头与主干。这一传授谱系对于后世产生了极为深刻的影响，以至于从此以降，不论是道学对于自身发源的追溯，还是道教对于道学资源的利用，抑或是儒家内部持反对和纠正态度的学者对于道学的质疑，往往都要诉诸此说以为证据。其结果是，在后世的描述中，作为上述谱系一环的李邵一脉，一方面因为与陈抟的联系而分享了某种神秘的色彩，另一方面也正是由于陈抟的道士身份而遭到后来儒家学者提出的杂而不纯、涉乎道教的批判。后世关于邵雍之为道教徒的论断，往往本于此说而来。可以说，邵雍之学的性质，在相当程度上受到了这一后起的谱系话语的塑造、扭转甚至遮蔽。今日重审邵雍学术的性质，不能再对上述谱系不加批判地全盘接受，而应从思想与历史本身出发，对相关说法予以审慎的清理和辨析，反思这一谱系的真实性以及由此出发推断邵雍思想的做法的可靠性，从而为一种真正严肃的思想研究划定可据可信的分寸与边界。上述传授谱系中，《河图》《洛书》和《太极图》两系学者多有相关考订❶，且与本书主题关系不大，这里不作更多讨论。本节集中关注的，是陈抟至李邵的传承谱系。以前人研究为基础，本节致力于对相关材料重新加以解读，探究李邵师承可能的真实状况。

按照弟子和讲友的记述，邵雍的师承渊源是：邵雍从学于李之才，李之才从学于穆修。张崏云："先生少事北海李之才挺之，挺之闻道于汶阳穆修伯长。"❷程颢亦云："先生得之于李挺之，挺之得之于穆伯长。"❸张崏、程颢亲接邵雍甚久，其言可信。其他文献也可以佐证张、程之说：邵雍师从李之才，诸书多有记载，不必缕举；至于李之才师从穆修的事迹，邵伯温《易学辨惑》屡言之。❹此外，《观物外篇》也曾以回护的语气谈到穆修，从中可以见出邵雍对穆修春秋学观点的继承。❺应该说，由穆修至李之才、李之才至邵雍的传授次第是可靠的。❻

---

❶ 关于陈抟与《河图》《洛书》及《太极图》的关系，参见朱伯崑：《易学哲学史》第2卷，第11—25页；李申：《易图考》，第1—64、119—200页；吾妻重二：《〈太极图〉之形成：围绕儒佛道三教的再检讨》，《思想与文献：日本学者宋明儒学研究》，吴震、吾妻重二主编，华东师范大学出版社，2010年，第177—193页；林忠军：《象数易学发展史》第2卷，第134—142、190—197页；杨柱才：《道学宗主：周敦颐哲学思想研究》，第16—22、32—44页；王铁：《宋代易学》，第26—32页；郭彧：《易图讲座》，第33—53页。
❷ 张崏：《康节先生行状略》，载朱熹：《伊洛渊源录》卷五，《朱子全书》第12册，第986页。
❸ 程颢：《邵康节先生墓志铭》，《河南程氏文集》卷四，《二程集》上册，第503页。
❹ 邵伯温：《易学辨惑》，《景印文渊阁四库全书》第9册，第402页。
❺ 《观物外篇》卷下云："某人受《春秋》于尹师鲁，师鲁受于穆伯长。某人后复攻伯长，曰：《春秋》无褒皆是贬也。"（《邵雍全集》第3册，第1230页）据此，穆修主《春秋》有贬有褒之说。前文提到，邵雍也认为《春秋》于五霸乃是有功则奖，有过则罚，反对《春秋》有贬无褒之论，故《观物外篇》此处实际上是在维护穆修的观点。
❻ 遗憾的是，穆修传世著作《河南穆公集》所收皆为诗文，少涉经学义理，从中难以考知其学的全貌与源流。

邵雍一系的传承次第，在穆修以上便出现了模糊分歧。程颢《墓志铭》云："先生得之于李挺之，挺之得之于穆伯长。推其源流，远有端绪。"❶ 程颢但言穆修以上远有师承，却不言具体的传授情况，似乎表明作为道学正统的程颢对于邵雍学术渊源持有某种保留态度。然而，只要注意到程颢的这一说法原是本于张崏的《行状略》，则可知这并不是程颢的意见，而是张崏的固有之说。张崏《行状略》云："伯长以上，虽有其传，未之详也。"❷ 作为邵雍亲传弟子的张崏以"未之详"描述师门传统，无非两种可能：其一是穆修以上的传承次第确实不为张崏所知；其二是张崏虽知其实，但为师者讳言之。以常情度之，后说刻意隐没师祖，有违情理，前说相对可信。但不管怎样，可以确定的是，当邵雍去世时，其亲传弟子对邵氏学术的可靠追溯只及乎穆修而止。

邵雍、张崏过世多年以后，邵伯温作《易学辨惑》❸，提出了一种新说，认为穆修所师乃是陈抟。《易学辨惑》云："伯长《国史》有传，其师即陈抟也。"❹ 邵伯温此说大概不曾细考陈抟与穆

---

❶ 程颢：《河南程氏文集》卷四，《二程集》上册，第503页。
❷ 张崏：《康节先生行状略》，载朱熹：《伊洛渊源录》卷五，《朱子全书》第12册，第986页。
❸ 邵伯温《易学辨惑》是为辟沈括《梦溪笔谈》所言秦玠、郑夬之事而作。《梦溪笔谈》之作在元祐年间（1086—1093）（胡道静：《引言》，《梦溪笔谈校证》，上海古籍出版社，1987年，第22页），《易学辨惑》成书必在此后。《易学辨惑》在驳斥《梦溪笔谈》的记载后，又记有邵伯温往日与章惇的对话，对话中，章惇表达了对邵雍之学的歆慕。结合《宋史》邵伯温本传可知，这一对话发生在绍圣初年（《宋史》卷四百三十三，第12852页），《易学辨惑》成书必晚于此。而且，从书中敢于明文贬抑章惇来看，《易学辨惑》成书甚至可能晚在元符三年（1100）章惇罢相之后。此外，晁说之诗中提及，邵伯温在南充曾寄来《易学辨惑》，请晁说之撰写邵雍碑文（《南充大兄尝梦见予作诗见寄次韵白呈》，《嵩山文集》卷八，第2页上）。晁说之所撰碑文，就是《康节先生谥议后记》，作于宣和四年（1122）四月（《嵩山文集》卷十八，第13页上）。《易学辨惑》成书必在此前。
❹ 邵伯温：《易学辨惑》，《景印文渊阁四库全书》第9册，第402页。

修的生卒年期。穆修生于太平兴国三年（979），陈抟卒于端拱二年（989）。如果伯温之言为确，那么，陈抟就是将毕生学术精要传与了一位不足十岁的孩童，这未免不合情理。钱穆先生早已指出："若陈图南远在宋初，年世不与穆伯长相接，则谓伯长易学受之图南，似有未的。"❶ 在晚年所作的《邵氏闻见录》中，邵伯温不再提起此说，似是有见于年辈之误而加以改易。

大观元年（1107），晁说之应邵伯温请，作《传易堂记》。此文在邵伯温的穆修师事陈抟说中，又加入了种放一节。❷ 其文云：

> 至有宋华山希夷先生陈抟图南，以《易》授终南种征君放明逸，明逸授汝阳穆参军修伯长，而武功苏舜钦子美亦尝从伯长学。伯长授青州李之才挺之，挺之授河南邵康节先生雍尧夫。❸

《传易堂记》此说后来被朱震采纳在《进周易表》当中：

> 濮上陈抟以《先天图》传种放，放传穆修，修传李之才，之才传邵雍。❹

---

❶ 钱穆：《论太极图与先天图之传授》，《中国学术思想史论丛》第5册，第78页。
❷ 邵伯温在《易学辨惑》中已将种放列为陈抟弟子，但认为种放传的是陈抟"象学"，下传许坚、范谔昌，"由此一枝传于南方也"（《易学辨惑》，《景印文渊阁四库全书》第9册，第405页）。这就是说，在《易学辨惑》的描述中，种放并不在穆修、李之才一脉的师承谱系中。晁说之《传易堂记》也谈到范谔昌得传种放易学，与《易学辨惑》相似（尽管未提及许坚，又将彭城刘牧等列为范谔昌弟子）；其不同则在于将种放加入穆修、李之才一系中来。后者对此后的传《易》谱系叙述产生了决定性的影响。
❸ 晁说之：《传易堂记》，《嵩山文集》卷十六，第11页上。穆修从学种放、种放从学陈抟的谱系，晁说之在《李挺之传》中也有提到（《嵩山文集》卷十九，第16页上）。
❹ 朱震：《进周易表》，《汉上易传》卷首，《通志堂经解》第1册，江苏广陵古籍刊印社，1996年，第194页。

朱震《进周易表》影响极大，此后，陈抟—种放—穆修—李之才—邵雍一系师承遂成定论。约略与朱震《进周易表》同时❶，邵伯温在《邵氏闻见录》中也不再提起穆修直承陈抟之事，而是同样将种放列为陈抟弟子，并通过记述所谓种放为陈抟立碑的事迹、称许陈抟"明皇帝王伯之道"的评价❷，进一步凸显了陈抟、种放以至邵雍的学术传衍关系。❸后世学者在这一谱系基础上或继续前溯，如朱子认为陈抟之学与《周易参同契》相似；❹或别添旁支，如王夫之盖因吕洞宾与陈抟为师友的传说，而认为邵雍所学有本于钟吕丹法。❺不管如何发挥，从《传易堂记》开始、由《进周易表》确定了的自陈抟、种放以至邵雍的谱系，构成了传世各种邵雍师承说法的主干。

上述师承的真伪，可从种放和陈抟两方面加以分析。

就种放而言，其年辈介乎陈抟、穆修之间，恰好可与两者相接。对此，钱穆先生有详细考证：

---

❶ 朱震呈《汉上易传》在绍兴六年（1136）(《进周易表》，《汉上易传》卷首，《通志堂经解》第1册，第194页）。邵伯温《邵氏闻见录》初成于绍兴二年（1132）(邵伯温：《原序》，《邵氏闻见录》，第1页）。邵伯温去世后，《邵氏闻见录》稿本又经其子邵博编订，然后成书（邵博：《河南邵氏闻见录序》，《邵氏闻见录》附录，第231页）。

❷ 邵伯温：《邵氏闻见录》卷七，第70页。

❸ 较之《易学辨惑》，邵伯温在《邵氏闻见录》中进一步突出了种放与陈抟的关系，但仍没有将种放直接描述成穆修的师辈。后一说法是由晁说之、朱震明确给出的。邵伯温只是通过种放"明皇帝王伯之道"的评价暗示了这一点。

❹ 朱子云："《先天图》直是精微，不起于康节。希夷以前元有，只是秘而不传。次第是方士辈所相传授底。《参同契》中亦有些意思相似。"(《朱子语类》卷六十五，第1617页）

❺ 王夫之云："所云先天者，钟离权、吕嵓之说也。"(《周易内传发例》，《船山全书》第1册，第651页）又云："故读《易》者以不用先天图说为正，以其杂用京房、魏伯阳、吕嵓、陈抟之说也。"(《周易稗疏》，《船山全书》第1册，第790页）

种放卒于真宗大中祥符八年，年六十一。陈抟卒于太宗端拱二年，是岁放年三十五。据《宋史》放传，真宗咸平四年，张齐贤上言："放隐居三十年，不游城市十五年。"是时放居终南豹林谷中之东明峰，已四十七岁矣。盖抟卒已值放不游城市之际，而放之隐居尚在抟之卒前。据张齐贤说，放始隐应在太祖开宝五六年间，陈抟朝京师在太宗雍熙元年。时放虽隐，而史称其每来往嵩、华间。则当放之盛年，或可得抟之传。又考穆修成进士在大中祥符二年，种放以是年四月归终南，明年正月复召赴阙，四年又来朝，并从祠汾阴。则穆之得传于种，事亦可有。❶

《续资治通鉴长编》亦载："放每至京师，秦雍学徒多就而受业。"❷ 由此观之，穆修随秦雍诸生从种放受学，在时间上并非全无可能。那么，张崏和程颢为何不曾在《行状略》与《墓志铭》中提及种放？钱穆先生认为，这可能是由于"放在当时颇滋诽议，故谈者不欲称引"❸之故。❹

钱穆先生上说提供了一种解释的可能。然而，此说只能说明穆修从学种放在时间上没有矛盾，而不能证明穆修一定曾经学于种放。毕竟，无论是种放、穆修，还是后来的李之才、邵雍，对此事都全无记述。事实上，钱穆先生亦非专主此说，而是同时也提出了另一种可能，即种放之所以在上述谱系中居于承上启下的位置，可能只是因为后来学者察觉穆修与陈抟年世不符，故而特

---

❶ 钱穆：《论太极图与先天图之传授》，《中国学术思想史论丛》第5册，第78页。
❷ 李焘：《续资治通鉴长编》卷六十二，景德三年夏四月条，第1395—1396页。
❸ 钱穆：《论太极图与先天图之传授》，《中国学术思想史论丛》第5册，第79页。
❹ 王铁先生亦认为穆修受学于种放（《宋代易学》，第31页）。

别提出种放以资弥缝。这样,种放、陈抟与李邵之学就未必有内在的关联。对于两说,钱穆先生以为"二者必居其一,今则无可详论耳"❶。钱穆先生的态度是审慎的,由于材料缺乏,这一问题或许确难有绝对确凿的答案;但细读相关材料,仍能发现一些值得注意的蛛丝马迹。审而思之,钱穆先生两说中的后一种似乎更合情理,即种放与李邵之学未必有内在的联系。以下试从思想和史料两方面说明此点。

从思想上看,种放与穆修、邵雍相去有间。种放今已无成书流传,完整的学术面貌难以考知,但传世的数篇遗文可透露出其思想倾向。种放与穆修、邵雍思想的不同,集中表现在对《春秋》性质与五伯功过的认识上。如前所述,穆修以至邵雍认为,五伯有功有过,《春秋》有贬有褒,有功则奖,有过则责,并不一概否定五伯。种放则与此有别,认为五伯不守臣道,功业卑小,《春秋》对五伯纯取贬斥态度。其《送张生赴举序》云:

《春秋》元经,则知帝尊乎万物,谪其邪以守正。……盖元经大意,在乎奖正王室,抑弱臣妾,殪削强乱。❷

所谓"邪""臣妾""强乱",即指五伯而言。其《述孟志》亦云:

故曰"仲尼之门无道桓文之事者,无以,则王乎",是岂

---

❶ 钱穆:《论太极图与先天图之传授》,《中国学术思想史论丛》第5册,第79页。钱穆先生此文最初发表于1942年。至50年代,钱先生的意见已有变化,《宋明理学概述》在引述陈抟一种放说后明确指出:"其实能有思想人,决不能创辟。如上所举许多话,那里是陈抟、穆修、李之才所能想见的? 必谓宋儒理学渊源自方外,总还是诬说。"(《宋明理学概述》,九州出版社,2011年,第42页)

❷ 种放:《送张生赴举序》,《全宋文》第10册,第214页。

不能伯事哉？盖小之也。

　　凡道之修，仁之行，活生民，和天下，功等于尧舜禹汤文武之君者，岂伯者之所能及哉？❶

《述孟志》通篇都是对于齐桓、晋文及其臣下的贬斥。在种放看来，五伯之道既不合乎仁义道德，也不足以济世安民，理应加以贬抑，《春秋》正是在最严格的意义上坚持了这种尊王贱霸的原则；而任何肯定伯道的尝试，都不免违背"圣人立言垂教劝忠之意"，都是站在了与孟子相对立的"非轲"❷的立场。种放的态度实际上是要彻底否定伯道的价值，这与穆修以至邵雍强调《春秋》不掩五伯之功的观点颇有距离。后文可知，两方的理路立场截然不同：种放以孟子学为本，邵雍以春秋学为基，种放以道德主义为准，邵雍以历史主义为用，两者的精神气质大别，对于历史事件与人物的评价自然会有深刻的分歧。从这一分歧来看，穆修至邵雍一系关于历史的根本见识很难被认为是从种放受学而所得的真传；反过来说，种放对于历史的理解，也不曾在邵雍一系中得到肯定的回应。这种分歧不仅见之于种放与邵雍的关系中，也体现在种放与陈抟的谱系内；不仅见之春秋学中，也体现在皇帝王伯的问题上。前文提到，邵伯温称种放对陈抟有"明皇帝王伯之道"❸的评价。然而，由以上所论观之，假如陈抟确有与邵雍近似的皇帝王伯之论，种放却如此激烈地反对霸道，则种放似难称为陈抟弟子，从穆修经由种放而上溯至陈抟的谱系也就因此而缺乏根据；反过来，假如陈抟并不曾有皇帝王伯之论，那么邵伯温的

---

❶ 种放：《述孟志》，《全宋文》第10册，第216—217页。
❷ 种放：《述孟志》，《全宋文》第10册，第217页。
❸ 邵伯温：《邵氏闻见录》卷七，第70页。

叙述就是出于伪造，这一谱系的真实性更是从根本上便值得怀疑。不论怎样，围绕上述历史观的问题，陈抟—种放—邵雍谱系说总呈现出某种内在的枘凿。❶

从史料上看，种放说也并非没有可疑之处。值得注意的是，尽管种放与陈抟年代相接，地域相近，但在正史的叙述中，种放从来不曾被认为与陈抟有关或曾从陈抟问学：《续资治通鉴长编》有数十条关于陈抟、种放的记载，无一处将两人相提并论；《宋史》陈种本传❷亦不言两人有何关系。❸此外，现存的陈抟、种放文字也不曾提及彼此及其思想学术。❹陈种二人的关联，是在北宋中后期的笔记杂志中才逐渐出现的。而且，即使是在此类记载之中，《玉壶清话》《渑水燕谈录》等绝大多数北宋笔记，也都是将陈抟与种放描述成品鉴命理和指点迷津意义上的前辈与晚辈的关

---

❶ 当然，春秋学上的观点相左不能推出易学上的彼此无涉。理论上也可以作这样一种设想：尽管种放对历史的态度与穆修、邵雍乃至传说中陈抟的观点颇有对立，但此派易学的传承仍然是一以贯之。只不过，这样激烈反对师说而又传其学术的情况似乎并不常见。更何况，在种放没有任何论《易》文字与事迹流传下来的情况下，认为其长于易学或者与李邵易学有关，本身就是全无根据、子虚乌有之事。就这一点来说，种放存在于李邵易学谱系之中，较陈抟更不合情理：后者毕竟尚有托名易著存在，前者则根本缺乏支持的证据。

❷ 学者指出，《宋史》陈抟本传采自国史，其底稿成文甚早，《杨文公谈苑》、《华山重修云台观记》与《隆平集》中，已经有与今本陈抟传基本相同的内容。后来记述陈种关系的诸笔记，其撰作时间都晚于此。《宋史》陈抟本传既然较少后来演绎的成分，自然应当更为可信（刘缙：《"北宋先天易学师承谱系"献疑》，《周易研究》，2019年第2期）。

❸《宋史》李之才传倒是谈到穆修从学种放、种放从学陈抟。但该篇实际上全用晁说之《李挺之传》，而晁说之与邵伯温一起致力于张扬邵氏门庭，其言语既非完全可信，也不足以代表《宋史》编者对陈种关系的态度。

❹ 现存题名陈抟文字，见《全宋文》第1册，第223—230页；种放文字，见《全宋文》第10册，第209—221页。《全宋文》所收陈抟文字，如编者所言，可能"多为后人伪托"，不能简单当成解读陈抟思想的可靠材料。

系,而非传其易学的师弟关系;❶后一种非主流的记载,只见于邵伯温、晁说之处。❷以上两类笔记的记载,其可信度都未可作过高估计:《续资治通鉴长编》与《宋史》编纂之时,上述笔记具在,且当时可见的北宋史籍中关于陈种二人的记载必不少于今日,而编者却置笔记诸书于不论,这种态度本身就已经表达了编者对于史料真伪的判别;两类笔记中,后起的邵伯温、晁说之所谓种放师从陈抟的说法是对前人之说的改造,尤不可信。据此,似乎有理由作这样的推测:种放从陈抟游,是北宋中后期士人群体中逐渐兴起的一种想象,而种放传陈抟学,更是在这一想象基础上的再次创造。在邵伯温、晁说之的年代,种放从陈抟游的事迹可能已经成为士林中某种流传较广的传说或"共识",在此基础上,邵晁二人又或有意或无意地将这一事迹改编,融入到邵雍师承谱系中来。这种建构或改编所以能够取信于人,盖因陈抟、种放都是隐士,都曾应北宋皇帝礼聘,其年代、居处亦复相接相近,故虽凑泊两人事迹,却并不显其突兀。但这不意味着陈种二人真有交往,或者存在学术上的传承关系。相反,正史中两人交往记载的空白,其实已经道出了可能的真相。简单信从笔记而非正史的记载,或是信从晁说之、邵伯温说而无视其他笔记的不同记述,都不免有将后世想象混同于历史事实的危险。在此基础上得出的关于邵雍学术渊源的认识,也就难免可能变色失真。

陈抟—种放—邵雍的传承谱系中,种放的问题已如上述。由

---

❶ 邵伯温在叙述了陈抟传《易》次第后,评论说:"世但以为学神仙术、善人伦风鉴而已,非知先生者也。"(《易学辨惑》,《景印文渊阁四库全书》第9册,第405页)其实,这恰恰反映出时人对陈抟的印象集中在仙术与命理一面,与易学关联不深。

❷ 关于北宋笔记中的陈种关系与陈种形象,近人丁传靖有整理(《宋人轶事汇编》卷五,中华书局,2003年,第177—184页)。

此来看,世传陈邵师承关系之中,种放一节多半是由后人补缀加入。那么,陈抟的情况又如何呢?

对于上述师承谱系来说,陈抟无疑是最重要的一环:李邵一系的地位与名望,由于陈抟高人宗师形象的加持而得到了巨大的强化与提升;与此同时,陈抟的引入,也为后世道教中人的夤缘牵附和儒家学者的质疑批判埋下了伏笔。与上述谱系中的其他环节相比,陈抟文献的真伪情况也最为扑朔迷离。围绕陈抟的生平与学术,前人曾有一些重要考辨,取得了一定成果;❶ 但必须承认,时至今日,至少在易学方面,学界仍然难以无争议地确定陈抟所作的文献究竟有哪些,难以完整确切地了解陈抟思想的概貌,因而也就难以对其学术作深入具体的研究。这种情况下,若要论证陈抟与邵雍之间存在易学传承的关系,是相当困难的:缺乏可信的基本文献,任何论证都难免以疑说疑,陷于"考证的形而上学"❷ 的尴尬境地。不过,反过来,若要说明陈邵之间应不存在易学传承的证据,则相对容易。这是因为:现有的题名陈抟的易学文献,与邵雍易学著作在学理上并无直接的关联——邵雍所讨论的卦变、成卦与《先天图》等问题,在此类文献中一无论及;同样,此类文献讨论的内容,也不是邵雍易学关注的对象。❸ 这就意

---

❶ 关于陈抟思想概貌特别是其与道教的关系,参见蒙文通:《陈碧虚与陈抟学派》,《古学甄微》,《蒙文通文集》第 1 卷,巴蜀书社,1987 年,第 369—382 页。关于陈抟与易学的关系,参见第 104 页注 ❶,以及本页注 ❸、下页注 ❶❷;并参副岛一郎:《宋初的易学者与古文家——从陈抟到冯元》,《气与士风:唐宋古文的进程与背景》,王宜瑗译,上海古籍出版社,2005 年,第 178—224 页。关于陈抟的生平与著作,学界也有专门研究。不过,部分研究对题名陈抟的著作一概信从,缺乏辨伪,颇有可商榷之处。

❷ 参见杨立华:《方法的幻相》,《中国哲学史》,2000 年第 3 期。

❸ 现存题名陈抟的涉及易学的著作,主要有《龙图序》《河洛真数》《河洛理数》《正易心法》。其中,《龙图序》是言《河图》《洛书》,《河洛真数》《河洛理数》是言命理之法,皆与邵雍不同;《正易心法》虽然涉及卦变、成卦、大衍等象数问题,但主要是延续了秦汉易学的成说,并未表现出邵雍易学的特色。

味着，即使此类文献全部被判定为真，也无法从中推出邵雍易学曾经受到陈抟影响的结论。更何况，现存题名陈抟的易学文献，学界一般认为还都属于伪作。❶这样，那种认为陈邵之间存在着易学传承关系的观点，由于缺乏证据的支持，自然也就难以成立了。❷

以上的分析说明，陈抟—邵雍谱系说，在陈抟方面无法得到易学文本的支持。这在邵雍方面也是同样的情形。前文谈到，一方面，邵雍在其著作中不曾叙及先天易学的传授脉络，也不曾提到陈抟对其学术有所影响；另一方面，《先天图》以及与之关系紧密的先天卦变，与已知的李之才所传下的易学思想并不相同，更像是邵雍自得的产物。这样，所谓自陈抟以下数代秘传一图、至邵雍而大放光彩的说法就很值得怀疑了。固然，邵雍在诗作中对陈抟的人格气象颇有赞美❸，甚至称其为"至人"❹，但必须注意的是，这些诗作全未言及易学，与陈邵学术并不相干，因而不能被看作陈邵间存在渊源关系的证据。❺实际上，邵雍诗中的陈抟形

---

❶《龙图序》的真伪问题，王铁先生已有考证（《宋代易学》，第26—30页）。《正易心法》乃南宋伪作，朱子已有说明，陈振孙亦同其论（《书麻衣心易后》《再跋麻衣易说后》《偶读漫记》，《晦庵先生朱文公文集》卷七十一、卷八十一，《朱子全书》第24册，第3415、3833—3835页；《朱子语类》卷六十七，第1678—1681页；《直斋书录解题》卷一，第15页）。《河洛真数》《河洛理数》之为伪书，参见本文附录三。

❷ 现代学者中，郭彧先生以朱震与李觏为参照，也认为邵雍易学应与陈抟无关（《邵雍先天图卦序来自李挺之卦变说》，《周易研究》，1996年第3期）。

❸ 邵雍明确提及陈抟的诗作，有《谢宁寺丞惠希夷樽》《六十三吟》《观陈希夷先生真及墨迹》《题范忠献公真》四首。此外，《放言》《闲坐吟》曾提及"希夷"之名，《代书寄华山云台观武道士》也暗含陈抟之事（云台观即陈抟修道处）（《伊川击壤集》卷三、卷四、卷七、卷九、卷十、卷十二、卷十四，《邵雍全集》第4册，第47、56、106、147、180、240、276页）。

❹ 邵雍《六十三吟》云："珍重至人尝有语，落便宜是得便宜。"下注："陈希夷先生尝有是言。"（《伊川击壤集》卷十，《邵雍全集》第4册，第180页）

❺ 类似的情况也可见之于周敦颐。周敦颐有《读英真君丹诀》诗，对陈抟颇加推崇，但这并不表明周敦颐曾传陈抟之学。相反，学者一般还是认为周氏之学主要出于自得，与陈抟没有直接联系（《周敦颐集》卷三，第69页）。

象,乃是一个大志未成、自在闲隐、曲尽人情的逸人,而非易学宗师。邵雍所以对于陈抟颇多致意,可能主要是出于同为隐士、彼此胸怀和遭遇相似而来的后辈对前辈的歆慕与惜重,而未必有弟子之于师祖的关系在。邵雍在境界追求上或许确实受到了世传陈抟言语事迹的启发影响,甚至也不排除对于陈抟的推崇是李邵一系一贯传统的可能,但这种影响与态度毕竟不能等同为学术师承上切实存在的传衍关系,尤其是就易学这一邵雍学术最核心的内容而言。总而言之,从邵雍著作中无法得出邵雍曾传陈抟易学的结论。

进一步,除了从陈抟与邵雍这一"源"一"流"两个方面来具体地考察陈邵师承关系的可信度外,还可以跳出陈邵关系的具体论说,对此说的来源情况略作审视。一个值得注意的事实是,邵伯温、晁说之与朱震等人所提出的自陈抟以至邵雍的"道统",其实并不"纯粹":每一种道统叙述的背后,都掺杂了作者的某种外在意图。就邵伯温而言,不论是早年的穆修直承陈抟之说,还是晚年暗示的经由种放上溯至陈抟之说,其意都在于推尊邵雍,以提高、扩大邵氏的声望和影响。前人已指出,邵伯温"亢其父于太高"❶,以至时有夸诞不经之言。邵伯温对邵雍学术渊源的描述,如同《邵氏闻见录》中其他关于邵雍的神异记载一样,都是此种过亢态度的表现,不能全然加以采信。就晁说之而言,晁氏虽未必有如邵伯温一样托言自重的动机,但值得注意的是,晁氏述及邵雍师承的数篇文章如《传易堂记》、《李挺之传》与《康节先生谥议后记》,或是应邵伯温之请,或是引邵伯温之语,皆与邵伯温有关。这样,文中内容是否全然属实,也颇有待质疑。就朱

---

❶ 魏了翁:《跋秦伯镇兵部问易康节书》,《鹤山先生大全文集》卷六十二,第6页上。

震而言，学者更是早已指出，朱氏以陈抟为祖、派衍为三的北宋易学传承谱系，无论从哪一支来看，都很难说是完全客观的、历史的描述。朱震的根本目的，毋宁说是要通过这一谱系，证明己说乃是"以《易传》为宗，和会雍、载之论，上采汉魏吴晋元魏，下逮有唐及今，包括异同，补苴罅漏，庶几道离而复合"❶，即自己的易学才是将北宋五子乃至更早的易学传统融汇为一的集大成者。以上三家之论，严格来说，都不是对于邵雍学术师承的客观分析，而是别有寓意的道统话语。这种描述中的陈邵关系之真伪，自然需要作进一步的权衡考量。

无论是陈邵之学的具体内容，抑或是相关道统话语的立言背景，都难以推出邵雍一脉与陈抟存在实际的师承渊源关系的结论。这意味着，所谓的陈邵谱系并不存在确凿不疑的文本根据。然而，如果就此断言陈抟与邵雍之间一定没有任何学术思想上的联系，亦难免招致独断之疑。毕竟，文献的匮乏在阻碍证实某一命题的同时，也限制了对其加以证伪的能力。在文献不足的情况下，对于"陈抟问题"以及由此而来的陈邵关系，"虚化处理"或许是一种更稳妥的解决方式。这里所谓"虚化处理"，不是盲目地迷信旧说，也不是武断地加以反对，而是避开由于材料缺乏而无法讨论清楚的内容，将焦点重新定位在该问题真正的指向之上。就此而言，"虚化"同时又是一种真正的"聚焦"。对于陈邵关系来说，是否存在从陈抟到邵雍的师承谱系，是难以完全证明或否认、有待于"虚化"的内容；而邵雍思想的渊源与性质则是这一问题真正的实质，也是后世学者聚讼纷纭的"焦点"所在。换言之，这里的"焦点"在于：极具独特性的邵雍思想，究竟是从何而来？

---

❶ 朱震：《进周易表》，《汉上易传》卷首，《通志堂经解》第1册，第194页。

对于这一问题，本书可以作如下的回答：邵雍思想确实有前此的渊源，例如邵古的声音之学和李之才一脉的易学都对邵雍有深刻的影响，此即程颢所谓"独先生之学为有传也"❶。但这种师传并不一定能够、也不一定需要寻找到某个特定、知名的人物作为始祖，亦不必有代代秘传的名师次第作为依托，而更可能是一代思想学术风气广泛作用下的结果。举例而言，如后文第五章所指出的，邵雍易学关于卦爻关系的大量讨论，在思想上可以追溯至唐宋之际易学对于卦爻结构的普遍关注。这意味着，李邵易学其实是对前此一个时期易学传统的自觉继承和发展。由此，张崏"伯长以上，虽有其传，未之详也"之说的含义可以得到新的、同时或许也是更加真实的理解。❷至于这一传统是否包含陈抟在内，其实并没有那么重要。在陈抟并未以实质性的思想材料参与到宋代易学的发展之中的情况下，承认陈抟的传授与否，对于认识邵雍思想并没有实质性的影响。如果说邵伯温在当日仍或有心要借助陈抟名气来光大邵雍影响的话，那么，千余年后回看历史，邵雍早已凭借自己的思想获得了后世持续的关注，不必仰凭包括陈抟在内的任何他者以为依托。明确这一点，或许有助于将对于邵雍学术师承的有价值的辨析从夹绕不清的"陈抟问题"中解放出来。

需要注意的是，在前文引述的晁说之、邵伯温与朱震之说中，陈邵关系实质上都是易学传承关系，即诸家只是主张"华山希夷先生陈抟图南，以《易》授终南种征君放明逸"，或"陈抟以《先天图》传种放"，并未认为这一谱系有超出易学的内涵。但在后来

---

❶ 程颢：《邵尧夫先生墓志铭》，《河南程氏文集》卷四，《二程集》上册，第503页。
❷ 其实，所谓"虽有其传，未之详也"不过就是说，学术有所承传，但谱系中没有知名学者。邵伯温将陈抟、种放引入李邵师承，这与家谱编纂中常见的因为本族无名人、于是将非本族的同姓名人奉为祖先以光耀门庭的做法，是异曲同工的。

的传衍中，由于陈抟道教宗师的身份不断凸显，上述谱系也就逐渐被后世学者沿着道教的方向加以理解，这种情况在南宋朱子以后所见不鲜。于是，上述谱系的另一"焦点"就体现在"儒道之辨"的问题上：邵雍哲学究竟是儒家思想的成果，还是道教流衍的余波？

　　对于这一问题，本书也可以作明白回应：邵雍在根本的价值取向上一本于儒家，在人生态度和境界追求上有取于道家，但对于道教炼养以求长生的做法却表示明确反对。换言之，邵雍在价值上的儒道兼综，所取是道家之境界，而非道教之法门。邵雍的儒家立场，《伊川击壤集序》"予自壮岁业于儒术，谓人世之乐何尝有万之一二，而谓名教之乐固有万万焉"❶与诗中"自有吾儒乐，人多不肯循"等语有鲜明的表达；邵雍对长生术的批判，在其诗中亦可明白见之："人言别有洞中仙，洞里神仙恐妄传。若俟灵丹须九转，必求朱顶更千年。""不佞禅伯，不谀方士，不出户庭，直游天地。"❷认为邵雍传陈抟道教之学，与邵雍的价值取向是难以兼容的。另一方面，从思想内容上看，邵雍哲学与道教也仍有距离。邵雍以太极为基础的自然哲学、以伏羲之《易》与文王之《易》以及《先天图》为主干的易学思想、以体用为特色的物论，以及以皇帝王伯之道为中心的历史与政治思想，其中使用的概念话语，大抵多出《易传》《春秋》《中庸》等儒家典籍，虽然对道家观念有所借鉴，与道教却少有关联。❸这样，在价值追

---

❶ 邵雍：《伊川击壤集序》，《邵雍全集》第4册，第2页。
❷ 邵雍：《击壤吟》《安乐吟》，《伊川击壤集》卷八、卷十四，《邵雍全集》第4册，第139、286页。
❸ 邵雍哲学与道教最紧密且有意义的关联，或许当属心性论中的精神灵识之性。后文第七章可知，此种观念有悠远的道教渊源。不过，对邵雍来说，这或许更多只是时代性的公共思想资源，未必有区别于道家之外的特别道教意味。

求与学说内容两个维度上，都不存在所谓从陈抟至邵雍的由道教而入儒学的传承次第。应该承认，那种将邵雍思想乃至整个宋代道学简单还原为佛道思想绪余的做法，除了满足追求好奇的癖好，并不能为如实理解思想与历史提供真正的助益。

（二）《参同契》说

陈抟一种放说被提出之后，道教越来越被理解为邵雍学术的底色，新的假说不断出现，邵雍学术渊源问题上的"儒道之辨"以新的形式继续存在着。诸说中最为突出的代表，当属《周易参同契》（简称《参同契》）说。

如前所述，从邵雍过世至朱震《进周易表》，学者对于邵雍师承虽然多有猜测，但都不曾真正将其归于道教。即使是晁说之、邵伯温与朱震提出的陈抟之说，也只是认为由陈抟以下的整个师承谱系所传承的乃是易学，而非道教。较早将邵雍与道教明确关联起来的，当属朱子与蔡元定。朱子云：

> 《先天图》直是精微，不起于康节。希夷以前元有，只是秘而不传。次第是方士辈所相传授底。《参同契》中亦有些意思相似，与历不相应。季通云："扭捏将来，亦相应也。用六日七分。"某却不见康节说用六日七分处。
>
> 《先天图》与纳音相应，故季通言与《参同契》合。以《图》观之，坤复之间为晦，震为初三，一阳生；初八日为兑，月上弦；十五日为乾，十八日为巽，一阴生；二十三日为艮，月下弦。坎离为日月，故不用。《参同契》以坎离为药，余者以为火候。此图自陈希夷传来，如穆李，想只收得，未必能晓。康节自思量出来，故《墓志》云云。《参同契》亦以乾坤

坎离为四正，故其言曰："运毂正轴。"❶

类似说法在《朱子语类》中多有。由上观之，朱子此说似本于蔡元定，而又不与蔡氏全同。❷ 其说大旨在于认为《先天图》是从陈抟经穆修、李之才一路传至邵雍，既采用了《参同契》的月体纳甲之说，又仿效《参同契》以乾坤坎离为四正卦，故在根本上是源于方士修炼之术。

朱子此说是否属实？不妨就其给出的三条论据逐项加以考察。

关于《先天图》的传授源流，前文已经指出：从文献上看，《先天图》没有传自陈抟的证据；从思想上看，《先天图》与李之才或传说中的陈抟易学亦有区别。朱子此处是误信了邵伯温、朱震等的旧说，本节不再赘论。

关于月体纳甲，朱子认为，《先天图》的卦序与《参同契》月体纳甲说的卦序一致，表明《先天图》脱胎于《参同契》的炼养之说。然而，稍作比较即可发现，两说的卦序其实颇有差别。李申先生早已指出，朱子此说是仅仅注意到了《参同契》月体纳甲说诸卦的时间先后顺序，却忽略了《参同契》强调的诸卦的空间方位顺序；若将方位考虑在内，《参同契》真正的卦序，与《先天图》其实全无相似。❸《先天图》的创制因此不可能来自对《参

---

❶ 黎靖德编：《朱子语类》卷六十五，第 1617—1618 页。
❷ 蔡元定除精通易学外，对《参同契》也颇熟悉。《朱子语类》与《文集》多载两人论《参同契》语。
❸ 李申：《易图考》，第 210—214 页。萧汉明、郭东升先生也指出，《参同契》纳甲法的八卦方位安排，"大体据天干的五行方位而来，与八卦的先后天皆无关系"(《〈周易参同契〉研究》，上海文化出版社，2001 年，第 94 页）。

同契》的模仿。❶其实，从根本上讲，《先天图》与《参同契》的卦序无论在来源、理路和主题上都绝不相同，前者是由成卦得到，后者则是由模仿月相而来，两下全不相干，漫说其间形式差别巨大，即便完全一致，也不过是细节的巧合而已，并无实质的学理关联。朱子以此论证邵雍易学源于方外炉火，是难有说服力的。

关于四正卦，朱子认为，邵雍以乾坤坎离为四正卦，乃是模仿《参同契》，因而也就是受到了《参同契》道教炼养思想的影响。朱子的这一看法并不准确。实际上，《参同契》并不曾以乾坤坎离为四正卦；邵雍以乾坤坎离为四正卦，与《参同契》之说无关；而且，以乾坤坎离为四正卦也并不必然就寓有道教修炼的主旨。

《参同契》开篇言道："乾坤者《易》之门户，众卦之父母，坎离匡廓，运毂正轴。"❷其书在六十四卦中特重乾坤坎离，认为四卦乃诸卦之门枢、丹学之关键。然而，《参同契》虽重乾坤坎离，却不曾以四正卦之名称呼之，四正卦的说法在《参同契》中根本就是不存在的。真正的四正卦之名见于以孟喜与《易纬》为代表的汉代易学，且其所指乃是坎离震兑，而非乾坤坎离。❸朱子

---

❶ 如李申先生所指出的，朱子对《先天图》与《参同契》"相似性"的理解，是建立在朱震《汉上易传卦图》所收《纳甲图》的基础上。因此，真正相似的不是《先天图》与《参同契》，而是《先天图》与《纳甲图》（《易图考》，第212页）。《纳甲图》将《参同契》的卦序安排得与《先天图》高度相似，这大概不是出于巧合的误解，而更可能是站在《先天图》的立场上，有意地凸显后者与《参同契》的"相似性"。若然，《纳甲图》的作者或许才是可知的最早将邵雍与道教关联起来的学者。
❷ 彭晓注：《周易参同契分章通真义》卷上，《道藏》第20册，第133页。
❸ 孟喜卦气说以坎离震兑为四正卦，各值六气，合值二十四气，其说载一行《卦议》（欧阳修、宋祁：《新唐书》卷二十七上，中华书局，1975年，第599页）。此外，四正卦说也见于纬书。《乾凿度》郑玄注云："坎离为经，震兑为纬，此四正之卦为四仲之次序也。"《稽览图》"四时卦"下，郑玄注亦云："四时卦者，谓四正卦坎离震兑，四方伯之卦也。"（《七纬》卷三，第32、71页）惠栋对四正卦有总结（《易汉学》卷一，中华书局，2007年，第523—526页）。

这里明显混淆了不同的概念。

然而朱子此说亦确有所见。朱子敏锐地察觉到，在《参同契》中，乾坤坎离四卦具有了近似于四正卦的突出地位；相反，坎离震兑四正卦在《参同契》中却并未受到此前卦气说中的重视。❶ 朱子想要说明的，似乎是邵雍对于乾坤坎离四卦的重视，乃是源自《参同契》。这种理解不无道理，从易学史来看，自汉代以降，在坎离震兑四正卦之外，乾坤坎离四卦确实逐渐获得了重要地位。❷ 只不过，这一变化不是从《参同契》开始；反过来，《参同契》反而是这一变化过程的一部分。关于《参同契》乾坤坎离与此前易学的关系，朱伯崑先生有明确论断：

> （《参同契》）此是以乾坤坎离四卦为基本卦，包括阴阳变易之道。此种观点出于京房《易传》和《乾凿度》，所谓"乾坤者阴阳之根本，坎离者阴阳之性命"。❸

"乾坤者阴阳之根本，坎离者阴阳之性命"之语出自《京氏易传》❹，此外，《乾凿度》中也有类似的说法。❺ 可见，早在《京氏易传》与《乾凿度》中，乾坤坎离四卦已经并立同提，受到了特别重视。职是之故，《参同契》对乾坤坎离的强调，应该置于包括《京氏易传》与《乾凿度》在内的整个汉代易学的传统中加以理解，即《参同

---

❶ 朱伯崑先生指出："卦气说以坎离震兑四正卦统率其它六十卦，而《参同契》则以乾坤坎离代替四正卦。"（《易学哲学史》第1卷，第225页）
❷ 关于乾坤坎离四卦地位在汉代易学中的发展变化，参见《易学哲学史》第1卷"汉代的象数之学"部分。
❸ 朱伯崑：《易学哲学史》第1卷，第224—225页。
❹ 京房：《京氏易传》卷下，陆绩注，《四部丛刊初编》，第1页下。
❺ 赵在翰辑：《七纬》卷二，第35页。

契》重视乾坤坎离,乃是这一久远的易学传统影响下的结果,而非这一传统的起因。而既然《参同契》不具有创始的地位,那么,邵雍以乾坤坎离为四正卦,也就只能认为是受到了京房以来的整个汉易传统的影响,没有道理一定看成是《参同契》的特别产物。

以上是指出,重视乾坤坎离有其历来的传统,并非《参同契》的发明。若进一步在内容上分析,则同样是重视乾坤坎离,《京氏易传》与《乾凿度》、《参同契》以及邵雍,其各自的着眼点又有所不同。《京氏易传》与《乾凿度》重视乾坤坎离,是在《周易》卦序的意义上,认为四卦作为《周易》上篇的开端与结尾,是阴阳之终始;《参同契》重视乾坤坎离,是在丹学象征的意义上,将乾坤当作门户与鼎炉,坎离当作枢纽与药物;邵雍重视乾坤坎离,则是在卦象的意义上,认为四卦"观其象无反覆之变,所以为正也"❶。邵雍对乾坤坎离的重视从属于其卦爻结构分析的整体思路❷,这既别于《京氏易传》与《乾凿度》的卦序论述,更不同于《参同契》的炼养思想。将关注点完全不同的邵雍易学与《参同契》拼合在一起,是没有道理的。

以上就朱子《参同契》说的三条论据逐一作了分析,指出所谓邵雍之学是承《参同契》而来的说法并无根据。若不只是从反面驳论,而从正面考察朱子如此论述的背景,则会发现,朱子关于邵雍易学与《参同契》关系的说法都是晚年之说,在时间上距离《周易参同契考异》之作相当接近。❸朱子对邵雍易学来源的这种界定,主要不是立足邵雍易学本身得出的结论,而是源自晚年对《参同契》

---

❶ 邵雍:《观物外篇》卷上,《邵雍全集》第 3 册,第 1210—1211 页。

❷ 邵雍云:"天有四正,地有四正,而共用二十八变,以成六十四卦也。"(《观物外篇》卷上,《邵雍全集》第 3 册,第 1178 页)其中的天之四正即指乾坤坎离。

❸ 这一点,学者已经指出了(钦伟刚:《朱熹与〈参同契〉文本》,巴蜀书社,2004 年,第 33—35 页)。

的研读，是在《参同契》的背景之下重新安顿邵雍易学的位置。这也可以解释为何宋代其他学者皆不曾有此种见解，盖因此见解必自《参同契》之学而来，而不能从邵雍易学本身分析得出。朱子的解读发前人所未发，终究却只是误解。究其实质，《周易》与丹术本无关系：《参同契》援《易》入丹，是要为丹术提供语言载体、计算方法和经典支持；丹术虽是《周易》诠释的外在对象，却不是易学理论的固有成分。两者间只有借鉴诠释的功能，并无源流本末的关联。

朱子之说在历史上颇有影响，后来元代的俞琰以及明末清初的黄宗羲、黄宗炎、王夫之、毛奇龄、胡渭等人，都是沿着朱子的方向加以发挥。诸家具体论说虽有差别，立场态度也有差异，如俞琰对邵雍发明丹家之《易》大加赞扬，而黄宗羲等却将邵雍易学看作道教之混入儒学者而加以批判；但就认为邵雍易学是源于道教丹法而言，则诸家并无二致。诸家之谬，前人多有考辨，此处不再赘论；❶ 要而言之，则结论已如朱伯崑先生所言：

> 清代的一些汉学家，为了反对图书学派，将邵雍易学看成是陈抟易学的翻版，归之于道教系统，认为背叛了儒家的正统。这种门户之见，是不符合历史实际的。❷

（三）天根、月窟说

与《参同契》同样被当作邵雍思想源于道教炼养之术证据的，还有所谓天根、月窟问题。这里也一并论之。

邵雍诗作中屡次出现"天根""月窟"两语，含义颇为神秘。《观物吟》云：

---

❶ 李申：《易图考》，第249—256页。
❷ 朱伯崑：《易学哲学史》第2卷，第113页。

> 耳目聪明男子身，洪钧赋与不为贫。因探月窟方知物，未蹑天根岂识人。
>
> 乾遇巽时观月窟，地逢雷处看天根。天根月窟闲来往，三十六宫都是春。❶

《月窟吟》亦云：

> 月窟与天根，中间来往频。❷

类似诗句在邵雍诗中所在多有。❸ 天根、月窟究竟何意？元代俞琰在《易外别传》中认为：

> 愚谓月窟在上，天根在下，往来乎月窟、天根之间者，心也。……三十六宫都是春，谓和气周流乎一身也。如此则三十六宫不在纸上，而在吾身中矣。❹

俞琰此说颇有影响。如果说朱子以《参同契》为言不过是对邵雍有所误解的话，那么，俞琰则是有意地沿着道教内丹修炼的方向诠解邵雍之说。❺ 前辈学者或从俞氏之论，并结合邵雍诗中"道不

---

❶ 邵雍：《观物吟》，《伊川击壤集》卷十六，《邵雍全集》第 4 册，第 315 页。
❷ 邵雍：《月窟吟》，《伊川击壤集》卷十七，《邵雍全集》第 4 册，第 345 页。
❸ 邵雍提及天根、月窟的诗作，除上引《观物吟》《月窟吟》外，还有《秋怀》《和魏教授见赠》《大笔吟》和《冬至吟》(《伊川击壤集》卷三、卷六、卷十四、卷十八，《邵雍全集》第 4 册，第 46、83、288、360 页）。
❹ 俞琰：《易外别传》，《道藏》第 20 册，第 312—313 页。
❺ 特别有趣的是，俞琰还援引朱子以为根据，云："是道也，邵康节知之，朱紫阳知之，俗儒则不知也。"(《易外别传》，《道藏》第 20 册，第 313 页）但实际上，朱子认为所谓天根、月窟不过是阴阳之"总会处"，"无甚意义"。《朱子语类》载：（转下页）

远于人，乾坤只在身"❶、"天地与身皆易地，己身殊不异庖牺"❷等论身之言，将天根、月窟解释为道教修炼的术语。❸但其实，这只是俞琰凭借己意对邵雍之诗作的发挥。在俞琰以前，天根、月窟并无道教修炼的含义。元代程直方早已指出，就其词源而言，天根之说本来自《尔雅》，月窟之说则是本于扬雄。黄宗羲《易学象数论》述其说云：

> 程前村直方谓天根在卯，离兑之中是也；月窟在酉，坎艮之中是也。引《尔雅》"天根，氐也"、《长杨赋》"西压月窟"证之。❹

今按，月窟之名来自扬雄《长杨赋》❺，天根之名除早见于《国语》《庄子》《尔雅》外❻，又见于扬雄《太玄·玄图》。❼考虑到月窟也是得自扬雄，邵雍天根概念的直接来源可能不是更早的文献，而

（接上页）"何巨源以书问：'邵子诗须探月窟方知物，未蹑天根岂识人，又先生赞邵子手探月窟，足蹑天根，莫只是阴阳否？'先生答之云：'《先天图》自复至乾，阳也；自姤至坤，阴也。阳主人，阴主物。手探足蹑，亦无甚意义。但姤在上，复在下；上，故言手探；下，故言足蹑。'"（《朱子语类》卷一百，第2552页）

❶ 邵雍：《乾坤吟》，《伊川击壤集》卷十七，《邵雍全集》第4册，第356页。
❷ 邵雍：《先天吟》，《伊川击壤集》卷十九，《邵雍全集》第4册，第400页。
❸ 朱伯崑：《易学哲学史》第2卷，第136、141—143页。
❹ 黄宗羲：《易学象数论》卷一，中华书局，2010年，第31页。
❺ 扬雄：《长杨赋》，严可均校辑：《全汉文》卷五十二，《全上古秦汉三国六朝文》，中华书局，1958年，第407页。
❻ 《国语·周语》："天根见而水涸。"（徐元诰：《国语集解》，中华书局，2002年，第63页）《庄子·应帝王》："天根游于殷阳。"（郭庆藩：《庄子集释》卷三下，中华书局，2012年，第292页）《尔雅·释天》："天根，氐也。"（邢昺：《尔雅注疏》卷六，《十三经注疏》，阮元校刻，中华书局，2009年，第5674页）
❼ 《玄图》有"天根还向，成气收精"之语（《太玄集注》卷十，第212页）。金生杨先生已指出此点（《邵雍学术渊源略论》，《中华文化论坛》，2007年第1期）。

是《太玄》❶。在扬雄处，天根只是星名，月窟也只是描述月出方位的文学化表达，本无特殊的哲学含义。邵雍则加以改造，以天根言阳之始发，以月窟言阴之始生。月窟、天根两语在邵雍诗中频频出现，反映的是邵雍对作为事物发展之转折处的阴阳初生之际的特别重视，这与邵雍易学特重复姤两卦、史学特重帝王之际、行事深戒"过中""离披"是相呼应的，在整体上体现出其对于"时"与"几"的关注，而与"和气周流乎一身"的道教炼养之法并无干系。❷

以上，关于邵雍思想的渊源，本章对流传已久的陈抟一种放

---

❶ 程直方虽然指明了天根、月窟的典故来源，其解释却如黄宗羲所批评的，"与康节'乾遇巽时观月窟，地逢雷处看天根'之诗背矣"。这是因为，在《先天图》中，天根在"地逢雷处"，即坤震（或坤复）之间，而非程氏所谓"离兑之中"；月窟在"乾遇巽时"，即乾巽（或乾姤）之间，而非程氏所谓"坎艮之中"。不过，黄宗羲虽指出了程氏之误，却又认为邵雍天根月窟之说"即《参同契》'乾坤门户''牝牡'之论"，"盖康节之意，所谓天根者，性也；所谓月窟者，命也"（《易学象数论》卷一，第31页），这便又将邵雍学术的宗旨归为了道教炼养之说，同样不免于谬误。

❷ 金生杨先生认为，《观物外篇》以岁月日时当元会运世，与五代彭晓《红铅火龙诀》的炼养计时手法相同，表明邵雍对道教理论有所吸收（《邵雍学术渊源略论》，《中华文化论坛》，2007年第1期）。从字面上看，两种方法的相似性确实存在。不过，形式上的有限相似能否推出来源上的高度关联，是可疑的。在邵雍处，以岁月日时当元会运世主要只是为了便于理解和计算，并无盗取天地造化的意味；而后者在《红铅火龙诀》处却是全部题旨所在。如果邵雍是在道教的语脉中论及此点，即便不谈到丹药或火候，也该谈到类似的时间"叠加"效果和修炼目的；而邵雍对此全未言及，知两者一为修炼，一为推历，截然有别，不能混同。其实，类似的方法和数字在更早的其他道经中已经被提及。比如，被认为出于唐代的《通幽诀》（参见任继愈主编、钟肇鹏副主编：《道藏提要》第三次修订版，中国社会科学出版社，1991年，第410—411页；Farzeen Baldrian-Hussein 撰写的词条，*The Taoist Canon: A Historical Companion to the Daozang*, vol. 1, pp. 388-389），就提到了"四千三百二十年"的还丹成熟周期（《道藏》第19册，第150页）。如道教史研究所指出的，不过是炼丹家从一年三百六十日、一日十二时的历法中借来的数字，不能反过来当成历法的根据（任继愈主编：《中国道教史》，上海人民出版社，1990年，第404页）。

说,《参同契》说和天根、月窟说一一作了分析,指出其间难以尽信之处。由此,邵雍思想的源流与性质,大体可以得到更贴近文本与历史本身的认识。当然,这并不是认为邵雍思想与道家、道教或其他思想传统之间不存在任何关联。事实上,邵雍之学博杂,确实难以尽归一家门下。例如,《观物外篇》对《阴符经》曾有讨论❶,由此来看,邵雍对道教经典至少是了解的。又如,从《观物篇》对心胆脾肾等生理结构的分析❷及对《素问》《密语》的评价❸看,邵雍在医学上亦有心得。只不过,对于这些技术性知识的吸收并不必然伴随着对于相关价值与立场的服膺或者接纳。整体来看,仁义忠信的儒家价值与自然安乐的道家境界才是邵雍立身立言的认同所在。

附记:本章初成于2017年9月。2018年5月,作为本书初稿的博士论文通过答辩。此后,我读到学者有关于陈抟—种放—邵雍师承关系的考述(刘缙《"北宋先天易学师承谱系"献疑》,《周易研究》,2019年第2期),观点与拙作有相近处,但理路不同。读者可以参看。书稿在修订时吸收了其成果,并作了标明(第111页注2)。

---

❶ 邵雍:《观物外篇》卷下,《邵雍全集》第3册,第1221页。
❷ 邵雍将乾兑离震等十六卦配于心胆脾肾等十六种生理器官或组织(《观物外篇》卷上,《邵雍全集》第3册,第1202页)。《钟吕传道集》等内丹学著作已有将八卦与脏腑相配的说法,与邵雍类似;但具体来说,邵雍的配法,无论是在卦数还是在搭配上,都与内丹学传统有所不同。
❸ 邵雍:《观物外篇》卷下,《邵雍全集》第3册,第1221页。

第5章

易 学

在系统梳理了邵雍生平、著作与学术渊源的基础上，本章开始转入对邵雍思想的论述。

邵雍思想磅礴宏大，而易学为其主干。《周易》为邵雍思想提供了任何其他经典都无法替代的最为重要的思想资源。《周易》兼顾天道人事的理论取向，为邵雍发展出其涵盖天人的哲学体系提供了根源性的基本模式；脱胎于《周易》的太极概念，构成了整个邵雍哲学的逻辑起点；《周易》"一分为二"的理论结构，在邵雍关于心性、工夫与历史的思考中都有体现。本书所以选择易学作为研究邵雍学术思想的入手处，是由其在邵雍哲学体系当中具有的上述特殊地位所决定的。

从历史上看，邵雍也最以易学知名。邵雍在易学方面的成就之高，甚至在一定程度上遮掩了其哲学思想的光辉：后世对于邵雍哲学体系的评价或有参差，但对于邵雍在易学史上的地位却从无疑义。邵雍易学一方面继承、保存了汉易旧说，一方面融汇转化，推陈出新，为宋代以后象数易学的发展确立了基本的议题与范围，可谓截断众流，别开新面。北宋以后，凡从事于易学者，无论对于邵雍的具体观点支持与否，都不得不面对邵雍易学对于整个易学传统的笼罩性影响，都不能不在邵雍提出的基本框架与命题之下展开进一步的思考与研究。就邵雍在易学史上所具有的开山立派的地位和影响而言,称其为宋代象数易学之大宗,殆不为过。

邵雍易学的特点与地位决定了本章的研究不能只是纯粹的个案分析,而必须在易学史的视野下进行。这是因为,一方面,作为汉宋易学之一大转关,邵雍易学的意义无法孤立呈现,只有在与此前易学传统的全面对比之中才能真正看出;另一方面,邵雍易学当中诸多繁难的象数问题的含义,也难以仅仅通过邵雍著作本身得到理解,而必须在对后来注释者的参照与比较中才能明确。职是之故,本章一方面特别重视由源溯流,力求通过对秦汉以至北宋的易学发展脉络的梳理,历史而整体地呈现邵雍在易学史上的革命地位;另一方面特别重视以流观源,力求通过对后世注释的资鉴与辨析,具体而清晰地讲明邵雍易学概念与命题的准确含义。借助这种方法,本章希望对邵雍易学作一番兼具宏观与微观的系统解读。

一 问题意识与总体特点

北宋是所谓"经学变古时代"[1]。庆历以降的北宋经学,在问题意识、表达形式与理论内容上较之此前的经学传统都发生了巨大的变化。作为这个变化过程之一部分的邵雍易学,既分享着此一时期经学所共有的特征,同时也极富个人特色,与此前以及同时代的其他易学形态相比,显得格外独特而醒目。在展开关于邵雍易学的具体论述之前,本节先在易学史的视野下对其作一番整

---

[1] 皮锡瑞:《经学历史》,周予同注释,中华书局,1959年,第220页。

体的审视，以便从总体上把握其特质。

大凡一种学术，总有关切之主题。就邵雍易学而言，其主题大致可以易数、易象与易图三者赅括，对三者的论述构成了邵雍易学的主体。以数、象、图、辞彼此之间的关系为着眼，邵雍易学的特征可以被总结为如下四点。

第一，以数为本，数以言象。

邵雍易学以数为特色，前人早有定论。程子将邵雍易学归结为数，屡以"尧夫易数""尧夫之数"❶称之。朱子承邵伯温语，将邵雍易学称为"数学"，认为邵雍的"数学"与范谔昌等的"象学"共同构成了北宋象数易学的两大脉络。❷朱伯崑先生在《易学哲学史》中，也明确将邵雍学术归为宋明理学中的数学派。❸数在邵雍易学中的重要性可谓毋庸置疑。然而，邵雍易学并不单单是由数构成，象在其中也占有重要的位置。更进一步说，邵雍所谓数，在根本上就是以象为内容、为对象，是与象扭结在一起的。这意味着，对数真正深入的理解不仅不能脱离象而进行，反而必须在与象的关联之中、在对两者关系的参求比较之中，才有可能实现。

---

❶ 程颢、程颐：《河南程氏外书》卷十二，《二程集》上册，第 428 页。

❷ 朱子引《易学辨惑》云："抟好读《易》，以数学授穆修伯长，修授李之才挺之，之才授康节先生邵雍尧夫；以象学授种放，放授庐江许坚，坚授范谔昌，此一枝传于南方也。"(《五朝名臣言行录》卷十，《朱子全书》第 12 册，第 309 页)《易学辨惑》原文但言以"象学"授种放，不言以"数学"授穆修，文字与朱子所引略别，朱子此语似是撮合而成。不过，北宋学者确已有以"数学"称呼邵雍易学者(《康节先生谥议后记》，《嵩山文集》卷十八，第 12 页下)，邵伯温亦曾引用之 (《易学辨惑》，《景印文渊阁四库全书》第 9 册，第 409—410 页)。冯友兰先生立说与朱子略似，而认为象学一脉最终传至周敦颐，数学与象学之别即体现为邵雍与周敦颐之别 (《中国哲学史新编》第 5 册，《三松堂全集》第 10 卷，第 52 页)。

❸ 朱伯崑：《易学哲学史》第 2 卷，第 113 页。

邵雍易学中的象数关系，简单来说，可以"数为象本"言之。分析而言，"数为象本"又有两方面的含义：其一是"由数生象"，其二是"以数言象"。前者讨论的是在生成关系中何者更为根本的问题，后者讨论的是在诠释关系中何者更为首要的问题。以下即就两者分别加以分析。

首先，关于由数生象。

象与数之间何者更为根本的问题，先秦已有论说。《左传》僖公十五年韩简云："物生而后有象，象而后有滋，滋而后有数。"韩简此语有其特殊背景，象与数分别指代龟卜与筮占，其义此处不作讨论。专就哲学含义而言，则韩简所谓象指的是可见的物象，所谓数指的是此物象的可数的数量。在这种具象化的定义下，韩简认为象较之数更为根本，是有其道理的：事物确实是在有象有形之后，才有具体数目可言。❶后来，程颐也重申了韩简之说，云："有理而后有象，有象而后有数。《易》因象以明理，由象而知数。"❷程颐认为理是象数之根源，乃是其理学观点的体现；但其认为有象而后有数，则与韩简相同。韩简与程颐此说，可称为由象生数。

邵雍所谓数则有所不同。韩、程所谓数，只是具象之数，是对可见事物的数目的描述。邵雍所谓数，则不再是指具体事物的数目，而是指事物内在的结构、条理或规律。这种内在的结构其实也就是物理。❸这样，韩、程与邵雍之数虽然同谓之数，但一

---

❶ 孔颖达疏云："凡是动植飞走之物，物既生讫，而后有其形象。既为形象，而后滋多，滋多而后始有头数。"即此之意（《春秋左传正义》卷十四，《十三经注疏》，第3923页）。
❷ 程颐：《答张闳中书》，《河南程氏文集》卷九，《二程集》上册，第615页。
❸ 本书所使用的"物理""原因"等概念，除特别说明外，都是指经验事物自身的内在结构、条理与规律，而不是指经验事物背后的本体界的存在根据。关于理的概念的辨析，详见本书第六章第五节。

是对物象的描述，一是对物理的说明，两者不能等同。与此相应，邵雍在象数关系问题上的态度也与韩、程有别。韩、程主张由象生数，邵雍则主张由数生象。《观物外篇》云：

神生数，数生象，象生器。
太极不动，性也。发则神，神则数，数则象，象则器。❶

所谓"数生象""数则象"，有两方面的含义。就易学而言，数生象是说，先有一分为二的成卦之法，而后才有六十四卦的卦象，六十四卦的卦象是成卦之法造成的结果；就哲学而言，数生象是说，数是事物的内在结构，是该事物所以呈现如此象态的原因，而象是事物的具体存在形态，是在其内在结构的基础上产生的。两种含义所凸显的，都是数之于象、物理之于物象的决定性和先在性。与韩、程相比，邵雍对于数或物理的先在性的强调是十分自然的：当数的含义从具体事物的数目抽象为事物的内在结构之后，象与数的关系就势必要发生变化，由数生象就势必要取代由象生数。反之，如果仍然坚持由象生数，则是认为事物的形象已具而其理未存，就不免与宋代理学试图发现事物之确定不变的所以然的整体取向相悖。在物理的意义上，邵雍提出由数生象的原则，与后来程朱理学强调"理在物先"有近似之处。

比较邵雍与韩简、程颐之说可以发现，邵雍所谓由数生象，讨论的是事物的存在形态与其原因之间的关系；韩简与程颐所谓由象生数，讨论的则是事物的形象与其数量之间的关系。前者涉及物理，后者则仅仅关乎现象，两者所论并非一事。因此，尽管

---

❶ 邵雍：《观物外篇》卷下，《邵雍全集》第3册，第1239页。

由数生象与由象生数两个命题看似相反，但其实并不矛盾。毋宁说，从由象生数到由数生象，反映的是邵雍在对于数的抽象性的认识上较之前人的超越之处。这种抽象性的提升使对物的分析得以从外在形象深入到内在理则，由此，由数生象的原则才被发现，以数言象的进路也才成为可能。❶

其次，关于以数言象。

生成意义上的由数生象与诠释意义上的以数言象共同构成了邵雍易学象数关系的基本内涵。两者论域虽别，但并非互不相关。实际上，在邵雍易学中，数所以能发挥言象的功能，根本上还是由由数生象这一前提决定的：数作为象之内在的条理、结构与规律，提供了明象的途径。

《观物外篇》云：

> 有意必有言，有言必有象，有象必有数。数立则象生，象生则言彰，言彰则意显。象数则筌蹄也，言意则鱼兔也。得鱼兔而忘筌蹄，则可也；舍筌蹄而求鱼兔，则未见其得也。❷

与前引"神生数，数生象"语相比，此段数与象的位置发生了调换。两者的区别在于，前段是就生成关系立论，此段则是就诠释关系立论。所谓"有象必有数""数立则象生，象生则言彰，言彰

---

❶ 学者曾比较《易传》、邵雍之数观念与古希腊毕达哥拉斯学派之数观念的同异（林忠军：《毕达哥拉斯学派的数与〈易传〉的数之比较》，《大易集成》，刘大钧主编，文化艺术出版社，1991年，第342—350页；Ding Zijiang, "The Numerical Mysticism of Shao Yong and Pythagoras", *Journal of Chinese Philosophy*, Vol.32, No.4, 2005:615-632）。就其大端而言，其间相似主要可在由数生象的意义上理解。

❷ 邵雍：《观物外篇》卷上，《邵雍全集》第3册，第1206页。此段文字《邵雍全集》多异文，据吴坚本改。

则意显",是说象必须通过数得到阐释,由数出发,象、言、意皆得彰显。这里,"数立则象生"即以数言象之意。

邵雍此段有本于王弼。王弼《周易略例》云:"故言者所以明象,得象而忘言;象者所以存意,得意而忘象。犹蹄者所以在兔,得兔而忘蹄;筌者所以在鱼,得鱼而忘筌也。"❶两者相比,邵雍由筌蹄以得鱼兔的解释进路与王弼一致,认为得鱼兔则筌蹄可忘的态度也是承王弼而来;但与王弼主张"得意在忘象""得象在忘言"的"忘"的倾向相反,邵雍更强调数与象在诠解中的不可或缺性,"舍筌蹄而求鱼兔,则未见其得也"。尤有特色的是,王弼言象而不及数,邵雍则提出数作为言象之根本。由此,邵雍易学势必展开为一种更加关注数与象、通过易数来阐明易象与易理的形态。

"数立则象生"是总体的诠释原则,具体到易学中,则体现为以数字形式表述卦象爻象的规律。这正是邵雍易学的特色所在:历史地来看,以数言象的方法在易学史上虽早有渊源,却并不系统;像邵雍这样将其贯穿在几乎所有的易学论述之中、成为一套自觉而系统的解释原则的做法,确是前所未有。邵雍此说的意义与地位,需要置于象数关系观念发展史的宏观背景下加以考察,才能得到深入的认识。

象与数作为《周易》的两个基本要素,历代易学无不关注。《系辞》所论大衍之数、揲蓍之法、乾坤之策,与《说卦》所论成卦及乾坤生六子之法,是较早的以数字形式表达卦象规律的记录。《易传》的表述虽不够详明直接,但后世关于卦象爻象规律的阐释往往以此为范围与归宗。在这个意义上,《系辞》《说卦》可说是

---

❶ 王弼:《周易略例》,见楼宇烈:《王弼集校释》,中华书局,1980年,第609页。

以数言象方法的主要源头。

汉代是象数易学繁盛的时代。从传世易注来看，汉人如荀爽、虞翻在对《系辞》《说卦》上述段落的解释中，通过数字，对卦象爻象规律作了进一步阐释。❶ 这是对《易传》传统的继承。不过，数与象本身并非荀、虞之学的主要关切，通过卦象变化来诠解经文才是荀、虞的真正目的。因此，荀、虞对易数虽有探讨，却毕竟不够深入。荀、虞已是汉代易学家中较能注意数字之抽象性者，如京房、《乾凿度》、马融等注释中的数字，仍不脱高度的具象性，与以数言象的方法距离更为遥远。❷

除关于《系辞》《说卦》的直接注释外，汉代易学对于卦象爻象的规律另有丰富的探论，如孟喜有卦气说，京房有八宫卦说，荀爽、虞翻总结卦变体例，虞翻与《参同契》又有月体纳甲之说。但这些学说所揭示的象的规律多是按卦象自身的形式直接排列，而不是通过数字的形式加以抽象表达。这表明，汉易尚未在易象规律的数字性上获得其自觉意识。另一方面，汉易对数也多有论列。只不过，其所谓数多是天文、律历、方位之数，这些数字往往外在于《周易》本有的卦爻结构，并不是说明卦象爻象自身的规律之用。这意味着，汉易关于数的论述也还没有充分注意到数字在表达易象方面的作用。或论象而不言数，或论数而不言象，象与数在汉代易学中往往相互分离，缺乏更进一步的关

---

❶ 李鼎祚：《周易集解》卷十四、卷十七，中华书局，2016年，第420—424、435—436、501—504页。

❷ 汉代易数的具象性，在《系辞》"大衍之数五十"章的注释中体现得特别明显。汉儒解此章，京房与《乾凿度》认为五十是十日、十二辰、二十八宿相加的结果，马融认为五十是太极（北辰）、两仪、日月、四时、五行、十二时、二十四气相加的结果（《七纬》卷二，第46页；《周易正义》卷七，《十三经注疏》，第165页）。这种以具体物象解释数字的方式保留有明显的象的痕迹，而与抽象的数颇有距离。

联。这种情况的改变，要到数的观念进一步内在化、抽象化以后才能实现。

这里需要特别说明的是《太玄》。一般认为，《太玄》在象与数两者当中更侧重于数，故班固评论《易》与《玄》之不同，提出："故观《易》者，见其卦而名之；观《玄》者，数其画而定之。《玄》首四重者，非卦也，数也。"❶ 南宋蔡沈评价《太玄》之学，也明确指出《太玄》乃是"以数为象"❷。如果把《太玄》也纳入易学的范围来看，那么，《太玄》是否可以被认为是以数言象？回答同样是否定的。这是因为：一来，在主观上，《太玄》本意只在于仿效《周易》经传另立一套系统，而不是像后世易学家那样研究经传、在经传基础上进一步阐明象的规律，因此，在象数关系诠释上，《太玄》不可能提出超出《易传》水平的理解。二来，在客观上，《太玄》之象也不同于《周易》之象。在《太玄》中，象只具有记录数的顺序的意义，除此之外并无任何实质性的内容，此种无内容的象其实就是数，因而也就无须再用数加以解释。三来，最根本的，就数的抽象程度来说，《太玄》虽然以数为象，将数当作象由以产生的根源，表明其对于数的抽象性的认识较之汉易的一般情形已有提升，后来邵雍提出由数生象，可以认为是受到了《太玄》以数为象倾向的影响；然而，《太玄》对数的抽象性的提升其实仍然有限，这一点，从《太玄》关于一分为三的论述仍未摆脱方州部家这样具体的空间位置关系就可以看得非

---

❶ 班固：《汉书》卷八十七下，第3575页。
❷ 蔡沈云："以数为象，则奇零而无用，《太玄》是也。"（《洪范皇极内篇》卷二，《景印文渊阁四库全书》第805册，第708页）

常清楚。❶ 与邵雍"一分为二，二分为四,四分为八"❷的近乎纯粹的数字相比，《太玄》在抽象程度上仍然相去甚远，尚不具备以数言象的条件。数的抽象性的观念，仍有待于进一步的发展。

魏晋隋唐时期的易学对象数关系有进一步的分析。旧题北魏关朗撰《关氏易传》，专设两节讨论大衍与乾坤策数，已经表现出对卦爻数字的关注。旧题北周卫元嵩作《元包》，仿效《周易》，用《归藏》之序，论数与《系辞》《太玄》相近。❸ 二书或疑为伪撰，然即令其为伪作，作伪之期亦不晚于北宋中期，可以反映邵雍以前易学对以数言象的重视。❹ 入唐以后，易学对于卦爻之数字关系的重视尤有加显。唐人崔憬易注颇论易数，其中涉及天地之数、大衍之数、八卦之数、蓍卦之数等内容，分析已较深细。❺ 唐末陆希声作《易传》十篇，尤其值得注意。据陆希声自序，其书"第六篇释《说卦》之义，辨反对之相资，第七篇穷画、卦、象之由生，著奇偶之极"，又别撰《易图》与《释变》等篇❻，所关注

---

❶ 扬雄《玄首序》云："以一阳乘一统，万物资形。方州部家，三位疏成。曰陈其九九，以为数生。赞上群纲，乃综乎名。八十一首，岁事咸贞。"《玄图》亦云："一玄都覆三方，方同九州，枝载庶部，分正群家，事事其中。"（《太玄集注》卷一、卷十，第1—2、211页）《太玄》数字的具象性，也可以见之于书中对其他数字的论述。《太玄》论数，以仿《说卦》而立的《玄数》章为最详。该章所言，多是律历、方位、纳甲、取象之数。这与前述汉易论数的基本特征一致，多是具象之数，还没有成为一种抽象数字。

❷ 邵雍：《观物外篇》卷上，《邵雍全集》第3册，第1196页。

❸ （旧题）关朗：《关氏易传》大衍义第三、乾坤之策义第四，《续修四库全书》第1册，第150—152页；（旧题）卫元嵩：《元包经传》卷五，《景印文渊阁四库全书》第803册，第239—240页。

❹ 两书真伪，参见潘雨廷：《读易提要》，第62—65、73—75页。与《元包》相似的还有传为关朗整理的《洞极真经》，不过其真伪更难考论。

❺ 李鼎祚：《周易集解》卷十四，第418—419页。

❻ 胡一桂：《周易本义启蒙翼传》中篇，中华书局，2019年，第336页。另参《崇文总目》的记述（王尧臣等编：《崇文总目》卷一，《景印文渊阁四库全书》第674册，第5页）。

的问题与邵雍易学尤为相近。❶陆氏《易传》今佚,旧题刘牧《遗论九事》录陆氏论数之说,云"《易》以年统月,以岁统日,以月统旬,以日统时"❷,又以策数之和当年旬月日之数,其讨论易数的方式与邵雍亦有相似。崔憬、陆希声未必便是邵雍之学的直接渊源,但无疑是其思想的重要背景。易注之外,占筮传统对以数言象意识的凸显或许也起到了某种范导作用。王铁先生指出,自一行以下,唐人颇注意于筮占与易图的研究,如一行作《大衍玄图》《大衍论》、刘禹锡《辩易九六论》,对大衍蓍数多有抉发;此外,传为成玄英所作的《周易流演》,宪宗时人高定所作易图、《易外传》,以及五代时蒲乾贯所作《易轨》,则从占验角度对成卦与占筮中的象数关系有所探讨。在上述意义上,王铁先生指出"宋代的易数学,实肇端于唐"❸,是极有见地的。

北宋易学承唐代而来,对象数关系继有关注。刘长民牧❹发其先声,❺及至邵雍,象与数终于在解释中实现了真正的结合。对

---

❶ 不过,从陆希声遗文来看,其说主要仍致力于经文的解释,与李邵易学仍有距离。关于陆氏著述情况的考察,参见陈旭东:《唐代易学著述考论》,福建师范大学博士论文,2012年,第175—176页。

❷ (旧题)刘牧:《遗论九事》,《景印摛藻堂四库全书荟要》第15册,第280页。朱震亦曾引及此段,而文字颇多讹误(《汉上易传》卷七,《景印摛藻堂四库全书荟要》第3册,第698页)。《遗论九事》旧多认定为刘牧所作,郭彧先生已疑其非(《易图讲座》,第50—53页)。王风先生考订,《遗论九事》似为刘牧学派所辑前人易论,其说可参(《刘牧活动年代及其著作考辨》,《朱熹易学散论》,商务印书馆,2017年,第84—94页)。

❸ 王铁:《宋代易学》,第1—5页。

❹ 北宋有两刘牧:彭城刘牧,字长民;三衢刘牧,字先之。易学史上的著名人物刘牧是前者。这一点,郭彧与王风先生已经指出了。

❺ 北宋易学中的所谓数学派,以刘牧为最早。刘牧主张由数生象,发邵雍之先声;又用数字来解释四象八卦的由来,在以数言象的方法上,与邵雍用数字来解释成卦规律有相近之处(《序》《两仪生四象第九》《四象生八卦第十》,《易数钩隐图》卷上、卷中,《景印摛藻堂四库全书荟要》第15册,第240、245—246页)。可以看出,(转下页)

邵雍易学作一番整体的考察可以发现,邵雍对于卦象爻象规律的讨论,基本上是通过数字的形式进行的。例如:关于反对,则言"卦之反对,皆六阳六阴也。在易则六阳六阴者,十有二对也;去四正则八阳四阴、八阴四阳者,各六对也;十阳二阴、十阴二阳者,各三对也""体者八变,用者六变,是以八卦之象不易者四,反易者二,以六卦变而成八也"❶;关于成卦,则言"一分为二,二分为四,四分为八"❷;关于大衍,则言"五十者蓍数也,六十者卦数也""五十者,存一而言之也""六十者,去四而言之也"❸;关于《先天图》,则言"乾四十八,兑三十,离二十四,震十,坤十二,艮二十,坎三十六,巽四十""乾三十六,坤十二,离兑巽二十八,坎艮震二十"❹;诸如此类,不胜枚举。反过来说,邵雍易学中的数字,主要也都用来描述卦象爻象的规律。❺与汉易传统相比,邵雍讨论象数方式的独特性在于既不是直接地排列易象、就象论象,也不是抛开易象、就数论数,而是将卦象爻象化约为数字,通过数字来描述卦象爻象内在的规律;与前此的《系辞》《说卦》诠释传统相比,邵雍讨论象数方式的独特性在于进一步提炼了数字的纯粹性,引入卦变、易图等《系

(接上页)在刘牧处,数字已实现了相当程度的抽象化。不过,刘牧之数与卦象爻象的关联并不十分直接,这是因为,在刘牧的论述中,即使是对四象八卦的解释,也是以五行为中介进行的,而五行并不是《周易》的固有内容。至于四象八卦之外,刘牧关于《河图》《洛书》的大量描述,更不属于严格意义上的易学的范围。这是刘牧与邵雍易学本质上的不同所在。

❶ 邵雍:《观物外篇》卷上,《邵雍全集》第3册,第1177、1186页。"去四正则八阳四阴","则"字诸本多作"者",据《皇极经世观物外篇衍义》改。
❷ 邵雍:《观物外篇》卷上,《邵雍全集》第3册,第1196页。
❸ 邵雍:《观物外篇》卷上,《邵雍全集》第3册,第1192页。
❹ 邵雍:《观物外篇》卷上,《邵雍全集》第3册,第1187—1188页。
❺ 邵雍数学中另有方圆之数、历法之数等内容,但这些描述的不是卦爻象的规律,不属于易学的范围。

辞》《说卦》传统少加系统探讨的主题，大大丰富了论数的内涵，并有意识地将数字以及作为数字之所指的卦象作为探讨的核心问题，从而确立起以数言象的自觉方法，演成系统。这种方法，可以称之为以象为数，以数言象。❶通过以象为数或以数言象，数与象才真正在解释中结合在了一起。数与象在邵雍易学中的密切联系与中心地位，是其他任何主题所无法比拟的，也是前代易学体系所未见的。前代易学申论象数者代不乏人，但真正有意识地以数言象，并以此原则建构、统摄其全部易学理论者，确以邵雍为首倡。

邵雍易学所以能够实现以数言象，从根本上来说，还是由于数的观念的抽象化。在由象生数的观念背景下，数不过是具象之数，所描述的只是物象，是事物的外在数目。只有当由数生象取代由象生数之后，数才抽象成为了一种普遍数字，相应地，其所描述的对象也才从物象转换为了物理，从事物的外在数目转换为了内在的结构、条理与规律。由此，以数言象、通过数字来描述卦象爻象的规律也就成为了可能。邵雍易学所以能够实现这种数的观念的抽象化，一方面是得益于此前漫长的思想传统的积淀，另一方面，更直接的因素还是在于，邵雍由于分判伏羲之《易》与文王之《易》，而对象数与文辞作了根本区分，象数由此得以摆脱文辞的限制，而充分显示出其自身形式性、系统性的特征，对于这一特征的研究势必彰显出象数本身的抽象规律。就具体学脉而言，这主要是李之才一派易学观念的产物；但若从大的时代背

---

❶ 以象为数的说法来自南宋蔡沈。蔡沈云："以象为数，则多偶而难通，《经世书》是也。"（《洪范皇极内篇》卷二，《景印文渊阁四库全书》第805册，第708页）蔡沈此说原本是在《河图》《洛书》对比的语境下给出的，象数概念有其特指。这里，本书对于以象为数的界定只取其将卦爻象化约为数字之意，与蔡沈原意容有不同。

景来看，这其实也是中唐以来扬弃注疏、返归经传的整个儒学思潮影响下的结果。

第二，专言象数，不释文辞。❶

《周易》先有卦爻象，后有卦爻辞，卦爻辞是对卦爻象的解说。辞虽以象为根本，但在具体每一卦的解释中，象却必须通过辞才能得到说明。因此，易学自先秦出现以来，其主要形态就是解说辞义，辞而非象才是易学解释的中心对象。从《易传》到西汉的章句之学，从东汉时期易注作为解《易》文体的普遍流行到南北朝时期义疏体的确立，不论各种经解在思想倾向、文体形式与注释手法上存在怎样巨大的分歧，但归根结底有一点始终不变，即各种经解主要都是通过卦爻文字来阐释卦象，解说易理。以辞明象，进而揭示其中的义理，可说是邵雍以前易学的基本特征。❷

邵雍易学则迥乎不同。❸ 在这里，找不到对于卦爻辞的注释；相反，以数字形式进行的对于卦变、成卦、筮法等易象结构的论述构成了邵雍易学的主体。这种变化显示出邵雍易学较之此前易学传统在两个方面的重大改变：其一，就关注对象来说，在邵雍易学中，象数取代文辞成为了易学关注的主要内容；其二，就解释方式来说，在邵雍易学中，以数言象取代以辞明象，成为了易

---

❶ 这里所谓象数，不是在"义理"与"象数"的对比中讨论解《易》风格的问题，而是在"文辞"与"象数"的对比中讨论《周易》自身结构的问题。

❷ 当然，以辞解《易》是义理派易学的一贯取向，不以时代为限。对此，程颐有明白的表述："得于辞，不达其意者有矣；未有不得于辞而能通其意者也。……予所传者辞也，由辞以得意，则在乎人焉。"（《易传序》，《二程集》下册，第689页）

❸ 在北宋，刘牧与周敦颐之学也不致力于卦爻辞的解释，与邵雍易学一样，同属此前易学传统的例外。然而，邵雍易学虽不解释卦爻辞，但仍以卦爻象为对象；刘牧与周敦颐之学却颇越出了《周易》自身象数结构的范围。这是两派易学与邵雍的不同所在。

学基本的诠解方式。这里，以数言象之象，不是指具体某卦的卦象，而是指以卦变、成卦、筮法等为代表的包含多卦甚至全部八卦或六十四卦在内的卦爻之象的整体；以数言象之数，也不是指卦爻辞中的数字，而是指象之数，或说是上述卦爻之象自身的结构、条理与规律。由于数并不在象之外，因此，所谓以数言象，实际上也就是以象言象，是象本身的、客观的、抽象的呈现。在由辞以明象的易学传统中，象在理论上比辞虽然更为根本，但必须经由辞的中介，因而并没有取得独立于辞的位置；与此不同，在以数言象或以象言象的诠释方法中，象实现了某种意义上的自明，不必再以文字的中介作为揭示自身的前提，因而得以在解释中真正确立了高于辞且独立于辞的地位。可以说，邵雍易学所以能够真正确立象数为本、文辞为末的宗旨，正是因为其在旧有的以辞言象的方式之外，开辟出了以数言象这种直明象数的诠释进路。这种改变，极大地拓展、更新了整个旧有易学传统的问题框架和讨论方式。

从易学史上看，邵雍对于整体性的象数规律的关注有其先声。如前所述，西汉孟喜有卦气说，京房提出八宫卦说，东汉荀爽、虞翻总结卦变体例，虞翻和《参同契》又有月体纳甲之说，这些都是对于普遍性的卦象爻象规律的提炼与总结。汉易的探讨对邵雍颇有影响，邵雍所师承的李之才的卦变学说就是从虞翻发展而来。这似乎意味着，邵雍易学对于普遍性的卦爻规律的论述，早在汉代易学之中已经出现。但实际上，两者之间仍有着质的差别。这种差别即在于：不同于邵雍易学以阐明象数为宗旨，汉易诸家对于卦爻象数规律的论述，在根本上仍然服务于解说经文的目的。以上举诸家为例。孟喜虽提出卦气说，但又有章句之学，作为解经文本的章句才是其博士之学的师法所在；❶ 京房的八宫卦说实际上是一种卦变说，其意在于为筮占解经提供依据；至于荀爽、虞翻继承《彖传》而来的卦变说，更是全为解经而设，作为解释标准的经文甚至构成了对于卦变体例内在一致性的限制。❷ 可以发现，汉易诸家对于普遍性的卦象爻象规律的探讨不仅没有脱离与文辞的关系，反而正是以解释经文为导向的。如果说以注疏为代表的易学主流传统遵循的是以辞明象的进路，那么，上举汉易诸家对于整体性卦爻规律的论述，其进路则可以被概括为以象明辞。❸ 以辞明象与以象明辞看似取向相反，但就象不离辞、辞不离象而言，则实相一致。❹ 这与辞象分离、直明象数的邵雍易学有本质性的差异。

邵雍所以主张象数为本、辞象分离，是由其哲学与易学的整体原则决定的。邵雍在哲学上区分先天与后天，相对应地，在易学上区分伏羲之《易》与文王之《易》。伏羲画卦，文王系辞，卦

---

❶《汉书·艺文志》云："章句，施、孟、梁丘氏各二篇。"(《汉书》卷三十，第1704页) 关于孟喜卦气说与其章句之学的不同，前人已有注意。吴承仕先生在《续修四库全书总目提要》中叙清吴翊寅《易汉学考》宗旨，云："是书大旨，谓西汉易学凡四派，曰训故举大义，周、服等是也；曰阴阳灾变，孟、京等是也；曰章句师说，施、孟、梁丘、京博士之学是也；曰《彖》《象》解经，费、高是也。"(中国科学院图书馆整理：《续修四库全书总目提要·经部·易类》，中华书局，1993年，第162页) 这里，孟喜以卦气为基础的灾变思想与其章句之学显然是被分为两类。
❷ 关于虞翻卦变说中象数与文辞的张力，学者已有论述，参见本章第三节。
❸ 如前文所指出的，以象明辞与以辞明象的"象"并不相同。前者是指卦象爻象的整体性规律，后者是指卦爻辞所系的某个具体的卦象爻象。不过，两者虽有不同，但本质上都是易象，仍然可用"象"之一词加以统摄。
❹ 需要注意的是，以象明辞并不构成对于以辞明象的替代。实际上，在具体的易学解释中，以象明辞与以辞明象往往同时为用，两者是同一解释过程的不同环节。解《易》者往往首先需要以象明辞，通过整体性的易象规律在六十四卦内部建立起不同卦之间卦象和文辞的关联，为解说文辞提供依据；在澄清卦爻辞含义的基础上，才能进一步以辞明象，获得对于卦爻辞所系卦象爻象的理解。

画象数纯出自然，不假人为，文辞则是圣人所作，涉乎有迹。因此，邵雍虽然并尊二圣，但所真正推崇者，仍在伏羲之《易》。邵雍易学所以特别关注象数自身的结构，正是因为在邵雍看来，直明象数乃是阐明伏羲之《易》的唯一可能途径，而解析文辞则在根本上就落入了文王之《易》的范围。在这个意义上，邵雍以卦爻象数为重点的易学，正是其先天之学的组成部分。对于卦爻辞，邵雍不无解说，如《渔樵问对》论复卦、无妄卦、姤卦，《观物外篇》论元亨利贞、吉凶悔吝，以及《击壤集》引《易》入诗诸篇，即为其例；对于文王之《易》"得天地之用"❶的特点，邵雍也极为赞赏，大加揄扬。只不过，这些零星的解说文辞的片段并不构成邵雍易学的主体，文王之《易》在邵雍易学中的地位也无法同伏羲之《易》相比。邵雍易学实际上是同时囊括了以象数为重点的伏羲之《易》和以文辞为重点的文王之《易》，而以前者为主，并认为两者之间有源流先后的关系。

第三，以图表《易》，借图明理。

除了数与象，邵雍易学中另一个别具特色的元素是易图。用易图来说明《周易》，是邵雍易学的又一特点。

所谓易图，顾名思义，指的是用来表达《周易》内容的图像。按照这个定义，卦象爻象似乎可以算作最为基本的易图，清人胡渭即认为"唯《易》则无所用图，六十四卦二体六爻之画，即其图矣"❷。胡渭的说法稍嫌激进。一般说来，作为特定的概念，易图与易象还是有区别的。一个最基本的分别是：易象专指卦象爻象，而且往往是指一卦或一爻之象；而易图在内容上不限于卦象

---

❶ 邵雍：《观物外篇》卷上，《邵雍全集》第3册，第1207页。
❷ 胡渭：《易图明辨·题辞》，第1页。

爻象,在数量上所使用的元素也往往超出了一卦一爻的范围。这在根本上是因为,易象是对《周易》单个元素自身形态的摹象,因而是静态的;而易图则是对《周易》当中不同元素之间关系的表达,必然要涉及多个元素,综合运用时间、空间等各种形式才能画出,因而是动态的。准此,本书所谓易图,指的就是以卦象爻象为主、综合运用多种《周易》元素并为其赋予特定形式的图像。

易图起源于何时,在易学史上是一个聚讼纷纭的问题。《系辞》已有"河出《图》,洛出《书》,圣人则之"的说法,认为《周易》是仿效了传说中的《河图》《洛书》而作成。据此,易图早在《周易》成书前就已经出现。此种观念在得北宋刘牧发挥后更是蔚成影响。不过,《系辞》所谓《河图》《洛书》究竟何指,其实并不明确。现代学者一般以为,先秦文献中的《河图》《洛书》更可能是指图典或文册,而与后来刘牧等提出的黑白点《河图》《洛书》无关。❶ 作为图典文册的《河图》《洛书》,是否真的出现在《周易》成书以前、是否与《周易》相关、是否可以算作一种易图,文献不足,殊难推断。盲目遵从刘牧以来的成说,不免有信古太过之嫌。如若置《河图》《洛书》的问题不论,单就易图而言,则应当承认,易图产生基本是在《周易》成书以后。换言之,易图在本质上就是一种后起的对于《周易》的诠释,而非《周易》由以产生的根源。

《周易》经文提供了后世诠释由以展开的基础,而易图的理论渊源,大致可以《易传》为发端。《易传》中的《说卦》《序卦》诸篇,已经以文字的形式描绘了图像的内容,蕴涵了其演为图式

---

❶ 关于《河图》《洛书》含义与历史的考辨,参考李申:《易图考》,第119—200页;郭彧:《易图讲座》,第33—53页;任蜜林:《"河图""洛书"新探》,《西北师范大学学报(社会科学版)》,2013年第4期。

的可能。如郭彧先生所指出的，后世的种种易图，基本上都是对《易传》的诠释，是在《易传》基础上发挥而成。❶

就实物形态来说，写作时间约当战国中晚期的清华简《筮法》当中的卦位图（整理者称"人身图"），是目前可见最早的易图。❷该图形制与后世所谓后天八卦图极为近似。此后，类似的卦位图在由汉至唐的式盘、铜镜等器物中也多有出现。❸就此而言，易图确实可说是古已有之。不过，值得留意的是，北宋以前，易图似乎主要只多见于术数占筮的传统中，而并未在以解经为目的的易学内部占有重要位置。这一点，我们只要注意到上述秦汉至隋唐的易图在文献载体和应用目的上几乎全部与占筮有关，而同时期的易注却不曾记录任何成形的易图图式，就可以明确。固然，这一时期的易学文献对于易图也曾有所提及，甚至有以图为名者，如《易纬》有《稽览图》《坤灵图》等，扬雄《太玄》也有《玄图》；但从传世文献来看，这些无一例外都是"以文说图"❹，其中并未记载真正的图形。而且，《易纬》与《太玄》在汉唐时期整体的易学传统中本身也处于非主流的地位。诸书之所以出现这种有文无图的情况，或许是因为诸书原有易图，后来佚失；或许是因为早期的竹简不便绘制图式，故多以文字代之，后世遂因以为

---

❶ 郭彧：《易图讲座》，第1页。
❷ 清华大学出土文献研究与保护中心编，李学勤主编：《清华大学藏战国竹简（肆）》，中西书局，2013年，第113页。
❸ 相关图式及说明，参见徐芹庭：《易图源流：中国易经图书学史》，中国书店，2008年，第113—114、184—203页；李零：《中国方术考》，东方出版社，2001年，第89—176页。此外，王铁先生也提到史籍所著录的唐代一行、高定等所作的与占筮有关的易图文献（《宋代易学》，第1—2页）。可以想见，类似的占筮易图在汉唐时期并不仅仅体现在器物上，而同样也进入了著作中，只是书籍易于朽坏，未曾保存下来。
❹ 郭彧：《易图讲座》，第8页。

例;❶但从根本上说,还是因为这一时期的易学对《周易》自身的象数规律——特别是时空性的、可以图像化的规律——尚缺乏足够系统、深入的认识,因而没有产生普遍的以图式诠解象数规律的需要。一言以蔽之,北宋以前易图的缺乏,反映的是易学自身发展程度的限制,表明此时的易学还没有意识到易图在解《易》方面的作用,没有将其发展为一种系统、自觉的解释方法。如李申、郭彧先生所总结的:"从历史事实看来",易图创作的兴起,乃是"宋代以前所没有的事"❷。

易图至北宋而大兴,这一现象在唐末其实已有发端。前云史载陆希声撰有《易图》一篇,从陆氏易学的整体特点来看,其《易图》很可能并非占筮之用,而是用来表现《周易》自身象数的图式。❸及至庆历以后,刘牧、邵雍、周敦颐分别以《河图》与《洛书》、《先天图》和《太极图》闻名于世,图书一派遂告确立。三家都遵循以图解《易》的宗旨,都关注自太极以至万物的创生过程,这是其总体上的相似之处;但细分起来,三家在具体进路上的差异也十分显著。刘牧《易数钩隐图》列五十五图,主要是以黑白点象征天地之数,描述《河图》《洛书》的形成过程。刘牧

---

❶ 按,上举诸图中,较可确定曾有图式流传的是扬雄的《玄图》。前引范望注中提到,《玄图》"图画四重,以成八十一家",是《玄图》在范望时仍可见。郑万耕先生与王铁先生均已指出此点(郑万耕:《太玄校释》,中华书局,2014年,第351页;王铁:《宋代易学》,第105页)。

❷ 李申、郭彧:《编者序》,《周易图说总汇》上册,华东师范大学出版社,2004年,第1页。

❸ 朱震《周易卦图》在李之才《变卦反对图》下引陆氏之说,云:"陆希声曰:'颐、大过与诸卦不同。大过从颐来,六爻皆相变。故卦有反合,爻有升降,所以明天人之际,见盛衰之理焉。故征象会意,必本于此。'陆所谓反合升降,即此图也。"(《周易卦图》卷上,《景印摛藻堂四库全书荟要》第3册,第779页)朱震所谓"此图",指的就是《变卦反对图》。由此来看,陆希声对于反对这种纯粹的卦象规律已有所关注。另外参见王铁先生的论述(《宋代易学》,第5页)。

对从太极、两仪、四象、八卦的生成过程虽有图示，但除《遗论九事》提到乾坤生六子与四象生八卦的方法外，❶此类图式与《周易》固有的卦象爻象并没有太多关联。周敦颐《太极图》只含有太极、阴阳、五行，连四象、八卦也没有引入，这就决定了《太极图》根本不是象数意义上的解《易》之作，而更多是偏于义理层面，借图式来直接阐明二五化合、万物生生、圣人立极的道理。真正致力于解说《周易》自身象数规律的，是邵雍的《先天图》与《后天图》。❷两图完全由卦象组成，没有引入任何外在于《周易》固有结构的内容，其所诠解的完全是卦象爻象自身的规律。在对《周易》象数的解释上，先后天图具有新旧两方面的意义：一来，两图对卦位、卦气等旧有的象数论题作了形象化的表达，这就改变了此前以文说图的情况，为其补全了图像的形式；二来，作为一种复杂精巧的图式，两图又蕴涵有此前旧说难以穷尽的内涵，这就打开了象数研究的新空间：《观物外篇》所总结的许多此前未曾有人提及的卦象规律，是只有借助先后天图的特殊视角才能得出的；或者说，《观物外篇》种种劈头道出、看似突兀的象数规律，往往都是以先后天图为不言自明的背景。在这个意义上，两图特别是《先天图》，既是邵雍解《易》成果的集中展示，同时又构成其整个易学由以出发的起点。邵雍以图解说《周易》固

---

❶ 刘牧：《易数钩隐图》卷中、《遗论九事》，《景印摛藻堂四库全书荟要》第15册，第260、276页。

❷《后天图》的图式较早见于传世文献，是在刘牧《易数钩隐图》中。今本《易数钩隐图》之第四十二图即以黑白点表示后天卦位（《易数钩隐图》卷中，《景印摛藻堂四库全书荟要》第15册，第259页）。李觏《删定易图序论》所引《八卦图》应即指刘牧此图，而已完全采取通行《后天图》的样式（《李觏集》卷四，中华书局，2011年，第52—53页）。不过，刘牧虽较早引及《后天图》，但此图在其学术中的地位并不重要；真正为该图赋予《后天图》之名，以与《先天图》并列，并从而引发后世学者广泛关注的，乃是邵雍。

有的象数规律,在方法上应是直接受到了其师李之才的两种卦变图式与《太玄》学传统的影响。但就内涵来说,邵雍易图较之前人却大有不同。相比之下,《先天图》无疑要更见丰富、简洁、精微。可以说,用图式解说《周易》象数规律的方法,乃是至邵雍先后天图而始见光大。

邵雍提出先后天图式,并不仅仅是用以说明象数,更要从中发挥义理。先后天图式本身所具有的时空上的位置关系,为邵雍阐明自然与人事之理提供了便利。就图式与义理相结合的紧密程度而言,邵雍之学是十分突出的。按邵伯温的概括,邵雍借助图式所阐明的义理,总体而言,只是"阴阳消长"❶一事。但分析来说,消长当中又可以区分出两个方面:其一是特重秩序或差等性,例如关于《后天图》中乾坤父母卦与六子卦各自位置的说明,这是解释为什么图式具有一定而不可变的样式;其二是特重变化或流动性,例如关于阴阳顺逆的说明,这是解释为什么图式是一个内在相关、一气流行的整体。邵雍图式所蕴涵的这两种道理,后来被朱子总结为定位与流行两端而加以发挥。定位与流行一动一静,构成了对于天地万物之理的周遍论述,故而邵雍认为《先天图》容摄了天地间的一切道理:"《图》虽无文,吾终日言而未尝离乎是,盖天地万物之理尽在其中矣。"❷可以看出,不论是在邵雍易学中,还是在其整个哲学中,《先天图》等图式都具有纲领性的地位。

第四,务穷造化,天地本《易》。

---

❶《易学辨惑》云:"止有一图,以寓其阴阳消长之数与卦之生变。"(《景印文渊阁四库全书》第9册,第406页)邵伯温此处是就《先天图》而言。其实,对邵雍来说,《后天图》所表达的义理,在根本上也只是消长而已。
❷ 邵雍:《观物外篇》卷上,《邵雍全集》第3册,第1213页。

除了具体地讨论易数、易象与易图等问题，邵雍还跳出《周易》自身的范围，谈到《周易》与天地的关系。这一点同样值得引起注意。

关于《周易》与天地的关系，邵雍有两种看似相反的表述。一方面，邵雍认为，《周易》是模拟天地而成。《观物外篇》云：

> 蓍德圆，以况天之数，故七七四十九也。五十者，存一而言之也。卦德方，以况地之数，故八八六十四也。六十者，去四而言之也。
>
> "三天两地而倚数"，非天地之正数也。倚者拟也，拟天地正数而生也。❶

邵雍区分了"天地正数"与"圣人拟数"，认为前者是天地之自然，后者是圣人仿效天地而作。所谓"圣人拟数"，即指圣人拟天地之数而作《易》。从"况"和"拟"的说法看，邵雍显然是认为先有天地，后有《周易》，前者是后者的依据，后者是对前者的模拟。这种观点，可以称之为《易》准天地。

另一方面，邵雍又认为，《周易》反过来构成了天地的原理。《观物外篇》云：

> 乾坤七变，是以昼夜之极不过七分也。兑艮六变，是以月止于六，共为十二也。离坎五变，是以日止于五，共为十也。震巽四变，是以体止于四，共为八也。
>
> 乾阳中阳，不可变，故一年止举十二月也。震阴中阴，不

---

❶ 邵雍：《观物外篇》卷上，《邵雍全集》第 3 册，第 1192、1239 页。

可变，故一日之十二时不可见也。兑阳中阴，离阴中阳，皆可变，故月日之数可分也。

　　是以八卦用六爻，乾坤主之也；六爻用四位，离坎主之也。故天之昏晓不生物而日中生物，地之南北不生物而中央生物也。❶

　　与前引"况""拟"的明确表述不同，在这里，邵雍没有直接表达对于《周易》与天地关系的理解。但分析上引文段中的因果关系可以得知，邵雍实际上是用《周易》象数来解释自然现象，认为天地自然所以具有特定的时空形态与度数，在根本上是由《周易》决定的。这样，《周易》与天地的关系就发生了颠倒：不是天地构成了《周易》的依据，而是《周易》构成了天地的原因，《周易》反而居于天地之先。这种观点，可以称之为天地本《易》。❷

　　那么，《易》准天地与天地本《易》是什么关系？两者是否相互矛盾？

　　实际上，《易》准天地与天地本《易》讨论的是不同的问题。所谓《易》准天地，是就《周易》之来源而言，即认为先有天地，后有《周易》，《周易》是对天地的模仿。这意味着，作为一本具体的著作，《周易》是在有天地万物以后方才出现。而所谓天地本

---

❶ 邵雍：《观物外篇》卷上，《邵雍全集》第3册，第1179、1180、1185页。
❷ 需要说明的是，邵雍有时也反过来，用天地自然的现象来说明《周易》的象数。如云："是以天之阳策一百一十二，去其阴也；地之阴策一百一十二，去其阳也；阳策四十，去其南北之阳也。极南大暑，极北大寒，物不能生，是以去之也。"（《观物外篇》卷上，《邵雍全集》第3册，第1185页。《邵雍全集》本段引文脱漏，据吴坚本改）不过，我们并不能据此认为邵雍思想自相矛盾，或是认为邵雍反过来主张《易》本天地。实际上，《周易》象数所以在这里居于被说明的位置，并不是因为天地比《周易》更为根本，而只是出于行文的需要，即由于此处策数计算繁难，必须详加说明，因而行文会以解释象数的计算方法为主。

《易》,则是就天地之根据而言,即认为《周易》模仿天地,尽得天地万物之理,因而自身就构成了天地的原理。这意味着,作为一种内在的原理,《周易》又先于具体的天地万物而存在。两者所言,一为来源,一为根据,一为时间意义上的先后,一为逻辑意义上的本末,并非一事,故彼此并不冲突。不过,两者虽不冲突,但从《易》准天地到天地本《易》,毕竟显示出易学诠释在概念含义和问题视角的深刻转换,这种转换正是邵雍易学区别于此前易学传统的特质所在。

从易学史来看,《易》准天地的思想早已有之。《系辞》云:"《易》与天地准,故能弥纶天地之道。"已经点出了这一主题。围绕这一主题,《系辞》在从象数到义理、从整体原则到具体文辞的多个层面上加以展开,将《易》准天地铺演成一套系统完备的理论。可以说,《易》准天地乃是贯穿《系辞》全篇乃至全部《易传》的共同原则。❶ 在《易传》的影响下,《易》准天地遂成为汉代以来各家各代易学的普遍态度。邵雍在这方面的论述,不过是承前人而来,并非其思想的特色所在。

真正反映邵雍思想特出之处的,是其天地本《易》之说。此前的易学在《易》准天地说下虽然也谈到《周易》与天地的关系,但多将两者简单理解为模仿与被模仿的关系,或者说,将两者之间的关系理解为一种经验意义上的彼此外在的相似性,而没有看到这种相似性的内在基础。这表明,此时的易学对于作为事物之所以然的物理的内在性和理则性尚缺乏足够的认识。邵雍易学则不然。当邵雍明确用《周易》象数作为原因来说明自然现象时,

---

❶ 关于《易传》"易与天地准"思想的论述,参见朱伯崑:《易学哲学史》第1卷,第99—109页。

《周易》已经不再外在于天地，而成为了天地的内在理则，两者之间从模仿物与被模仿物的关系转成了事物与其物理、现象与其原因的关系。如果作一个不甚恰切的比喻，我们或许可以说：在邵雍以前，《周易》主要被理解为一幅关于天地万物的肖像画；而从邵雍开始，《周易》更多被理解为天地万物的参数图。由此，《周易》的定位和功能也从外在向内在、从模仿向奠基转化，而天地与《周易》之间的主次本末关系也相应发生改变。这种转变，显示出易学自身内在化、理则化、抽象化的进程。

邵雍易学在《周易》与天地关系上的这些特质，为其赋予了超出易学自身范围的意义。邵雍主张"数生象"❶，《周易》与天地之间内在与外在、抽象与具体、决定与被决定的关系，正是数与象、物理与物象关系的写照。由于《周易》象数具有物理的含义与功能，对《周易》象数的探索，也就不再仅仅是一种易学的研究，而同时也具备了阐明物理、解释天地自然的"科学"意义。这种情况下，邵雍"穷象之隐微，尽数之毫忽"的象数建构，就既不能仅仅认为是"寻流逐末"、无关宏旨，❷也不能简单看作一种与现实无关的符号游戏，而应充分注意到这一理论自身的意义与目的之所在。这就是说：邵雍的象数易学研究，不仅是以推明天地万物之理为指向，而且，在邵雍看来，这种研究也确乎能够达到推明天地万物之理的目的。邵雍易学内在所具有的这种超出易学自身范围的"科学"含义，或许可用四库馆臣的"务穷造化"❸之语来

---

❶ 邵雍：《观物外篇》卷下，《邵雍全集》第3册，第1239页。
❷ 程颐：《答张闳中书》，《河南程氏文集》卷九，《二程集》上册，第615页。
❸ 四库馆臣云："《易》之为书，推天道以明人事者也。《左传》所记诸占，盖犹太卜之遗法。汉儒言象数，去古未远也。一变而为京焦，入于禨祥。再变而为陈邵，务穷造化。《易》遂不切于民用。"（《四库全书总目》卷一，第1页）

加以概括——尽管此语原非褒义,而邵雍所理解的"科学"与今日的科学之间也有着本质性的差异。

最后需要说明的是,历史地来看,邵雍天地本《易》的思想可能受到了此前思想资源的启发。一方面,汉代纬书早有以阴阳之数作为现象、事物之原因的观念,《春秋纬·元命苞》云:

> 阳成于三,列于七,三七二十一,故二百一十国也。
> 阳气数成于三,故时别三月。阳数极于九,故三月一时九十日。
> 阳以一起,故日行一度。阳成于三,故有三足乌。❶

纬书已经将数理解为物的规定性因素,只是尚未将其明确、系统地落实在《周易》象数之上。在这方面,可以认为,是邵雍在《周易》系统中发展了纬书的观念,并使其进一步内在化、理则化。

另一方面,邵雍天地本《易》的思想或许也与历数传统有关。考察天文学史可以发现,汉代以来从事于历法的学者,如刘歆、一行等,往往认为历法与《周易》有密切的关系。在这些学者看来,历数或是与易数相通,或是在根本上就是从易数而来,因此,通过易数就能够对包括历法在内的自然现象给出解释。《晋书·律历志》将这种学术取向总结为"然则观象设卦,扐闰成爻,历数之原,存乎此也"❷。这其实在一定意义上构成了邵雍天地本《易》思想的先声。至于邵雍在易学象数之外,复又援引方圆之数、历法之数,以论证《周易》与天地的关系,更是明显受到了历学传

---

❶ 赵在翰辑:《七纬》卷二十四,第 395、400、403 页。
❷ 房玄龄等:《晋书》卷十七,中华书局,1974 年,第 497 页。

统的影响。不过，从相关记载来看，这种以《周易》为历本的思想虽然使用易数，但着眼点主要还是在于历学而非《周易》，既没有在易学的意义上明确提出"数生象"这样的命题，也没有点出《周易》作为物理的理则性；而且，其对于易数的运用也主要限于历法方面，尚未扩展到对于其他自然现象的解释之中。这是其与邵雍的不同之处。另外，就解释的具体手法来说，历学学者所运用的易数主要是《系辞》已经着意发挥的天地之数和大衍之数，❶ 而邵雍主要是借卦、爻、策数加以比拟，这也是邵雍之学相较于前人的新意所在。❷

二　易学史观

除了从数、象、图的角度把握总体特点外，易学史观也是研究邵雍易学不容忽视的问题。邵雍将《周易》区分为伏羲之《易》与文王之《易》，"史"的维度在相当程度上构成了其易学由以建立的背景和轴线。在展开关于邵雍易学具体内容的论述之前，有必要对其易学史观略作考察，以便对邵雍易学的结构有一整体上的认识。

邵雍的易学史观主要涉及两个问题：其一是伏羲之《易》与文王之《易》，其二是先天后天。

---

❶ 这同时也是邵雍以前《易》准天地的易学传统所主要采取的解释方法。除天地之数和大衍之数外，这一传统对于《易》准天地的解释往往还涉及四象八卦的问题，虞翻即为其例证（《周易集解》卷十五，第451—452页）。

❷ 关于以《周易》为历本的思想的研究，参见陈美东：《中国古代天文学思想》，中国科学技术出版社，2007年，第551—561页。

(一) 伏羲之《易》与文王之《易》

伏羲之《易》与文王之《易》，在最基础的层面上，是一个关于《周易》作者的史实问题。邵雍继承《易传》以来的成说，认为《周易》是出于伏羲与文王之手。❶ 这是这一命题最基本的含义。❷

除了史实层面的含义之外，对邵雍来说，伏羲之《易》与文王之《易》更多是一种关于《周易》体系与性质的理论分析。邵雍在易学史观上特出于前人之处，正在于此。邵雍以前，历代易学对于伏羲与文王在作《易》过程中的作用虽有论述，如认为伏羲画卦，文王重卦或系辞，但都只是将此当作史实问题加以考辨，而不曾系统提出伏羲之《易》或文王之《易》的观念，不曾将其作为易学体系来处理。这实际上也就默认了《周易》自身的不变性，认为伏羲与文王作为《周易》成书过程中的前后阶段，所处理的问题虽然有别，但在学说大旨与精神实质上并无差异。与此不同，邵雍更强调两者的区别，认为《周易》的发展固然是一脉相承，但《周易》在伏羲与文王之时都是完备而成熟的，伏羲与文王各自提出了一种独特的易学形态。从这种观点出发，邵雍在

---

❶ 除伏羲与文王外，邵雍还曾提到《周易》的其他作者。前引《太玄论》有"九圣之业"之说，认为《周易》是自伏羲至孔子的九位圣人共同完成的。不过，"九圣之业"的说法在邵雍著作中仅此一见，且是袭用孔颖达的成说（《周易正义序》，《十三经注疏》，第6页。《十三经注疏》底本"九"讹作"凡"，阮元《十三经注疏校勘记》已指明其误），意义有限。总体来看，邵雍对《周易》作者问题的基本理解，还是以伏羲之《易》与文王之《易》为代表。

❷ 邵雍所谓伏羲之《易》与文王之《易》，讨论的是《周易》内部不同易学形态的问题。这与汉代以来将伏羲、神农、黄帝等上古圣王与《周礼》所载《连山》《归藏》《周易》相配比的传统不同，后者讨论的是与《周易》相似的其他《易》类经典的问题。关于后一问题，参见翟奎凤：《易学史上的三易说》，《中国典籍与文化》，2009年第2期。

《易经》中区分出了伏羲之《易》与文王之《易》两种体系，并对两者的内容与特点作了界说。

邵雍所谓伏羲之《易》与文王之《易》的区别，主要体现在以下三个方面。

第一，在内容上，体现为卦象与文辞、画卦与占筮之别。

邵雍承前人之说，认为伏羲只是画出卦象，文王方才为之系辞。因此，伏羲之《易》的主要内容就是成卦之法以及由此画出的卦象图式，文王之《易》则指卦爻辞以及相关的其他内容。

就成卦而言，三画卦为伏羲所画，乃是易学史上的共识，邵雍也不例外；❶但重卦者为谁，却是一个有争议的问题。孔颖达在《周易正义》中列举了汉晋时期有代表性的关于重卦的意见："然重卦之人，诸儒不同，凡有四说：王辅嗣等以为伏羲重卦，郑玄之徒以为神农重卦，孙盛以为夏禹重卦，史迁等以为文王重卦。"❷四说中，以伏羲重卦与文王重卦两说最有影响。那么，邵雍认定的重卦者究竟是谁呢？对此，邵雍不曾作明白的表述，但从诸多线索看，邵雍认定的重卦者当为伏羲。这是因为，一来，伏羲之《易》与文王之《易》既然是以卦象与文字为限，则举凡卦象都应是伏羲所作，六画卦也不例外。二来，邵雍揭示的伏羲之《易》的成卦方法既然是"一分为二"的连续无停顿的过程，三画卦与六画卦就当同为伏羲所作，而没有道理断作两截，由伏羲与文王分别完成。三来，最直接的，邵雍用来表达伏羲之《易》的六十四卦圆图中，各卦皆为六画卦，这也说明重卦者当为伏羲。邵雍之意大致是认为，伏羲画出了三画卦与六画卦的卦象，此后

---

❶ 邵雍诗云："庖牺可作三才主，孔子当为万世师。""八卦小成皆有主，三才大备略无遗。"（《首尾吟》，《伊川击壤集》卷二十，《邵雍全集》第4册，第418、421页）

❷ 孔颖达：《周易正义序》，《十三经注疏》，第16页。

的卦名、卦爻辞则为文王所系。对此，后来朱子也有类似的态度。❶

与成卦属于伏羲之《易》不同，占筮似被邵雍归入了文王之《易》的范畴。张行成注意到，邵雍每以《先天图》中的卦爻之数与大衍筮法中的策数相互比附。在张行成看来，邵雍是认为先天卦爻属于伏羲之《易》，而大衍筮法属于文王之《易》，通过"以先天之爻比后天之策"❷，邵雍是要证明伏羲之《易》与文王之《易》的差别与联系。❸这种说法是有见地的。邵雍将卦爻与占筮分别归于伏羲之《易》与文王之《易》，可能是认为伏羲之时自然无为，故只是画卦立本，不须占算；文王之时兴作有为，故卜问吉凶，须用占筮。从占筮是根据卦爻辞判断吉凶来看，占筮也确实应该划入文王之《易》的范围。盖卦爻所以立体，原是静而不动的；而占筮则要运蓍成占，因而是活动的。这种静与动、有为与无为的不同，正是文王之《易》区别于伏羲之《易》的内涵所在。❹

第二，在方位上，体现为《先天图》与《后天图》之别。

《观物外篇》云：

"起震终艮"一节，明文王八卦也。"天地定位"一节，明

---

❶ 《朱子语类》载："问：'伏羲始画八卦，其六十四者，是文王后来重之耶？抑伏羲已自画了耶？看《先天图》则有八卦便有六十四，疑伏羲已有仿佛之画矣，如何？'曰：'《周礼》言三易经卦皆八，其别皆六十有四，便见不是文王渐画。'又问：'然则六十四卦名是伏羲元有？抑文王所立？'曰：'此不可考。'子善问：'据十三卦所言，恐伏羲时已有。'曰：'十三卦所谓盖取诸离、盖取诸益者，言结绳而为网罟，有离之象，非观离而始有此也。'"（《朱子语类》卷六十六，第1619页）
❷ 张行成：《皇极经世观物外篇衍义》卷三，《景印文渊阁四库全书》第804册，第90页。
❸ 关于这一点，参见林忠军先生的论述（《象数易学发展史》第2卷，第236—237页）。
❹ 邵雍对于卜筮与《易》关系的定位，与朱子认为《易》本卜筮之书、伏羲之《易》亦用占筮的观点有所不同。《朱子语类》载："问：'伏羲画卦，恐未是教人卜筮？'曰：'这都不可知。但他不教人卜筮，画作甚？'"（《朱子语类》卷六十六，第1619页）

伏羲八卦也。❶

由于主旨有别,伏羲之《易》与文王之《易》在图式方位上也有差异。邵雍认为,《说卦》"天地定位,山泽通气"一节是对伏羲之《易》方位的描述,"帝出乎震,齐乎巽"一节是对文王之《易》方位的描述,并以图式的方式作了说明。后世遂将两者分别称为《先天图》与《后天图》。这是两者最直观的差别所在。

第三,在实质上,两者乃是本与用、始与成、无为与有为之别,这种差别是由伏羲与文王的不同历史处境决定的。

《观物外篇》云:

> 乾坤纵而六子横,《易》之本也;震兑横而六卦纵,《易》之用也。
> 至哉,文王之作《易》也!其得天地之用乎?故乾坤交而为泰,坎离交而为既济也。乾生于子,坤生于午,坎终于寅,离终于申,以应天之时也。置乾于西北,退坤于西南,乾统三男而长子用事,坤统三女而长女代母,坎离得位,兑震为耦,以应地之方也。王者之法,其尽于此矣。❷

"乾坤纵而六子横"是伏羲之《易》的方位,"震兑横而六卦纵"是文王之《易》的方位。邵雍认为,伏羲之《易》为《易》之本,文王之《易》为《易》之用。这是说两者是根本与发用的关系。邵雍又将两者的关系与乾坤两卦相比拟。文王之《易》既然是

---

❶ 邵雍:《观物外篇》卷下,《邵雍全集》第3册,第1237页。
❷ 邵雍:《观物外篇》卷上,《邵雍全集》第3册,第1207—1208页。《邵雍全集》此段有脱漏,据吴坚本改。

"至哉""得天地之用",可知其对应于坤卦;相对应地,伏羲之《易》就应该是"大哉""得天地之本",对应于乾卦。这是说两者是乾知大始与坤作成物的关系。本者始者无为创始,用者成者兴作有功。两者的这种区别,在前述内容与方位中已有体现。可见,邵雍关于伏羲之《易》与文王之《易》的区分,内中实有其明确而一贯的分判标准。❶

从本到用、从始到成、从无为到有为,其间经历了一个时间性的过程。伏羲之《易》与文王之《易》所以呈现出上述种种差别,归根结底,是由两者所处的历史时段之不同决定的。按照邵雍的历史观,伏羲处在先天的阶段,其时淳朴自然,故能"以道化民",无为无造;文王处在后天的阶段,其时趋于奔竞,故不得不"以功劝民"❷,兴作有为。因此,伏羲之《易》与文王之《易》归根到底是历史节奏在易学中的体现。换言之,伏羲之《易》与文王之《易》虽然是一个易学命题,但其由以建立的根本标准其实并不在《周易》内部;在本质上,伏羲之《易》与文王之《易》是邵雍以其先天后天的历史视角审视易学而得出的结果。

以上就伏羲之《易》与文王之《易》的含义与关系作了解释。最后,有必要对孔子在邵雍易学史观中的地位略作说明。

邵雍区分伏羲之《易》与文王之《易》,对孔子与《周易》的关系少有提及。邵雍脱离文辞、直明象数的易学进路,与孔子所代表的《易传》传统也有出入。但其实,孔子在邵雍易学中的地位仍然极为重要。这种重要性一方面体现在邵雍对孔子作《易传》

---

❶ 需要注意的是,伏羲之《易》与文王之《易》之间的本与用的关系,不能混同于后文所论的体与用的关系。体与用指的是同一事物内部整体与部分的关系,或不同事物之间彼此对待的关系,而本与用指的则是同一事物自身先后阶段的关系。

❷ 邵雍:《观物内篇》,《邵雍全集》第 3 册,第 1153—1154 页。

"大哉赞《易》修经意，料得生民以后无"❶功绩的直接强调；另一方面，更重要的，则是体现在邵雍易学的整体进路和解释原则之中。一个值得注意的现象是，包括卦变、成卦、易数、易图在内的几乎所有邵雍对于伏羲之《易》与文王之《易》的重要诠释，以及以数言象、不释文辞、以图表《易》的基本解释思路，从根本上讲，都来源于《易传》(特别是《系辞》《说卦》)的传统，都未脱离《易传》的范围。因此，《易传》可说是整个邵雍易学的解释起点。邵雍既将《易传》看作孔子的作品，既将《易传》作为其易学最重要的理论资源，则无论邵雍的思路与《易传》的主流传统有怎样的距离，其对伏羲之《易》与文王之《易》的区分就仍然是从孔子之《易》出发而作出的，孔子之《易》就仍然为邵雍易学提供了基本的视角与身份。❷另一方面，邵雍既然选择从《易传》入手来阐明伏羲之《易》与文王之《易》，这也就意味着，在邵雍看来，三圣《易》是一脉相承的关系，孔子之《易》在本质上就是对伏羲之《易》与文王之《易》的阐释；唯其如此，从前者出发才可能得出对后两者的正确理解。在这个意义上，《太玄论》"始于伏羲而终于孔子"❸的作《易》谱系就并非空言，《观物内篇》频频赞美孔子、以孔子为集大成的言语也不是虚论，而都切实体现在了邵雍易学的解释进路中。邵雍在三圣之《易》关系问题上的这种有分更有合的解释取向，与后来一概主张分别三圣之《易》的朱子相比，既有相似，又有微妙的差异。

---

❶ 邵雍：《瞻礼孔子吟》，《伊川击壤集》卷十五，《邵雍全集》第4册，第299页。
❷ 邵雍易学往往被认为表达了一种抛弃经传、直明象数的取向。然而，若从诠释手段和核心关注上讲，邵雍易学并未脱离《易传》的语境。因此，言邵雍易学不释文辞则可，言邵雍易学抛弃经传则不可。邵雍易学在本质上仍然遵循以传解经的原则。
❸《永乐大典》卷四九二三，第7995页。

（二）先天后天

与伏羲之《易》和文王之《易》相关的另一个重要概念是先天后天。严格说，先天后天在邵雍思想中并不是一个易学问题，但却是邵雍易学史观由以建立的基础，这里也一并论之。本小节的讨论，集中在先天后天的渊源及其在邵雍思想中的确切含义这两个问题上。

首先来看渊源。

先天后天的说法源出《文言》："先天而天弗违，后天而奉天时。"《文言》所谓先天后天，即先于时、后于时之意，是对乾卦所象征的德性的描述。从易学史来看，在邵雍以前，先天后天原不具有什么特殊的含义和地位；只是到了邵雍手中，先天后天的概念才得到特别发挥，并通过此后学者的诠释而成为易学中的一个重要论题。前人往往根据明何楷《古周易订诂》所引晋干宝《周礼注》"伏羲之《易》小成为先天，神农之《易》中成为中天，黄帝之《易》大成为后天"❶ 的说法，认为邵雍先天后天的易说早有来源，但这种观点实际上未必可靠。考察相关文献可以发现，今存《周礼》注疏与前人所辑干宝易注无一提及此语。❷ 此语较早见于记载，是在明杨慎集中 ❸，何楷之语与杨慎全同，应是从杨慎处转引而来。当杨慎之时，今存《周礼》注疏与大量记载干宝易注的《周易集解》等书早已定型，如果干宝此语确曾见于

---

❶ 何楷：《古周易订诂》卷一，《景印文渊阁四库全书》第36册，第4页。
❷ 参见黄庆萱：《魏晋南北朝易学书考佚》，台北：幼狮文化事业公司，1975年。现存干宝著述中，唯一一处与先天有关的论述，是引《老子》"先天地生"语注释《序卦》"有天地，然后万物生焉"，这与先天后天之说无干（《周易集解》卷十七，第534页）。
❸ 杨慎：《升庵集》卷四十一，《景印文渊阁四库全书》第1270册，第280页。

相关经籍，此前应该早有记述，不太可能其说至杨慎而始出，此后却又湮没不见。杨慎此语的真实性确实引人生疑。如所周知，杨慎以博学知名，也素有托名作伪之迹。此语是否真如杨慎所言，出于干宝之注，在没有其他文献证实的情况下，是存有疑问的。❶ 我们猜测，杨慎之语可能是别有来源。南宋罗泌在其《路史》中，有一段与杨慎此语十分相近的论述。❷ 所不同者，杨慎声称此语出于干宝之注，而罗泌则明言此语出于己之"发挥"。与邵雍"小成""大成""先天""后天"之说相比，罗泌又提出了"中成""中天"的概念，在理论上更见丰富、完备。罗泌此说应是受到了邵雍的直接启发。两者之间的演变情况，符合概念发展由简至繁的一般规律。罗泌之后，南宋末年的朱元升在其《三易备遗》中，对先天、中天、后天三《易》之说又作了进一步的敷衍发挥。❸ 有理由推测，杨慎三天三《易》之说，如若不是误记的话，最可能是化用了罗泌、朱元升等人的观点，而后改头换面，出之以干宝之名。❹ 这种推测如果正确，那么，伏羲之《易》与文王之《易》、

---

❶ 事实上，清人已经注意到了此条干宝易注的可疑。汪师韩云："或曰：'干令升注《周礼》三《易》，云：伏羲之《易》小成为先天，神农之《易》中成为中天，黄帝之《易》大成为后天。此邵子先天后天之所本。'干氏有《周礼注》十二卷，仅于《隋书》《旧唐书》之《经籍志》载其名，其书已亡。此言不知见于何书之所引。"（《韩门缀学》卷一，《续修四库全书》第1147册，第445页）

❷ 罗泌云："伏羲氏之小成，神农氏之为中成；神农之中成，黄帝易之为大成。伏羲氏之先天，神农易之为中天；神农之中天，黄帝易之为后天。"（《路史》卷三十二，《中华再造善本·唐宋编》，北京图书馆出版社，2003年）

❸ 朱元升：《三易备遗》，《景印摛藻堂四库全书荟要》第9册。

❹ 在罗泌、朱元升以前，张行成已经提出了中天的概念。中天之外，张行成又有终天之说，认为先天、中天、后天、终天标志了历史的四个阶段与易学的四种形态："先天主伏羲，中天主帝尧，后天主文王，终天则坤以藏之，盖三元不用之一而为物用也。""然则康节之数何取也？曰：中天皇极之数，体祖于先天，用行于后天也。"（《易通变》卷九，《景印文渊阁四库全书》第804册，第300、301页）张行成此说虽早出，但与后来通行的三天三《易》之说相比，多出一终天的阶段，又认为（转下页）

先天后天就不是邵雍得自前人旧说,而是邵雍较早倡明,之后才逐渐成为易学中的重要概念。在这一传衍谱系中,没有干宝的位置。

干宝说外,另有一种意见认为,邵雍的先天后天之学是得自道教,唐末崔希范《入药镜》"先天炁,后天炁,得之者,常似醉"之语是其源头。❶崔希范生活在邵雍以前,理论上说,邵雍受其影响的可能确实无法排除。不过,《入药镜》所谓先天后天讨论的是内丹炼养意义上的"先天祖炁"与"内运之炁"❷,在邵雍学说与内丹理论及崔希范完全无涉的情况下,此种理论如何能衍生出邵雍以历史与心性为内容的先天后天之学,这是既难以得到材料上的支持、更无法给出理路上的论证的,其真实性不免令人怀疑。而且,如学者早已指出的,通行本《入药镜》包括"先天炁,后天炁"在内的八十二句丹词,在较早收入该书的南宋曾慥《道枢》中并未著录。❸这样,上述丹词是否出于崔希范笔下,都仍不免存在疑问。这种情形下,认为邵雍先天后天之学是得自《入药镜》,根据是不充分的。

其次来看含义。

传统一般认为,在邵雍思想中,先天指伏羲之《易》,后天指

(接上页)邵雍《皇极经世》而非神农《易》才是中天之《易》的代表,这些说法都较为独特,未必是杨慎之说的直接源头。

❶ 宋锡同:《邵雍易学与新儒学思想研究》,华东师范大学出版社,2011年,第78页。

❷ 王玠注:《崔公入药镜注解》,《道藏》第2册,第881页。或者,按萧廷芝的理解,指"天元一气"与"地元一气"(《解注崔公入药镜》,《金丹大成集》,《修真十书》卷十三,《道藏》第4册,第651页)。

❸ 《道枢》本外,《入药镜》的另一个早期版本,《修真十书》所收《天元入药镜》,也不曾收录三字句的丹词,这种丹词是在宋元之际萧廷芝的注解中最早出现的。关于这一点,参见 Farzeen Baldrian-Hussein 撰写的词条(*The Daoist Canon: A Historical Companion to the Daozang*, vol. 2, pp. 844-845),以及强昱先生的论述[《崔希范〈入药镜〉的内丹学》,《北京师范大学学报》(社会科学版),2007年第1期]。

文王之《易》，先天后天是一组易学概念。这样的先天后天与伏羲之《易》和文王之《易》彼此同义，因而学者对两者往往不加区分，等同使用，或是直接以先天之学称呼邵雍易学。这种用法由来已久，张行成所谓"先天之爻""后天之策"❶，朱子所谓"先天者伏羲所画之《易》也，后天者文王所演之《易》也"❷，都是以先天后天指代伏羲之《易》与文王之《易》的用例。作为一种指代关系或习惯用语，上述表述固然可用；但如果认为先天后天在邵雍思想中原本就是指伏羲之《易》与文王之《易》，就不免误解了邵雍的本意。实际上，上述两组概念在邵雍处的含义有明确的区别。

仔细检视相关著作可以发现，先天后天在邵雍思想中其实不是一个易学概念。邵雍对于先天后天虽然多有论述，但都不是在易学的意义上使用这一术语；相反，举凡邵雍言及先天后天之处，讨论的都是历史分期、修身工夫与心灵境界等其他问题。以下略举数例以明之。

邵雍《观三皇吟》云："许大乾坤自我宣，乾坤之外复何言。初分大道非常道，才有先天未后天。作法极微难看迹，收功最久不知年。若教世上论勋业，料得更无人在前。"❸这里，先天后天是一个有关历史的概念。邵雍认为，文明历史分为两个阶段，前半段为先天，后半段为后天。《观物外篇》"尧之前，先天也；尧之后，后天也"❹，即此之意。这是邵雍先天后天的第一种用法。

---

❶ 张行成：《皇极经世观物外篇衍义》卷三，《景印文渊阁四库全书》第804册，第90页。
❷ 朱熹：《答袁机仲》，《晦庵先生朱文公文集》卷三十八，《朱子全书》第21册，第1665页。
❸ 邵雍：《观三皇吟》，《伊川击壤集》卷十五，《邵雍全集》第4册，第292页。
❹ 邵雍：《观物外篇》卷上，《邵雍全集》第3册，第1212页。

邵雍《先天吟》云："先天事业有谁为，为者如何告者谁。若谓先天言可告，君臣父子外何归。眼前伎俩人皆晓，心上功夫世莫知。天地与身皆易地，己身殊不异庖牺。"❶ 又云："若问先天一字无，后天方要着功夫。拔山盖世称才力，到此分毫强得乎。"❷ 这里，先天后天是一个有关人心的概念。邵雍认为，与先天的历史阶段相应，人在心灵状态上也存在同样自然无为的境界，即所谓先天境界。不过，通常情况下，人心往往不能做到自然无为，而是处于有过有为的状态，即所谓后天境界。只有"善事于心"❸，做"心上功夫"，才能由后天而达到先天。这种由后天而至先天的工夫也就是邵雍所谓先天之学。《观物外篇》"先天之学，心也""先天学，心法也""先天学主乎诚"❹，即此之谓。这是邵雍先天后天的第二种用法。

有时，邵雍所使用的先天概念也与《周易》有涉，如《先天图》就是一种关于《周易》的图式。但我们不能混淆因果：《先天图》所以得先天之名，并非因其乃是易图，而是因其体现了先天时伏羲画卦无为自然的特点、表现了"万化万事生于心"的"心法"❺。在这个意义上，先天仍然是在历史和人心的意义上使用的。可以说，历史、工夫与境界构成了邵雍思想中先天后天的全部含义。

在后世的阐释中，先天后天的内涵不断拓展，收摄了包括《周易》体系、宇宙生化、工夫境界乃至形上形下等在内的多重含义，显示出这一概念巨大的诠释力和生命力，在理学概念系统中

---

❶ 邵雍：《先天吟》，《伊川击壤集》卷十九，《邵雍全集》第 4 册，第 400 页。
❷ 邵雍：《先天吟》，《伊川击壤集》卷十七，《邵雍全集》第 4 册，第 342 页。
❸ 邵雍：《观物内篇》，《邵雍全集》第 3 册，第 1165 页。
❹ 邵雍：《观物外篇》卷下，《邵雍全集》第 3 册，第 1217、1228 页。
❺ 邵雍：《观物外篇》卷下，《邵雍全集》第 3 册，第 1228 页。

占有重要位置。但若究其在邵雍处的原意，则如上所论，并未超出历史、工夫与境界的范围，就中尤以历史分期的含义为本。从此种本义出发，关于邵雍先天后天思想的严肃讨论不能再延续旧有的混搭做法，将先天后天等同为易学术语，用"先天易学"与"后天易学"的说法分析邵雍的易学体系；而应回归邵雍原意，以伏羲之《易》与文王之《易》指代邵雍的两种易学体系，以先天与后天指代邵雍关于历史、工夫与境界的见解。有鉴于此，本书凡涉及两种易学体系之处，除固定用语，如《先天图》、《后天图》、先天卦变外，皆以伏羲之《易》与文王之《易》称之，而不取"先天易学""后天易学"之名，以求尽量贴近邵雍原意。这样的区分，一方面是出于描述精确性的考虑，另一方面，更重要的，还在于借此达成对于整个邵雍哲学之内在结构的深入认识：在易学视角下，先天后天作为历史分期的含义未获凸显，区分伏羲之《易》与文王之《易》的真正标准——"史"的维度——难以呈现，邵雍易学与其历史观之间的关系自然也就无法得到真切把握；澄清概念本义后则可看出，先天后天的历史节奏才是邵雍根源性的问题意识，包括伏羲之《易》与文王之《易》的种种区分都是对此种历史节奏的表达，都具有"史"的关切与品格，而回复先天则构成包括易学在内的整个邵雍思想的重心和目标之所在。❶

最后需要说明的是，伏羲之《易》与文王之《易》虽然是邵雍易学的固有结构，但本书接下来的论述并未以此作为分篇的标

---

❶ 在邵雍这里，先天后天、伏羲之《易》与文王之《易》虽然指向的是同样的历史分期，但含义仍有细微的差别。就历史节点来说，前者以尧为分界（"尧之前，先天也；尧之后，后天也"），后者以伏羲与文王为标志；就精神实质来说，前者主要强调的是前后之间创制与效法的不同（"后天乃效法耳"），后者主要强调的是前后之间无为与有为的差别（"乾坤纵而六子横，《易》之本也；震兑横而六卦纵，《易》之用也"）。

准。这是因为，如果以此为准，邵雍易学的不少内容将存在难以分类、割裂重出的问题。以易图部分为例，《先天图》属伏羲之《易》，《后天图》属文王之《易》，两者性质截然有别，但关联却至为密切，若分开论述，势必无以见出其间的联系。从行文的角度考虑，本书还是选择用卦变、成卦、易图等邵雍易学的论题作为标目，以期更加方便、具体地说明这些问题的含义。

三 卦 变

在邵雍易学中，卦变并非最重要或最有特色的内容，但却在一定意义上具有底色的性质。这主要是因为李之才的缘故：李之才易学以卦变为主，邵雍从李之才学《易》，故卦变之学可说是邵雍易学的起点。

对李之才易学，邵雍有因有革，其因其革皆围绕卦变而展开，卦变说以是颇能反映李邵易学的渊源损益状况。邵雍易学的主题与特色，亦须在厘清卦变诸问题后方能见出。职是之故，本章对于邵雍易学具体内容的论述，就从卦变开始。

（一）卦变说前史

卦变说起源甚早，不始于李之才。在对李邵易学展开论述之前，首先就卦变说的内涵与历史作一番考察，对下文的分析是有必要的。

所谓卦变，乃是一种以解说卦之来源为目的的易学体例。一般而言，卦变指由两个阴阳性质不同的爻彼此位置互换而造成整体卦象的变化，即由一卦变为另一卦。早在《象传》中，卦变说就已经作为一种解经体例而被使用。《象传》所谓"上""下""往""来",后世普遍认为是卦变说的开端。不过,《象传》的卦变说十分简略,既没有详细讲明某卦是自某卦而来,也没有系统说明这种体例能否普遍地应用于所有六十四卦之中,更没有道出此种变化的理据何在。因此,这时的卦变说只是初具形态,尚有待于进一步的发展。

汉代是卦变说成形的重要时期。荀爽、虞翻以《象传》为本,建立了系统、成熟的卦变理论,其中又以虞翻最为突出。虞翻的六十四卦卦变说有几点值得注意之处:

第一,明确提出卦变以乾坤为本。《系辞》云"阖户谓之坤,辟户谓之乾""乾坤其易之门",已经将乾坤作为变通的门户,西汉京房提出"乾坤者阴阳之根本"❶,《乾凿度》亦云"乾坤者阴阳之根本,万物之祖宗"❷,《参同契》进一步点出乾坤与诸卦的关系,"乾坤者易之门户,众卦之父母"❸。以这些为基础,荀爽与虞翻遂将乾坤明确当作卦变体系中其他各卦由以生成的根源。这样,以乾坤两卦为根本,卦变说就改变了此前《象传》中只以上下往来谈及两卦关系而无所归本的情况,获得了一个确定的逻辑基础和起点。

第二,建立了消息卦生杂卦的框架。十二消息卦首见于孟喜卦气说❹,京房用之于占算❺,虞翻进一步认为乾坤生出其他十消息卦,十消息卦生出杂卦,并详细说明了具体的生成方案。这样,六十四

---

❶ 京房:《京氏易传》卷下,第1页下。
❷ 赵在翰辑:《七纬》卷二,第35页。
❸ 彭晓注:《周易参同契分章通真义》卷上,《道藏》第20册,第133页。
❹ 欧阳修、宋祁:《新唐书》卷二十七上,第598页。
❺ 班固:《汉书》卷七十五,第3164页。

卦就都被收摄在了卦变系统之中，卦变说由此得以建立了一个覆盖周遍、层次分明的体系。在这一体系下，由乾坤而至十消息卦、由十消息卦而至诸杂卦的生成次第，分明具有宇宙论上的象征意义。

第三，完善了两爻相易的卦变原则。《彖传》涉及卦变的例子，无一例外是两爻相易；荀爽的乾坤升降之说，也是以两爻相易为主。但《彖传》言之不详，荀爽文字多佚，系统地将"两爻相易，主变之卦，动者止一爻"❶作为全部卦变说之建构原则的，确实是至虞翻而始见。这样，卦变终于建立在了一个具有基本普遍性与一致性的原则之上。

虞翻庞大细密的卦变体系，在卦变说史上占有极为重要的地位。黄宗羲评价道："古之言卦变者莫备于虞仲翔，后人不过踵事增华耳。"❷后来的卦变说是否只是踵事增华，犹或可商。但虞翻以后，凡言卦变者无不受到虞氏的深刻影响，无不以虞氏之说为基础、为进路、为大纲，却是公认的事实。

然而，虞翻的体系虽然庞大复杂，却有一个根本的缺陷：并不一贯。林忠军先生指出，在虞翻的卦变说中，有七卦属于特例：

> 二阳四阴之卦的《屯》《颐》《小过》《蒙》本当来自《临》《观》，而虞注来自《坎》《晋》《艮》（《屯》自《坎》来，《颐》《小过》自《晋》来，《蒙》自《艮》来）。二阴四阳之卦的《中孚》本当来自《遁》《大壮》，而虞注自《讼》来。三阴三阳之卦的《丰》《旅》本当来自《泰》《否》，但虞注来自《噬嗑》《贲》。❸

---

❶ 黄宗羲：《易学象数论》卷二，第69页。
❷ 黄宗羲：《易学象数论》卷二，第69页。
❸ 林忠军：《象数易学发展史》第1卷，齐鲁书社，1994年，第200页。

所谓特例,即按照卦变的原则本应如此解,而虞翻却将其置于他卦的统摄之下。除上述七种特例外,虞翻卦变说还存在一爻动生出两卦的复杂说法,以及一阴五阳、一阳五阴之卦当中卦变体例不统一的情况。❶ 简言之,虞翻卦变说的问题在于其具体的卦变方案与其所总结的卦变原则并不相应。

虞翻卦变说不能自洽的情况并非偶然。学者已经指出,这在根本上是由卦变形式与目的之间的矛盾决定的。❷ 卦变作为一种纯形式的变化,原只与卦象有涉,只要遵循恰当的原则,六十四卦完全可以按照两爻相易的方法排列成一个秩序井然的体系。然而,卦变被用于易学中,其目的并不在于描述卦象本身的规律,而是要利用卦变关系来对卦爻辞作出解释。卦爻辞虽然是依象而系,但辞与象毕竟不是一事,其间难免有彼此扞格之处。这时,卦变的形式就要服从于解经的目的,通过牺牲卦象规律的一贯性、系统性来成全对于特定卦爻辞的解释。这就是虞翻卦变所以体大思精却仍不免自相枘凿的原因。归根结底来说,虞翻卦变说的上述矛盾反映的不是虞氏解经技艺的问题,而是作为注解对象的《周易》自身的问题,是《周易》象与辞之间固有张力之体现,这种张力对于《周易》来说是根本性的、无解的。换句话说,上述矛盾绝非虞翻独有,而是早在《周易》成文之时就已经埋下;虞翻只是由于将《象传》的卦变说充分发扬光大,从而使得这种矛盾更大限度地呈现了出来而已。虞翻之后,蜀才等人对虞翻卦变说虽有修补改造,但由于始终徘徊于形式与内容、卦变与解经两端之间,上述矛盾一直没有得到真正的解决。卦变

---

❶ 林忠军:《象数易学发展史》第1卷,第201—202页。
❷ 林忠军:《象数易学发展史》第1卷,第190—204页。

说的新出路，只有在根本地改变了这种依违两间的定位之后才能出现。❶

(二) 相生卦变

真正意义上的新的卦变说，是李之才提出的。从南宋易图学著作所载情况来看，李之才卦变说有两种：一为相生卦变，二为反对卦变。本节先论相生卦变。

李之才有《六十四卦相生图》，收于朱震《汉上易传卦图》❷；《六经图》和《大易象数钩深图》亦收此图，题作《复姤临遯泰否六卦生六十四卦图》❸；《周易图》亦载之，题作《李氏六卦生六十四卦图》❹；此外，林至《易裨传》亦收之，题作《李氏六十四卦相生图》❺。诸图形制有别，分为横图与圆图两类，但内容实相一致。不过，诸书因书籍版式问题，所收图式往往分割离析，不便阅读。郭彧先生根据朱震《汉上易传卦图》本《六十四卦相生图》作有整理图❻，颇便寓目，取以示意如下：

---

❶ 关于荀爽、虞翻、蜀才等人的卦变说，前辈学者已有论述（朱伯崑：《易学哲学史》第1卷，第204—217页；林忠军：《象数易学发展史》第1卷，第190—204页；林忠军：《象数易学发展史》第2卷，第41—48页；刘玉建：《两汉象数易学研究》下册，广西教育出版社，1996年，第563—567、686—711页；王新春：《也论虞氏易学的卦变说》，《象数易学研究》第3辑，刘大钧主编，巴蜀书社，2003年，第115—153页）。
❷ 朱震：《汉上易传卦图》卷上，《景印摛藻堂四库全书荟要》第3册，第782—784页。
❸ 杨甲：《六经图》卷一，毛邦翰补，《景印文渊阁四库全书》第183册，第162—164页；佚名：《大易象数钩深图》卷中，《道藏》第3册，第177—179页。
❹ 佚名：《周易图》卷上，《道藏》第3册，第136—137页。
❺ 林至：《易裨传·外篇》，《景印摛藻堂四库全书荟要》第7册，第353—354页。
❻ 郭彧：《卦变说探微》，《周易研究》，1998年第1期。

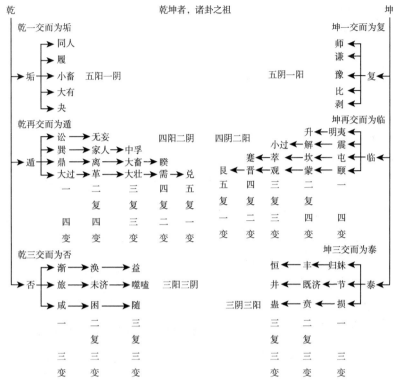

图 5 李之才《六十四卦相生图》整理图

《汉上易传卦图》载《六十四卦相生图》，下云：

> 凡卦五阴一阳者，皆自复卦而来。复一爻五变而成五卦。凡卦五阳一阴者，皆自姤卦而来。姤一爻五变而成五卦。凡卦四阴二阳者，皆自临卦而来。临五复五变而成十四卦。凡卦四阳二阴者，皆自遁卦而来。遁五复五变而成十四卦。凡卦三阴三阳者，皆自泰卦而来。泰二复三变而成九卦。凡卦三阳三阴

者，皆自否卦而来。否三复三变而成九卦。❶

李之才的上述卦变方法，从生卦结构说，是以乾坤为根本卦，首先由乾坤生出复姤、临遁、泰否六卦，再由此六卦生出其余五十六卦；从爻数关系说，是首先按阴阳爻数将除乾坤外的六十二卦分成五阴一阳、五阳一阴、四阴二阳、四阳二阴、三阴三阳、三阳三阴六类，然后再以复姤、临遁、泰否六卦作为六类的代表，并认为同一类中的其他各卦都是从代表卦衍生而来。这种卦变方法，可以称为相生卦变。所谓相生，即乾坤、消息卦与杂卦辗转相生之意。

对比李之才的相生卦变与虞翻卦变说可以发现，两者在整体上颇为相似。李之才以乾坤为诸卦之祖，以消息卦为生卦之父母卦，以两爻相易实现卦之相变，以阴阳爻数区分卦之大类，这些都是继承了虞翻所开辟的传统。不过，两说之间也有重要的不同。学者指出，这种不同主要在于卦变体例与具体归属方面：李之才将虞翻的十消息卦改为六消息卦，调整各消息卦所生诸卦的名目，并将虞翻说中存在矛盾的屯、颐等七卦分别按照卦变原则置于相应的位置。❷朱震比较两种卦变后认为，"今以此图考之"，虞翻合于李之才说的有"三十有六卦"，"不合者二十有八卦"❸。两者的区别是十分明显的。

李之才对虞翻卦变说的调整看似琐碎，但并不是枝末之见。从

---

❶ 朱震：《汉上易传卦图》卷上，《景印摛藻堂四库全书荟要》第3册，第782—784页。
❷ 参见林忠军：《象数易学发展史》第2卷，第150—151页；郭彧：《卦变说探微》，《周易研究》，1998年第1期。
❸ 朱震：《汉上易传卦图》卷上，《景印摛藻堂四库全书荟要》第3册，第784页。学者指出，朱震的论述是就其大体而言，具体方案并不完全准确。（唐琳：《朱震的易学视域》，中国书店，2007年，第71页）

根柢上讲，李氏的改动中贯穿着一个不同于前人的基本见识：任何一套卦变体系都不可能同时兼顾辞与象两端，因此卦变方案必须在解经与明象两套标准间作出取舍。李氏给出的方法是，不再考虑解经的目的，而是完全遵从卦象自身的形式规律，由此形成的卦变方案自身不存在任何矛盾之处，这就与虞翻强卦变以从经文而造成诸多"特例"的情况形成了鲜明的对比。可以说，李之才的相生卦变是虞翻卦变说之形式化、逻辑化、系统化的发展。这种脱离文辞、直明卦象的卦变说的出现，标志着卦变学史上一个十分根本的转变。

（三）反对卦变

除相生卦变外，李之才另有一种卦变说，可以称为反对卦变。

李之才有《卦变反对图》，见于朱震《汉上易传卦图》。❶此图又收于《六经图》和《大易象数钩深图》，题作《六十四卦反对变图》❷；林至《易裨传》亦收之，题作《李氏卦变反对图》❸。与《六十四卦相生图》类似，诸《卦变反对图》也是内容一致，而形制上分为横图与圆图两类。诸本所收此图，亦多分裂离析。这里仿照前引郭彧先生为《六十四卦相生图》所作的整理图的形式，将《卦变反对图》整理表示如右（见图6）。

所谓反对，是说两卦卦象彼此颠倒，构成一对，如屯之反对为蒙，需之反对为讼。此类卦象共有二十八对五十六个。除反对卦外，六十四卦中又有不反对卦。所谓不反对卦，是说一卦上下颠倒而卦象不变，如乾之反对仍然为乾，坤之反对仍然为坤。此类不反

---

❶ 朱震：《汉上易传卦图》卷上，《景印摛藻堂四库全书荟要》第3册，第778—781页。
❷ 杨甲：《六经图》卷一，毛邦翰补，《景印文渊阁四库全书》第183册，第162—164页；佚名：《大易象数钩深图》卷中，《道藏》第3册，第177—179页。
❸ 林至：《易裨传·外篇》，《景印摛藻堂四库全书荟要》第7册，第351—352页。

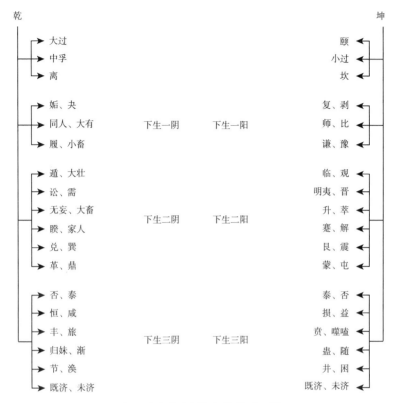

图 6 李之才《变卦反对图》整理图

对卦，若其卦象阴爻变阳、阳爻变阴，则两卦亦可构成一对，如乾各爻全变则为坤，坎各爻全变则为离。此类卦象共有四对八个。

反对与不反对卦的意识早在通行本《周易》卦序中已经有所蕴涵，《周易》六十四卦的卦序，就是严格遵循相邻每组两卦必为反对卦或不反对卦的规律。《序卦》延续此一规律，《杂卦》对《周易》六十四卦的卦序虽有调整，但仍特意保持了反对与不反对的特征。不过，《周易》经传并未明确点出这种规律。后来，虞翻将屯蒙等两卦卦象互为对方颠倒之卦称为"反卦"，将乾坤等颠倒而卦象不变之卦称为"反复不衰"之卦,并用之以注《易》。❶ 及至孔颖达,则将屯蒙等卦称为覆卦,将乾坤等卦称为变卦,并明确点出《周易》卦序"二二相耦,非覆即变"❷的特征。至此,反对问题得到了较为系统的揭示。不过,对虞翻与孔颖达来说,反对只是卦象与卦序的规律,并未与卦变相结合;真正将反对与卦变联系起来的,非李之才莫属。

李之才反对卦变的具体方法是:以乾坤为基本卦,首先以乾坤相交,得坎离、小过中孚、颐大过这六种反覆卦象不变之卦;继而以乾坤分别下生一阴一阳、二阴二阳、三阴三阳,得三十卦,每卦各自反对,共得六十卦;最后以六十卦加上乾坤等八种不反对卦,再减去三阴三阳环节重出的泰否、既济未济四卦,即得六十四卦。

比较两种卦变可以发现,在宗旨和原则上,两者是类似的:与相生卦变相同,反对卦变同样以描述卦象而非解说经文为目标,同样严格遵循以阴阳爻数区分卦之大类的原则;反对卦变之下生一阴一阳、二阴二阳、三阴三阳,正相当于相生卦变之五阳一阴与五阴一阳、四阳二阴与四阴二阳、三阳三阴与三阴三阳。在各自内部,两种卦变都自洽而无矛盾。这表明,两种卦变都是李之才对传统卦变说所作的形式化、逻辑化、系统化改造,内在有其一贯之处。

在具体内容上,两者则既有一致,也有区别。与相生卦变相

---

❶ 参见林忠军:《象数易学发展史》第1卷,第222—224页;《象数易学发展史》第2卷,第147页。

❷ 孔颖达云:"六十四卦,二二相耦,非覆即变。覆者,表里视之,遂成两卦,屯蒙、需讼、比之类是也。变者,反覆唯成一卦,则变以对之,乾坤、坎离、大过颐、中孚小过之类是也。"(《周易正义》卷九,《十三经注疏》,第199—200页)

比，反对卦变虽未明言，但事实上同样安排了消息卦的位置，一阴一阳、二阴二阳、三阴三阳之卦分别是从复姤、临观、泰否变来，这在结构与名义上都同于相生卦变。❶ 不同的是，反对卦变不再是仅仅遵循两爻相易的原则，而是提出反对为卦的原则作为辅助。以乾卦一阴下生六卦为例：乾实际上是先生出姤，姤两爻相易继而得出同人与履，再由姤、同人与履分别反对，得出夬、大有及小畜。这样，反对就作为生卦的方法实质性地参与到了卦变方案之中来。这是反对卦变最大的特色所在。不过这毕竟只是枝节性的调整，若就整体宗旨、原则与结构来说，反对卦变仍不脱离相生卦变的脉络，可以视为后者的一种特例或变形。

（四）邵雍易学与李之才卦变说

李之才的两种卦变说，一面彻底改易了卦变为解经而设的根本宗旨，一面又继承发展了前代卦变说的具体形式。凭借两说，李之才深入挖掘了卦象的规律，拓展了卦变的内涵，在易学史上占据要津。南宋项安世评价李氏之影响，云："世之言卦变者皆自挺之出。"❷ 此非虚誉。

李之才卦变说的关键在于剖判象与辞，此种意识深刻形塑了邵雍易学的形态：邵雍区分伏羲之《易》与文王之《易》的整个易学体系，根柢上即由此种区分辞象的意识而来。❸ 这方面，李之

---

❶ 参见朱震：《汉上易传卦图》卷上，《景印摛藻堂四库全书荟要》第 3 册，第 778—781 页。
❷ 项安世：《项氏家说》卷二，《景印文渊阁四库全书》第 706 册，第 502 页。
❸ 前文提到邵雍关于伏羲之《易》与文王之《易》的区分是其以先天后天的历史视角审视易学的结果，是就邵雍整个思想体系而言；这里认为此种区分来源于李之才对辞与象的分析，是就易学内部的问题意识而言。两者并不矛盾。李之才为邵雍提供了区分辞象的自觉，使其在此基础上得以发挥而演成系统；但将这一易学结构纳入历史视野，置于先天与后天的历史定位之下，则是邵雍所自得。

才对邵雍的影响可谓既深且巨。这是就整体的问题意识而论。不过，若就具体的学说内容看，情形则略有不同：细读可知，在邵雍易学中，李之才的两种卦变说并不占有重要地位，甚至罕曾得到明白的论述。前人认为邵雍祖述李氏卦变，其实更多是出于误解。

就相生卦变来说，前人认为，《观物外篇》论复姤之语与此有关。《观物外篇》云：

> 无极之前，阴含阳也；有象之后，阳分阴也。阴为阳之母，阳为阴之父。故母孕长男而为复，父生长女而为姤，是以阳起于复而阴起于姤也。
>
> 夫《易》，根于乾坤而生于姤复。盖刚交柔而为复，柔交刚而为姤，自兹而无穷矣。❶

前辈学者认为上两段是论相生卦变。❷ 这其实是误解。从内容上看，上两段讲的不是卦变，而是《伏羲六十四卦圆图》（以下简称大圆图）。在大圆图中，复姤两卦处在乾坤前后，分别是左半圈阳生与右半圈阴生的开始。所谓"阳起于复而阴起于姤""根于乾坤而生于姤复"，不是说复姤两卦生出五阴一阳与五阳一阴之卦，而是说复姤两卦是阴阳流行的起点。朱子早已指出，这是"就图上说循环之意"❸。据此，《观物外篇》论复姤之语，实与卦变无关。

就反对卦变来说，前人认为，《观物外篇》论否泰之语与此有关。《观物外篇》云：

---

❶ 邵雍：《观物外篇》卷上、卷下，《邵雍全集》第 3 册，第 1198、1220 页。
❷ 朱伯崑：《易学哲学史》第 2 卷，第 53—54 页。
❸ 黎靖德编：《朱子语类》卷六十五，第 1615 页。

> 诸卦不交于乾坤者，则生于否泰。否泰，乾坤之交也。❶

张行成认为，邵雍此语是"发明李挺之《变卦图》也"，以其所论者为反对卦变。❷ 张行成此论亦可商。从数量上讲，在反对卦变中，复姤、临遁的生卦总数明显多于泰否，如果邵雍此语是论反对卦变，为何以偏概全，专言泰否而不及复姤、临遁？这似乎难有合理的解释。从结构上讲，反对卦变的消息卦起自复姤，泰否是自复姤、临遁而来，而非相反，这与"诸卦不交于乾坤者，则生于否泰"的说法也有不合。综合来看，《观物外篇》此语是否是针对李之才反对卦变的描述，是值得怀疑的。

我们认为，"诸卦不交于乾坤者，则生于否泰"应该与反对卦变无关，其所讨论的甚或未必是严格意义上的卦变。黄畿注意到，《观物外篇》此语可能是就《伏羲六十四卦方图》(以下简称方图)而言。❸ 在方图中，乾坤、否泰分居于图之四隅，两线对交，划分全图。就大方位言之，不交于西北、东南乾坤一线之卦，即可认为当属东北、西南否泰一线。此即所谓"乾坤定位，否泰反类"❹。如果黄畿此说为确，那么，《观物外篇》此语就只是对图式的解说，而不涉及对卦变的具体说明。与此类似，《观物外篇》所

---

❶ 邵雍：《观物外篇》卷下，《邵雍全集》第3册，第1240页。

❷ 张行成解此段，云："李挺之传康节六十四卦图，刚柔相易，周流变化，以乾坤二卦为《易》之门、万物之祖，功成无为。"此数语全本自朱震《汉上易传卦图》中李之才《变卦反对图》一段。张行成继云："六十四卦不反对者八，反对者五十六，而反对之中否泰、既未济四者重见，则亦六十卦也。"可以确认，张行成认为《观物外篇》此段是论反对卦变（《皇极经世观物外篇衍义》卷九，《景印文渊阁四库全书》第804册，第186页）。

❸ 参见黄畿：《皇极经世书传》卷七，《四库全书存目丛书》子部第57册，第427页；王植：《皇极经世书解》卷十一，《景印文渊阁四库全书》第805册，第565页。

❹ 邵雍：《大易吟》，《伊川击壤集》卷十七，《邵雍全集》第4册，第350页。

谓"乾坤交而为泰，变而为杂卦也"❶，也应该在同样的意义上得到理解。❷ 与张行成相比，黄畿此说要更为合理：事实上，在卦变说的体系下，"诸卦不交于乾坤者，则生于否泰"根本就是难以严格实现的，盖因否泰所代表的三阴三阳之卦共只有二十种，无论如何也无法覆盖乾坤所生卦外之全体。据此，《观物外篇》论否泰之语，与反对卦变应当亦无关联。

以上分析表明，《观物外篇》关于复姤、否泰的文字所论并非李之才卦变，传统的看法更可能是出于误解。不过，这并不是说邵雍论述中完全没有李之才卦变说的影响。实际上，对于反对问题，邵雍确实颇有论说。《观物外篇》云：

> 体者八变，用者六变。是以八卦之象不易者四，反易者二，以六卦变而成八也。重卦之象，不易者八，反易者二十八，以三十六变而成六十四也。
>
> 卦之正变共三十六，而爻又有二百一十六，则用数之策也。……四者乾坤坎离也，八者并颐中孚大小过也，十二者并

---

❶ 邵雍：《观物外篇》卷上，《邵雍全集》第3册，第1208页。
❷ 邵雍"乾坤交而为泰，变而为杂卦也"之语，前人另有两种不同的理解。张行成将该句中的"杂卦"理解为《杂卦传》，认为该句是说乾坤交则通泰，变则否塞，否塞体现为《杂卦传》诸卦之错综相对，尤其体现为《杂卦传》末尾大过以下八卦之本末俱弱、错乱已极（《皇极经世观物外篇衍义》卷五，《景印文渊阁四库全书》第804册，第130页）。黄畿、王植皆有取于张行成此说（《皇极经世书传》卷七，《四库全书存目丛书》子部第57册，第433页；《皇极经世书解》卷十一，《景印文渊阁四库全书》第805册，第578—579页）。然而此说看似巧妙，实则牵强。实际上，邵雍"乾坤交而为泰"之泰，明显是就泰卦而言。这一来是因为泰卦卦象本就是乾坤相交而成；二来是因为在《伏羲六十四卦方图》中，泰否与乾坤正是对角相ույ。张行成无视于此，而牵附《杂卦传》为论，可谓引喻失义。这是一说。与此不同，朱震又将邵雍此语解为《左传》占例意义上的本卦与之卦的关系（《汉上易传卦图》卷上，《景印摛藻堂四库全书荟要》第3册，第785页）。这是另一说。此说距离邵雍原意更远，兹不赘论。

兑震泰既济也。

卦之反对,皆六阳六阴也。在易则六阳六阴者,十有二对也。去四正则八阳四阴、八阴四阳者,各六对也;十阳二阴、十阴二阳者,各三对也。

离肖乾,坎肖坤,中孚肖乾,颐肖离,小过肖坤,大过肖坎。是以乾坤、离坎、中孚颐、大过小过皆不可易者也。❶

上引文字中,前两段,所谓不易之卦或正卦,即不反对卦,所谓反易之卦或变卦、用卦,即反对卦;第三段,邵雍所谓六阳六阴、八阳四阴、十阳二阴,即李之才卦变之下生三阴三阳、二阴二阳、一阴一阳;第四段,不易之乾坤、离坎、中孚颐、大过小过,即李之才卦变说中不反对之八卦。两相对比,可知邵雍所论正是李之才关注的反对问题,且在李之才的基础上有所推展深化。在反对问题上,李之才对邵雍深有影响,是十分显然的。

不过,尽管如此,邵雍所论与李之才卦变说仍有距离。细读可知,上引诸段只涉及反对,却与卦变无关。即使是看似极为接近的反对卦变与"以三十六变而成六十四"之说,两者仍有根本的区别:在邵雍说中,诸卦的存在已是事实,不需要另外的基础与起点;而在卦变说中,乾坤为本却是其他诸卦得以存在的前提。这说明,对于反对卦变,邵雍并未全盘接受,而是只取其反对的内核,却未采取卦变的形式。

邵雍对相生卦变无所论说,对反对卦变虽亟言反对而不及卦变,足见其对李之才卦变说并非全盘祖述,而是颇保持了一定距离。这种距离之所以存在,最概括地来说,是由于两者的根本理

---

❶ 邵雍:《观物外篇》卷上,《邵雍全集》第3册,第1177、1179、1186、1198页。

路不同：李之才易学以卦变为主，邵雍却提出了"一分为二"的成卦方案，卦变与成卦的前提恰相枘凿。这样，邵雍较少言及卦变绝不是偶然，而是有其深刻的内在根由了。不过，这一点须待下节澄清成卦问题后才能看得更加清楚，这里不能细论。此处所能见出的是，尽管二者的学术关系如此密切，邵雍易学中的诸多内容却并不能被追溯为李之才卦变的产物；或者说，邵雍易学的重心、特点和意义，正要在卦变之外寻找。整体来看，李之才对邵雍易学的影响，仍以根本思路的启迪为主。对于不墨守师说，致力推陈出新，因而"所自得者多矣"❶的邵雍来说，这种情况不足为奇。

（五）先天卦变

相生与反对两种卦变是李之才易学的主要内容，但在邵雍论述中却难觅踪迹。真正见诸邵雍著述、具有邵雍特色的卦变形式，是所谓先天卦变。❷顾名思义，先天卦变与《先天图》关联密切。此法为邵雍所自得，分析此种卦变，有助于澄清关于邵雍易学的一些疑惑。

关于先天卦变，《观物外篇》有两段十分相似的论述。第一段云：

> 乾为一。乾之五爻分而为大有，以当三百六十之数也。乾之四爻分而为小畜，以当十二万九千六百之数也。乾之三爻分而为履，以当一百六十七亿九千六百一十六万

---

❶ 程颢：《邵尧夫先生墓志铭》，《二程先生文集》卷四，《二程集》上册，第503页。
❷ 张行成最早提出了"《先天图》卦变"之名（《皇极经世观物外篇衍义》卷三，《景印文渊阁四库全书》第804册，第96页）。

之数也。乾之二爻分而为同人，以当二万八千二百一十一兆九百九十万七千四百五十六亿之数也。乾之初爻分而为姤，以当七秭九千五百八十六万六千一百一十垓九千九百四十六万四千八京八千四百三十九万一千九百三十六兆之数也。是谓分数也。分大为小，皆自上而下，故以阳数当之。❶

此段以乾卦作为卦变的根本，自上而下，从五爻开始，每次使一爻变阴，依次得大有、小畜、履、同人、姤五卦。这实际上是在阐释《先天图》的内涵：大圆图中六十四卦的卦序，恰好可以按照上述方法逐次变化得出。具体来说：第一步，乾卦九五变阴，得大有，此时，在大有六五爻以上有一个爻位，阴阳组合可以得出 $2^1=2$ 卦（乾至夬）；第二步，乾卦九四变阴，得小畜，此时，在小畜六四爻以上有两个爻位，阴阳组合可以得出 $2^2=4$ 卦（乾至大壮）；依此类推，至第五步，乾卦初九变阴，得姤，此时，在姤初六爻以上有五个爻位，阴阳组合可以得出 $2^5=32$ 卦（乾至复）；最后一步，连初爻算入在内，六个爻位阴阳组合共可以得出 $2^6=64$ 卦（乾至坤）。这样所得的结果与大圆图恰好相合。

此段所谓"自上而下"，是指在大圆图中，乾居上，坤居下，而此种卦变正是由乾而始，至坤而终，故以上下言之；所谓"以阳数当之"，大概是指从乾算起，大有、小畜至姤五卦皆居于奇数位，奇数为阳，故以阳数言之。至于段中所配数字，则是从乾为一开始，按圆图由乾至复、再由姤至坤之序，逐次以十二与三十交替相乘而得的数值，如夬为十二，大有为三百六十，大壮

---

❶ 邵雍：《观物外篇》卷上，《邵雍全集》第3册，第1182—1183页。

为四千三百二十,等等。这样,大有、小畜以至姤五卦所得之数恰好呈现为从三百六十开始、逐次平方的指数数列。按照"是谓分数也,分大为小"的说法,这些数字应作分数理解;换言之,诸数的数值大小与其实际大小恰成反比,例如乾当一,大有当三百六十分之一,小畜当十二万九千六百分之一。通过这种配比,邵雍建立起六十四卦与元会运世之数的对应关系。这种对应一方面或有表达历法主题的寓意;另一方面,更直接地,似是在表达某种有关分限的观念。张行成云"阳先分之,以立其大限,阴乃长之,以充其细数"❶,即指此种"分数"而言。❷这是先天卦变的第一种形态。

《观物外篇》关于先天卦变的第二段论述是:

> 一生二为夬,当十二之数也。二生四为大壮,当四千三百二十之数也。四生八为泰,当五亿五千九百八十七万二千之数也。八生十六为临,当九百四十兆三千六百九十九万六千九百一十五亿二千万之数也。十六生三十二为复,当二千六百五十二万八千八百七十垓三千六百六十四万八千八百京二千九百四十七万九千七百三十一兆二千万亿之数也。三十二生六十四为坤,当无极之数也。是谓长数也。长小为大,皆自下而上,故以阴数当之。❸

此段的卦变方法与前段大体一致,即都是从乾开始,通过逐爻由

---

❶ 张行成:《皇极经世观物外篇衍义》卷二,《景印文渊阁四库全书》第804册,第63页。
❷ 在性命论上,这种分限其实也就是命。关于这一问题,另参高怀民:《宋元明易学史》,广西师范大学出版社,2007年,第90页。
❸ 邵雍:《观物外篇》卷上,《邵雍全集》第3册,第1183页。

阳变阴得出六十四卦。其不同者在于：首先，卦数有别。前段从九五开始，变得五卦；此段则从上九开始，变得六卦。其次，所得各卦有别。前段每次皆从乾变，所得皆为五阳一阴之卦；此段每次继上一步所得之结果续变，所得卦中阴爻逐渐增加，实为消息卦之半边。再次，所得各卦居位有别。前段各卦皆居于奇数位，此段各卦皆居于偶数位，段中所谓"以阴数当之"，可能是指此而言。复次，所本图式有别。从"皆自下而上，故以阴数当之"之语来看，此段所本应该不是圆图，而是方图，盖在方图之中，乾居西北，坤居东南，如此才能造成"自下而上"的结果。最后，所配之数有别。两段相比，同卦所值之数完全一致，但由于两段所得卦不同，其数自然有所差异。

以上是具体步骤上的差别。两段之间更为根本的不同，则在于前段的主题是分，而此段的主题是生，所谓"分而为大有""一生二为夬"是也。分者是就分限而言，生者则以生成为义。由分限故言分数，由生成故言长数。长数意味着，此段的数值不再与其大小成反比，而是如实表示数类之多少。所谓"坤当无极之数"，以及《观物外篇》"草类之细入于坤"❶之语，都是表达坤数极大之意。这与前段的分数恰好相反。❷这是两段主题之别在数字上的体现。同样的差异在卦变上也可见之。细读可知，两段的卦变方法虽大体一致，但后段明确表述出了从乾开始、逐爻变生六十四卦的步骤，前段却只描述了六卦之分，并没

---

❶ 邵雍：《观物外篇》卷上，《邵雍全集》第3册，第1211页。
❷ 生数以数目而言，其数值可以至于极大；不过，其数目愈大，则其个体之价值愈低，数目与价值恰成反比。如夬数只有十二，但十二夬即可当一乾；大壮数四千三百二十，故四千三百二十大壮才能与一乾相抵。在皆成反比这一点上，生数与分数又是相似的。邵雍学术中数字与价值的关系，陈睿超有所探讨（《北宋道学的易学哲学基础》，北京大学博士论文，2016年，第142—144页）。

有完整展现变生的细节。这当然也是由于主题有异，分的语言难以细述"一生二"的生卦方案的缘故。两者之间分与生的不同，邵雍将其分别归于圆图与方图之下。圆图象天，方图象地。因此，两种卦变的差异在根本上就是天与地的差异。按照《观物外篇》"运行者天也，生物者地也"❶的区分，生成本质上是属地之事，而与天之乾道流行、正物性命不同。这是先天卦变的第二种形态。❷

先天卦变不见于前人著述，乃是邵雍新说，极具邵氏特色。此说最引人注意之处是其与图式的密切联系：先天卦变之所得即为伏羲六十四卦卦序。这里隐含着的一个重要问题是：究竟是先有先天卦变，而后从中推出了《先天图》，还是先有《先天图》，先天卦变是对图式的解说？由于一般认为《先天图》是由成卦而得，因此，上述问题更为实质性的含义就是：邵雍易学的核心究竟是在卦变还是在成卦？这一问题触及关键，本书关于邵雍易学的研究，归根结底就是要回答这样一个疑问。对此的详细探讨，只有在下一节阐明成卦理论之后才能展开。不过这里不妨先将结论说明：在本书看来，先天卦变所以能与《先天图》卦序相合，不是因为前者推导出了后者，而是因为前者解释了后者，图式先于卦变而存在。❸对《先天图》乃至整个邵雍易学来说，成卦而非

---

❶ 邵雍：《观物外篇》卷上，《邵雍全集》第 3 册，第 1185 页。
❷ 在两种先天卦变中，变生顺序都是固定的，即只能由乾向坤，不能由坤向乾。这是由于"分"与"生"皆有确定的含义，"自上而下"与"自下而上"规定了明确的顺序，不能混同。张行成以"乾坤互变"为释，认为先天卦变既可以"由乾变坤"，也可以"由坤变乾"（《皇极经世观物外篇衍义》卷三，《景印文渊阁四库全书》第 804 册，第 96 页），这忽略了邵雍文意的限制。
❸ 先天卦变的论述方式已经透露出其法是以《先天图》为背景，而非相反。关于此，参见本章第四节。

卦变才是根本所在。❶

关于先天卦变，最后需要讨论的一个问题是郑夬卦变说。《梦溪笔谈》中记述，与邵雍同时的江南人郑夬有一种独特的卦变说。沈括对其说评价颇高，认为"夬之为书皆荒唐之论，独有此变卦之说，未知其是非"❷。其法如下：

> 乾坤大父母也，复姤小父母也。乾一变生复，得一阳；坤一变生姤，得一阴。乾再变生临，得二阳；坤再变生遁，得二阴。乾三变生泰，得四阳；坤三变生否，得四阴。乾四变生大壮，得八阳；坤四变生观，得八阴。乾五变生夬，得十六阳；坤五变生剥，得十六阴。乾六变生未济，本得三十二阳；坤六变生归妹，本得三十二阴。乾坤错综，阴阳各三十二，生六十四卦。❸

邵伯温、朱震亦曾明文引及郑夬此法，而细节略有出入。据邵伯温，乾六变所得应为归妹而非未济，坤六变所得应为渐卦而非归

---

❶ 郭彧先生主张《先天图》卦序来自先天卦变，认为先天卦变源自李之才《变卦反对图》与《六十四卦相生图》(《邵雍先天图卦序来自李挺之卦变说》，《周易研究》，1996 年第 3 期)，这其实是误解。首先，从行文来看，郭彧先生用来分析《先天图》卦序的是《观物外篇》"一生二为夬"一段，其间全不曾用到李之才的两种卦变。以此论证李邵关联，在文本上是错位的。其次，从义理上看，无论是从相生卦变还是反对卦变出发，都无法推导出《先天图》的卦序或者卦位，两种学说之间并不存在任何直接的关联。最后，从根柢上讲，郭彧先生认为先天卦变推出了《先天图》，而不是《先天图》蕴涵先天卦变，这一思路其实来自张行成：张行成将邵雍的成卦理论完全理解为卦变之说，沿着这一原则继续推论，自然就会得出《先天图》不是来自成卦而是来自先天卦变的结论。然而张行成的这一思路却在根本上误解了邵雍。对此，本章第四节有详细论述。

❷ 沈括所谓变卦，其实就是卦变。

❸ 胡道静：《梦溪笔谈校证》，第 319 页。

妹。❶据朱震，生出六十四卦的不是乾坤，而是复姤；卦变至第五变生出夬剥即止，并不存在第六变。❷以理析之，邵伯温所记与沈括无本质不同，其间差别或仅系异文所致；❸而朱震之说则有实质区别，且更为合理，可视为对沈括记录的纠正或发展。❹无论如何，郑夬卦变说大体应即如上述。❺

郑夬此说正是邵雍先天卦变的变形。前引《观物外篇》"一生二为夬"一段，以乾卦为卦变之本，从上爻开始，自上而下，每次使一爻变阴，依次得夬、大壮、泰、临、复、坤六卦，最终变出六十四卦。郑夬之法与此异曲同工，所不同者在于：邵雍是自乾变坤，郑夬是乾坤齐变；邵雍是乾坤相交，郑夬是复姤相交；邵雍是阳分阴长，自夬而起，郑夬是阴阳皆长，自复姤而起。按郑夬之法画出的图式，与大圆图虽然十分类似，但内外方向需要对调，阴阳各爻需要尽换，诸卦顺序也要调整。❻潘雨廷先生对于郑夬卦变早

---

❶ 邵伯温：《易学辨惑》，《景印文渊阁四库全书》第9册，第403页。
❷ 朱震：《汉书易传卦图》卷上，《景印摛藻堂四库全书荟要》第3册，第776页。
❸ 两种记录之别可能是由于异文，也可能是由于图式之异。就文字而言，胡道静先生提到，《梦溪笔谈》该段，诸本多作"乾六变生归妹"，而非"乾六变生未济"（《梦溪笔谈校证》，第319页）。这正与邵伯温说相合。就图式而言，通行本大圆图从乾至归妹、从坤至渐，下卦阴阳爻数正合邵伯温"本得三十二阳""三十二阴"之说（"本"指下卦）；而要满足郑夬乾至未济、坤至归妹之说，则须令大圆图除乾坤外各卦各爻阴阳互变，或作其他更复杂的改动。这意味着，两种记录指向的易图应有不同。
❹ 就生卦数目说，郑夬第五变生出夬与剥，六十四卦已然全具，最后第六变实为冗余；就生卦方法说，前五变一生二、二生四等是指卦数，最后第六变所生之三十二却是指下卦爻数，方法并不一贯，似乎纯为凑泊数字。朱震取消第六变，是对旧传郑夬卦变法的优化。
❺ 郑夬在六十四卦卦变外，还有关于八卦卦变亦即乾坤生六子的论述，此不具论。
❻ 此图至少有两种可能的形式：其一，乾南坤北不变，除乾坤外，各卦各爻阴阳互变，这样，从外向内看，乾左接为复、师、临等，坤右接为姤、同人、遁等；其二，乾坤互换，乾北坤南，此时各卦各爻不需阴阳互变，从外向内看，乾右接为复、师、临等，坤左接为姤、同人、遁。以上两种图式内部卦序仍需作复杂调整，这是由于郑夬自下而上的卦变导致卦序变动之故。郑夬此图的导向似应是圆图，如是方图，则又当别论。

有考察，指出郑夬之图与大圆图的区别在于内外观法不同❶，洵为有见。不过，如果考虑到诸卦卦象、卦名特别是卦序均已调换，郑夬若有易图，大概未必仍因邵雍之旧，而是可能更作新图，如上所论。此外，由于主张阴阳皆长，郑夬卦变说更加强调顺生之义，与邵雍主张逆成的观点不同。❷ 这些或许都是郑夬刻意调整的结果。

郑夬易学与邵雍的关系是宋代易学史上的一桩公案。其间原委，学者各有推测。❸ 本书要指出的是，从内在理路上看，郑夬此说与邵雍易学确乎有十分密切的因缘；更具体地说，郑夬是重述、发展了邵雍的先天卦变。郑夬此说可以代表同时代学者对邵雍易学的普遍认识：一个值得注意的现象是，两宋之际的易学学者，每将卦变视为邵雍易学的特色，如前引沈括、朱震，以及较朱震稍晚的张浚、张行成，乃至更晚如程大昌、林栗、项安世等，在其易著中，皆以卦变解读邵雍之学。❹ 主体部分成于南宋中期以

---

❶ 潘雨廷：《郑夬卦变图》，《易学史丛论》，第404—406页。
❷ 朱震述郑夬之说，云："阴阳男女皆顺行，所以生六十四卦也。"（《汉上易传卦图》卷上，《景印摛藻堂四库全书荟要》第3册，第776页）邵雍解释《先天图》，云："夫易之数，由逆而成矣。"（《观物外篇》卷下，《邵雍全集》第3册，第1237页）顺行即渐长，逆成即渐消。这种顺逆同时也就体现为顺逆时针之方位。
❸ 除上引潘雨廷文，另参饶宗颐：《郑夬〈易〉书公案》，《饶宗颐史学论著选》，上海古籍出版社，1993年，第623—630页；王风：《刘牧对周敦颐、邵雍可能发生的影响》，《朱熹易学散论》，第105页。诸家的分歧，在于沈括《梦溪笔谈》与邵伯温《易学辨惑》两种关于郑夬易学来源的记述究竟何者更为真实。在沈括的叙述中，郑夬的卦变说似是得异人传授，邵雍仅知其大略；而据邵伯温所说，郑夬此法是求学邵雍未获允可，转而窃取邵雍门人王豫的笔记，然后又在此基础上改造而得（《易学辨惑》，《景印文渊阁四库全书》第9册，第403—409页）。与沈括所记相比，邵伯温的记载始末俱存，大体应更可靠。
❹ 张浚：《紫岩易传》卷十，《景印摛藻堂四库全书荟要》第3册，第444页；张行成：《皇极经世观物外篇衍义》卷三，《景印文渊阁四库全书》第804册，第101页；程大昌：《易原》卷八，《景印文渊阁四库全书》第12册，第593—595页；林栗：《周易经传集解》卷三十六，《景印文渊阁四库全书》第12册，第498页；项安世：《项氏家说》卷二，《景印文渊阁四库全书》第706册，第86页。

前的诸种易图学文献，虽未将郑夬式的卦变明确地归于邵雍，但也是在同样的语境中将此种卦变当作关注的重点。❶可以说，在与邵雍同时及稍后的学者看来，卦变乃是邵雍易学的一大宗旨。此种解读的流行一方面与郑夬有直接关系，观诸书所论卦变几乎皆出郑夬说即可知；另一方面也与时代学术的面貌有关，即当南北宋之际，卦变才是对于卦之来源的主流解释。成卦与卦变的区别，以及邵雍易学的本质和特色，仍有待于进一步诠解，才能得到深入认识。

以上，本节分五部分，对与邵雍易学有关的卦变问题作了考察。从上述考察可以看到，在整体思路上，李之才卦变所提供的区分辞象的问题意识对邵雍深有影响，邵雍易学的几乎所有论述中都贯穿着此种根本的自觉，都将象而非辞作为自己的关注对象。就此而言，邵雍易学可说是以卦变为背景和起点而展开的。在具体内容上，邵雍提出了别有特色的卦变方案，其构思之精巧、形式之优美，令人印象深刻。就此而言，卦变也内在于邵雍的易学世界之中。然而，尽管如此，仍应承认的是，卦变并不是邵雍易学的中心所在：对于包括李之才在内的前人的卦变理论，邵雍不曾加以述论；对于所谓的先天卦变，邵雍的用意也不在于构造一种新的卦变形式，而在以此来阐释《先天图》的内涵。可以说，卦变是由于《先天图》才附带地在邵雍易学中具有了意义。下节可以看到，《先天图》的根本在于成卦；因此，所谓卦变以《先天图》为依托，在本质上也就是卦变以成卦为依托。对于卦变在邵

---

❶ 杨甲：《六经图》卷一，毛邦翰补，《景印文渊阁四库全书》第183册，第158页；佚名：《大易象数钩深图》卷中，《道藏》第3册，第176页；佚名：《周易图》卷下，《道藏》第3册，第158页。

雍学术中的这种地位与特点,南宋林至曾有评价:

> 要之,卦变一义,易之一端耳。若以为易道尽于是,要非康节所以望后世者。
>
> 要之,六十四卦之变皆本于八卦,而八卦之重又本于乾坤之奇偶。今卦之反对则兼上下体,六十四卦相生则专用下卦为变,是亦一家之学耳。谓之易道尽在于是,则未矣。❶

林至原意是就相生与反对卦变为论,但以此衡论邵雍卦变说之整体,大体也是成立的。

四 成 卦

卦变虽然构成了邵雍易学的背景,却并非其关键所在。相较卦变,邵雍易学的特色以及对于后世所造成的影响,更多是在成卦方面。

(一)邵雍成卦说

在易学中,成卦是一个含义较为复杂的词语。成卦早见于《说卦》"兼三才而两之,故易六画而成卦"。这里,成卦指的是六画卦之画成,是一个有关《周易》结构的概念。与此不同,《系辞》又有"四营而成易,十有八变而成卦"的说法。这里,成卦指的是揲蓍得出某一个具体的卦象,是一个有关《周易》筮法的

---

❶ 林至:《易神传·外篇》,《景印摛藻堂四库全书荟要》第7册,第353、355页。

概念。后来，以王弼、程颐为代表的义理易学在对于经文的注解中，又往往在"卦名的含义"或者"一卦所以为一卦的原因"❶的意义上使用成卦一词。这里，成卦是一个有关《周易》卦义的概念。本书所谓成卦，不是在后两种意义上言之，而是取《说卦》之义，且其义又不限于六画卦。凡三画卦与六画卦、八经卦与六十四卦之画成，皆可谓之成卦。

成卦最早出现在《易传》中。不过，在《易传》中，三画卦之成卦与六画卦之成卦却是分开叙述的。对于三画卦之成卦，《易传》采取的是取象说的思路。《系辞》云："古者包牺氏之王天下也，仰则观象于天，俯则观法于地，观鸟兽之文与地之宜，近取诸身，远取诸物，于是始作八卦，以通神明之德，以类万物之情。"又云："易有太极，是生两仪，两仪生四象，四象生八卦。""天垂象，见吉凶，圣人象之。""八卦成列，象在其中矣。"这些说法都应该在取象说的意义上加以理解，即谓八卦来源于天地万物之象。从《系辞》"八卦成列，象在其中矣，因而重之，爻在其中矣"等说法来看，上引诸句之中的八卦指的也就是三画卦。❷《系辞》关于八卦成卦的说法对于后世影响深远，汉唐时期的易注无不采用了取象的思路。如虞翻注《系辞》"于是始作八卦"，云：

谓庖牺观鸟兽之文，则天八卦效之。"易有太极，是生两

---

❶ 唐纪宇：《程颐〈周易程氏传〉研究》，人民出版社，2016年，第41页。
❷ 认为《系辞》所谓八卦指的是三画卦或八经卦，乃是后世的通识，包括孔颖达、邵雍在内的多数易学家皆作是解。只有虞翻较为特别，将《系辞》所谓八卦理解为八卦的六画卦。这是因为虞翻要用《系辞》"两仪生四象，四象生八卦"等语来发挥其乾坤生六子之说。相应地，在对重卦问题的解释上，虞翻也不同于易学史上的主流观点（《周易集解》卷十四、卷十五、卷十七，第435—436、446、503—504页）。

仪，两仪生四象，四象生八卦"，八卦乃四象所生，非庖牺之所造也。故曰："象者，像此者也。"则大人造爻象以象天卦可知也。而读《易》者咸以为庖牺之时天未有八卦，恐失之矣。天垂象，示吉凶，圣人象之，则天已有八卦之象。❶

孔颖达解释《系辞》此段，亦云："此一节明包牺法天地造作八卦。"❷ 虞翻与孔颖达在八卦究竟是三画卦还是六画卦、最初究竟是一种直接的天象还是圣人画出的卦象等问题上有所分歧，但在八卦来自圣人对于自然物象的仿效这一点上，两人是一致的。这也是邵雍以前的普遍观念。❸ 这种思路，可以称为仿物象而画卦。

与此不同，《易传》对于六画卦成卦问题的论述则与三画卦有所区别。对于六画卦的成卦，《易传》采取的是重叠说的思路。《系辞》云："因而重之，爻在其中矣。"《说卦》云："兼三才而两之，故《易》六画而成卦。""分阴分阳，迭用柔刚，故《易》六位而成章。"这里，六画卦已经不是像三画卦一样通过直接仿效物象而画出，而是以三画卦的存在为基础，重叠其卦象而得。《易传》"重"卦的解释，在后来汉唐时期的易注中同样得到了延续。这种思路，可以称为因卦象而重卦。

可以发现，《易传》实际上是将《周易》的成卦按三画卦与六画卦处理成了两个不同的问题，前者根据物象而画卦，后者根据卦象而重卦。这种解释或许符合历史的实情，即三画卦与六画卦之创制并非一人一时之事，其画卦方法容有差异；但从理论的简洁性与一致性的角度来看，这种"二元"的解释方式显然不能完

---

❶ 李鼎祚：《周易集解》卷十五，第451—452页。
❷ 孔颖达：《周易正义》卷八，《十三经注疏》，第179页。
❸ 即使是同样强调数字的刘牧，对于八卦的解释，实际上也仍然遵循垂象画卦的思路。

美地揭示圣人设卦与《周易》成书的一贯性。而且，以三爻为单位而进行的画卦与重卦，也无法体现出作为卦之基本单元的爻与作为整体的卦之间构成与被构成的关系。不过，上述成卦方法上的"缺陷"在北宋以前一直未见关注。真正注意到这一问题并给以全新解释的，是邵雍。《观物外篇》云：

> 太极既分，两仪立矣。阳下交于阴，阴上交于阳，四象生矣。阳交于阴，阴交于阳，而生天之四象；刚交于柔，柔交于刚，而生地之四象：于是八卦成矣。八卦相错，然后万物生焉。是故一分为二，二分为四，四分为八，八分为十六，十六分为三十二，三十二分为六十四，故曰"分阴分阳，迭用柔刚，《易》六位而成章"也。十分为百，百分为千，千分为万，犹根之有干，干之有枝，枝之有叶。愈大则愈少，愈细则愈繁。合之斯为一，衍之斯为万。是故乾以分之，坤以翕之，震以长之，巽以消之。长则分，分则消，消则翕也。❶

邵雍所谓"太极既分，两仪立矣……四象生矣……于是八卦成矣"，明显是对《系辞》"易有太极，是生两仪，两仪生四象，四象生八卦"的解释。由此可知，邵雍此语是对成卦问题的论述。按后来朱子的解释，邵雍此段讲的是这样一种逐爻画卦的方法：从象征太极的空白处开始，在其上画一阴一阳两画作为初爻，象征两仪；此后不断重复这一方法，每次在前一爻之上各画一阴一阳两画，直画至六爻满处。这样，第一层有二爻，第二层有四爻，第三层有八爻，以至第六层有六十四爻，每层的爻数总是前一层

---

❶ 邵雍：《观物外篇》卷上，《邵雍全集》第3册，第1196页。

的两倍，这就是所谓"一分为二"之意。

　　与前人相比，邵雍在对成卦的解释上有一个十分根本的变化，即明确提出了"一分为二"这样一种贯穿整个成卦过程的普遍原则，这就将三画卦与六画卦的成卦真正联系在了一起，为其赋予了内在逻辑上的同一性。由此，成卦不再是前后不同、彼此割裂的两个事件，而是一个一贯原则作用下次第展开的连续过程。相应地，爻与卦之间构成与被构成的关系也因此得以凸显出来。可以认为，"一分为二"使得成卦的根本逻辑发生了从断裂到连续的转变。❶ "一分为二"原则的另一意义在于，这是一种完全不同于此前仿物象而画卦与因卦象而重卦的新的成卦方法。如果说那两者都是因象成卦的话，那么，"一分为二"则是推数成卦，这就在根本上改变了《易传》的成卦传统，使得成卦的根本逻辑发生了从"画卦"、"重卦"到"生卦"，从"象"到"数"，从外在物象到内在理则的转变。❷

（二）朱子、张行成对邵雍成卦说的诠释

　　邵雍提出"一分为二"的原则，构成了易学史上成卦问题的

---

❶ 当然，这并不意味着邵雍的成卦理论对三画卦与六画卦缺乏区分。实际上，邵雍通过"小成""大成"两个概念对二者作了明确的界定。邵雍云："是以小成之卦，正者四，变者二，共六卦也；大成之卦，正者八，变者二十八，共三十六卦也。"又云："八者卦之小成，则六十四为大成也。"（《观物外篇》卷上，《邵雍全集》第3册，第1178、1192页）邵雍诗中亦云："八卦小成皆有主，三才大备略无遗。"（《首尾吟》，《伊川击壤集》卷二十，《邵雍全集》第4册，第418页）这里，所谓"小成"指的就是三画卦，所谓"大成"指的就是六画卦。这是本于《系辞》"八卦而小成"而来。

❷ 关于邵雍推数成卦与此前因象画卦方法的区别，朱子站在邵雍的立场上作了专门的说明。朱子云："但八卦所以成列，乃是从太极、两仪、四象渐次生出，以至于此，画成之后，方见其有三才之象，非圣人因见三才，遂以己意思惟而连画三爻以象之也。"（《答袁机仲》，《晦庵先生朱文公文集》卷三十八，《朱子全书》第21册，第1667页）

一个重要的转折点。但严格来说,这一转折的意义在邵雍手中还未充分呈现。《观物外篇》文辞简约,内涵复杂,对"一分为二"一段究竟表达了怎样的意涵,邵雍并未给出确定无疑义的界定,后世因此而对该段的主旨产生了截然不同的理解,其典型代表有朱子与张行成。朱子主成卦说,张行成主卦变说,两说南辕北辙,邵雍易学的真实面貌也因此而歧然莫知其是。对于邵雍本意的正确把握,必须以辨明两说之是非为前提。

两说中,首先来看朱子。朱子以成卦理解邵雍"一分为二"之说,其解释主要包含以下三个方面:❶

第一,详细说明成卦的具体步骤。

在《观物外篇》中,邵雍虽然提出了"一分为二"的原则,但具体的操作步骤并不明确。朱子则在易学史上首次详细阐明了"一分为二"成卦的具体方法。朱子《答虞士朋》云:

> "易有太极,是生两仪"者,一理之判,始生一奇一偶,而为一画者二也。"两仪生四象"者,两仪之上各生一奇一偶,而为二画者四也。"四象生八卦"者,四象之上各为一奇一偶,而为三画者八也。爻之所以有奇有偶,卦之所以三画而成者,以此而已。……若自八卦之上,又放此而生之,至于六画,则八卦相重而成六十四卦矣。❷

如前所述,这是将"一分为二"理解为从初爻开始逐爻画成

---

❶ 朱子对邵雍之学的理解多与蔡元定有关,《易学启蒙》也是两人合著。不过,本书的重点不在探讨朱蔡之异,故除特别说明外,统以朱子之学名之。
❷ 朱熹:《答虞士朋》,《晦庵先生朱文公文集》卷四十五,《朱子全书》第22册,第2057—2058页。

六十四卦的方法。类似说法，在朱子的易学论述中多见之。除文字外，朱子还以《伏羲六十四卦次序图》（以下简称先天横图）对"一分为二"加以形象化的说明。借助朱子的解释，邵雍原文中过于简约以致容易引起歧见误解之处，至此皆得补白澄清。后来学者对于邵雍成卦思想的理解，绝大多数都是通过朱子的解释而实现的。在这个意义上，"一分为二"的成卦理论甚至可以认为是邵雍与朱子的共同成果，即邵雍提出了根本的原则，朱子给出了详细的阐述。

第二，点出成卦与伏羲之《易》的关系。

在邵雍易学中，成卦是伏羲之《易》的内容。但两者间的这层关系并未被邵雍明白道出，只能从其著作间接推知。朱子则对此作了明确的揭示。朱子云："盖自初未有画时说到六画满处者，邵子所谓先天之学也；卦成以后，各因一义推说，邵子所谓后天之学也。"❶朱子认为，"一分为二"的成卦之法所具有的"自然""齐整"❷的特点，正反映了伏羲先天之学"出于自然，不用安排"❸的特征。这就点出了伏羲之《易》的内涵，为理解伏羲之《易》与文王之《易》的确切含义提供了参照。

第三，指明成卦与卦变的区别。

"一分为二"是一种成卦理论，其与卦变说的区别在于：成卦

---

❶ 朱熹：《答袁机仲》，《晦庵先生朱文公文集》卷三十八，《朱子全书》第21册，第1664页。

❷ 朱子云："圣人当初亦不恁地思量，只是划一个阳，一个阴，每个便生两个。就一个阳上，又生一个阳，一个阴；就一个阴上，又生一个阳，一个阴。只管恁地去。自一为二，二为四，四为八，八为十六，十六为三十二，三十二为六十四。既成个物事，便自然如此齐整。皆是天地本然之妙元如此，但略假圣人手画出来。"（《朱子语类》卷六十五，第1605页）

❸ 黎靖德编：《朱子语类》卷一百，第2552页。

讨论的是卦之形成，卦变讨论的是卦之变化，形成在先而变化在后，卦变只能在成卦的基础上展开。这种区别，邵雍同样未作直白说明。朱子则指出："盖有则俱有，自一画而二，二而四，四而八，而八卦成；八而十六，十六而三十二，三十二而六十四，而重卦备。故有八卦，则有六十四矣。此康节所谓'先天'者也。若'震一索而得男'以下，乃是已有此卦了，就此卦生出此义，皆所谓'后天'之学。今所谓'卦变'者，亦是有卦之后，圣人见得有此象，故发于《象辞》。"❶ 朱子此语本是对程子《易传》而发，但却以邵雍的成卦理论为例，说明了成卦与卦变之间的关系，这就为判定邵雍之学的主题与性质给出了标准。

朱子对邵雍成卦理论的阐发也不免有掺入己意或千虑一失之处。朱子以太极为理，认为六十四卦三百八十四爻有则一时俱有，然而，从邵雍"太极既分，两仪立矣""一气分而阴阳判"❷等论述来看，其生成论中的太极概念并未脱离气的含义❸，这就决定了邵雍视野中的卦爻与万物之生成必然都是时间性的，而不可能像朱子一样只是一理的蕴涵与展开。换言之，邵雍的成卦理论本质上仍属于气论或生成论的范围，而不同于朱子的理本论。朱子又认为，画卦不止于六爻，六爻之上仍可继续化生❹，这也不合邵雍原意。邵雍易学中没有多于六画之卦，所谓"一分

---

❶ 黎靖德编：《朱子语类》卷六十七，第1667页。

❷ 邵雍：《观物外篇》卷上，《邵雍全集》第3册，第1196—1197页。

❸ 关于这一点，参见朱伯崑：《易学哲学史》第2卷，第166—167页；李存山：《从"两仪"释"太极"》，《周易研究》，1994年第2期。

❹ 《答虞士朋》云："六十四卦之上，又放此而生之，至十二画，则六十四卦相重而成四千九十六卦矣，焦贡《易林》是也。"（《晦庵先生朱文公文集》卷四十五，《朱子全书》第22册，第2058页）朱子认为《易林》以六十四卦涵摄四千九十六卦，也是误解，《易林》实际上是以某卦之某卦来进行占验，与卦变不同。

为二"只是用于解释六十四卦的成卦问题，故至"三十二分为六十四"则止，其下的"十分为百，百分为千，千分为万"是就物数而非卦数为论，与朱子的理解有所不同。此外，朱子还通过先天横图来表象成卦过程，然而横图其实并不能完全准确地表达邵雍的成卦思想，从《观物外篇》"《图》皆自中起"❶等说法来看，邵雍的成卦思路更像是以圆图的太极为中心逐层外生，而非朱子自下而上的生成模式。❷所有这些，归根到底，都是由于朱子试图以其理学本体论的框架规范邵雍的易学生成论而造成的枘凿难合。❸

虽然存在以上种种误读，但朱子对于"一分为二"的解说仍然大体合于邵雍原意，其最可贵处在于鲜明地揭示了"一分为二"所谈论的不是任何别的主题，而就是成卦。这就点出了邵雍易学的中心所在。其实，即使是朱子的上述误读，也未尝不是以另一种形式凸显出了成卦学说所要表达的先在性的特征。就此而言，

---

❶ 邵雍：《观物外篇》卷下，《邵雍全集》第3册，第1228页。

❷ 此外，朱子对"一分为二"与加一倍法关系的界定似乎也可商榷。程颢对邵雍数学曾有总结："尧夫之数，只是加一倍法。"(《河南程氏外书》卷十二，《二程集》上册，第428页) 朱子认为，程颢所谓加一倍法指的就是邵雍"一分为二"的成卦方法(《与郭冲晦》，《晦庵先生朱文公文集》卷三十七，《朱子全书》第21册，第1637页)。前人皆从朱子此说。不过，从《二程集》该段文字来看，程邵关于易数的讨论是在"推历""知天"的语境下展开的；这样，加一倍法究竟是指"一分为二"的成卦原则，还是指邵雍历数中的某种体例，都还存在疑问。将加一倍法直接理解为"一分为二"，缺乏足够的材料佐证。因此，本书不取加一倍法之名，而仍以"一分为二"称呼邵雍的成卦理论。

❸ 从本体论式的立场重述邵雍成卦学说的尝试不起于朱子，而是在邵伯温已经开始。邵伯温云："夫太极者，在天地之先而不为先，在天地之后而不为后，终天地而未尝终，始天地而未尝始，与天地万物圆融和会而未尝有先后始终者也。有太极，则两仪、四象、八卦，以至于天地万物，固已备矣。非谓今日有太极，而明日方有两仪，后日乃有四象、八卦也。虽谓之曰太极生两仪，两仪生四象，四象生八卦，其实一时具足，如有形则有影，有一则有二有三，以至于无穷，皆然。"(《性理大全》卷九)

朱子当之无愧可说是邵雍成卦学说之功臣。相比之下，张行成对"一分为二"所作的解释，则与邵雍原意颇有距离。

张行成之说，一言以蔽之，是以卦变取代成卦。其注"一分为二"一段，云：

> 自一分至六十四凡六变，《先天图》阴阳之分数也。❶

张氏的六变语有所指，即前文提到的先天卦变。在对《观物外篇》"一变而二，二变而四，三变而八卦成矣。四变而十有六，五变而三十有二，六变而六十四卦备矣"一段的注释中，张行成对先天卦变作了细致的解说：

> 一变而二者，得二卦也；二变而四者，得四卦也；故三变而八卦成。四变而十有六者，得十六卦也；五变而三十二者，得三十二卦也；故六变而六十四卦备。此《先天图》卦变也。重卦之变，自乾变坤，自坤变乾。从本卦之一，六变得三十二数，而成六十四卦。一变得一数，与本而成二卦；二变含三一变，得二数而成四卦；三变含五六七之三变，得四数而成八卦；四变含九至十五之七变，得八数而成十六卦；五变含十七至三十一之十五变，得十六数而成三十二卦；六变自然含五变之三十一变，得三十二数而成六十四卦也。❷

---

❶ 张行成：《皇极经世观物外篇衍义》卷四，《景印文渊阁四库全书》第804册，第103页。

❷ 张行成：《皇极经世观物外篇衍义》卷三，《景印文渊阁四库全书》第804册，第96—97页。

对比可知，段中所谓"六变得三十二数，而成六十四卦"，即前注"自一分至六十四凡六变"，而这一理解又是以"一生二"为蓝本展开的。"一生二为夬"的先天卦变乃是张行成诸种解释的基础。

在《易通变》中，张行成对自己的卦变立场作了更直接的表达：

> 乾为一，太极也。上爻当初变，得二类为两仪。五爻当再变，得四类为四象。四爻当三变，得八类为八象。三爻当四变，得十六类为十六象。二爻当五变，得三十二类为三十二象。初爻当六变，得六十四类乃成六十四卦矣。六十四卦实得八卦，余皆重卦之互变，故曰"易有太极，是生两仪，两仪生四象，四象生八卦"也。自坤为一，以当元气，其变亦然。❶

按张行成的说法，《观物外篇》"一分为二"一段中，太极、两仪、四象、八卦应该分别对应于乾、乾至夬、乾至大壮、乾至泰，这就毫无疑义地是将"一分为二"的成卦问题解释成了先天卦变。❷

站在张行成的立场上看，对"一分为二"一段作如上理解似乎有其充分的理据。一来，"一生二"、"一变而二"与"一分为二"等语词如此相近，讨论的必然是同样的问题；其中"一生二"既已确定是论先天卦变，诸语自然都应作卦变看待。二来，"一分为二"也确实能在先天卦变中得到解释。如上节所展示的，先天卦变逐次加倍"推出"伏羲六十四卦的过程，在字面上看来，就是所谓"一分为二"。这样，将邵雍易学的主题与核心归结为卦变，就是再正当不过的理解。

---

❶ 张行成：《易通变》卷一，《景印文渊阁四库全书》第 804 册，第 202 页。
❷ 此外，张行成还将"一分为二"作为筮法来加以理解，与邵雍之意距离更远（《易通变》卷二十九，《景印文渊阁四库全书》第 804 册，第 576 页）。

然而，仔细分析，张行成此说其实颇多谬误，实难成立。张氏最根本的错误在于没有看到，成卦与卦变虽然都能造成生化的结果，但前者是形成（formation），后者是变化（transformation），前者是自无形而至有象，后者只是有形存在间的转化，两者是完全不同的问题。这一道理体现在易学结构上，就是前者必然是从作为本原的太极而出，后者却只以乾坤作为变化的开端。故"一分为二"的成卦说则云"太极既分，两仪立矣"，"一生二"的卦变说却只言"乾为一""一生二为夬"，不言太极。在这个意义上，"一分为二"与"一生二"并不能等量齐观。❶张行成昧于此理，以乾为太极，以乾与夬为两仪，乃至以乾至泰为八卦，不仅混淆了概念的层次，不合于易学常识，甚至在文本解释上也存在难以化解的困难：若依行成此说，则"阳上交于阴，阴下交于阳""天之四象""地之四象""八卦相错"等语将尽皆无从落实。❷实际上，邵雍既言"太极既分"，又言"乾坤起自奇偶，奇偶生自太极"❸，就已经明确表达出了追论太极所代表的卦之本原问题的意向，而不再仅仅是讨论六十四卦内部的流转，在前人卦变说的脚跟下盘旋。❹

---

❶ 从"一变而二"一段言"八卦成""六十四卦备"来看，此说也是就成卦而言，应该与"一分为二"一致，而不同于"一生二"的卦变说。

❷ 对于张行成此说的另一种解读是将二类、四类云云解释成大圆图中从乾开始各卦的初爻、二爻以至六爻，这样可以部分化解此说原有的困难。不过，依此解释，卦变说也就几乎混同于成卦说，而失去其自身的特性。实际上，从"乾为一，太极也"之语来看，张行成此说终究是不脱离卦变的含义，因成卦说无论如何不会将太极与某具体的卦等同为一。

❸ 邵雍：《观物外篇》卷下，《邵雍全集》第3册，第1240页。

❹ 向世陵先生说："邵雍的太极靠一分为二生成世界，是一个基点性的概念。"（《理学与易学》，第28页）"基点性"的说法正可表明邵雍易学中的太极具有本原、开端的性质。

张行成的上述错误,确切来说,不是以卦变取代成卦,盖因其对邵雍意义上的成卦并无真正的理解,故而自然也就谈不上取代之事。张行成更多是混淆了邵雍易学中兼有的成卦与卦变两个维度,而以后者遮盖了前者。这种解读既无法安顿成卦说中太极的位置,也难与卦变说的语境相谐:细玩邵雍关于先天卦变的论述,《先天图》实为卦变背后隐而不彰的前提,卦变是对图式内涵的解释;反之,如果邵雍意在通过卦变构造出《先天图》,论述的重点就应该是卦变如何步步推出了图式的结构,而不是如"一生二"一段一样,将诸卦在图式中的数值当作论述的落脚点。这表明,对先天卦变来说,《先天图》恰恰是未明言的背景。❶

从更为整体的视野来看,张行成思路的错误还不仅在于错解了象数与文意,更根本的是对邵雍易学宗旨和结构的理解有偏。如前所论,伏羲之《易》与文王之《易》是邵雍易学中的根本分野,而成卦又是伏羲之《易》的主要内容。因此,成卦在邵雍易学中实有极为根本、不容置疑的地位。张行成以卦变解释成卦,实际上是要取消成卦的主题,将邵雍易学还原到此前卦变说的语境中去,由此,伏羲之《易》必然无所着落,邵雍区分伏羲之《易》与文王之《易》的整个易学框架也将因此而失去意义。而伏羲之《易》一旦不存,《先天图》及以之为框架的先天卦变自然也就无从依附。张行成所开启的这一路向无异于以枝叶动摇根本,既对邵雍易学的宗旨欠缺理解,也对这一改动的理论后果缺乏估计。对于张行成的这一做法,明代熊过评价道:"言变卦而昧于生卦,失本旨矣。"❷ 其言可谓中肯。

---

❶ 对比上节可知,这种以卦变或近于卦变的形式论述《先天图》的内涵,却不点明图的背景的言说方式,正是邵雍易学的一贯特点。
❷ 熊过:《周易象旨决录》卷五,《景印文渊阁四库全书》第31册,第601页。

（三）成卦说与卦变说

以上，本节通过对朱子与张行成解释的考察，澄清了邵雍"一分为二"的原意，并确证成卦确实是邵雍易学的重要主题。以此为基础，下文可以重新审视成卦与卦变的关系，展开一些更深入的思考。这里的思考，集中在两说的理论前提与意义之上。

就卦变说而言，其首要的理论前提在于乾坤为本。无论虞翻、李之才还是邵雍，历史上种种的卦变说都要将乾坤设置为卦变的根本，从乾坤开始变生的过程。这种设置是有理由的：卦变说意在解释卦象与卦辞的来源问题，而乾坤正扮演了来源或根本的角色；通过归本乾坤，象与辞的解释才获得了可靠的起点。在这样的结构下，诸卦与乾坤的关系值得注意：诸卦由乾坤生成，两者之间是造与被造的关系；换句话说，诸卦是卦，而乾坤不是一般的卦；诸卦是造物，而乾坤是本根。这种观念，上节所引《乾凿度》有明确的揭示，即所谓"乾坤者万物之祖宗"。此种对于本根与万物关系的认识决定了卦变必然采取以乾坤为本的形式。❶

伴随乾坤为本而来，卦变说的另一理论前提是生成原则。作为本根的乾坤是根源性的、不可分解的，因此，不仅诸卦是乾坤相交而成的结果，就连构成诸卦的阴阳也是由乾坤相交而得。卦变说中一个值得注意的现象是，不论何种卦变，总要靠乾坤相交来生成阴阳爻，而不是靠阴阳爻直接构成诸卦，这正是由于在卦

---

❶ 如果再往前追溯，《彖传》"大哉乾元，万物资始""至哉坤元，万物资生"的说法显然是这种观念更早的源头。王博先生将《易传》中的这种观念称为乾坤二元论（《易传通论》，中国书店，2003年，第73页）。如果不限于《彖传》乾元坤元的语境，而是立足整个中国哲学的特质，则乾坤二元称为乾坤二体或更恰切。盖早期易学虽将乾坤视为两个实体，却未必预设其中有根本性的二元区分。

变说体系中,只有乾坤具有自本自根的地位,阴阳不过是乾坤结合的产物的缘故。这种观念,前引《京氏易传》与《乾凿度》也有明确的表达,即所谓"乾坤者阴阳之根本"。此种对于乾坤与阴阳关系的认识决定了卦变必然遵循生成而非构成的原则。

上述两种观念相互配合,共同构成了卦变说的基础,同时也构成了整个早期易学的基础。然而,若从哲学的角度观之,其说却是有待于反思的。从逻辑上讲,本根既然是万物的根源,就不能是具体的存在物,这样才能避免"温也则不能凉矣,宫也则不能商矣"❶的普遍性困难。然而,在卦变说中,乾坤一方面被认为是其他诸卦的来源,是万物之祖宗;另一方面,就其自身来说,却仍然是具体的卦,有其特定的卦名、卦象,与其他六十二卦无异,因而也就仍然是有象之物。乾坤名为万物之祖宗,实则不过是另一种具体的存在物,这就决定了作为物的乾坤实际上无法扮演普遍生成其他万物的本根的角色。因此,以乾坤为本的卦变说在技术上虽然可以造成诸卦归宗的效果,但就其哲学内涵来看,内在实有其难以消解的普遍性困难。

乾坤作为本根既然不是天经地义,乾坤相交而生阴阳的观念也就值得重新审视。事实上,所谓乾坤相交而生阴阳,本身就有同义反复的意味:如果阴阳意味着根源性的相反相成,则此种相反相成不可能从另一种更为根源的相反相成得来;如果阴阳不具有根源性,只是派生的结果,则根源性的相反相成者不过是阴阳的代称。卦变说中的乾坤之于阴阳,正是后一种情况。在这种意义上,阴阳作为乾坤之别名,本身就具有本根性的地位,不必依赖于他者而存在。因此,乾坤相交而生阴阳的卦变说在技术上虽

---

❶ 王弼:《老子指略》,见楼宇烈《王弼集校释》,第195页。

然将阴阳置于次要的位置，但就其实在内涵来说，阴阳仍然具有根源性的意义。

以上分析旨在说明，卦变说的观念基础存在两个疑难：第一，乾坤是物，不能充当万物之祖宗；第二，阴阳不是物，而是万物之根源。可见，乾坤与阴阳的关系在此处其实是倒置的。然而，此种倒置在卦变说体系下却无从消解。卦变说既以卦变为名，就只能是卦之变化，这就决定了卦变说必然要将变化限定在卦的范围内，必然要将某一卦或某几卦作为卦变的基础。这就仍然不免是将具体的卦作为生卦之本根，仍然不免是将阴阳置于从属性的地位。此种疑难的真正解除，只有在根本改变了卦变说体系与早期易学的观念基础之后才能实现。而这正是邵雍成卦学说的贡献。

在邵雍"一分为二"的成卦方案中，乾坤与阴阳的地位发生了根本的改变。乾坤不再是诸卦之祖宗，而只是按照"一分为二"原则画出的六十四卦之两种；阴阳不再是乾坤的产物，而是六十四卦由以产生的根源。阴阳取代乾坤成为了生卦的基础，构成取代生成成为了变化的原则，爻取代卦成为了变化的主体。这样，卦变说中无从解决的疑难，在成卦说中都得到了自然的消解。而邵雍少言卦变的原因，至此也可得到合理的解释：成卦说主阴阳为本构成六十四卦，卦变说主乾坤为本生成诸卦，两者的观念基础乃是截然相反、方枘圆凿。邵雍既主张成卦，则其于卦变说的理论前提并不完全认同，便是十分自然的了。

成卦与卦变在易学上是两个不同的问题。邵雍提出"一分为二"，从其自身理路来讲，直接面对的是《系辞》《说卦》以来易学传统对于卦象来源所作的取象说和重卦说的解释，是在成卦问题内的探讨。但"一分为二"的方案本身预设了与卦变说截然有别的观念基础，从而不可避免地对卦变理论构成了冲击。在这个意义上，邵雍"一分为二"方案的提出不仅是对传统成卦学说的革新，同时也是对卦变理论的改造。更进一步，如果注意到卦变说乾坤为本的理论前提同时也是《京氏易传》与《乾凿度》等汉代易学作品的基本预设，甚至遥遥来源于《易传》以来乾坤并立的思想传统的话，那么，邵雍成卦学说的提出就更不只是一种解释方法的调整或论说视角的转换，而是包含了对整个早期易学系统之根本观念的调适与变革。结合整个邵雍思想的体系，从哲学上分析，这种变革或许可以作如下的理解：从卦变到成卦的转换，意味着阴阳二体的观念取代了乾坤二本的观念；同时，乾坤二本观念中原本尚不明确的一元性，也由于作为阴阳之来源的太极的提出而得到了显明的揭示。换言之，从卦变到成卦的转换，意味着一元二体观在易学领域的确立。❶

邵雍的成卦说对卦变说虽然有所冲击，但并非否定或终结。相反，这种冲击应当被理解为一种重新的奠基与定位：卦变说的理论困难在于乾坤为本的预设无法满足普遍性的要求，但当成卦说解答了卦象来源的问题，从而为卦变说提供了可靠的理论基础后，卦变说实际上已经摆脱了原有的逻辑困难。在卦已成的前提下，卦变说完全可以保留自身的地位，而获得其全新的意义：如果说成卦讨论的是卦之生成，那么卦变关心的则是卦之变化，前

---

❶ 邵雍在易学上认为阴阳是乾坤的基础，阴阳构成诸卦；相对应地，在哲学上则认为阴阳是天地的基础，阴阳构成万物。《观物外篇》云："物之大者，无若天地，然而亦有所尽也。天之大，阴阳尽之矣；地之大，刚柔尽之矣。"进一步，邵雍又提出，作为天地乾坤之基础的阴阳尚不是真正的本根，真正的本根乃是道（太极）。《观物外篇》云："道为天地之本，天地为万物之本。以天地观万物，则万物为万物；以道观天地，则天地亦为万物。"又云："乾坤起自奇偶，奇偶生自太极。"（《邵雍全集》第3册，第1146、1150、1240页）这种以乾坤为基本实体，而以道（太极）为最高本原的观念，可以称之为一元二体观。

者立本,后者致用,两者相辅相成,共同构成对卦爻结构与关系的完整刻画。这才是卦变说应有的定位。事实上,邵雍易学也确实为卦变说保留了位置:邵雍创论先天卦变,又以乾坤生六子的卦变说来解说文王之《易》,即为其例。这其实就是以卦之变化来理解文王之《易》,而将卦之成立看作伏羲之《易》的内容。❶这样,生成与变化,或者说,成与用,就构成了伏羲之《易》与文王之《易》的分野所在。在伏羲之《易》与文王之《易》的框架下,邵雍不但可以保留、重述或改造前人的卦变说,而且这种重述本质上正构成对文王之《易》内涵的挖掘。就此而言,邵雍成卦说的提出是将成卦与卦变收摄在了一个更大的易学体系之中,从而拓展了卦爻的面向,深化了易学的内涵。这同时意味着,就学脉传承来讲,李邵一派易学论述重点从卦变向成卦的转变,并不能被视为某种根本性的南辕北辙或改弦更张,而只是同一理论脉络下的自我发展与补全。

五 易 图

成卦、卦变的背景与指向,是所谓易图。尽管今本《皇极经世》并未录有图式,但从邵雍"《图》虽无文""《图》皆自中起""《先天图》者,环中也"❷等语来看,其易图确实是存在的。邵雍易学的种种论述、易数的讨论,往往是在易图的框架下进行,

---

❶ 先天卦变虽本于《先天图》,以先天为名,但就其以卦变为内容来说,似乎仍应划入文王之《易》的范围。

❷ 邵雍:《观物外篇》卷上、卷下,《邵雍全集》第3册,第1213、1228页。"《先天图》者,环中也","者"字《邵雍全集》讹作"中",据吴坚等本改。

是对易图结构作出的说明。在这个意义上，易图在邵雍易学中具有纲领性的地位，是邵雍易学之归本。易图是将繁杂的邵雍易学统摄为一的纲领。

邵雍易学中的易图主要有四种：《伏羲八卦圆图》、《伏羲六十四卦圆图》、《伏羲六十四卦方图》及《文王八卦圆图》。其中，前三种属于《先天图》，第四种属于《后天图》。此外，传统上认为是邵雍易图之一的《伏羲六十四卦次序图》，或称先天横图❶，其实并非出于邵雍之手，而是朱子、蔡元定所作。以下就四种邵雍易图的机制与内涵展开具体分析。

（一）先天圆图

先天圆图包括《伏羲八卦圆图》与《伏羲六十四卦圆图》。习惯上，两者又分别简称为小圆图与大圆图。这里首先来看小圆图。

1.《伏羲八卦圆图》

小圆图较早可见于王湜《易学》与朱震《汉上易传卦图》，后来，包括《六经图》《大易象数钩深图》《周易图》在内的易图著

---

❶ 朱子所谓横图，一般是指《伏羲六十四卦次序图》，但有时也用来指通常所谓先天方图。《语类》载："'《先天图》阴阳自两边生，若将坤为太极，与《太极图》不同，如何？'曰：'他自据他意思说，即不曾契勘濂溪底。若论他太极，中间虚便是。他亦自说图从中起，今不合被横图在中间塞却。待取出放外，他两边生者，即是阴根阳，阳根阴。这个有对，从中出即无对。'"（《朱子语类》卷六十五，第1613页）这里所谓横图，指的就是"天地定位，否泰反类"的方图。本书所用横图的概念，则指《伏羲六十四卦次序图》。另一方面，朱子所谓方图，一般是指"天地定位，否泰反类"的方图，但有时也用来指《伏羲六十四卦次序图》。《语类》载："安卿问：'《先天图》有自然之象数，伏羲当初亦知其然否？'曰：'也不见得如何。但圆图是有些子造作模样，如方图只是据见在底画。圆图便是就这中间拗做两截，恁地转来底是奇，恁地转去底是偶，便有些不甚依他当初画底。然伏羲当初，也只见太极下面有阴阳，便知是一生二，二又生四，四又生八，恁地推将去，做成这物事。'"（《朱子语类》卷六十六，第1624页）这里所谓方图，指的应该就是一般所谓横图。本书所用方图的概念，则指"天地定位，否泰反类"的方图。

作均有收录。❶ 从下举《观物外篇》的相关论述可知，该图当为邵雍所作无疑。这里选取最通行的朱子《易学启蒙》所绘图式❷，示意如下：

图 7 《伏羲八卦圆图》(据《易学启蒙》,《朱子全书》本)

小圆图是怎样画出的？《观物外篇》云：

"起震终艮"一节，明文王八卦也。"天地定位"一节，明伏羲八卦也。❸

---

❶ 若就文字解说而言，则邵伯温在《观物内篇解》中已给出了小圆图方位的描述(《性理大全》卷九)。此外，晁说之绍圣戊寅(1098)从杨贤宝处所得的两种易图，从图中特标乾坤坎离四卦、"循环无方体"来看，应该也包含小圆图在内，另一种则当为大圆图(《太极传后序》,《嵩山文集》卷十七，第 7 页上至第 8 页上)。上举诸书图式，见王湜:《易学》,《通志堂经解》第 1 册，第 100 页；杨甲:《六经图》卷一，毛邦翰补,《景印文渊阁四库全书》第 183 册，第 148—150 页；朱震:《汉上易传卦图》卷下,《景印摛藻堂四库全书荟要》第 3 册，第 809、812、828 页；佚名:《周易图》卷下,《道藏》第 3 册，第 165 页；佚名:《大易象数钩深图》卷上,《道藏》第 3 册，第 172—173 页。诸图名目不一，形式也有细微出入，但在方位上都与小圆图相一致。
❷ 朱熹:《易学启蒙》卷二,《朱子全书》第 1 册，第 236 页。
❸ 邵雍:《观物外篇》卷下,《邵雍全集》第 3 册，第 1237 页。

据此，邵雍认为：小圆图是以《说卦》"天地定位，山泽通气，雷风相薄，水火不相射"为根据而画成，反过来，《说卦》"天地定位"一节也是对八卦方位的描述。将"天地定位"一节与图式对比可见，两者确实彼此一致：小圆图中乾坤、艮兑、震巽、坎离两两相对，正与"天地定位"一节相应。

然而，邵雍此说的困难在于，就本意而言，《说卦》"天地定位"一节似乎与方位并没有什么关联。王博先生指出，以《说卦》上下文观之，"天地定位"一节不像是讲八卦方位，而更像是讲八卦卦序。这样，"天地定位"与"雷以动之"两节一顺一逆，就正合于"数往者顺，知来者逆，是故易逆数也"的说法。❶ 这种理解应该有其根据，马王堆帛书《易传》、清华简《筮法》卦序与汉代的八卦纳甲说都可以提供类似的佐证。汉代以来的《周易》注释，也对"天地定位"一节作了大体相似的卦序意义上的解读。❷ 由此来看，"天地定位"一节原与八卦方位无关。邵雍用小圆图解释"天地定位"，是曲解了前人之说而提出的一家之见。❸ 就此而言，黄宗羲批评邵雍伏羲八卦方位"舍其明明可据者，而于未尝言方位者重出之以为先天，是谓非所据而据焉"❹，可谓持之有故。

不过，邵雍其实也不是像黄宗羲所批评的那样，真的将"天地定位"一节当成了小圆图的根据。分析可知，仅仅根据"天地定位"一节无法必然地得出小圆图的方位：此节只讲到乾坤、艮

---

❶ 王博：《易传通论》，第228—230页。
❷ 例如，《周易集解》引虞翻之说，认为该句讲的是八卦纳甲，而纳甲正是以卦序为基础的（《周易集解》卷十七，第504—506页）。
❸ 邵雍排列的八卦与六十四卦当然也形成了一种卦序，但这并不是直接继承早期易学的成说，而是按照"一分为二"的原则构造而成。相比此前已经存在的各种卦序，此类卦序的形成方法更抽象，"故不太可能是最初的方法"（李尚信：《卦序与解卦理路》，巴蜀书社，2008年，第111页）。
❹ 黄宗羲：《易学象数论》，第30页。

兑等八卦两两相关,即使将其理解为方位意义上的两两相对,其间也有 $8×6×4×2=384$ 种可能,没理由一定会得出小圆图乾南坤北、离东坎西这样特定的位置安排;更何况,如果单从字面上看,"雷风相薄"云云本身也完全可以作相邻而非相对的理解。❶实际上,小圆图是另有画法。后文可知,小圆图与大圆图在绘制方法上完全一致,都是按照由内而外、一阴一阳的原则画出,其不同处,只是在于究竟是在三画卦处还是在六画卦处停止而已。❷对邵雍来说,上述成卦成图之法才是伏羲八卦方位由以得出的根据,而"天地定位"一节更可能是借以依附的名目。邵雍所以选择此节依附其说,大概是由于此节罗列八卦,两两相对,正合伏羲八卦的次序;又以"天地定位"开头,看起来与方位问题相关;且行文在《说卦》"帝出乎震"的文王方位之前,与伏羲在文王之先的史实相合。其实,伏羲八卦方位既可以依托于"天地定位"一节,也同样可以依托于其下的"雷以动之"一节,反正两者在八卦两两相对的次第上与小圆图都是一致的。

除了《说卦》"天地定位"一节外,另有一种关于小圆图所示伏羲八卦方位来源的说法值得加以辨析。近人尚秉和先生认为,九家注中荀爽的"乾舍于离,配日而居,坤舍于坎,配月而居"等语讲的是乾南坤北的伏羲八卦方位,而且《周易》经文、《左传》、《乾凿度》以及焦延寿《易林》中涉及的方位往往也是根据伏羲八卦,邵雍是得古之遗说而表出之。❸此说广征博引,值得

---

❶ 关于"雷风相薄"的解释,参见王博:《易传通论》,第230页。
❷ 此种成图的原理,元人张理有所图示(《易象图说内篇》卷中,《道藏》第3册,第230页),见图8。
❸ 尚秉和:《焦氏易诂》,《尚氏易学存稿校理》第1卷,张善文校理,中国大百科全书出版社,2005年,第5—9页;尚秉和:《周易尚氏学》,《尚氏易学存稿校理》第3卷,第20—22页。

图 8 《先天八卦对待之图》
(《易象图说内篇》,《道藏》本)

重视。不过,尚先生所引九家注中的乾坤,其实只是阴阳的代称,其意不过是说阳起于北而终于南、阴起于南而终于北。这是极为常见的空间观念,并不是指乾坤两卦的方位。而尚先生通过复杂的取象方法所给出的关于《周易》经文与早期易例之中存在伏羲八卦方位的论证,也不无求之过深之处。实际上,邵雍伏羲八卦方位的奥秘全在于独特的成图方法,因此,除非证明早期易学中已具备类似思路,否则就不足以从根本上说明此种方位早先已经存在,而这一点,在现有早期易学文献中确实无法得到支持。由此来看,伏羲八卦方位更可能是邵雍易学的创见。

小圆图与"天地定位"一节的关系固然是出于依托,但这并不能否定小圆图自身所具有的思想意义。围绕小圆图的内涵,邵雍主要作了两方面的诠释:其一是定位,其二是流行。

所谓定位,是说在圆图当中,八卦各有其一定而不可易的方位。在邵雍看来,八卦所以具有这样特定的方位,根本上是阴阳消长的结果。《观物外篇》云:

> 乾坤定位也，震巽一交也，兑离坎艮再交也。故震阳少而阴尚多也，巽阴少而阳尚多也，兑离阳浸多也，坎艮阴浸多也。是以辰与火不见也。
>
> 离在天而当夜，故阳中有阴也；坎在地而当昼，故阴中有阳也。震始交阴而阳生，巽始消阳而阴生。兑，阳长也；艮，阴长也。震兑在天之阴也，巽艮在地之阳也。故震兑上阴而下阳，巽艮上阳而下阴。❶

邵雍指出，八卦的位置反映的是其间阴阳消长的关系：乾坤为纯阳纯阴，居中定位；震受乾之一阳，巽受坤之一阴，为一交，距离乾坤最近；兑离有二阳，坎艮有二阴，为二交，距离乾坤较远。从震巽之位到坎离之位再到兑艮之位，体现的是从阴阳之生到阴阳之长的次序。邵雍进一步认为，阴阳消长决定了八卦在圆图中的位置，而八卦的位置又进而构成了其卦象的象征，因此，卦象与卦位在本质上都是对阴阳消长关系的反映。邵雍的这种解释是合理的。后文可知，卦位其实就是对于阴阳次第的空间表达。就此而言，可以说，八卦之定位是以阴阳之消长为前提。

所谓流行，是说在圆图中八卦所具有的流转次序。与定位相似，流行同样是对阴阳消长关系的反映。两者的不同在于，前者重在解释八卦的居位原因，而后者重在说明八卦之间的流转关系。邵雍关于八卦流行的论述，主要是围绕着顺逆问题展开的。

《观物外篇》云：

> "起震终艮"一节，明文王八卦也。"天地定位"一节，明

---

❶ 邵雍：《观物外篇》卷上，《邵雍全集》第3册，第1197、1198页。

伏羲八卦也。"八卦相错"者,明交错而成六十四也。"数往者顺",若顺天而行,是左旋也,皆已生之卦也,故云数往也;"知来者逆",若逆天而行,是右行也,皆未生之卦也,故云知来也。夫易之数,由逆而成矣。此一节直解《图》意。"逆",若逆知四时之谓也。❶

这里所谓顺,指的是顺天自东向西而行,即所谓左旋,也就是通常意义上的顺时针方向;所谓逆,指的是逆天自西向东而行,即所谓右行,也就是通常意义上的逆时针方向。中国古代天文学的主流传统认为,天之形体自东向西旋转,日月五星则自西向东运行,《论衡·说日》所言"天左行,日月右行,与天相迎"❷即此之谓。这种观念在先秦已经出现,邵雍的左旋右行说是继承了这一思想,观其"左旋右行,天日之交也""天为父,日为子,故天左旋,日右行"❸之语可知。❹

不过,邵雍虽然继承了天文学的传统,但其顺逆或左旋右行之说却不是用来描述天象,而是用来说明八卦之间的顺序关系。邵雍认为,小圆图讲述的是乾坤生出其他六卦的过程。其生成的顺序是,阳之生自乾至震,阴之生自坤至巽,这也就是《观物内篇》篇首所描述的自太阳以至少阴、自太柔以至少刚的顺序。❺因

---

❶ 邵雍:《观物外篇》卷下,《邵雍全集》第3册,第1237页。"逆,若逆知四时",前一"逆"字,《邵雍全集》脱,据《皇极经世观物外篇衍义》补。

❷ 黄晖:《论衡校释》卷十一,中华书局,1990年,第501页。

❸ 邵雍:《观物外篇》卷上,《邵雍全集》第3册,第1203—1204页。

❹ 严格来说,这种左旋说是认为,日月五星之右行是相对于恒星而言的。由于天行疾而日月五星行迟,日月五星虽然自身在右行,但整体上却是随天在左转。关于左旋右旋说的详细讨论,参见陈美东:《中国古代天文学思想》,第322—348页。

❺ 邵雍云:"动之大者谓之太阳,动之小者谓之少阳,静之大者谓之太阴,静之小者谓之少阴。太阳为日,太阴为月,少阳为星,少阴为辰。日月星辰交而天之(转下页)

此，在小圆图中，对于左半圈来说，从震至乾，顺天左旋，所见都是已生之卦，这就是"数往者顺"之义；从乾至震，逆天右行，所见都是未生之卦，这就是"知来者逆"之义。类似地，对于右半圈来说，从巽至坤，顺天左旋，所见都是已生之卦；从坤至巽，逆天右行，所见都是未生之卦。这种顺逆之序，在大圆图中同样成立。通过此种顺逆之序，邵雍意在表达未生与已生、逆推与顺观的区别。这是就卦之生成而言。❶

关于顺与逆、左旋与右行的含义，前人颇有争论。❷ 相对而言，诸说中，以张行成最近其实❸，上文所取即是张行成的说法。若就影响而言，则以朱子之说为最通行。朱子认为，在小圆图中，"自震至乾为顺，自巽至坤为逆"❹。然而，朱子的这种解释不仅将自东向西的同一个方向割裂为彼此对立的顺逆两途，而且也不合于其先天横图以自乾至震、自巽至坤为逆之序❺，后世对此多有批评，朱子自己也有存疑❻。实际上，朱子是误解了邵雍此处顺逆的含义：邵雍所谓顺逆，指的是生卦之先后；朱子所谓顺逆，指的却是卦气之先

（接上页）体尽之矣。静之大者谓之太柔，静之小者谓之少柔，动之大者谓之太刚，动之小者谓之少刚。太柔为水，太刚为火，少柔为土，少刚为石。水火土石交而地之体尽之矣。"（《观物内篇》，《邵雍全集》第3册，第1146—1147页）

❶ 邵雍云："类者生之序也，体者象之交也。推类者必本乎生，观体者必由乎象。生则未来而逆推，象则既成而顺观。"（《观物外篇》卷上，《邵雍全集》第3册，第1200页）顺逆、已生未生之序当与此段合看。

❷ 彭涵梅对此有所梳理（《邵雍元会运世说的时间观》，第150—158页）。

❸ 张行成：《皇极经世观物外篇衍义》卷四、卷五、卷六，《景印文渊阁四库全书》第804册，第109—111、134、147—148页。

❹ 朱熹：《周易本义》卷首，《朱子全书》第1册，第20页。

❺ 朱子云：（圆图）"自冬至至夏至为顺，盖与前逆数者相反。自夏至至冬至为逆，盖与前逆数者同"（《朱子语类》卷六十五，第1613—1614页）。此所谓"前逆数者"，即指横图而言。

❻ 朱子云："'易逆数也'，似康节说方可通。但方图则一向皆逆，若以圆图看，又只一半逆，不知如何。"（《朱子语类》卷七十七，第1972页）

后。朱子是将八卦的生成顺序等同为一年中阴阳节气的流行顺序。❶朱子以卦气理解顺逆,体现出某种一元论的立场:卦气始震终坤,正是一气之周流。同样的立场在生卦问题上也有体现:朱子表彰横图,而横图主张的也正是始乾终坤的一贯的生卦顺序。相比之下,邵雍的态度则有不同。从以上论述看,邵雍在这里所主张的不是以乾为本,变生其余七卦,而是以乾坤为本,分别变生所属三卦。这就更强调了二体的含义。上述区别看似微小,却十分根本。这是横图式的理解与邵雍之说最重要的出入所在。

以上讨论了小圆图中的第一种顺逆含义。此外,邵雍还提到另外一种顺逆概念,与上说有所不同。《观物外篇》云:

> 顺数之,乾一,兑二,离三,震四,巽五,坎六,艮七,坤八;逆数之,震一,离兑二,乾三,巽四,坎艮五,坤六也。❷

按照前文顺时针为顺、逆时针为逆的定义,此段本应是自震至乾为顺,自乾至震为逆,然而段中却作自震至乾为逆,而自乾至震至巽再至坤为顺。显然,两处讨论的并不是一个问题。此段后一句中震一以至坤六的逆序,指小圆图中自震顺行至坤各卦的阴阳爻数(阳爻计一数,阴爻计两数),学者都无疑义;分歧在于前一句,即乾一以至坤八之序应该如何理解。朱子将乾一至坤八之

---

❶ 朱子云:"圆图之左方,自震之初为冬至,离兑之中为春分,以至于乾之末而交夏至焉,皆进而得其已生之卦,犹自今日而追数昨日也,故曰'数往者顺';其右方,自巽之初为夏至,坎艮之中为秋分,以至于坤之末而交冬至焉,皆进而得其未生之卦,犹自今日而逆计来日也,故曰'知来者逆'。"(《易学启蒙》卷二,《朱子全书》第1册,第238页)

❷ 邵雍:《观物外篇》卷上,《邵雍全集》第3册,第1187页。

序理解为横图八卦从右至左的序数，这样理解确能与各卦数字相合，但问题在于"顺数"之义无从体现：按照朱子的说法，自乾一以至坤八明明是自已生之卦而至未生之卦，当为"逆数"❶，怎么又成"顺数"了呢？对此，朱子未作解释，其实这根本就难以解释：横图本来就是朱子所作，而非出于邵雍之手，邵雍之文自然难合朱子之解。关于此段的含义，看来还是张行成之说相对贴切。张行成云：

"易逆数"者，以右行者为逆，左行者为顺也。此所谓逆顺者，以自上分者为顺，自下起者为逆也。❷

按张行成所说，此段所谓顺逆不是就左右而言，而是就上下而言。顺指的是图中自上起（即自南起），故乾一至震四、巽五至坤八皆为顺；逆指的是图中自下起（即自北起），故震一至坤八为逆。自上起者为分生，自下起者为运行。如果说前一种顺逆之序只讲到了卦之生成，那么，此种顺逆之序则似乎同时涉及了卦之生成与变化。这是两者在含义上的不同之处。

2.《伏羲六十四卦圆图》

与小圆图类似，大圆图在前述南宋以来的易图学著作中亦皆有收录。而且，较之小圆图，大圆图与邵雍的关系有更明确的记载。除《观物外篇》的相关论述外，邵伯温、朱震等人的记述也可证明此图当为邵雍所绘。不过，严格来说，邵雍所绘的图式并

---

❶ 朱子云："所问《先天图》曲折，细详图意，若自乾一横排至坤八，此则全是自然。故《说卦》云：'易，逆数也。'皆自已生以得未生之卦。"（《朱子语类》卷六十五，第1613页）

❷ 张行成：《皇极经世观物外篇衍义》卷二，《景印文渊阁四库全书》第804册，第75页。

不是只有圆图，而是六十四卦圆图方图合为一图。邵伯温提到的"不烦文字解说，止有一图以寓其阴阳消长之数与卦之生变"❶，与朱震记载的郑夬从王豫处窃得的易图❷，都是这种圆方合图。在时人的记载中，这种圆方合图往往又被直接称为《先天图》。❸这说明，较之小圆图，此种六十四卦圆方合图被认为更加丰富、集中地体现了邵雍先天图式的特色。从邵伯温"不烦文字解说"、王湜"无文字语言，卦名亦后人添之"❹的说法来看，邵雍的这种圆方合图最初可能只有卦象，并无卦名。❺今天通行的大圆图图式，则不仅添加了卦名，而且往往还将圆方两图拆分为二，后者是继承了朱子将方图从中"挑出"的传统。❻这里选取《汉上易传卦图》所录圆方合图❼，表出如下（见图9）。

　　大圆图是怎样画出的？关于这一问题，最通行的解释是朱子提出的横图改造为圆图说。朱子云："须先将六十四卦作一横图，则震巽复遇（按即姤卦，作者注）正在中间，自震复而却行以至于乾，乃自巽姤而顺行以至于坤，便成圆图。而春夏秋冬、晦朔

---

❶ 邵伯温：《易学辨惑》，《景印文渊阁四库全书》第9册，第406页。邵伯温原文说此图乃陈抟以来所秘传，是依托之言。
❷ 朱震收圆方合图，注云："右《伏羲八卦图》，王豫传于邵康节，而郑夬得之。"（《汉上易传卦图》卷上，《景印摛藻堂四库全书荟要》第3册，第775页）
❸ 如王湜所录《先天图》，即为圆方合图（《易学》，《通志堂经解》第1册，第100页）。
❹ 王湜：《易学》，《通志堂经解》第1册，第100页。
❺ 这样的图式，在南宋更晚的易著中也有记录（胡方平：《易学启蒙通释》卷上，第80页；朱元升：《三易备遗》卷二，《景印摛藻堂四库全书荟要》第9册，第135页）。另外一种试图表现这种只有象数、没有文字的图式的努力，是《易通变》与《周易图》等书所载的完全用数字标记卦名的易图（《易通变》卷一，《景印文渊阁四库全书》第804册，第205页；《周易图》卷上，《道藏》第3册，第133页）。
❻ 《语类》载："'《先天图》'如何移出方图在下？'曰：'是某挑出。'"（《朱子语类》卷六十五，第1613页）其实，早在朱子以前，张行成在其《分两图》中已经开启了圆图、方图分观的尝试（《易通变》卷一，《景印文渊阁四库全书》第804册，第205页）。
❼ 朱震：《汉上易传卦图》卷上，《景印摛藻堂四库全书荟要》第3册，第775页。

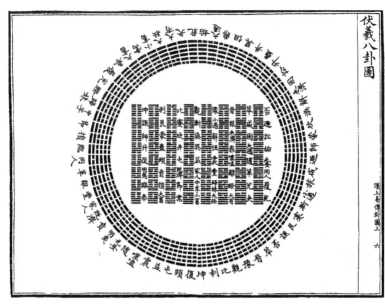

图 9 《伏羲六十四卦圆图》(《汉上易传卦图》,摘藻堂本)

弦望、昼夜昏旦,皆有次第。此作图之大指也。"❶ 这是认为,圆图之作,首先需要按照自下而上次第画卦的方法画出六十四卦横图,然后将其从中折作两半,拼成一个圆形,则得圆图。朱子所绘横图如右(见图 10)。❷

朱子的上述解释十分流行,元明以来,学者往往依此来理解大圆图的成图机制。不过,这种画法必须经过横图中介,又须将其折作两半,颠倒拼合,颇不自然。朱子本人对此似乎也不甚自

---

❶ 朱熹:《答叶永卿》,《晦庵先生朱文公文集》卷五十二,《朱子全书》第 22 册,第 2471 页。

❷ 朱熹:《宋刊周易本义》卷首,福建省文史研究馆影印南宋咸淳元年(1265)吴革刻本,福建人民出版社,2013 年,第 5 页上至第 6 页下。

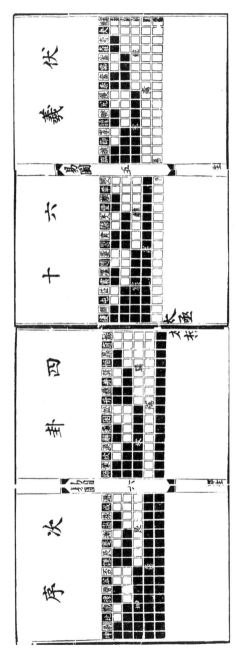

图10 《伏羲六十四卦次序图》(《周易本义》)

信,认为"有些子造作模样"❶。其实,朱子此法之不自然是有原因的,这是因为横图本来就不是邵雍所作,朱子实际上是以另外的一套图式来理解邵雍的成卦和成图之法。

前人对于横图的作者往往未加留意,而将其笼统地算入邵雍易图的范围。郭彧先生较早注意到了这一问题,认为横图是朱子自作,并举出了朱子之说作为佐证。❷ 本书大体上支持郭彧先生的结论,但有所补充:从相关表述来看,朱子只谈到,用黑白之位表示阴阳之爻的体例是其自立,至于整个自下而上次第画卦的方法是否同样为其所创,朱子并未说明。❸ 以蔡元定《皇极经世指要》录有与朱子横图极为相近而又更见简朴的《伏羲始画八卦图》和《经世衍易图》观之,这一图式的模型似乎更可能是出于蔡氏之学,而朱子以黑白块的形式对其作了改造。❹ 考虑到朱子易学多有取于蔡元定的事实,这种推测是有可能的。

不管横图究竟是谁所绘,其非出于邵雍之手,而且相对晚出,可说是较为确定的事实。这一点可以得到先天诸图流布史的佐证:成书于南宋初年的王湜《易学》、朱震《汉上易传卦图》,与

---

❶ 《语类》载:"安卿问:'《先天图》有自然之象数,伏羲当初亦知其然否?'曰:'也不见得如何。但圆图是有些子造作模样,如方图只是据见在底画。圆图便是就这中间拗做两截,恁地转来底是奇,恁地转去底是偶,便有些不甚依他当初画底。然伏羲当初,也只见太极下面有阴阳,便知是一生二,二又生四,四又生八,恁地推将去,做成这物事。'"(《朱子语类》卷六十六,第1624页)这里所谓方图,指的是先天横图。
❷ 参见郭彧:《〈易学启蒙·原卦画〉与〈观物外篇〉》,《中国哲学史》,1996年第1—2期。
❸ 朱子云:"来教又论黑白之位,尤不可晓。然其图亦非古法,但今欲易晓,且为此以喻之耳。"其下皆论黑白之法(《答袁机仲》,《晦庵先生朱文公集》卷三十八,《朱子全书》第21册,第1670页)。
❹ 见胡广编:《性理大全》卷七、卷八。王铁先生认为《伏羲始画八卦图》是邵雍自作,《经世衍易图》是邵伯温所作(《宋代易学》,第54—55页)。这样,横图的渊源似乎可以推至更早,不过这种推测并不能成立。实际上,没有证据表明邵伯温与此类图式之间存在联系。

稍后的张行成《易通变》，以及至少主体部分成书于朱子之前的《六经图》、《周易图》与《大易象数钩深图》诸书，对圆方之图及其相关变形皆有采纳，却独独不曾录有横图，这绝不是偶然，值得引起注意。如果横图是出于邵雍之手，或在诸书成书前已有流传，以此图之简明醒目，自不应为诸书所忽略。对此，只有一种可能的解释，即横图出现相当之晚，方其出现之时，诸书已经成书，故不曾加以采录。这样晚出的横图，自然不可能是邵雍所作。

横图的问题已如上述。那么，邵雍圆图的真正画法又是怎样的呢？

我们认为，邵雍圆图的画法在根本上就与朱子横图有所不同。朱子将邵雍的成卦与成图分作两截，因此需要先造出一横图来成卦，然后再拼合成圆图来成图。但实际上，对于邵雍来说，成卦与成图只是一事，成卦之所得就是圆图，圆图就是成卦的结果，此外别无余义。这种成卦与成图的方法，从宋人的几种图式中可以见其大概。

学者已经注意到，与朱子同时而略晚的林至，在其《易裨传》中提出了一种值得重视的成卦与成图的方法，与邵雍之意颇为相合。❶ 林至之图如下（见图 11）。❷

从图中文字和将太极中分为阴阳的做法来看，林至此图结合了周敦颐《太极图》之意；但就整体来说，其图仍然是对邵雍《先天图》成卦与成图方法的揭示。照林至所示，邵雍之法是从象征太极的圆心开始逐层外推，将外围圆周按一阴一阳的原则一分为二，二分为四，四分为八，以至三十二分为六十四，最终画出的

---

❶ 李申：《易图考》，第 69—73 页。
❷ 林至：《易裨传》卷一，《景印擿藻堂四库全书荟要》第 7 册，第 341—342 页。

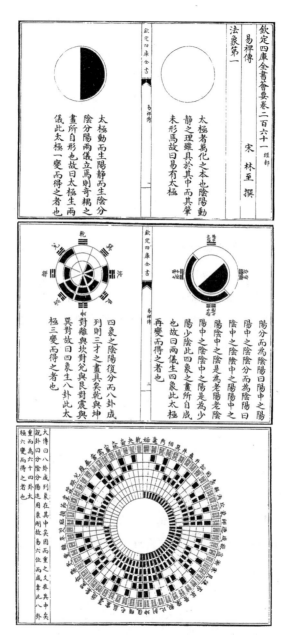

图 11 《太极至六十四卦图》(《易裨传》,摘藻堂本)

就是大圆图，得出的就是六十四卦。与横图相比，林至此图有两个特点：一是不必将横图之序截断对折来凑成圆图之序，而是直接生出就是圆图之序；二是不像横图一样自下而上地画出诸爻，而是从图之中心开始自内而外地生出诸爻。如果注意到《观物外篇》早有"《图》皆自中起，万化万事生于心""《先天图》者，环中也""天地之本，其起于中乎？是以乾坤屡变而皆自中起不离乎中"❶等说法，就可以明确，这种从中心逐层外生的方法才更接近邵雍"生于心""起于中"的本意。❷ 林至此图在黑白块形式上可能受到了朱子横图的影响，但就整体的形制与逻辑而言，较之朱子横图无疑更能体现邵雍大圆图的本旨。❸

此种成图方法其实也非林至的独创，同时而年辈稍早的洪迈❹和项安世❺，对此法都有所记述。在《语类》的记载中，朱子对于

---

❶ 邵雍：《观物外篇》卷上、卷下，《邵雍全集》第3册，第1199、1228页。

❷ 通行的大圆图中央虽未标明太极，但小圆图中实有明文。两图画法一致，知大圆图中央亦是太极，图式是从太极自内而外推出。此种小圆图图式，见朱熹：《宋刊周易本义》卷首，第4页上。

❸ 林至此图及其成图方法，在元代郝经处亦有传承（《先天图说》，《陵川集》卷十六，《景印摛藻堂四库全书荟要》第399册，第345—346页）。前引元代张理之图（图8）亦用此法，而唯及八卦。

❹ 洪迈之图见于南宋《周易图》及元人李简《学易记》。《周易图》相关图式有两幅：《六十四卦阴阳倍乘之图》与《六十四卦生自两仪图》（《周易图》卷上，《道藏》第3册，第133—134页）。前者（见下页图12）注明"此图传自洪紫微迈"，后者未注作者名，但形制与前图极似，与《学易记》所收《洪紫微迈六十四卦生自两仪图》（《学易记》卷首，《景印摛藻堂四库全书荟要》第10册，第16页）更完全相同，知此三图应皆出于洪迈。其中，《六十四卦阴阳倍乘之图》用黑白点而非黑白块，形式简古，来源应更早。从诸书的记载看，与林至、项安世等人相比，洪迈与此图的关联在当时更为人所熟知。

❺ 项安世云："按《先天图》法，第一画左阳右阴，第二画左右各两分之，上半画阳，下半画阴，凡二阳二阴相间；第三画左右各四分之，四阳四阴相间，共成八画，此八卦也；第四画左右各八分之，八阴八阳相间，共成十六画；第五画左右各十六分之，十六阳十六阴相间，共成三十二画；第六画左右各三十二分之，三十二阳三十二阴相间，共成六十四画，此六十四卦也。"（《项氏家说》卷二，《景印文渊阁四库全书》第706册，第489页）

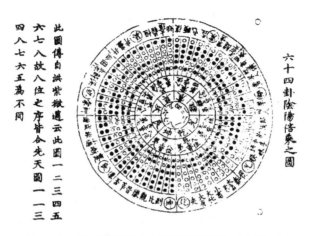

图12 《六十四卦阴阳倍乘之图》(《周易图》,《道藏》本)

这种从中心逐层外生的成图方法其实也有了解❶,尽管其立论仍持横图之说,并未采取这一思路。此法可能有更早的渊源。《六经图》与《大易象数钩深图》著录的《一阴一阳图》,虽不曾列出从中心逐层外生的图式步骤,但将六十四卦作一阴一阳的排列,也蕴涵了同样的方法意味。❷更早,甚至在北宋后期,士人笔记中就已经出现了类似的记述。此种成图方法在邵雍身后久有流传,是可以确定的。

上举诸家所记方法与图式基本类似,但在一个重要细节上有所

---

❶ 《语类》载:"又问:'《先天图》,心法也。《图》皆自中起,万化万事生乎心。何也?'曰:'其中白处者太极也。三十二阴、三十二阳者,两仪也;十六阴、十六阳者,四象也;八阴、八阳,八卦也。'"又载:"问:'《先天图》阴阳自两边生,若将坤为太极,与《太极图》不同,如何?'曰:'他自据他意说,即不曾契勘濂溪底。若论他太极,中间虚者便是。他亦自说图从中起,今不合被横图在中间塞却。待取出放外,他两边生者,即是阴根阳,阳根阴。这个有对,从中出即无对。'"(《朱子语类》卷六十五,第1613、1616页)

❷ 杨甲:《六经图》卷一,毛邦翰补,《景印文渊阁四库全书》第183册,第168页;佚名:《大易象数钩深图》卷下,《道藏》第3册,第194页。

不同。洪迈三图及《六经图》与《大易象数钩深图》所收《一阴一阳图》，图中右半圈是坤在上而姤在下，乾坤相接，这与通行大圆图的右半圈相反，而与朱子横图"就这中间拗做两截"❶后拼成圆图的情况相似。若要得到大圆图，必须再作一次颠倒拼合。林至则不取此法，而是调整了每一层中阴阳爻的顺序，使左右两边从阴阳相续改为阴阳对称，这样逐层推出所得直接就是邵雍大圆图之序。与洪迈等人之图相比，林至此图更为自然，也更切合邵雍之意。

以实物图计，上述洪迈、林至等图皆出于南宋中晚期，距邵雍谢世已有一百余年的时间。简单认为上述诸图一定就是邵雍所画，未免有失轻易。不过，若从理路来看，在各种图式中，确以此类最能切合邵雍《先天图》的逻辑。此类图式除可与前引"《图》皆自中起"诸说相参照外，更能与邵雍"《太玄》准《易》"、准《玄》解《易》的思路相契合。前文曾指出，邵雍易学受到扬雄《太玄》的深刻影响，这种影响之最重要的表现即在于：邵雍对于《周易》"一分为二"的成卦规律的揭示，根本上是得益于扬雄"一分为三"之说的启发。这一点，只要比较两种图式就能获得直观的认识：邵雍既为《太玄》作《太玄准易图》，又为《周易》作大圆图，后者在从中而起、逐层相生、一分为二（三）的根本思路上与前者完全一致，显然是在《太玄》结构启迪下的产物。洪迈、林至等对大圆图的阐释虽不曾言及《太玄准易图》，但事实上却呈现出了完全相似的形式。认为此说为邵雍《先天图》提供了最合理的解释，是有道理的。

洪迈、林至等人揭示的大圆图的生成方法，后来在明代杨时乔的易图中续有表达。从画法上讲，杨时乔之图可以更加形象直

---

❶ 黎靖德编：《朱子语类》卷六十六，第1624页。

接地展现出大圆图与《太玄准易图》之间的相似关系,这里列出作为参照:❶

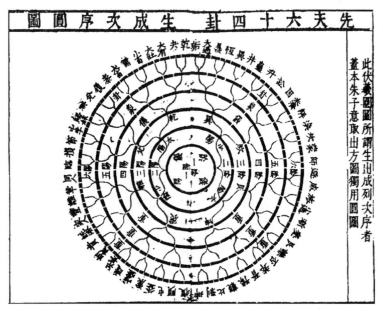

图 13 《先天六十四卦生成次序圆图》(《周易古今文全书》,《四库全书存目丛书》本)

以上,本节梳理了邵雍大圆图的画法,分析了朱子以横图作圆图的方法所存在的问题,并给出了可能的正确思路。以下则就邵雍关于大圆图内涵的阐释略作说明。与小圆图类似,邵雍的阐释仍然主要分为定位与流行两面。

首先来看定位。

较之小圆图,邵雍在关于大圆图的论述上有一个较为明显的变

---

❶ 杨时乔:《周易古今文全书·易学启蒙》卷二,《四库全书存目丛书》经部第9册,齐鲁书社,1997年,第223页。

化,就是对于定位的讨论相对减少。这是由两种图式自身的形式特点决定的。小圆图只有八卦,整体呈一八角之形,各卦分居于四方四隅之位,方便展开关于八卦居位问题的论述;大圆图则有六十四卦,形状接近正圆,方位并不突出,已经不再适合作普遍的关于各卦所居方位问题的描述。由于定位意涵的降低,邵雍在大圆图中讨论的定位问题基本由卦之方位转向了图之方位,且图之方位的内涵也已经不再涉及四隅,而是仅仅体现在上下左右四方之上。

《观物外篇》云:

> 乾坤定上下之位,离坎列左右之门,天地之所阖辟,日月之所出入。是以春夏秋冬、晦朔弦望、昼夜长短、行度盈缩,莫不由乎此矣。
> 离东坎西,当阴阳之半,为春秋昼夜之门也。❶

乾坤坎离分居上下左右,为大圆图确立了基本的方位。这种定位不仅体现在四方之卦上,而且也体现在四方的阴阳之爻上。张行成指出:"乾坤定上下之位,上为阳,下为阴,故上有一百十二阳八十阴,下有一百十二阴八十阳也。坎离列左右之门,左为阳,右为阴,故左有一百十二阳八十阴,右有一百十二阴八十阳也。"❷ 在上、在左者为阳,故其爻数阳多于阴;在下、在右者为阴,故其爻数阴多于阳。可以看出,卦与爻为大圆图确立的方位之中,其实有着明确的多少高下之别。这种以阴阳爻数之多少区分上下与左右的思想在《观物外篇》另一段中也有体现:

---

❶ 邵雍:《观物外篇》卷上,《邵雍全集》第3册,第1187、1198页。
❷ 张行成:《皇极经世观物外篇衍义》卷四,《景印文渊阁四库全书》第804册,第108页。

阳爻昼数也，阴爻夜数也。天地相衔，阴阳相交，故昼夜相杂，刚柔相错。春夏阳也，故昼数多，夜数少；秋冬阴也，故昼数少，夜数多。❶

此段其实是对上引"是以春夏秋冬、晦朔弦望、昼夜长短、行度盈缩，莫不由乎此矣"一句的进一步展开。如果说"乾坤定上下之位，离坎列左右之门"所确立的主要是空间性的方位，那么，在此段中，邵雍则更加凸显了时间性的定位：大圆图上下左右四方的阴阳爻数之多少，正可用来界定四季昼夜长度的变化。在这个意义上，可以说，借助乾坤坎离四卦及其所统摄的爻数，大圆图不仅为空间作了定位，同时也为时间作了定向；或者说，大圆图是用一种空间化的关系表达了自然与人事中的普遍的高下、多少的秩序。

其次来看流行。

不同于在小圆图中通过顺逆问题来讨论流行，在大圆图中，邵雍关于流行之义的论述，主要是通过复姤、泰否、蛊随等代表卦表达出来的。

《观物外篇》云：

无极之前，阴含阳也；有象之后，阳分阴也。阴为阳之母，阳为阴之父。故母孕长男而为复，父生长女而为姤，是以阳起于复而阴起于姤也。

夫易，根于乾坤而生于姤复。盖刚交柔而为复，柔交刚而为姤。自兹无穷矣。❷

---

❶ 邵雍：《观物外篇》卷上，《邵雍全集》第 3 册，第 1186 页。
❷ 邵雍：《观物外篇》卷上、卷下，《邵雍全集》第 3 册，第 1198、1220 页。

在大圆图中，复居于坤之左，为阳之初生；姤居于乾之右，为阴之初生。乾坤虽为阴阳之根本，复姤却是诸卦之起始。故此，邵雍对于复姤两卦特别重视，认为二者构成了循环无穷的阴阳流行过程的开端。在这个意义上，邵雍强调的是复姤的始生之义。

与始生不同，邵雍还在另外一种含义上谈论复姤两卦，这就是通变之义。通变与始生的区别在于：始生是创生之初，通变是流行之后；始生主要是就自然而言，通变主要是就人事而言。在阴阳既生之后，复姤作为具体环节仍然参与在阴阳流行的过程中。这时，复姤作为阴阳之交接处，就构成了自然与历史节奏的转捩点，这种转捩要求人顺应形势而有所变通。《观物外篇》云：

> 复次剥，明治生于乱乎？姤次夬，明乱生于治乎？时哉时哉，未有剥而不复，未有夬而不姤者。防乎其防，邦家其长，子孙其昌，是以圣人贵未然之防，是谓《易》之大纲。❶

邵雍认为，复姤作为阴阳之转换处，是由治入乱、由乱入治的起点，需要人慎始应变，早作准备。具体来说，复姤两卦的含义又有不同。复卦是由阴入阳、由乱入治，是"当天地穷极之所必变，变则通，通则久"❷，这时，通变之义主要表现为顺时，即顺应天地剥极而复的自然趋势，不必另有作为；姤卦是由阳入阴、由治入乱，这时，通变之义主要表现为慎始，即要有"履霜之慎"❸，时刻作未然之防。复与姤、顺时与慎始虽有不同，但其作为做事过程之起点，对于通变之义的强调则是一致的。

---

❶ 邵雍：《观物外篇》卷下，《邵雍全集》第3册，第1228页。
❷ 邵雍：《渔樵问对》，《邵雍全集》第4册，第463页。
❸ 邵雍：《渔樵问对》，《邵雍全集》第4册，第463页。

无论是始生还是通变，复姤在时间上所对应的都是过程的起点。除起点外，邵雍对另外的一个时间点也特别重视，这就是过程的中点。在大圆图中，邵雍对中点的论述是通过泰否、蛊随四卦表达出来的。邵雍指出：

> 自泰至否，其间则有蛊矣；自否至泰，其间则有随矣。❶
> 泰到盛时须入蛊，否当极处却成随。❷

蛊为蛊乱之意，随为顺随之意。在大圆图中，蛊卦恰好处在由泰至否的中间点上，随卦恰好处在由否至泰的中间点上。邵雍此语是说，治世达到极盛便会中衰，乱世达到极乱便会向好，事物发展过程的中点是其盛衰转变的转折点。这种转变在根本上还是来自阴阳的消长。

邵雍通过复姤、泰否、蛊随六卦，表达了一个共同的主题，即对于时的重视。这种对于时的关注、对于因应时势的强调贯穿在邵雍的全部思考之中，构成了邵雍哲学一贯而独特的精神气质。邵雍思想整体上所具有的史的品格，在根本上正源于此，史实际上就是时。就此而言，大圆图对于邵雍并不仅仅具有象数意义，而是同样具有义理的内涵，邵雍在其中寄寓了自己对于自然人事之理的认识。❸

---

❶ 邵雍：《观物外篇》卷下，《邵雍全集》第3册，第1240页。
❷ 邵雍：《桃李吟》，《伊川击壤集》卷六，《邵雍全集》第4册，第86页。
❸ 关于流行，另有一个需要说明的问题。朱子弟子曾经发现，在大圆图中，十二辟卦彼此之间并不是按照固定的距离排列，而是相隔有疏有密（《朱子语类》卷六十五，第1619页）。这似乎意味着大圆图不足以表达阴阳流行的道理。其实，情况恰恰相反：十二辟卦在大圆图中的出现位置反而说明大圆图忠实地表达了阴阳流行之理，只不过这种阴阳流行是直接表现在每一爻之上的，大圆图是一阴一阳之义在爻层面上的体现。至于十二辟卦不是等距排列，则是由于一阴一阳的爻变导致十二辟卦的位置间隔呈现为指数关系之故（陈睿超：《北宋道学的易学哲学基础》，第101页）。

作为"天地万物之理，尽在其中矣"❶的总纲，大圆图在邵雍处具有重要的地位。除了定位与流行，邵雍关于卦变、成卦、卦爻之数、历法之数等问题的讨论，往往也以大圆图为背景。这些内容，前文已有论及，此处不再赘述。

（二）先天方图

所谓先天方图，指的是圆方合图中的矩形部分。从画法上看，方图是将大圆图按照由乾至复、由姤至坤的顺序分为八节，从下至上排列而成。与圆图相比，邵雍对方图的论述相对较少，但仍指出了若干值得注意的规律。

邵雍《大易吟》云：

> 天地定位，否泰反类。山泽通气，损咸见义。
> 雷风相薄，恒益起意。水火相射，既济未济。
> 四象相交，成十六事。八卦相荡，为六十四。❷

邵雍认为，《说卦》"天地定位"一节不仅可以用来描述小圆图的方位，而且同样可以描述方图的方位。在某种程度上，该节在方图中甚至可以得到更为具体的落实。首句"天地定位，否泰反类"是说乾坤分别居于西北角和东南角，而两者相交而成的否泰两卦恰好与乾坤相对，分别居于西南角和东北角；类似地，第二句"山泽通气，损咸见义"是说艮兑分别居于第二层之东南角和西北角，由艮兑三画卦相交而成的损咸两卦恰好与之相对，分别

---

❶ 邵雍：《观物外篇》卷上，《邵雍全集》第3册，第1213页。
❷ 邵雍：《大易吟》，《伊川击壤集》卷十七，《邵雍全集》第4册，第350页。

居于第二层的东北角和西南角；第三句"雷风相薄，恒益起意"是说震巽分别居于第四层也就是图中心的东南角和西北角，由震巽三画卦相交而成的恒益两卦恰好与之相对，分别居于第四层的西南角和东北角；第四句"水火相射，既济未济"是说坎离分别居于第三层之东南角和西北角，由坎离三画卦相交而成的既济未济两卦恰好与之相对，分别居于第三层的东北角和西南角。这样，从东北以至西南，刚好是乾、兑、离、震、巽、坎、艮、坤八卦，从西北以至东南，刚好是由八经卦所生的泰、损、既济、益、恒、未济、咸、否八卦，两者相加，正所谓"四象相交，成十六事"。八经卦而生六十四卦，正所谓"八卦相荡，为六十四"。对于方图这种两两相对、层层嵌套的特点，朱子曾有感叹："盖为是自两角尖射上与乾坤相对，不知得怎生恁地巧。"❶

以上主要是定位的规律，除此之外，方图中同样存在流行的规律。在方图中，每行从右至左，下卦不变，上卦按照乾、兑、离、震、巽、坎、艮、坤的顺序逐次变化；每列从下至上，上卦不变，下卦按照乾、兑、离、震、巽、坎、艮、坤的顺序逐次变化。这表明，自西至东、自北至南，存在着稳定的由阳转阴的次第。对于这种流行的规律，邵雍有十分有趣的揭示：

　　乾七子，兑六子，离五子，震四子，巽三子，坎二子，艮一子，坤至阴故无子。

　　乾七子，坤六子，兑五子，艮四子，离三子，坎二子，震一子，巽刚故无子。❷

---

❶ 黎靖德编：《朱子语类》卷六十五，第1613页。
❷ 邵雍：《观物外篇》卷上，《邵雍全集》第3册，第1178页。

"乾七子"以至"坤至阴故无子",是说在方图中,从右至左,乾宫乾卦以下有七卦,兑宫兑卦以下有六卦,以至坤宫坤卦居于最左,其下无卦。"乾七子"以至"巽刚故无子",是说在方图中,最外层乾宫从右至左,乾卦以下有七卦,坤宫从上至下,除去乾宫已经计算过的泰卦,坤卦以下有六卦;类似地,第二层兑卦以下有五卦,艮卦以下有四卦,以至第四层震卦以下有一卦,而巽卦其下无卦。与此相似,《观物外篇》"乾坤七变"、"兑艮六变"、"离坎五变"、"震巽四变"与"日有八位而用止于七"、"日有八位而数止于七"❶云云,表达的也都是同样的含义。从七子至无子,从七变至四变,看起来只是卦数多少的变化,反映的实质却是阴阳消长流行的次第。

比较圆图与方图可知,就形制上说,两者一圆一方,显然有所不同;就方位上说,圆图阳在南而阴在北,方图阴在南而阳在北,无疑也有区别。❷这种区别在根本上反映的是邵雍对两图身份与功能定位的差异:邵雍根据天圆地方的观念,以圆图象天,以方图象地;相应地,象天的圆图多用来表征四时等时间问题,而象地的方图多用来表征四方等空间问题。圆方两图在功能和主题上虽有差异,但在表达主题的形式方面又颇有相通之处:两者都是围绕定位与流行这两种形式展开的。所不同者,只是两者内部的主次有别:圆图是以流行为主,定位为次;方图是以定位为主,流行为次。借用朱子的说法,圆图是"流行中有对待",方图是"定位中

---

❶ 邵雍:《观物外篇》卷上,《邵雍全集》第3册,第1179页。
❷ 邵雍云:"天之阳在南而阴在北,地之阴在南而阳在北。"(《观物外篇》卷上,《邵雍全集》第3册,第1209页)张行成解释云:"天南高北下,阳在南而阴在北,故先天圆图位乾于南,位坤于北也;地北高南下,阳在北而阴在南,故先天方图位乾于北,位坤于南也。"(《皇极经世观物外篇衍义》卷五,《景印文渊阁四库全书》第804册,第131页)

有对待"❶。从两图在定位与流行问题上的区别与相似,可以看到天道与地道作为同本而异质的两种存在之间的差异性与同一性。❷

(三) 后天图

邵雍认为,《说卦》之中记载了两种八卦方位。一种是"天地定位"的伏羲八卦方位,一种是"帝出乎震"的文王八卦方位。后者用图式表示出来就是通常所谓的《后天图》:❸

图 14 《文王八卦圆图》(据《易学启蒙》,《朱子全书》本)

前文已经说明,这一图式并非邵雍首创,而是早在先秦已经出现。历代易学以卦气说为视角,对于《说卦》"帝出乎震"一段各卦所

---

❶ 见胡方平:《易学启蒙通释》卷上,第 101 页。
❷ 见胡方平:《易学启蒙通释》卷上,第 101 页。
❸ 对于邵雍的先天卦图与卦序,另一类研究着眼于其在后世中西文化交流中的影响,以及其中可能蕴涵的数学或逻辑原理(Ryan, James A. "Leibniz' Binary System and Shao Yong's *Yijing*", *Philosophy East and West*, Vol.46, No.1 [1996]:59–90;张西平:《莱布尼茨和白晋关于二进制与〈易经〉的讨论》,《中国哲学史》,2020 年第 6 期;徐百兴:《试论〈易经〉先天序的数学描述》,《周易研究》,1996 年第 1 期)。

居方位也早有解说。邵雍在这方面的贡献,不在于将八卦方位绘制成图,也不在于在卦气说的框架下对各卦所居方位作补缀性的解释,而是在于改变了看待问题的角度。

在邵雍看来,"帝出乎震"一段固然是关于方位的论述,但这种方位并不是古已有之,而是后出的产物。邵雍认为,伏羲八卦产生于先天之时,文王八卦产生于后天之时,后者是在前者所代表的时势已经改变的情况下建立的一种新的秩序。因此,对于文王八卦的解释,重点不在于向卦气说中寻找文王八卦所以如此居位的根据,而在于从由先天到后天的历史转变中寻找伏羲八卦与文王八卦之间所以要如此转换的根由。这样,邵雍就将"帝出乎震"的方位纳入到了先天后天的历史视野之中,在与伏羲八卦方位的比较中呈现出了这一方位说的新的意义。这是邵雍的首发之见,也是邵雍关于文王八卦诠释的重点所在。

总体上讲,邵雍认为伏羲八卦与文王八卦之间是根本与发用的关系。《观物外篇》云:

> 乾坤纵而六子横,易之本也;震兑横而六卦纵,易之用也。❶

"乾坤纵而六子横"是指伏羲八卦,"震兑横而六卦纵"是指文王八卦。邵雍认为,伏羲八卦是乾坤居中,为易之根本,代表的是先天之时皇道无为无造的状态;文王八卦是六子用事,为易之发用,代表的是后天之时王道兴作有为的状态。在邵雍看来,文王八卦的这种用的特质在其方位中有明确的体现。《观物外篇》云:

---

❶ 邵雍:《观物外篇》卷上,《邵雍全集》第3册,第1208页。

> 易者，一阴一阳之谓也。震兑，始交者也，故当朝夕之位；离坎，交之极者也，故当子午之位；巽艮，虽不交而阴阳犹杂也，故当用中之偏位；乾坤，纯阳纯阴也，故当不用之位。❶

震兑为阴阳始交，居东西朝夕之位；坎离为交之极，得上下中位；巽艮不交而犹杂，当两隅偏位；乾坤全无交，故退居不用之位。可以看出，文王八卦方位在根本上就是按照用的原则布置的。这揭示了文王八卦"用"的特质与主题。

文王八卦的用来自何处？或者说，用在根本上是如何产生的？细读可知，上段中，邵雍对于文王八卦之用的论述总是与"交"这一概念紧密联系在一起：从乾坤到巽艮、震兑再到离坎，阴阳相交的程度从无到有，由浅入深，故其所能发挥的功用也逐渐增大。二者之间的这种关联在邵雍的其他论述中也有提到。《观物外篇》云："至哉，文王之作《易》也！其得天地之用乎？故乾坤交而为泰，坎离交而为既济也。"由此来看，文王八卦之用在根本上就来源于阴阳之交，交以致用构成了文王八卦的整体精神取向。这与伏羲八卦有微妙的区别。在伏羲八卦中，尽管六子卦同样是阴阳相交而生，但八卦各自两两居于相对而非相交之位，居于用事之位的又是阴阳未交的乾坤，伏羲八卦因此在整体上具有了"为本""不用"的特征，伏羲八卦方位在根本上也更突出"对待"而非"流行"的特点。❷ 两者之间的这种区别，为理解先天与

---

❶ 邵雍：《观物外篇》卷上，《邵雍全集》第3册，第1208页。"纯阳纯阴"，《邵雍全集》作"纯阴阳"，据吴坚校改。

❷ 余敦康先生指出，伏羲八卦按照对待的原则排列，文王八卦按照流行的原则排列，对待是流行的基础。这样，从对待到流行的转化就是先天到后天的转化（《汉宋易学解读》，第267—268页）。

后天的差异提供了一条可资思考的线索。

从伏羲八卦到文王八卦的变化,在根本精神上也就是从不用到用的变化。这种转化在卦位上具体是如何实现的,仍有待于解释。对此,邵雍有所论及。《观物外篇》云:

> 至哉,文王之作《易》也!其得天地之用乎?故乾坤交而为泰,坎离交而为既济也。乾生于子,坤生于午,坎终于寅,离终于申,以应天之时也。置乾于西北,退坤于西南,乾统三男而长子用事,坤统三女而长女代母,坎离得位,兑震为耦,以应地之方也。王者之法,其尽于此矣。❶

这是认为伏羲八卦方位系从文王八卦演变而来。不过,邵雍只是笼统地提出"置乾于西北,退坤于西南""乾统三男而长子用事,坤统三女而长女代母,坎离得位,兑震为耦"的原则,至于上述原则究竟应如何实现,以及这样转换有什么根据,邵雍都未加细论。后来,包括朱子在内的历代学者对此多有推敲❷,蔚成专门之学,但都难以尽通。这当然不是因为邵雍的方位学说有多么奥妙,以致千百年来的学者尽皆无法通晓,而只是因为两种方位之间原本就没什么实质性的联系。从本质上讲,文王八卦方位是早已有之的经验性的传统,伏羲八卦方位却是邵雍根据"一分为二"的成卦成图方法人为构造出的新方案,两者在内容和历史上都不存在真实的源流转换关系。对于一种不存在的关系,自然也就不可

---

❶ 邵雍:《观物外篇》卷上,《邵雍全集》第3册,第1207页。
❷ 参见张克宾:《朱熹易学思想研究》,人民出版社,2015年,第195—202页。

能提供关于其内在逻辑的严格可信且唯一的证明。❶ 就此而言，包括邵雍的解释在内，所有对于伏羲八卦与文王八卦方位的探讨都难说有纯粹客观意义上的绝对真实的根据，而不过是一种阐释或发挥而已。

---

❶ 李光地对此有较为中肯的评论，指出《后天图》是《易》之本图，并非《先天图》变出《后天图》："《后天图》儒先原不曾讲明。朱子《答袁机仲》云：'《后天图》思之终不得其解，与其枝离附会，不如阙之以待知者。'可见朱子亦不敢自信。其余诸儒所说卦位，不过依着震东兑西、离南坎北说过，何曾说出缘故来。当初只有此图，并无'后天'之名，因邵子传出《先天图》，遂别此为'后天'。如今因分《先天》《后天》，又以《后天》为《先天》变出来的。多读些古书者，知道以前原无《先天》之说，至诋邵、朱为杜撰。而笃信宋儒者，读书又从宋截断，不思汉、唐以来，就说得未必是。然源流在此，不特好处要知道，就是不好处亦要知道。所以读书贵多，不端是考究，却是源流，不可不知耳。读宋以后书者，不知《后天》即《易》之本图，非先有《先天》而变为《后天》也。读汉、唐以来书者，又不信《先天》，以《先天》为于《易经》之外以意造出者。二者皆不是。"（《榕村语录》卷十一，中华书局，1995年，第200页）

第 6 章

体　用

任何关于某种哲学体系的研究，必定要围绕其核心概念范畴而展开。能否辨别一种哲学的核心概念所在，并加以论析发明，可说是判定该项研究是否合格的基本标准。在邵雍哲学中，体用就是这样一组核心概念。略加浏览即可发现，无论是在《观物内篇》《观物外篇》《渔樵问对》等论著中，还是在《击壤集》的诗句中，体用都是频繁出现、极为醒目的。这组概念广泛应用于邵雍的易学、自然哲学、历史哲学与政治哲学之中，几乎涵盖了邵雍哲学的全部领域，以其诠释性的功能和复杂多样的意涵将宏大庞杂的邵雍思想串联组织成一个有内在关联的逻辑整体。可以说，体用概念是邵雍哲学的一大关键与特色。

然而，就是这样一组居于核心地位的概念，却在中国哲学史的研究中长期地被忽略了。自 20 世纪初以来，关于邵雍的专门或通史研究不少，但在论述中触及邵雍的体用范畴者，寥寥无几。这种情况或许与研究角度和体例有关，即邵雍哲学往往被作为一种易学思想加以处理，而在易学史的视角下，显然没有体用的特别位置；即使是在思想史、哲学史的研究中，体用也常容易被邵雍思想中那些看起来更具特色的其他概念所淹没。对于体用概念的忽视导致了邵雍哲学研究长久以来的尴尬处境：面对一位与周张二程并列的哲学家，除易学思想之外，在其哲学体系中居然难以找到表达其核心观点的重要概念，难以发现其思想体系由以落实的主要架构；这样，邵雍思想的独特性、深刻性与系统性难以通过既有研究得到真正揭示，也就不足为奇了。类似的研究非但没有彰显出邵雍哲学的品质，反而滋长了某种怀疑：除易学成就外，邵雍在什么意义上算是一位真正的哲学家？与周张二程相比，邵雍在哲学上的贡献究竟何在？这些问题，都有待于在体用论的背景下重新加以思考和回答。

尽管关于邵雍体用论的研究不多，但这一问题毕竟还是引起了一些学者的重视。就视野所及而言，前此较为重要的研究主要有：钱穆先生曾经论及《观物外篇》有关体性的段落，将其与朱子的理气论作了类比；❶蒙培元先生较早注意到了邵雍的体用范畴，并对其区别于哲学史上一般体用概念的特殊性作了讨论；❷陈来先生对邵雍体用、体性范畴的独特含义有进一步揭示，并指出了朱子在这一问题上对于邵雍的继承；❸高怀民、王铁先生从易学角度对体用有所探讨；❹更加系统的对于邵雍体用论的阐述，则至杨立华先生《宋明理学十五讲》而始见。此书在邵雍一章中专辟三节，对邵雍的体用论特别是"体以四立""用因三尽"等命题作了细致梳理和透辟分析。❺此外，陈睿超对体用概念也有较深入的讨论。❻这些研究为进一步理解邵雍的体用范畴提供了助力。但诸书皆非专论邵雍，限于篇幅或主题，其间仍有未发之蕴，值得作进一步探讨。以

---

❶ 钱穆：《濂溪百源横渠之理学》，《中国学术思想史论丛》第5册，第63—64页；《宋明理学概述》，第42—45页。
❷ 蒙培元：《理学范畴系统》，第152页。
❸ 陈来：《宋明理学》，第97—98页。
❹ 高怀民：《宋元明易学史》，第75—82页；王铁：《宋代易学》，第72—73页。
❺ 杨立华：《宋明理学十五讲》，第69—86页。
❻ 陈睿超：《北宋道学的易学哲学基础》，第122—134页。

下，本章就在前人研究的基础上，重新审读邵雍哲学中的体用概念，对这一范畴的来源、含义与功能做系统的辨析。

一　体用前史

体用不仅仅是邵雍哲学的核心概念，同时也是整个中国哲学当中最为重要的范畴之一。这一概念并非邵雍独创。在邵雍之前，体用已经历了长期复杂的演变过程，具备了丰富多样的内涵。这种"前史"构成了邵雍体用概念的重要思想背景，同时也为在比较中把握邵雍的体用思想提供了可能。在正式进入邵雍体用论之前，首先对体用概念在此前的发展状况作一番了解，是有必要的。❶

体用概念起于何时，早在宋代已经成为学者关注的问题。晁说之云："经言体而不及用，其言用而不及体。是今人之所急者，古人之所缓也。究其所自，乃本乎释氏体用事理之学。今儒者迷于释氏而不自知者，岂一端哉！"❷ 这是认为，体用并非儒家或早期中国哲学固有的范畴，而是昉自佛教。晁说之晚年信佛，颇通佛典，其说有据。南宋魏了翁亦云："六经《语》《孟》发多少义理？不曾有体用二字。逮后世方有此字。先儒不以人废言，取之以明理。"❸ 魏了翁所谓"不以人废言"，同样是指体用之说源于佛教。晁、魏之说意味着，宋人已经察觉到了体用概念的某种陌生性。此后，明末清初，顾炎武与李颙又往复辩论体用概念之出处。李颙认为体用出于佛教，顾炎武则泛引《易传》《礼记》《论语》，以证儒典早有

---

❶ 关于这一问题，前辈学者已颇多探讨，本节的讨论借重于下引各文献的论述。
❷ 晁说之：《儒言》，《嵩山文集》卷十三，第17页上至第17页下。
❸ 魏了翁：《答李监丞》，《鹤山先生大全文集》卷三十六，第17页上。

是言。李颙复信指出，秦汉经籍"言体言用者固多，然皆就事言事，拈体或不及用，语用或则遗夫体，初未尝兼举并称，如内外、本末、形影之不相离，有之实自佛书始"❶。李、顾二人所论各有得失，但就认为体用非出秦汉旧典而言，则以李颙之说为近其情。

那么，体用概念究竟从何而起？学者研究指出，正如晁说之、李颙所言，先秦典籍虽有言体言用之处，但并不曾将体用对举。❷极少的形式上的对举之处，如《荀子·富国》所谓"同宇而异体，无宜而有用"，细绎其文，亦非体用对言，而是宇与体对言，宜与用对言。在这个意义上，先秦时期的体用显然尚未成为一种被自觉到的、彼此关联的概念。体用概念的某种萌芽似乎到了汉代特别是汉末曹魏时方才出现。❸司马谈《论六家要旨》云："其术以虚无为本，以因循为用。"❹这里，本是根本之意，用是应物之意，其含义与后世所谓体用已有相近之处。不过，本用毕竟不同于体用，体用在此时尚未被明确提出。及至曹魏时期，体用对举的说法才真正产生。顾炎武所引《参同契》"春夏据内体，秋冬当外用"之语或可当一例；❺此外，王弼《老子注》"虽贵以无为用，不能舍无以为体"❻

---

❶ 李颙：《答顾宁人先生》，《二曲集》卷十六，中华书局，1996年，第149页。
❷ 蒙培元：《理学范畴系统》，第149页；景海峰：《中国哲学体用论的源与流》，《深圳大学学报》（人文社会科学版），1991年第1期。
❸ 需要说明的是，先秦西汉虽然尚无体用对举之说，但已经出现了不用与用的对举。《庄子》《淮南子》等道家典籍多言之。后文可知，邵雍实际上就是以不用与用来理解体与用。在这个意义上，邵雍的体用论可以说是既承继了汉魏以来的体用论传统，又接纳了早期道家关于用与不用的思考。相关讨论，详见本章第三节。
❹ 司马迁：《史记》卷一百三十，第3292页。
❺ 见李颙：《答顾宁人先生》，《二曲集》卷十六，第152页。岛田虔次先生则认为《参同契》此条不能纳入严格意义上的体用论的范围（《关于体用的历史》，《思想与文献：日本学者宋明儒学研究》，第50页）。
❻ 见楼宇烈：《王弼集校释》上册，第94页。"舍"，瓦格纳认为当从韩康伯，作"全"（《王弼〈老子注〉研究》，杨立华译，江苏人民出版社，2009年，第547页）。

之语，同样显示出某种体用对举的倾向。然而，《参同契》与王弼著作中的体用对举都仅此一例，可见此时的体用虽然开始在相互关联的意义上为人所认识，但尚未普遍化为一种广泛使用的范畴，尚未在当时的哲学中占据主要位置。需要特别注意的是，在这种萌芽中，体用的含义并不能等同于后世常见的本体与现象或本质与表现之义。从先秦至汉魏，无论是单言的体，还是体用组合中的体，在根本上都是形体之义，而非抽象的本体或本质；类似地，用也只有一般的功用、作用之义，而没有特指现象或表现的意涵。一言以蔽之，体用在此时都是就具体事物而言，这与后世以抽象与具体、本体与现象之别来理解体用的思路有巨大的差异。❶

汉末曹魏时的体用萌芽并没有得到完全独立的发展。此后兴起的、成为后世中国哲学话语主流的体用概念，基本是佛教主导影响下的产物。岛田虔次先生通过细致的文本考察指出，此种主流的体用概念大约出现在南北朝中期"五六世纪之交"，"主要是在与佛教相关的著作中显著出现"❷。就此而言，"那种认为中国佛教的体用论完全是受了魏晋玄学的影响之后才产生的观点，恐难成立"❸。

---

❶ 关于早期文献中的体的含义，参见张岱年：《中国古代哲学中若干基本概念的起源与演变》，《张岱年全集》第 5 卷，河北人民出版社，1996 年，第 96 页。关于王弼体用论的研究，参见林采佑：《略谈王弼体用范畴之原义："有体无用"之"用体论"》，《哲学研究》，1996 年第 11 期；李晓春：《王弼"体用论"述真》，《兰州大学学报》（社会科学版），2010 年第 4 期。

❷ 岛田虔次：《关于体用的历史》，《思想与文献：日本学者宋明儒学研究》，第 53 页。一般认为，中国哲学的体用论与印度佛教的体相用思想存在密切关联。在中国佛教的译籍中，体相用较早见于《大乘起信论》。岛田先生指出，《大乘起信论》真谛译本在时间上晚于《弘明集》的编纂，而《弘明集》已经收入了体用的论述。这意味着，体用思想在中国佛教中的出场可能要比通常认识的情况更加复杂。

❸ 景海峰：《中国哲学体用论的源与流》，《深圳大学学报》（人文社会科学版），1991 年第 1 期。关于梵文与佛教中的体的含义，参见沈顺福：《体用论与传统儒家形而上学》，《哲学研究》，2016 年第 7 期。

南北朝以降❶，在佛学兴起并与中国固有思想融汇的过程中，体用逐渐成为当时哲学的核心话语。从梁武帝与沈绩明确以体用并举，到天台宗智𫖮以理事训体用、吉藏提出"体用相即"，再到华严宗以至为系统、细密的体用学说演成其本体论，最后，禅宗以"体用不二"容摄定慧，总结而归于实践，自南北朝至隋唐，体用概念的建立、丰富与完善主要皆出佛教学者之手。❷这一过程中，佛教不同时期、不同学派的体用观念间固有差别，但总体来说，其所谓体用都是性相、理事之义，所强调的都是自性与形相、本体与现象之别。换言之，佛教所谓体用，总是强调体为抽象、为本体、为本、为真，用为具体、为现象、为末、为幻。同时，佛教所谓自性，多指佛性或精神性的本体，故其所谓体用之体，也往往在普遍抽象的本体意义之外，同时具有了精神性的含义。与汉魏之际的体用论相比，佛教的体用论在概念内涵和问题关注上都不相同。两者虽然名目一致，实际上却是两套彼此各异的概念话语。按其内容与特色之别，或许可以将主要受到佛教影响的以区分自性与形相、本体与现象为特征的体用思想称为"本体论"的体用论，而将自汉魏以来的以形体与功用之分为主要内容的体用思想称为"形质论"的体用论。❸

---

❶ 汤用彤先生认为，"魏晋以讫南北朝，中华学术界异说繁兴，争论杂出，其表面上虽非常复杂，但其所争论，实不离体用观念"，玄学、般若六家七宗乃至僧肇都在这一线索之中（《汉魏两晋南北朝佛教史》，《汤用彤全集》第1卷，河北人民出版社，1999年，第250页）。岛田虔次先生提出，王弼所谓体用与后世主流的体用根本不同；僧肇也只是将用与寂对言，而不是将用与体对言；此外，僧肇同时代的佛教文献也不曾将体用对举（《关于体用的历史》，《思想与文献：日本学者宋明儒学研究》，第44—53页）。

❷ 参见景海峰：《中国哲学体用论的源与流》，《深圳大学学报》（人文社会科学版），1991年第1期。

❸ 关于佛教的体用论，另参牟宗三：《佛家体用义之衡定》，《心体与性体》上册，上海古籍出版社，1999年，第490—564页。

尽管佛教的"本体论"的体用论逐渐成为时代思想的主流，但魏晋以降，仍有一些学者接续了旧有的形体与功用意义上的"形质论"的体用传统，其说不绝如缕。此种体用论大抵可以分为两类：一是反佛者言，一是传《易》者说。前一种体用论主要见于南朝齐梁时期的范缜。范缜《神灭论》有"形者神之质，神者形之用，是则形称其质，神言其用"❶之语。其所谓质用，即体用之义。范缜不以体为本体、用为现象，而以体为形体、用为精神，这恰好颠倒了佛教体用概念的含义，转与汉魏旧说相近，也为体用范畴赋予了形体与精神的新的内涵。❷但范缜的核心关注并不在于发挥体用思想，而在于驳斥佛教的神不灭论，体用意义上的用的概念在《神灭论》中出现不多，并未得到充分发展。而且，严格来说，范缜所言乃是质用，尚未明确以体用并举；反过来，以今所见而言，系统的同提并举的体用概念恰恰是作为论战另一方的沈绩等人较早提出的。❸总体来看，范缜之说固然丰富了体用的内涵，但言说未详，体用概念的含义尚未得到充分发显，在概念使用上也没有形成持久而有影响的力量。❹

后一种体用论主要见于易学传统中。由于王弼易学在魏晋以后代有传授，其体用思想也就因此得以传布下来。❺韩康伯在

---

❶ 范缜：《神灭论》，见僧祐编：《弘明集》卷九，《四部丛刊初编》，第4页下。
❷ 在汉魏之际的体用论中，用只是一般意义上的功用，没有明确的精神含义。范缜以用指精神，可能是受到了佛教影响下的时代思潮关注形神问题的影响。
❸ 沈绩云："既有其体，便有其用。语用非体，论体非用。用有兴变，体无生灭者也。"（萧衍：《立神明成佛义记》，沈绩序注，僧祐编：《弘明集》卷九，第3页上）
❹ 张岱年先生提到，王弼以后、范缜以前，西晋袁准有"性言其质，材言其用"之语，与王、范相近（《中国古典哲学概念范畴要论》，《张岱年全集》第4卷，第517页）。
❺ 王弼的体用思想源出于其《老子注》，以韩康伯为代表的后世学者却用此说以注《易》，这是此种思想在流传中发生的变化。

《系辞注》中曾经援引其说❶,孔颖达在《周易正义》中也有沿用。《周易正义》解《系辞注》"八卦备天下之理",云:"夫八卦备天下理者,前注云备天下之象,据其体;此云备天下之理,据其用也。"❷ 这里,孔颖达以物象为体,以物理为用,就是在形体与功用的意义上使用体用概念。❸ 韩康伯、孔颖达而外,唐代崔憬对这种意义上的体用概念亦有阐述。相较于韩、孔诸家,崔憬的阐释更为详细明确。其《易探玄》解《系辞》"形而上者谓之道,形而下者谓之器",云:

> 凡天地万物皆有形质。就形质之中,有体有用。体者即形质也,用者即形质上之妙用也。言有妙理之用以扶其体,则是道也。其体比用,若器之于物,则是体为形之下,谓之为器也。假令天地圆盖方轸为体为器,以万物资始资生为用为道;动物以形躯为体为器,以灵识为用为道;植物以枝干为器为体,以生性为道为用。❹

崔憬以体为形质,以用为该形质之功用,无疑是承继了王弼以来的形体与功用意义上的体用传统,而其所举诸例又丰富了体用概念的含义:用不仅可以指一般意义上的器物功用,还可以指事物

---

❶ 韩康伯解《系辞》"鼓万物而不与圣人同忧",云:"圣人虽体道以为用,未能全无以为体。"(《王弼集校释》下册,第542页)
❷ 孔颖达:《周易正义》卷八,《十三经注疏》,第178页。
❸ 需要注意的是,《周易正义》也在道器的意义上使用体用概念。孔颖达云:"故以无言之,存乎道体;以有言之,存乎器用。"(《周易正义》卷首,《十三经注疏》,第16页)这里的道体与器用,就不同于形体与功用,而是更近于形上与形下或本体与现象之义。两种意义的体用有别,需要细加辨析。
❹ 见李鼎祚:《周易集解》卷十四,第442—443页。

的精神机能、内在生性乃至天地的生生之德,其范围得到了大大的拓展。尤其值得注意的是,崔憬以体为形之下,以用为形质上之妙用,这就将体用明白分置于形下与形上的层次,王弼处尚不甚清晰的体用的含义与结构,在崔憬的注释中得到了更清楚的厘定。崔憬这一解释的本质是将体用与《系辞》中的道器联系起来理解❶,体用由此在《周易》传统中找到了明确可供类比的思想资源,获得了更为广泛的诠释空间。与邵雍相比,崔憬的体用论虽仍不够系统,但基本结构已经初备,可以认为是中国固有哲学的体用论在唐代的一次重要发展。❷

无论是范缜在反佛思想中表达出的体用观念,还是魏晋以来易学传统中的体用思想,在根本上都属于"形质论"的体用论。"形质论"的体用论与前述"本体论"的体用论一起,构成了汉魏以来体用论的两种基本形态。两者相比,"本体论"的体用论是此间之主流,其影响不仅及于隋唐,宋明理学的兴起与发展也深受其渐染,程颐所谓"体用一源,显微无间"❸,以及此后宋明理学在形上学和心性论上的主要建构方式,在根本上都是遵循着本体与现象、抽象与具体的模式❹,尽管其学的内容与最初引入这种

---

❶ 同样是将体用与道器相关联,崔憬以体为器、以用为道,与孔颖达以体为道、以用为器恰好相反。

❷ 关于韩康伯、孔颖达、崔憬的体用论,参看林采佑:《略谈王弼体用范畴之原义:"有体无用"之"用体论"》,《哲学研究》,1996年第11期。关于体用论历史的整体研究,除上引文献外,另可参见方克立:《论中国哲学中的体用范畴》,《中国社会科学》,1984年第5期。

❸ 程颐:《易传序》,《周易程氏传》,《二程集》下册,第689页。

❹ 张岱年先生指出:"宋代哲学中,所谓体表指永恒的根本的深微的东西;所谓用表指流动的从属的外发的东西。体是永恒的基础,用是外在的表现。"(《中国古典哲学中若干基本概念的起源与演变》,《张岱年全集》第5卷,第98页)这种体用结构对于整个宋明理学的主流都是成立的。

体用思想的佛学之间无疑有着本质的差异。与"本体论"的体用论不同,"形质论"的体用论用意不在于区分性相、理事,而是重在分析经验事物的存有与活动方式,分别一事物自身结构之中之为形质性或能动性的因素。如果说"本体论"的体用论重在揭示"性理"、"空理"或"天理",那么,"形质论"的体用论的重点则在于分析"物理",求得对于经验事物的特性规律的确切把握。这是两种体用论的一个差异。两者的另一区别在于:"本体论"的体用论在存在与价值上都以体为本,以用为末;"形质论"的体用论则恰恰相反,以体为消极、被动、次要的因素,而以用为动力的根源与价值的导向。在"本体论"的体用论占据主流的情况下,隋唐以来的"形质论"的体用论通过体用这一佛教常用、此前中国哲学固有传统也已有其端倪的概念来表达其思想,实际上构成了对佛教话语的回应。这一点,在此后邵雍的体用论中获得了更加明确的自觉。

以崔憬为代表的"形质论"的体用论一方面上承汉魏以来的思想传统,另一方面也在一定意义上构成了邵雍的先声:邵雍以体为形体,以用为功用❶,又以精神灵识乃至天地之道为用,及其以用为本的价值倾向,都与"形质论"的体用论相似,尤与崔憬之说相近;邵雍选择体用概念组织和建构起自己的哲学,其中似乎同样也暗蕴了对于佛教理论的某种批判性态度。在这个意义上,邵雍的体用思想可说是内在于"形质论"的体用论的传统之中,而以佛教式的"本体论"的体用论为其对话乃至对治的对象。不

---

❶ 蒙培元先生指出,宋明理学中,体用论主要是本体性的,"只有邵雍和其他理学家不同","从形下象数学的角度",在"形体"—"功用"的意义上大量讨论了体用问题(《理学范畴系统》,第152页)。关于邵雍体的概念的含义,本章第三、四节有更加详细的讨论。

过，这并不意味着邵雍之说完全是从崔憬等人发展而来。实际上，邵雍的体用论自有其直接的思想源头，上述"形质论"的体用论更多是作为一种先在的思想背景而存在。另一方面，邵雍与旧有的"形质论"传统固然颇有相似，但两者之间的差别同样不容忽视。"形质论"的体用论，只是就一物而区分其形体与功用；邵雍的体用论，在一物当中的体用关系外，则尚有两物彼此互为体用的论述。"形质论"的体用论，不过是依文解经、因而及之的片断，不构成系统的论述；邵雍的体用论，则贯穿在其哲学的几乎全部面向之中，自身就成为一种理论体系。无论是就内涵的丰富性还是就理论的系统性而言，邵雍体用论的成就，都远远度越了此前"形质论"的体用论，而将其推展至了一个新的高度。

二 体用来源

上一节对秦汉至北宋中国哲学中体用概念的发展演变作了简要的梳理，指出其间存在"本体论"与"形质论"两种不同模式。邵雍的体用论，可说是内在于"形质论"的体用论的传统中，而以"本体论"的体用论为其立言所针对的对象。但这两种体用论都不构成邵雍思想的直接源头。如果说"本体论"与"形质论"的体用论本身已经是较为成熟的哲学语言的话，那么，邵雍的体用论在最原初的意义上并不直接是一种哲学概念，而是声音之学当中的一种特有术语，经过邵雍的提纯与发挥之后方才成为一种哲学范畴。邵雍的体用论对此前的思想传统固然有所继承，但更多是从其观物的自然哲学出发，自出机杼、自无而有地建立起来的一套新的哲学思想。此前的一些研究由于没有注意到邵雍体用概念的这一声音之学的来源，往往直接以哲学史上此前旧有的体用论模式泛论套解邵雍之说，甚至对"本体论"与"形质论"两种体用概念之间的差别也不加区分，其结果自然是不乏混淆误解之处，邵雍思想也就因此而无法真正呈现出其条理井然的脉络。只有从邵雍体用思想的源头出发加以梳理，才能理解体用概念的确切含义与邵雍运思立论的内在逻辑。以下，本节首先说明邵雍体用概念的真正来源在于其父邵古的声音之学；以此为基础，后两节再对邵雍体用思想的两种主要含义——事物内部整体与部分的体用关系、事物之间彼此对待的体用关系——给出系统的梳理与辨析。

前文第四章曾经指出，邵雍的思想对于其父颇有继承，其中非常重要的一方面即在于对邵古声音之学"全数""用数"概念的借鉴。《伊川丈人正音叙录》云：

> 日数十，月数十二，星数十，辰数十二。金数十，土数十二，火数十，水数十二。进日星金火之全数，退月辰土水之全数，是谓正律之用数；进月辰土水之全数，退日星金火之全数，是谓正吕之用数。以正律之用数协正吕之用数，是谓正音之用数；以正吕之用数和正律之用数，是谓正声之用数。正律之用数一百一十二，正吕之用数一百五十二，正声之用数万有七千二十四，正音之用数万有七千二十四。❶

《观物内篇》中有与此十分相似的一段：

---

❶ 张行成：《易通变》卷十九，《景印文渊阁四库全书》第804册，第453页。

太阳之体数十,太阴之体数十二,少阳之体数十,少阴之体数十二;少刚之体数十,少柔之体数十二,太刚之体数十,太柔之体数十二。进太阳、少阳、太刚、少刚之体数,退太阴、少阴、太柔、少柔之体数,是谓太阳、少阳、太刚、少刚之用数;进太阴、少阴、太柔、少柔之体数,退太阳、少阳、太刚、少刚之体数,是谓太阴、少阴、太柔、少柔之用数。太阳、少阳、太刚、少刚之体数一百六十,太阴、少阴、太柔、少柔之体数一百九十二;太阳、少阳、太刚、少刚之用数一百一十二,太阴、少阴、太柔、少柔之用数一百五十二。❶

两段文字的结构完全一致,概念也彼此对应:《观物内篇》所言太阳、少阳、太刚、少刚以及太阴、少阴、太柔、少柔之体数,分别相当于《正音叙录》进日星金火或月辰土水之全数之后的结果;《观物内篇》所言太阳、少阳、太刚、少刚以及太阴、少阴、太柔、少柔之用数,分别相当于《正音叙录》所言正律或正吕之用数。具体来说,即❷:

《观物内篇》	《正音叙录》
太阳、少阳、太刚、少刚体数 10	日、星、金、火数 10
太阳、少阳、太刚、少刚体数之和 40	日、星、金、火之全数 40
太阴、少阴、太柔、少柔体数 12	月、辰、土、水数 12
太阴、少阴、太柔、少柔体数之和 48	月、辰、土、水之全数 48
太阳、少阳、太刚、少刚之体数 160	进日、星、金、火之全数 160

❶ 邵雍:《观物内篇》,《邵雍全集》第 3 册,第 1171—1172 页。
❷ 下表中,《正音叙录》虽不曾明确提及 40、48、160、192 之数,但基本的概念、数字与运算方法已经全备,诸数推而可知。

续表

《观物内篇》	《正音叙录》
太阴、少阴、太柔、少柔之体数 192	进月、辰、土、水之全数 192
太阳、少阳、太刚、少刚之用数 112	正律之用数 112
太阴、少阴、太柔、少柔之用数 152	正吕之用数 152

可以看出,《观物内篇》的体数、用数正是从《正音叙录》的全数、用数而来。❶ 这里,全数与用数最初都是音韵学上的特有概念。

就全数来说,在《正音叙录》中,顾名思义,全数是全体之数,指的是日星金火与月辰土水各自具有的全部音素之数。日星金火与月辰土水相互配合,象征天声与地音相互唱和,所构成的全数,即是理论上全部音节的总数。邵雍以体数对应于全数,故在《观物内篇》中,体数也具有类似的含义。如"太阳之体数十""太阳、少阳、太刚、少刚之体数一百六十",即是说太阳之整体或太阳、少阳、太刚、少刚之整体,其数分别是十与

---

❶ 严格来讲,邵雍体数概念的含义又与邵古所谓全数不同,而更显复杂。在邵古处,全数只对应于 40 或 48 这两个数字("日星金火之全数""月辰土水之全数"),既不用以指称组成这两个数字(40/48)的更为基本的 10 与 12 两数("日数""月数"),也不用以指称由这两个数字(40/48)所组成的更大的 160 与 192 两数("进日星金火之全数"云云只是运算步骤,并非名词概念)。这样,邵古的全数概念虽然略显简单,但也避免了可能出现的歧义。与此不同,在邵雍处,体数一词不仅对应于 40 或 48 这两个数字("太阳、少阳、太刚、少刚之体数"),而且还用以指称组成这两个数字(40/48)的更为基本的 10 与 12 两数("太阳之体数""太阴之体数"),以及由这两个数字(40/48)所组成的更大的 160 与 192 两数("太阳、少阳、太刚、少刚之体数""太阴、少阴、太柔、少柔之体数")。较之邵古,邵雍的体数概念以一名而兼三义,概念的复杂与含混程度因而大幅增加。后来,邵伯温在《皇极系述》中对邵雍此说作了调整,将最基本的太阳、太阴 10 与 12 之数直接称为阴阳刚柔之"数",将"数"所组成的 40 与 48 两数称为"本数",再将"本数"所组成的 160 与 192 两数称为"体数"(《性理大全》卷八)。这样,不同数字之间就有了明确的名目以相互区分,而体数也得以恢复其全体之数的基本含义。本书所谓体数,皆指全体之数。

一百六十。这里所谓体数之体，乃是整体、全体之意。

就用数来说，其在声音之学中的含义是，天声与地音相互唱和而形成音节，在所形成的音节数目之全体当中，有一些音节有声有音且有字，另外一些音节无声无字或无音无字。[1] 所谓有声有音且有字，是说该音节声母、韵母俱全，人能够发出该音节，且该音节上恰好有文字与其对应；所谓无声无字或无音无字，是说按照开发收闭、平上去入的组合，该音节理论上本当有其声母或韵母，但由于人的语言系统的特殊性，其声母、韵母中的一方或两方并不能现实地、生理地为人所发出，这样，该音节无法发音，自然也就没有文字与其对应。有声有音且有字者可以通过声音文字得到表达发显，为人所感知；而无声无字或无音无字者则完全缺乏表现的形式与可能，不能为人所感知，只相当于虚位。[2] 邵雍对上述等韵学意义上的、邵古未曾明白道出的含义加以阐明和推广，将前者称为用数，将后者称为不用之数，而将两者所组成的整体称为体数。故《观物外篇》中，如"天之体数四而用者三，不用者一也"，即是说用数与不用之数共同构成了天之体数的整体。这里所谓用数之用，乃是发用、发显、可感知之意。

由上可见，邵雍的体数、用数概念原是本于邵古声音之学中的全数和用数。邵雍之所以将全数、用数改称为体数、用数，一

---

[1] 邵雍的声音概念与今日有所不同。邵雍所谓声，约略相当于今日所谓韵母（包括声调），所谓音，约略相当于今日所谓声母，恰好与通常理解的声母韵母概念相反。在声音之学部分，《皇极经世》用白色圆框〇表示有声无字，用白色方框□表示有音无字，用黑色圆框●表示无声无字，用黑色方框■表示无音无字。

[2] 对此，南宋祝泌有较为精当的概括："其有声有音者虽无字，皆洪纤高下之物遂其生育者也；若有声而无音及有音而无声，则天地不相倡和，独阴不生，独阳不成，虽图有其位，寔无其物也。"（《观物篇解》卷四，《景印文渊阁四库全书》第805册，第105页）当然，"寔无其物"者毕竟"图有其位"，只是不能发显，并不是不存在。

来是有意接合此前的体用论传统；二来，更关键的是，全数只能表达整体之义，而体数在此之外还能表达形体之义，这样，邵雍体用论的两重含义——整体与部分、形体与功用——就能同时在体的概念中得到收摄。体用由此成为邵雍哲学当中的一组极具包容性和诠释力的概念。

在邵古处，全数与用数原本只是对等韵学中一组音节内部发音情况的描述，只具有单纯的声音之学的含义；而邵雍则从具体的声音问题中看到了体用（体数、用数）概念所具有的普遍的哲学意涵：在哲学上，体用是对物的描述，其所讨论的其实是事物内部整体与部分的关系问题，具体来说，是事物整体与自身当中发显、发用、主动、可感知的部分的关系问题。邵雍认为，在一个或一类事物当中，总是既有发显、发用、主动、可感知的部分，又有隐微、静止、被动、不可感知的部分，两者共同构成了该事物的整体。在邵雍看来，以体用为视角展开分析，能够辨清一事物功用的来源，认识其内在结构与活动方式；进而，如果将体用这一思考模式从一事一物推广到万事万物，人也就能够对整个天地以及天地与具体事物之间的结构与关系有所把握。事物的这种结构与特性，就是"物理"。通过将体用从原本的科学概念抽象为更加普遍的哲学范畴，邵雍为自己经由"观物"而认识"物理"的哲学进路提供了方法和内容上的支持；通过将从声音之学中抽象而得的体用这一诠释性的视角反过来应用于其观物实践，邵雍对自然、人事与经典等不同主题也给出了结构性的解释，为自己宏大的思想赋予了内在的统一性。可以说，体用概念乃是邵雍哲学之中一组极为关键的范畴，而这一范畴的源头，就在邵古的声音之学当中。

不论是就宋明理学的传统而言，还是就整个中国哲学史的宏观视角来看，邵雍体用哲学的建立方式都堪称特殊。历史上极少有哲学家像邵雍一样，主要凭借从自然科学中提纯出的概念，自无而有地建立起自己哲学的根基。这显示出邵雍深厚的自然知识积累和卓绝的哲学思辨能力。从时代的宏观背景来看，邵雍以其体用概念对物的具体而深刻的分析为基础，在穷晓物理方面达到了渊博精深的地步，这实际上是在"物理"的层面上应和或者说预示了即将到来的道学时代对于"理"的普遍关注。从邵雍哲学的微观结构来说，由自然科学之中得来的全新的体用概念，也在相当程度上保有了思想初生时的张力。借助这一"洗得崭新"❶的概念，我们能够特别清晰地感受到邵雍思想在内容和风格上不同于此前传统之处，也更容易真切入里地把握到邵雍思想的内涵与主旨之所在。接下来，本章就围绕邵雍体用论的两种具体内涵，展开更深入的论述。

三 体四用三

在邵雍哲学中，体用具有两种最基本的含义：其一是事物内部整体与部分的体用关系，其二是事物之间彼此对待的体用关系。两者相比，不仅体用概念的意涵有所不同，问题意识也有差异。本节先论第一义。

如前所述，邵雍从邵古声音之学全数与用数提炼而来的体用概念，就是整体与部分的体用关系。这一意义上的体用关系构成了邵雍体用思想最为原初且基本的意涵。对于这种体用关系，邵

---

❶ 杨立华：《宋明理学十五讲》，第196页。

雍的论述主要围绕体用比例而展开。所谓体用比例，是说在一个整体中，发显、发用的部分占有怎样的数量比例。就其性质而言，体用比例实际上是一个具体科学的问题，但其中又蕴有哲学理论生发的空间。邵雍对于这一问题的回答，直接根植于其自然哲学特别是声音之学的思想资源。

在邵雍看来，体用之间有着怎样的比例关系？《观物内篇》有言：

> 太阳、少阳、太刚、少刚之体数一百六十，太阴、少阴、太柔、少柔之体数一百九十二；太阳、少阳、太刚、少刚之用数一百一十二，太阴、少阴、太柔、少柔之用数一百五十二。❶

根据《观物内篇》，太阳、少阳、太刚、少刚体数是160，用数是112，以112除以160，所得为十分之七；太阴、少阴、太柔、少柔体数是192，用数是152，以152除以192，所得亦约为十分之七。这里，《观物内篇》对于万物之数的论述是本于邵古的声音之学。换用声音之学的语言，上述数字关系的含义可以得到类似的解释：天声共有160种，其中有声者112种，占总体的比例为十分之七；地音共有192种，其中有音者152种，占总体的比例亦约为十分之七。这样，从万物之数和声音之学两个维度都可以得出同样的结论：在一整体中，发用的部分占整体的数量比例为十分之七。这一结构可以称为"体十用七"。十分之七在数值上与四分之三接近。后者以四为分母，以三为分子，既与邵雍以二为

---

❶ 邵雍：《观物内篇》，《邵雍全集》第3册，第1171—1172页。

基础、主张"《易》有真数,三而已"❶的易学系统相兼容,又与"圆者径一围三""方者径一围四"❷的方圆之数相契合,故而邵雍取其约数,将"体十用七"约略记为"体四用三"。❸如果说在邵古处,体十用七或者体四用三还只是声音之学的内部规律,那么,邵雍则将这一结论从具体的声音之学推广至万事万物,认为体四用三是普遍存在于一切事物之中的原理。其意是谓:在任一事物中,发用、发显的部分占整体的比例总是四分之三,余下的四分之一则是静止而隐微的。邵雍关于事物内部整体与部分的体用关系的全部论述,主要就表现为体四用三一义。

（一）体四

体四用三有怎样的哲学含义？不妨通过拆解的方式,分别对这一命题中的体、用与不用三个概念略作分析。

就体四而言,邵雍认为,任何事物依其特性总是由四个部分组成,"体以四分"❹是事物存在的基本形式。❺例如:

1. 关于有广延的存在物：邵雍举例说,"日月星辰交而天之

---

❶ 邵雍:《观物外篇》卷下,《邵雍全集》第3册,第1220页。
❷ 邵雍:《观物外篇》卷上,《邵雍全集》第3册,第1190页。
❸ 邵雍并未完全抛弃体十用七之说。上引《观物内篇》论天地四象体数一段,以及《观物外篇》论昼夜长短、体数交数与《先天图》结构的段落,都仍采取体十用七的结构。对邵雍来说,体十用七与体四用三在意义上并无区别,选择的标准只在于何者在数字上更为切合,更便利运算（《观物内篇》,《邵雍全集》第3册,第1171—1172页;《观物外篇》卷上、卷下,《邵雍全集》第3册,第1181、1184、1234页）。
❹ 邵雍:《观物外篇》卷下,《邵雍全集》第3册,第1244页。
❺ 包安乐（Anne D. Birdwhistell）注意到体四的基础性,说："这些"四体"（four major aspects）,作为"物、事或力量"意义上的"实体"（entities）,"无法被还原到任何其他的实体中去"（Transition to Neo-Confucianism: Shao Yung on Knowledge and Symbols of Reality, Stanford: Stanford University Press, 1989, p.48）。

体尽之矣""水火土石交而地之体尽之矣"❶，即天地之形体各自是由日月星辰、水火土石四部分组成。

2. 关于存在物的运动变化：邵雍举例说，"暑寒昼夜交而天之变尽之矣""雨风露雷交而地之化尽之矣"❷，即天地的运动变化各自具有暑寒昼夜、雨风露雷四种形式。

3. 关于时间：邵雍举例说，"昊天之四府者，春夏秋冬之谓也"❸，即一年总是由春夏秋冬四个季节构成。

4. 关于道德：邵雍认为有仁义礼智四种条目。

5. 关于治道：邵雍认为有皇帝王伯四种形态。

所谓体四，实际上并不拘泥于四这个特定的数字，而是可以沿四分的方向继续向下分类，如天地的功用有生长收藏四种，四者搭配，则有生生、生长以至藏收、藏藏十六种情况。❹ 又如治道有皇帝王伯四种形态，如果进一步细分，则可分为皇皇、皇帝以至伯王、伯伯十六种更为具体的样态。❺ 甚至，四分法也不限于四

---

❶ 邵雍：《观物内篇》，《邵雍全集》第3册，第1146—1147页。
❷ 邵雍：《观物内篇》，《邵雍全集》第3册，第1147页。
❸ 邵雍：《观物内篇》，《邵雍全集》第3册，第1151页。
❹ 邵雍：《观物内篇》，《邵雍全集》第3册，第1151—1152页。
❺ 邵雍：《观物内篇》，《邵雍全集》第3册，第1173页。《观物内篇》提到元之元、元之会以及皇之皇、皇之帝这样的复合概念："元之元，以春行春之时也；元之会，以春行夏之时也""皇之皇，以道行道之事也；皇之帝，以道行德之事也"。春夏秋冬、道德功力分别对应于元会运世、皇帝王伯，故上述复合概念可以近似地表达为：甲之乙，即以甲行乙。所谓以甲行乙，是说在甲的境遇下行乙时所当行之事。如所谓皇之帝，即指在皇的大时段下，按照帝之时的具体方案施政云为。邵雍这种说法有其来源，《春秋繁露·五行五事》即谈到当春夏秋冬之时，行其余三季之政，会造成诸种灾异（苏舆：《春秋繁露义证》卷十四，中华书局，1992年，第392—393页）。更早，此种学说在《管子》四时教令的体系中已有出现（黎翔凤：《管子校注》卷十四，中华书局，2004年，第843—844页）。邵雍从中提炼出四分之法，而去其灾异之义。在董仲舒原本的语境里，甲与乙完全是并列关系；在邵雍的解释中，元/皇统摄元会运世、皇帝王伯，甲与所统摄的甲乙丙丁之间实际上形成了主次、统属的关系，即前者是主要的、第一级的分类，后者是在前者内部所作的次一级的划分。

的平方倍，而是只要是四的整数倍，都可以被认为与体有关。例如，《观物外篇》所谓"体者八变，用者六变，是以八卦之象不易者四，反易者二，以六卦变而成八也"❶，这里，作为体的八卦就是四的二倍。

对于邵雍的四分法，朱子曾有评论，称赞邵雍"一举眼便成四片"❷，又引蔡元定之语，谓："季通尝云：'康节若做，定是四公、八辟、十六侯、三十二卿、六十四大夫，都是加倍法。'想得是如此。想见他看见天下之事，才上手来，便成四截了。"❸可以看出，体四之说在邵雍哲学中具有基础性的地位，为邵雍划分事物存在与活动的结构提供了普遍可用的框架。

前文已经说明，体四这一数字源自邵雍对声音之学的改造。这里，值得思考的是，邵雍如何为体必有四赋予一种哲学的解释？或者说，在哲学的意义上，体与四是如何关联起来的？对于这一问题的回答，需要诉诸邵雍在易学和自然观上的根本见解。邵雍认为，六十四卦与万事万物都是按照"一分为二，二分为四，四分为八"❹的规律从一个本原不断分化而来。看起来，这一序列中的不同数字之间只有量的区别，并没有质的差异，但其实并非如此。在上述序列中，四这个数字具有特别的意义：事物只有在空间的形体意义上或时间的阶段意义上具备了四体之后，才真正成形；换句话说，事物在二的阶段尚未成为其自身，只有到了四的阶段才具备了基本完整的结构。以天地为例，《观物内篇》云：

---

❶ 邵雍：《观物外篇》卷上，《邵雍全集》第 3 册，第 1177 页。
❷ 黎靖德编：《朱子语类》卷一百，第 2546 页。
❸ 黎靖德编：《朱子语类》卷一百，第 2543 页。
❹ 邵雍：《观物外篇》卷下，《邵雍全集》第 3 册，第 1196 页。

天生于动者也，地生于静者也。一动一静交而天地之道尽之矣。

动之始则阳生焉，动之极则阴生焉。一阴一阳交而天之用尽之矣。

静之始则柔生焉，静之极则刚生焉，一柔一刚交而地之用尽之矣。

动之大者谓之太阳，动之小者谓之少阳，静之大者谓之太阴，静之小者谓之少阴。太阳为日，太阴为月，少阳为星，少阴为辰。日月星辰交而天之体尽之矣。

静之大者谓之太柔，静之小者谓之少柔，动之大者谓之太刚，动之小者谓之少刚。太柔为水，太刚为火，少柔为土，少刚为石。水火土石交而地之体尽之矣。❶

按照邵雍的宇宙论，天地是由动静两种作用而生，但动静所生的只是"天地之道"，即天地的基本原则，天地的形体此时尚未具备。如果将动静视为太极的作用，那么，动静相交可以认为尚处于太极之"一"的阶段。接下来，动生阴阳，静生刚柔，进入了"二"的阶段，但阴阳刚柔所生的是"天地之用"，天地的形体在此时仍未形成。只有在阴阳刚柔各自相交而成日月星辰和水火土石、进入"四"的阶段后，"天地之体"才真正具备，其自身的统一性与确定性才得到了确立，此即所谓"四象定天地之体"❷。在这个意义上，体以四分或者体必有四的哲学含义或许可以作这样的理解：事物只有在具备形体后才能真正确立起自身的内容与边

---

❶ 邵雍：《观物内篇》，《邵雍全集》第3册，第1146—1147页。
❷ 邵雍：《观物外篇》卷上，《邵雍全集》第3册，第1200页。

界,而形体的获得总要经历从无形到有象、再从有象到落实为形体的双重步骤,即体总是象的进一步具体化或形象化,或者说,体总是象的"平方"。此即所谓"体者象之交也"❶。

体的这种具象性意味着,在体四用三这一命题之中,或者说,在事物内部整体与部分的体用关系中,体既是整体、全体,同时又总是兼有形体之义。换言之,体其实是有形之物的整体。只有在形体的意义上,体以四分的命题才能成立。需要注意的是,这里的形体是就其宽泛意义而言,既包括物理上可感知的形体,也包括思想上可把捉的对象:按"体以四分"的标准来看,邵雍所谓体,不仅指有广延的存在物("日月星辰"),也指事物的活动形式("暑寒昼夜");不仅涵盖时间空间("四时四维"),甚至连德性与历史这样看似抽象的内容("仁义礼智""皇帝王伯")也都囊括在内。简言之,体包含所有可对象化的存在。体的含义如此广泛,相应地,分的含义也要作扩大的理解。就以上条目看,邵雍体以四分的分,实际上同时容纳了物理分解、语言分疏乃至思想分析等多重含义,即任何分解性的把握方式都属于分的范围。体与分之间的这种关系,一言以蔽之,即有体者必可分,可分者必有体。由此可知,在邵雍哲学中,体指向的是一切非根源性的事物,因而是可以被分解、描述和思考的;而真正的形上者作为"无体之一""其一者无体也,是谓有无之极也"❷,则不能在广延上加以分解,或是通过分析性的语言和逻辑得到把握。这意味着,在邵雍的语言中,体用是面向形下之物的分析范畴,而有体无体则构成了邵雍哲学形上形下的分野。

---

❶ 邵雍:《观物外篇》卷上,《邵雍全集》第3册,第1200页。
❷ 邵雍:《观物外篇》卷上,《邵雍全集》第3册,第1177页。

《周易·系辞》云:"形而上者谓之道,形而下者谓之器。"中国哲学普遍将道或者本体看作超越于形器之上的存在,邵雍也不例外。然而,不同于多数哲学家的是,邵雍在推崇道的至高性的同时,却将致思的重点投向了与道相对的物,将"观物"作为自己哲学的宗旨,致力于揭示事物的条理、结构与规律。邵雍哲学因此主要是面向形下世界而展开的"物论"。这是邵雍哲学的特色。体用概念之于邵雍的意义,正在于为分析物理提供了一种可能的视角:通过体用,邵雍将自然与人事、德性与历史统统纳入物的范围而加以照察,其形下的视野由此得到空前的拓展与深化。

（二）用三

以上对体四的基本含义与哲学意涵作了分析。接下来进入关于用三的讨论。

用三的字面含义不难理解,其意是谓在任何事物中,发用的部分占整体的比例总是四分之三。前文所举体四的种种例子,往往同时也蕴涵了关于用三和不用之一的论述。这里略举数例:

1. 关于事物的形体:邵雍举例说,天体有日月星辰四部分,其中日月星皆有光芒而可见,辰则全无光芒,只是"天壤"❶,是天用以承载日月星的质料性的背景,故不可见。类似地,地体有水火土石四部分,其中水土石皆外露而可见,火则只存在于地体内部,不发显于外,故不可见。此即所谓"天辰不见""地火常潜"❷。这样,天之日月星可见而辰不可见,地之水土石可见而火不可见,正可见得

---

❶ 邵雍:《观物外篇》卷上,《邵雍全集》第3册,第1213页。
❷ 邵雍:《观物外篇》卷上,《邵雍全集》第3册,第1184页。

"天之体数四而用者三,不用者一也""地之体数四而用者三,不用者一也"❶。

2. 关于事物的运动变化:邵雍举例说,一年之中,白昼最长不过占一天的十分之七,这是因为夏至的太阳"出于寅而入于戌"❷,将日出日落时的余分计算在内,则在地之上可见的时间共计九个时辰,入于地下而不可见的时间共计三个时辰,一天白昼黑夜之比约为七比三。这样,一天中可见的时段与不可见的时段也合乎用三与不用之一的比例。❸

3. 关于时间:邵雍举例说,真正的、完整的历法本应是"天有四时,一时四月,一月四十日",但"体虽具四,而其一常不用也"❹,即体四之中发显可见的只有三者,故而从每季度、每个月中各去掉四分之一,才是日常使用的一年四季、一季三月、一月三十日的历法。

4. 关于治道:邵雍认为,皇帝王伯四者当中,皇、帝、王三者是理想的治理形态,伯者则借名争利,乃是皇道、帝道、王道缺位的状态。就治理的理想程度而言,前三者可说是道之发用之时,后者则是道之不用之时,亦合于用三与不用之一的关系。

5. 关于易学:邵雍认为,乾坤坎离四卦加上其余四卦当中的两卦,通过卦象反易就可以构成八卦的全体,此即所谓

---

❶ 邵雍:《观物外篇》卷上,《邵雍全集》第3册,第1177页。
❷ 邵雍:《观物外篇》卷上,《邵雍全集》第3册,第1234页。
❸ 邵雍此说并非凭空立论,而是有其典故。《周髀算经》卷下云:"冬至昼极短,日出辰而入申。阳照三,不覆九。东西相当正南方。夏至昼极长,日出寅而入戌,阳照九,不覆三。东西相当正北方。"(《周髀算经译注》,第143—144页)邵雍这里是借助体用概念对《周髀算经》之说作了再解释。
❹ 邵雍:《观物外篇》卷上,《邵雍全集》第3册,第1177页。

"以六卦变而成八"❶，而其余两卦则处于未发用的状态。这一卦爻关系之中也寓有用与不用的比例关系。❷

与体四类似，用三在数字关系上也不拘泥于三这个特定的数字。只要是三的平方倍或其他整数倍，都可以与用关联起来。例如上引"以六卦变而成八"，作为用的六卦就是三的二倍；而《观物外篇》所谓"重卦之象，不易者八，反易者二十八，以三十六变而成六十四也"❸，作为用的三十六卦则是六的平方倍。可以看到，用三与不用之一的结构同样普遍地贯穿在邵雍对于自然、人事与经典的解释之中。

用三有怎样的哲学意涵？放置在与体四的关系中来看，用三值得注意的有如下几点：

第一，体用有别，用不及体。体四用三这一命题最引人注目的，当属用相较于体的不足或欠缺。用三在数字上少于体四，意味着事物总是不能"即体即用"，不能完全地实现自身，其发显、发用者较之自身整体的规模总是有所欠缺。如一年四季，春夏秋生物而冬不生，治道四端，皇帝王有道而伯无道，都是用不及体的表现。❹这样，邵雍实际上是以数字的方式承认了用之为有限、不完美的必然性，并认为这种必然性来源于事物本有的存在结构。由此也就可以理解，在邵雍看来，四季必有不生物之冬季、治道必有不生人之霸道，此种不完美的状况并非自然或统治者有意为

---

❶ 邵雍：《观物外篇》卷上，《邵雍全集》第3册，第1177页。
❷ 关于体四用三在邵雍易学中的体现，参见高怀民：《宋元明易学史》，第87页。
❸ 邵雍：《观物外篇》卷上，《邵雍全集》第3册，第1177页。
❹ 这种欠缺性是一种范围上的欠缺性，而非高度上的欠缺性；换句话说，用不及体的欠缺性在于体不能将自身的全部规模发显为用，而不在于体不能实现最高的用。例如，一年四季春季最佳，治道四端皇道最善，一年必有春季，皇道也确曾见用，但这并不能使得一年中不经历冬季，或历史中不存在霸道的时段。

之，而是物理之必然，是自然与人事固有限度的体现。换言之，用不及体的必然性只与物理有关，而与主体无涉。这种体用论导向的必然是一种审慎而节制的自然观和历史观，是对于人力之为有限的承认。邵雍所言"凡事为之极，几十之七，则可止矣"❶，即此之意。前文提到的邵雍对于霸道的有限肯定，其哲学上的根据亦在于此。

第二，用非定数，三为上限。邵雍认为，用不仅不及体，而且用之三还是用所能达到的上限，在实际的发用中，用并非时时都能达到这一高度。在上引夏至日白昼长度的例子中，可以清楚地看到，"七比三"是一年中白昼与黑夜长度之比所能达到的最高限度，除了夏至日这一天，一年中绝大多数时间昼夜之比都低于此数。这意味着，体四用三是对用的最高界限的刻画。在这种最高限度中，用的实现程度虽然看似"不够理想"，但却是可能限度内"最理想"的状况，用不及三才是常情。为什么会存在用不及三的情况？这是因为，与用不及体的必然性只和物理有关而和主体无涉的情况不同，用非定数在本质上是对主动性的说明，其中存在着自然与人事的分野。如果说自然的确定性为用常为三提供了一定意义上的保证的话，那么，人事之中则可以更加明显地看到用不及三的情形。例如，在邵雍的历史哲学中，治道有皇帝王伯四种，"最理想"的情况应当是四者各占历史总体的四分之一。但实际的情况却是，东周以降，王道浸衰，最强盛的汉唐也不过是"王而不足"❷，一千余年间，历史多数时间都处于霸道的状态，这与霸道只占治道四分之一的"理想"比例并不相应。王道之不

---

❶ 邵雍：《观物外篇》卷上，《邵雍全集》第3册，第1212页。

❷ 邵雍：《观物内篇》，《邵雍全集》第3册，第1170页。

作，显然并非理数如此，而是人事不修、统治者不行王道的缘故。而统治者所以不行王道，根源在于无行王道之心。在这个意义上，可以认为，物理决定了用的上限，人心决定了用的下限。

第三，用为主动，用以显体。在关于用非定数的讨论中，用不是某种恒定的状态，而是有待于实现的结果。就此而言，用可以被认为是主动性发显、发用的结果，或者说，用就是主动性本身。在物理的限度内，用的实现程度之高低标志着主动性程度之高低。以上是就用为主动而言。另一方面，就用以显体来说，邵雍又认为，在一整体中，能够发显、发用的是用，有待于用来彰显、照亮的是体，用在彻底发显的同时也就呈露了物之整体。这里，作为整体的体是某种被动的、客体性的、有待主动性发显或照亮的存在，这与前文提到的体的形体义正相呼应。这一道理在易学中有所体现：举例来说，邵雍指出，"不易者四"加"反易者二"，不需要其余两卦，就可以凭借六用卦而变出八体卦；"不易者八"加"反易者二十八"，不需要其余二十八卦，就可以凭借三十六用卦而变出六十四体卦。❶ 作为整体的八卦与六十四卦由于内含的不用之一的存在，原本处于没有完全显露的状态；其全部显露，并非由于不用之一变而为用，而只是由于六用卦或三十六用卦的充分实现之故。就此来说，可以认为，用虽不及于体，但用总是对体的照亮，且体的完全彰显即寓于用的充分实现之中，或者说，事物规模的完全呈现就寓于其主动性的充分实现之中。

第四，物有等次，以用为本。除了上述事实层面的内涵，体四用三还有价值层面的含义。在体四中，不同部分在价值等次上

---

❶ 邵雍：《观物外篇》卷上，《邵雍全集》第3册，第1177页。

有着高下之别。例如，天有日月星辰，四者在光亮程度上逐次递减；治道有皇帝王伯，四者在理想程度上也是逐次降低。❶ 这里，事物价值的高低取决于自身发用程度的高低。用邵雍的语言来说，此即"体以用为本"❷，即用为体确立了价值的标准。❸ 用是主动性的代称。邵雍以用为本，表现出对于主动性的充分肯定，是将主动性的实现作为价值的源泉。

更进一步思考：同样是用的发显状态，其间是否又有价值的高下之别？答案是肯定的。邵雍所谓用，有物理之用，有人事之用。自然现象中体现出的发用，如天地结构、卦爻关系，与主体无涉，乃是物理之用；人事当中体现出的发用，如道德升降、治道隆污，出于人心之营为，乃是人事之用。总体说来，邵雍是认为人灵于物，人事之用高于物理之用，前者较之后者体现出了更高的主动性，具有更高的价值等次。人之中，又以圣人之用为最高。在邵雍的价值谱系当中，人兼于万物，能够以"一一之物当兆物之物"，而圣人又兼于万人，能够以"一一之人当兆人之人"❹，故圣人之用乃是最高之用，是价值的最高尺度。圣人能以"心代天意，口代天言，手代天功，身代天事"❺，赞天地之化育，

---

❶ 这里，价值等次与存在状态是同一的，价值最高者同时也处在存在序列的顶端。

❷ 邵雍：《观物外篇》卷上，《邵雍全集》第 3 册，第 1192 页。

❸ "体以用为本"的另一面是"用以体为基"。《观物外篇》云："著者用数也，卦者体数也。用以体为基，故存一也；体以用为本，故去四也。"（《邵雍全集》第 3 册，第 1192 页）这里所谓"用以体为基"，是说只有作为体的六十四卦已经具备，占筮才成为可能；否则，就可能出现占筮所得的某一卦自身却不存在的悖论。可见，体比用更基础，构成了用之展开的前提。这里所谓"体以用为本"，则是说卦爻以占筮为用，占筮是卦爻制作的目的。可见，用比体更重要，构成了体之存在的方向。杨立华先生指出，体以用为本是体以用为目标之意，"表面看来，体更根本，但实际上，用更重要"（《宋明理学十五讲》，第 70、72 页）。

❹ 邵雍：《观物内篇》，《邵雍全集》第 3 册，第 1148 页。

❺ 邵雍：《观物内篇》，《邵雍全集》第 3 册，第 1149 页。

故圣人之用同时也就是天地之用。这种大用,邵雍又称之为神。与神同体的用其实已经不再属于严格意义上的、面向具体存在物的体用范畴,而是形上者的别称。在体用范畴中,用能够以体四用三的数字加以描述;而作为形上者的神,却无法通过任何语言或逻辑得到分析,这种"不可得而测"的"神用"❶,正是用的最高状态、主动性的充分发显与价值的完全实现。

(三)不用之一

在完成了对体四与用三的分析之后,最后来讨论不用之一。

前文已经说明,不用之一指事物当中静止而隐微的部分。例如,天有日月星辰,不发光、不可见的辰就是天体当中的不用之一;治道有皇帝王伯,无道的、价值缺失的霸道就是治道当中的不用之一。事物之所以存在用不及体的情况,正是因为有不用之一存在。如果说用是对事物之主动性的说明,那么,就其完全不能发用而言,不用之一则是对事物之被动性或客体性的指称。

作为被动性或客体性的不用之一很容易让我们将其与前文谈到的体的形体义联系起来。其实,不用之一的存在正解释了为什么整体会具有形体之义:整体的形体就是自身结构中的不用之一。换句话说,正是不用之一作为整体当中的形质性因素,阻碍了用的实现,构成了事物的被动性或客体性的来源。❷

---

❶ 邵雍:《观物外篇》卷上,《邵雍全集》第3册,第1212页。

❷ 为表示不用之一的形质性、被动性与客体性,邵雍认为不用之一乃是事物当中与自身的用的倾向最不相合者。例如,天体有日月星辰,其中作为少阴的辰与以太阳为代表的其他部分在倾向上正相反对。这成为了用将自身彻底化的障碍。不过,与天体不同,关于地体,邵雍的说法似乎略显矛盾。一方面,邵雍将地之火看作与天之辰同样的隐而不现者,这样,火应属于不用之一的范畴;另一方面,邵雍又认为天反不见是"隐其体",地火不见是"藏其用",这样,火似乎又该划入用的范围。(转下页)

按照前述以用为本的价值标准，在一事物中，不用之一的形质性最强，而发用程度最弱，似乎是某种"累赘"。既然如此，邵雍为什么还要设置这一特殊的存在结构？如果这一结构是有意义的，那么，不用之一在被动性或客体性之外，就应该还具有某种尚不为人所了解的身份与功能。对于这一问题的考察，要从探究不用之一概念的出处开始。

邵雍所谓不用之一，是取自王弼对《周易》的注释。韩康伯解《系辞》"大衍之数五十，其用四十有九"，引王弼说云：

> 演天地之数，所赖者五十也。其用四十有九，则其一不用也。不用而用以之通，非数而数以之成，斯《易》之太极也。四十有九，数之极也。夫无不可以无明，必因于有，故常于有物之极，而必明其所由之宗也。❶

王弼认为，其一不用者指的是大衍筮法占筮过程开始时置于一旁、不参与具体运算的那一根蓍草，这根蓍草就是《易》之太极。太极不是有具体形象的存在物，比于太极的蓍草也不是运算过程的实际参与者，此即其"不用"之义；但同时，太极又使得具体事物的存有和活动成为可能，不参与筮法运算的这一根蓍草也为大衍筮法展开提供了必不可少的条件，此即其"不用而用以之通，非数而数以之成"之义。其一不用是通过自身的不发用成就了事物之用。

王弼的其一不用，相当于邵雍的不用之一。张行成解释邵雍

（接上页）如何理解这种矛盾？我们认为，邵雍所谓"藏其用"，重点在"藏"（不用）而不在"用"；而且，作为太刚，地火与天辰相似，乃是事物当中与其整体的用的倾向最不相似的部分。因此，火仍应作为不用之一来理解。

❶ 楼宇烈：《王弼集校释》，第547—548页。

不用之一的含义，说：

> 天有四时，冬不用；地有四方，北不用；人有四体，背不用。虽不用而用以之生。
>
> 以一岁而言，冬三分不用；以一日而言，夜三分不用：皆以存本也。存本不用，用乃不穷。故人作事不可尽，常留十之三可也。若为之极，后来不可复措手矣。
>
> 天下之理，用必存本。用而丧本，其用必穷。❶

冬季容蓄生机，春夏秋遂得以长养万物；万物夜晚宴息，白昼遂得以兴作活动。与王弼类似，邵雍的不用之一也是通过自身的留白来为用创造条件。用所以能够不致穷竭，正是因为不用之一没有现实地发挥功用；否则，如果不是"存本不用"，而是"用而丧本"，用也就将失去自身成长、回复的根源。这种"为他"而非"自为"的身份，以及由"不用"而来的"用以之生"的功能，正是邵雍设置不用之一的用意所在。❷

---

❶ 张行成：《皇极经世观物外篇衍义》卷一、卷三、卷八，《景印文渊阁四库全书》第804册，第40、81、167页。

❷ 王弼《周易注》只是以不用为用的条件，《老子注》则提出用不可穷竭的思想："穷力举重，不能为用。……冲而用之，用乃不能穷。"（《王弼集校释》，第10—11页）邵雍不用之一的理论绾结了这两脉的思想资源。这种对于不用的强调并不始于王弼。张行成认为，扬雄罔直蒙酋冥之说已蕴涵了类似的观念："扬子云以北为玄而统三方，以三方为天地人，北方有罔有冥，亦五数也。冥当不用之一，三者之所息，藏乎密也。罔当无体之一，四者之所生，出乎虚也。冥终罔始，息而复生，'有本者如是'也。"（《皇极经世观物外篇衍义》卷一，《景印文渊阁四库全书》第804册，第40页）再往前，《淮南子·说山训》"物之用者必待不用者"与《庄子·知北游》"用之者假不用者也，以长得其用"，已经明确表达出对于用与不用关系的理解。更早，则《老子》已有"道冲而用之或不盈"以及"有之以为利，无之以为用"的说法。可以说，对于不用或者无的重视是《老子》以来道家哲学的共识。在这方面，邵雍通过王弼接续的是道家的思想传统与问题意识。

邵雍的不用之一是取自王弼，但对于这一概念的定位，两者的认识并不完全相同。在王弼看来，其一不用乃是"非数"，相当于"《易》之太极"或者"无"，是形而上的存在。❶ 而对邵雍来说，不用之一只是形下的数；真正的形上者，乃是不用之一所象征的无体之一。《观物外篇》开篇云：

> 天数五，地数五，合而为十，数之全也。天以一而变四，地以一而变四。四者有体也，而其一者无体也，是谓有无之极也。天之体数四而用者三，不用者一也；地之体数四而用者三，不用者一也。是故无体之一以况自然也，不用之一以况道也，用之者三以况天地人也。❷

此段是对《老子》第二十五章"人法地，地法天，天法道，道法自然"的模仿。可以看出，正如道是对自然的效法，不用之一也是对无体之一的况拟，两者之间是象征与被象征的关系。张行成指出："不用之一即无体之一降而在我者也。"❸ 这表明，无体之一才是邵雍哲学中的最高存在，不用之一只是无体之一在形下层面上的体现。其实，从体四是由用三和不用之一构成也可以看出，不用之一只是与用三并立的形下之物。这样，"不用而用以之生"

---

❶ 在王弼易学中，其一不用被与另外的四十九根蓍草并置于大衍之数内，看似不脱数的身份。其实，这只是注释文本的限制使然。从王弼整体的定位来看，其一不用显然不在形而下的数的层面。
❷ 邵雍：《观物外篇》卷上，《邵雍全集》第 3 册，第 1177 页。
❸ 张行成云："凡物未生之初，必因无体之一以为本；既生之后，当存不用之一以为本。不用之一即无体之一降而在我者也。"(《皇极经世观物外篇衍义》卷一，《景印文渊阁四库全书》第 804 册，第 40 页）

主要就是事物内部的联系。❶ 这与王弼哲学的情况颇有不同：如果说王弼关于用与不用的探讨处理的是本与末、形上与形下的关系，那么，邵雍关于用与不用的论述则主要只涉及末或者形下的层面，是对事物本身的刻画。邵雍对王弼哲学所作的这种改造，与其"观物"而非"论道"的宗旨密切相关。

在邵雍哲学中，用与不用虽同处于形下的层面，但不用之一作为无体之一的象征，还是具有更根本的地位。不用之一与形上者颇为相似：不用之一静止不动，而形上者超乎动静，也呈现出"太极不动"❷的特征；不用之一是事物之用的承负者，而形上者作为一种必然的存在道路或方式，也构成了万物之用的承担者。❸这样的相似关系，邵雍每以"体几于道"和"阴几于道"❹称之，

---

❶ 王弼对其一不用的定位是"不用而用以之通"，张行成对邵雍不用之一的定位是"不用而用以之生"。在这里，"通"指的是形上者对于事物之用的成就，"生"则应该主要地被理解为事物之用在形下层面上的回复。如冬季积蓄生机，春夏秋得以养育万物，这种生机的回复便是"生"。"通"与"生"可以代表邵雍与王弼在问题意识上的差别。朱子有言："康节爱说个循环底道理。"（《朱子语类》卷七十一，第1794页）所谓循环，即形下事物内部的生成与流转。这种特点在邵雍用与不用的关系中有鲜明的体现。不用与用其实是一体当中不同部分、不同阶段的关系。

❷ 邵雍云："太极一也，不动；生二，二则神也。"又云："太极不动，性也。"（《观物外篇》卷下，《邵雍全集》第3册，第1238—1239页）

❸ 不用之一的承负功能，可以见之于邵雍"天体容物，地体负物"的说法（《观物外篇》卷上，《邵雍全集》第3册，第1205页）。形上者的承负功能，可以见之于《观物内篇》："天由道而生，地由道而成，物由道而形，人由道而行。天、地、人、物则异也，其于由道，一也。夫道也者，道也。道无形，行之则见于事矣，如道路之道，坦然使千亿万年行之，人知其归者也。"（《观物内篇》，《邵雍全集》第3册，第1167—1168页）作为天地人物所共由的道路，"道"无疑具有自然与人事秩序的承担者的意味。需要说明的是，这里的道是指根本的道路，与太极、无体之一地位相当，都是形而上的存在，而与"自然—道—天地人"序列中的道不同。

❹ 邵雍云："阳者道之用，阴者道之体。阳用阴，阴用阳。以阳为用则尊阴，以阴为用则尊阳也。阴几于道，故以况道也。"又云："天体容物，地体负物，是故体几于道也。"（《观物外篇》卷上，《邵雍全集》第3册，第1189、1205页）这里的体不是指体四，而是指不用之一。关于体的这重含义，本章第四节有更详细的论述。

这是认为：作为"体"和"阴"的不用之一所具有的静止与承负的特质，是其与作为"道"的形上者之间的相似与象征关系所以能够成立的基础所在。与不用之一形成鲜明对比的是，用虽然更为活跃、在价值上更受推崇，但由于其活动、发用的特点，反而成为了静止、承负的对立面，无法承担起象征形上者的功能。与用相比，不用之一显然与形上者有着更近的距离。

不用之一与形上者的关系从根本上解释了用的来源：用是不用之所生，而不用之一所以能够发挥"不用而用以之生"的作用，是由于象征了形上者的缘故。《观物外篇》云：

> 元有二，有生天地之始者，太极也；有万物之中各有始者，生之本也。❶

太极是形上者，生之本指不用之一。这里所谓本，不是本体现象之本，而是本根枝叶之本，强调的是"元""始"之意。事物得以发用，是因为有不用之一为其提供了不竭的生息滋养。不用之一是用的根脉与开始，两者之间是本与用的关系。这种关系，前引张行成"用必存本""用而丧本"之语已有指称。这里，《观物外篇》将生之本与太极相联系，其意则在于指出，由于"不用之一即无体之一降而在我者也"，不用之一的始生功能并非自本自根，而归根结底仍是源自太极。在邵雍哲学中，用的功能在根本上还是由形上者保障的。

需要说明的是，这里的始生是指对于作为他者的用的成就，不用之一自身并没有主动性，既不能主动地创生，也不能在其自

---

❶ 邵雍：《观物外篇》卷下，《邵雍全集》第 3 册，第 1240 页。

身成就某种作用。不用之一与形上者的相似,仅仅体现在这种意义上的始生。在此之外,形上者所具有的创生、主宰与运用等主动性的内涵,不用之一皆不具备。其实,在邵雍的体用论中,真正在创生等意义上模拟形上者的不是不用之一,反而是用。这是因为:形上者的创生、主宰与运用等功能都与主体有关,都是主动性的充分实现,因而也就是用的体现。不用之一作为用的对立面,与此自然是南辕北辙。用与形上者的这种联系,在人的心性结构之中可以看得更加清楚:太极创生、主宰与运用的主动性,在人就体现为心作为思虑、官能与活动主体的主动性,故邵雍有"心为太极"❶之语。这里,"心为太极"所表达的正是"用为太极"之意。

最后可以附带说明,用虽然可以理解为心,但不用之一却不能以类似的方式等同于性,用与不用的关系并不能简单套用于心性结构之中。我们非常容易认为,不用之一与不动之性之间似乎具有某种可比性。而且,太极与不用之一的关系,似乎也让人十分自然地联想起程朱理学中天理与性的关系:在程朱"性即理"的命题中,人与物的本性就是天理(太极)之落在事物中者,这与邵雍体用论"不用之一即无体之一降而在我者也"的结构非常相似。由此来看,不用之一似乎与性正相对应。然而,两者之间的这种类比关系其实并不能够成立。这是因为,在邵雍哲学中,不用之一与性讨论的是不同的问题。邵雍所谓不用之一,只是在与用的关系当中展开的,只是对于事物存有与活动方式的说明,并不涉及事物的本性特别是道德本性的问题;邵雍所谓性,也不是像程朱理学所谓性那样具有强烈的人性善恶的含义,而是更多

---

❶ 邵雍:《观物外篇》卷上,《邵雍全集》第3册,第1214页。

地体现为作为人的自然本有的精神状态的真性、情性之义;至于邵雍所谓太极或者无体之一,更不明确具有道德的意涵。以不用之一或太极来理解性,在根本上遵循的仍然是"性即理"的思路,仍然是预设了道德本性问题在哲学中的核心地位,这与邵雍的思考路向并不相侔。其实,在邵雍哲学中,人与本原的关联主要不是通过道德本性("性即理")建立,而是通过活动的、发用的人心("心为太极")建立起来的。这反映出,与程朱理学更多关注成就天赋的道德性的性理不同,邵雍哲学更多强调的是人心的主动之义,更多关注通过人心成就至高的主动性。❶关于邵雍的心性思想,后文有更详细的讨论。这里需要提出的是,对于邵雍哲学内在理路的理解必须注意到其思想的相对特殊性,而不能不加反思地将其简单化约到某种"通用"的理学范式中去。

四 体用对待

上一节以体四用三为中心,讨论了邵雍体用关系的第一种含义,即事物内部整体与部分的体用关系。这一关系的主线是整体与其两个部分的关系(体四与用三、体四与不用之一),相较之下,整体内部两个部分彼此之间的关系(用三与不用之一)虽然也蕴涵在体四用三的命题之中,并通过用与不用的辩证关系获得了诠释,但并不处在主要位置,其含义仍有待于进一步的发掘。如果改变视角,把目光聚焦在用三与不用之一的关系上,将其看

---

❶ 戴震曾指出,宋儒以理藏于心内而为性,老庄、佛教以神居于心内而为性(《绪言》卷下,《孟子字义疏证》,中华书局,1982年,第122页)。在邵雍哲学中,性与形上者的关系更接近后者而非前者。

作两个彼此独立、相互对待的个体，并抽象掉其间的数字比例的话，那么，用与不用的关系就可以呈现出一番新的意涵。这就是邵雍体用观念的第二种含义：事物之间彼此对待的体用关系。

容易看出，事物之间彼此对待的体用关系源于事物内部整体与部分的体用关系，是后者当中不用与用的关系的进一步展开。在这里，体相当于不用之一，用相当于用三；或者，更准确地说，体不再指整体，而是指对待双方之中偏于形质性、被动性、静止性的一方，用也不再指作为体之一部分的发用，而是指对待双方之中偏于精神性、主动性、活动性的一方。显然，体用概念的含义较之此前已经发生了变化。但改变中同时也有承继，有其内在的脉络可循。在整体与部分的体用关系中，不用之一本来就是事物中的形质性因素，是体四的形体义的来源；邵雍以体来称呼不用之一，是在取消了体的整体之义的同时，突出强调了其形体之义。类似地，用三本来就是事物中的活动性因素；邵雍以用来称呼用三，是在淡化了用作为整体之部分义的同时，继承了其本有的发用之义。就此而言，对待事物之间的体用关系可以认为是整体与部分的体用关系的调整与补充。如果说整体与部分的体用关系主要涉及事物内部的纵向关系，那么，彼此对待的体用关系则将关注点转向了事物之间的横向关联。这种意义上的体用关系，在邵雍的论述中占据重要位置。

在体四用三中，体用主要是一个诠释性的范畴，是用来解释事物结构的概念工具。而在体用对待中，除诠释性的功能之外，体用还成为了被诠释的对象：邵雍既用体用来解释阴阳、水火等实体，又用动静、主从等属性或关系范畴来界定体用。体用与这些性质固定地关联在一起。体用因而在邵雍的理论中处于某种中间的地位。可以认为，体用在具有性质义的同时，也具有了某种程度的实体义；换言之，体用不仅可以用来对事物的性质作出说明，同时自身也具有了一定的关系或属性。只有这样，体用才能区别于动静、主从等纯然的性质或关系，而与其作为独立存在者的地位相一致。上述两种含义中，动静、主从等属性是体用概念所具有的意涵，可以展示理论自身的面貌；相比之下，体用对于阴阳、天地、水火、心迹等其他事物的诠释，只是体用概念的具体应用，而非其本有的含义。❶ 本节对于邵雍体用论的解读，主要着眼于体用概念自身的含义，而将其诠释和应用当作讨论由以展开的材料。以下就围绕相关概念与命题，对邵雍对待事物之间的体用关系所具有的诸种含义展开具体分析。

（一）体用动静

所谓体用动静，是指在对待的两事物中，为用的一方必为活动，为体的一方必为静止。❷ 这是对待关系下体用的一项基本含义。

用为活动、体为静止乃是体用论的通义，邵雍亦不例外。上节关于整体和部分义的体用关系的讨论已经表明，用是事物中的活动性因素，而体则具有静止的特性。这一基本态度，在邵雍对待义的体用关系中得到了同样的体现。

邵雍关于体用动静的论述，主要有两个面向：其一是论事物的形体和功用与动静这两种根本的作用的关系，其二是论事物的形体和功用与动静这两种具体的状态的关系。前一种含义可以见

---

❶ 在这些诠释中，特别值得注意的是体用与阴阳的关系。习惯上，阴阳往往被视为性质范畴，被当成对于体用的解释。其实，这种理解恰好颠倒了阴阳与体用的诠释关系。在邵雍这里，阴阳基本上是实体范畴，指的是天地间两种最为根本的物质形态。这就是说，不是阴阳解释了体用，而是体用诠释了阴阳；不是体为阴、用为阳，而是阴为体、阳为用。

❷ 凡动者必显著，凡不动者必隐微。就此而言，体用动静可以说又包有了体用隐显之义。

之于《观物吟》:

> 地以静而方,天以动而圆。既正方圆体,还明动静权。
> 静久必成润,动极遂成然。润则水体具,然则火用全。
> 水体以器受,火用以薪传。体在天地后,用起天地先。❶

动静出于太极,是自然当中两种最为根本的作用方式,包括天地在内的万物在根本上都是由于动静而形成。此即《观物内篇》所谓"天生于动者也,地生于静者也。一动一静交而天地之道尽之矣"❷之意。这里,《观物吟》所谓"静久必成润,动极遂成然。润则水体具,然则火用全",就是认为火以功用为主、水以形质为主的存在结构之所以形成,分别是由于动和静这两种根本作用的缘故。这种意义上的体用动静,讨论的是事物结构与其形成原因之间的关系问题。

相较于第一种含义,体用动静的第二种含义在邵雍的论述中更为常见。此处所谈论的体用动静,主要是在第二种含义上展开的。这种意义上的用例可以见之于上引《观物吟》"水体以器受,火用以薪传":水火相比,火以用为主,故能传薪而动,水以体为主,故能盛器而静;又可以见之于《观物外篇》:天地相比,"天主用",故天为"圆动";"地主体",故地"直方而静"❸。在这些语境中,动静不再是指天地间最为根本的生成作用,而是指事物具体的物理状态。邵雍认为,事物究竟是处在运动还是静止的状态,乃是由其自身形质或功用的主导结构决定的。事物莫不有其

---

❶ 邵雍:《观物吟》,《伊川击壤集》卷十四,《邵雍全集》第4册,第282页。
❷ 邵雍:《观物内篇》,《邵雍全集》第3册,第1146页。
❸ 邵雍:《观物外篇》卷下,《邵雍全集》第3册,第1235—1236页。

主导性的存在结构，或以形质为主，或以功用为主，其状态也就因此而确定。❶这种意义上的体用动静，讨论的是事物结构与其自然倾向的物理状态之间的关系问题。

体用动静是邵雍分析物理的一个重要维度。在邵雍著作中，凡属用者必为动，凡属体者必为静，如阳、天、火为用，故为动；阴、地、水为体，故为静。这样，体用就为动静问题提供了一个可以普遍化的解释。不过，严格来说，动由用决定、静由体决定只是简化的说法，并非究竟之言。邵雍实际上是认为，任何事物都有体用两面，事物的动静状态不是由体或用单方面决定的，而是体用之间相互作用的结果。《渔樵问对》云：

> 火以用为本，以体为末，故动；水以体为本，以用为末，故静。是火亦有体，水亦有用也，故能相济，又能相息。非独水火则然，天下之事皆然，在乎用之何如尔。❷

据此，火所以为动，并非仅仅由于用本身，而是由于用在体用对比中占据上风；水反之亦然。这样，火主用、水主体或天主用、地主体的说法，就不能简单理解为水火、天地各自具有单一的属性，而是应当看作水火、天地各自的存在结构中两种因素相互作用的最终结果。由此可见，作为宏观事物存在状态的动静范畴，其实是由事物结构中的体用对比而决定的。

---

❶ 需要注意的是，这里所谓动静，并不是泛指事物任何时刻的物理状态，而只是指事物依其本性所处的状态，是事物在没有受到外力改变时的自然倾向。在受到外力影响时，事物完全可能改变其自然的动静状态，此即水本为静，而"搏而跃之，可使过颡；激而行之，可使在山"（《孟子·告子上》）之理。

❷ 邵雍：《渔樵问对》，《邵雍全集》第4册，第456页。"水亦有用"，《邵雍全集》讹作"火亦有用"，据吴坚本改。

《渔樵问对》所言体用与动静的关系提示出，动静不仅是由体用决定，而且归根结底不是由事物之间的体用关系所决定，而是由事物内部的体用对比决定的。这意味着，事物之间彼此对待的体用关系其实并不是一种完全独立、自本自根的关系，而是以事物内部整体与部分的体用关系为基础，事物之间的体用关系可以认为是作为微观结构的事物内部的体用关系在宏观层面上的呈现和表达。换句话说，事物内部的体用关系决定了其所在的对待事物之间的体用关系，并进而决定了包括动静在内的事物的物理状态。在邵雍哲学中，体用关系由内而外，由微观而宏观，以层累的方式建构了物理，决定了世界的存在样态。

需要说明的是，在对待事物之间的体用关系当中，动静不能完全理解为近代物理学意义上的运动与静止。如果说整体与部分关系中的体用尚可以指事物内部抽象纯粹的活动性与静止性因素，那么，在宏观事物的层面上，并不存在完全运动或静止的事物。在这个意义上，对待事物间的体用动静其实应当理解为事物发用之相对活跃或收敛的状态。也就是说，体与用、动与静都应看作广义的发用之一种。例如，在天地关系中，天为用为动，地为体为静，天固然圆动不息，但地也不是完全静止。如《观物外篇》所言：

> 体数何为者也？生物者也。用数何为者也？运行者也。运行者天也，生物者地也。❶

可见，作为体的地虽然属于静的一方，但同样有其发用，其发用

---

❶ 邵雍：《观物外篇》卷上，《邵雍全集》第3册，第1185页。

即见于无声的生物过程中。

（二）体用主从

与体用动静相关，对待意义上的体用关系的另一个重要维度是体用主从。所谓体用主从，是指在对待的两事物中，为用的一方必为主动，为体的一方必为被动，两者是主体与客体的关系。更具体地来说，在邵雍的语境中，体用主从是指用作为施动者，对体有认知、运用、使动与造成的功能。

第一，就认知义而言，邵雍认为，用能知而体不能知❶，用之所知即为体；反过来说，体作为被动性、客体性的一方，为主动性用提供了可供认识的材料。体用双方的关系乃是用以体为对象、对体加以把握的关系。关于这一点，《观物内篇》有经典的表述：

> 人之所以能灵于万物者，谓其目能收万物之色，耳能收万物之声，鼻能收万物之气，口能收万物之味。色声气味者，万物之体也；目耳鼻口者，万人之用也。体无定用，惟变是用；用无定体，惟化是体。体用交而人物之道于是乎备矣。❷

这里，目耳鼻口是人的感官，具有认知事物的功能；色声气味是事物的特性，有待于人加以把握。目耳鼻口之用与色声气味之体之间，正是感知主体与被感知的对象的关系。这种意义上的体用

---

❶《观物外篇》亦言："阳能知而阴不能知。"又言："阳者道之用，阴者道之体。"（《观物外篇》卷上，《邵雍全集》第3册，第1189、1199页）在认知关系上，体用与阴阳具有相似性，可供比较。

❷ 邵雍：《观物内篇》，《邵雍全集》第3册，第1148页。

主从略近于能所之义。

第二，就运用义而言，邵雍认为，作为主动性的用能够运用、役使作为被动性或客体性的体，为自身的发用创造条件；反过来，体则为用提供了发用的材料。对此，邵雍以火之燃烧为例加以说明：

> 火无体，因物以为体。❶
> 是故凡有体之物，皆可焚之矣。❷

这是说，火以万物为形体和燃料来成就和延续自身，万物为火提供了可供燃烧的材质。二者之间，正是运用与被运用的关系。

这一运用义的体用主从关系不仅存在于事物之中，同样也见之于人与物以及人与人的关系之中。邵雍认为，人主用，物主体；圣人主用，百姓主体。人以"一一之物当兆物之物"，兼具万物之能；圣人以"一一之人当兆人之人"❸，兼具万人之能。这样，圣人就能以天下之大用而用天下万人万物之体。《观物内篇》云：

> （圣人）能用天下之目为己之目，其目无所不观矣；用天下之耳为己之耳，其耳无所不听矣；用天下之口为己之口，其口无所不言矣；用天下之心为己之心，其心无所不谋矣。❹

万人万物之目耳口鼻（心）的存在是圣人发挥其用的条件，反过

---

❶ 邵雍：《观物外篇》卷上，《邵雍全集》第3册，第1185页。
❷ 邵雍：《渔樵问对》，《邵雍全集》第4册，第456页。
❸ 邵雍：《观物内篇》，《邵雍全集》第3册，第1148页。
❹ 邵雍：《观物内篇》，《邵雍全集》第3册，第1175—1176页。

来,圣人之用也正是通过对万人万物之耳目口鼻(心)的役使而实现的。可见,万人万物之体与圣人之间,也是运用意义上的体用关系。

第三,就使动义而言,邵雍认为,体本身处在不活动的状态,其所以能够运动或发用,乃是因为用对体有所使动激发之故。《观物外篇》以身体与气血为例说明这一问题:

> 身,地也,本乎静。所以能动者,气血使之然也。❶

相较于形质性的身体来说,气血是更具活动性的因素,因而能够使身体运动起来。两者之间也是体与用的关系。

不仅体的运动是出于用的施动,体的其他更为抽象的发用形式也是由于同样的原因。如果没有用的激发,作为质料的体就不能成就其用。对此,邵雍以太阳与月亮的关系为例加以说明:"月体本黑,受日之光而白。"❷ 在《渔樵问对》中,邵雍又借渔者之口道出:"薪,火之体也。火,薪之用也。火无体,待薪然后为体;薪无用,待火而后为用。"❸ 这里,月之发光与薪之燃烧,都是由于日光或火的使动而然。❹

将使动义与前述运用义相对比,可以看出,运用义的体用关系强调用之生发,强调体为用提供了运用的材料;使动义的体用关系则强调体之发用,强调用为体带来了发用的动力。使动义其

---

❶ 邵雍:《观物外篇》卷下,《邵雍全集》第3册,第1217页。
❷ 邵雍:《观物外篇》卷下,《邵雍全集》第3册,第1235页。
❸ 邵雍:《渔樵问对》,《邵雍全集》第4册,第456页。
❹ 需要注意的是,这里的发用乃是就具体的体用关系中特有的活动方式和联系形式而言,并非专主空间运动一义。如日与月、火与薪之例所示,日对月、火对薪的使动表现为对于后者的照亮或点燃,这与后者是否发生空间距离上的运动无关。

实是运用义的反面。

第四，就造成义而言，邵雍认为，用是造成体的原因，体是用带来的结果。《观物内篇》云：

> 皇帝王伯者，《易》之体也；虞夏商周者，《书》之体也；文武周召者，《诗》之体也；秦晋齐楚者，《春秋》之体也。
>
> 意言象数者，《易》之用也；仁义礼智者，《书》之用也；性情形体者，《诗》之用也；圣贤才术者，《春秋》之用也。
>
> 用也者，心也；体也者，迹也。心迹之间，有权存焉者，圣人之事也。❶

邵雍以皇帝王伯为《易》之体，以意言象数为《易》之用；以虞夏商周为《书》之体，以仁义礼智为《书》之用。这里的体与用究竟是什么关系？《观物内篇》有所解释：

> 修夫意者，三皇之谓也；修夫言者，五帝之谓也；修夫象者，三王之谓也；修夫数者，五伯之谓也。
>
> 修夫仁者，有虞之谓也；修夫礼者，有夏之谓也；修夫义者，有商之谓也；修夫智者，有周之谓也。
>
> 修夫性者，文王之谓也；修夫情者，武王之谓也；修夫形者，周公之谓也；修夫体者，召公之谓也。
>
> 修夫圣者，秦穆之谓也；修夫贤者，晋文之谓也；修夫才者，齐桓之谓也；修夫术者，楚庄之谓也。❷

---

❶ 邵雍：《观物内篇》，《邵雍全集》第3册，第1152—1153页。
❷ 邵雍：《观物内篇》，《邵雍全集》第3册，第1152页。

这是说，在心意上做工夫者能够成就三皇的治道，在言语上做工夫者能够成就五帝的治道，等等。这里，意言象数、仁礼义智等工夫属用，皇帝王伯、虞夏商周等治道属体。用即所以成体，体乃用之所成，体用之间是造成与被造成的关系。类似地，《观物内篇》又言："道德功力者，存乎体者也；化教劝率者，存乎用者也。体用之间，有变存焉者，圣人之业也。"❶作为用的化教劝率与作为体的道德功力之间，同样是造成与被造成的关系。

可以发现，造成义的体用关系有其特指，特指的是与主体相关的情形：作为原因的用指的是主体（"用也者，心也"），作为结果的体指的是主体行为的结果（"体也者，迹也"），用与体的关系实即心与迹的关系。这种体用关系的实质是认为，主体的存心能够决定其行为的结果；或者说，主体的行迹与成效是由其存心的方式造成的。由于强调用对体的主动、决定作用，这种体用关系仍是主从关系之一种。

（三）体用高下

所谓体用高下，是指在对待的两事物中，为用的一方价值更高，为体的一方价值较低。

与动静、主从不同，高下不是一项独立的性质，而是其他性质、关系在价值上的体现。邵雍有时是根据主从确定体用的高下，在《渔樵问对》中，邵雍以薪属体，以火属用，并借渔者之口指出，如果没有火的点燃，薪虽积如丘山，也无法发挥其功用："子之薪犹吾之鱼，微火则皆为腐臭朽坏而无所用矣，又安能养人七

---

❶ 邵雍：《观物内篇》，《邵雍全集》第3册，第1155页。

尺之躯哉？"❶邵雍由此得出"火之功大于薪"❷的结论，认为用的价值功用在体之上。这里，判断体用高下的标准就在于用主而体从。

另一些情况下，邵雍则根据动静确定体用的高下。同样是在《渔樵问对》中，樵者看到"鱼利食而见害，人利鱼而蒙利"，于是得出"其利同也，其害异也"的结论；渔者则认为人与鱼都可能因求食而获利或是被害，批评樵者强分彼此，"子之言体也，独不知用尔"❸，表达出用高于体的意味。渔者所谓用，指变通、高妙的道理；所谓体，指拘滞、浅陋的意见。这里，判断用高于体的标准就在于用为变通而体为拘定。

这种体用的用例也可以见之于邵雍的诗作。《史画吟》云：

> 史笔善记事，画笔善状物。状物与记事，二者各得一。
> 诗史善记意，诗画善状情。状情与记意，二者皆能精。
> 状情不状物，记意不记事。形容出造化，想像成天地。
> 体用自此分，鬼神无敢异。诗者岂于此，史画而已矣。❹

诗中，邵雍认为单纯的历史只能记录事件，单纯的绘画只能描绘形状；如果将历史、绘画的功能寓于诗歌之中，那么，这种融合而成的文体就能超越状物、记事的层面，对情感和心意加以描摹。从"状情不状物，记意不记事"和"体用自此分"的说法来看，用显然指的是更为高妙的情与意，体则指向有定体而不能变化的

---

❶ 邵雍：《渔樵问对》，《邵雍全集》第4册，第456页。
❷ 邵雍：《渔樵问对》，《邵雍全集》第4册，第456页。
❸ 邵雍：《渔樵问对》，《邵雍全集》第4册，第454—455页。
❹ 邵雍：《史画吟》，《伊川击壤集》卷十八，《邵雍全集》第4册，第375页。

物与事。这样，体用之别仍然是变通、高妙与拘滞、浅陋的差异。

无论是在整体与部分的关系中，还是在对待的关系中，邵雍总认为用的价值更高，认为体现事物原则和导向的是用而不是体。在前者中，不用之一尚因不用而用的功能被置于特殊的地位；而在后者中，用已经完全取得了对体的优势，扬用抑体成为邵雍一贯的态度。邵雍哲学在根本上就是用的哲学。

（四）体用先后

严格意义上的体用对待，主要体现为上述动静、主从、高下诸义。在这些含义中，体用总是在物的层面上彼此对立；或者说，体用总是对于物的解释，总是可以被还原到具体存在物中，指明某一物为用，某一物为体。与此不同的是，邵雍还在先后的含义上，就道与物、心与身的关系谈及体用。由于分属形上与形下，此种体用已经不在同一个层面；不过，若就形上形下互为对立来说，则亦可看成是一种对待关系。这里不妨一并论之。

所谓体用先后，是指在道物或者身心的体用关系中，总是用先于体，由用生体。

在道物关系方面，前引《观物内篇》云：

> 天生于动者也，地生于静者也。
> 一动一静交而天地之道尽之矣。
> 动之始则阳生焉，动之极则阴生焉。
> 一阴一阳交而天之用尽之矣。
> 静之始则柔生焉，静之极则刚生焉。
> 一柔一刚交而地之用尽之矣。
> 动之大者谓之太阳，动之小者谓之少阳，静之大者谓之太

阴,静之小者谓之少阴。太阳为日,太阴为月,少阳为星,少阴为辰。日月星辰交而天之体尽之矣。

静之大者谓之太柔,静之小者谓之少柔,动之大者谓之太刚,动之小者谓之少刚。太柔为水,太刚为火,少柔为土,少刚为石。水火土石交而地之体尽之矣。❶

天地之用为阴阳刚柔,天地之体为日月星辰、水火土石。天地之用的出现不仅早于天地之体,而且天地之体就是由天地之用分化发展而形成的。《观物吟》"体在天地后,用起天地先"❷,也表达了与此类似的含义。这里,用不是指事物内在的主动性因素,而是指形成天地的根本作用。

在身心关系方面,《自余吟》云:

身生天地后,心在天地前。天地自我出,自余何足言。❸

这里,邵雍虽然没有明确使用体用的概念,但《自余吟》的"身生天地后,心在天地前",与《观物吟》的"体在天地后,用起天地先"具有明显的同构性。这意味着,身心先后其实就是体用先后的变形:作为一身之主宰,心念总是先于人的行为,人的行为与意义世界总是由心发源、塑造,这就是身心意义上的先后关系。《观物外篇》"心为身本""心能运身",以及"心为太极"❹之说,都表达了类似的意味。

---

❶ 邵雍:《观物内篇》,《邵雍全集》第3册,第1146—1147页。
❷ 邵雍:《观物吟》,《伊川击壤集》卷十四,《邵雍全集》第4册,第282页。
❸ 邵雍:《自余吟》,《伊川击壤集》卷十九,《邵雍全集》第4册,第393页。
❹ 邵雍:《观物外篇》卷上、卷下,《邵雍全集》第4册,第1214、1225页。

道物先后就生成义而言，身心先后就行为义而论，两者主题不同，但都遵循着用先于体、由用生体的原则。用先于体表达的是时间上的早晚，由用生体表达的是关系上的主从，邵雍的先后概念兼有这两方面的含义。此种含义，透露出先后与邵雍哲学中一组极为重要的概念——先天后天——的关联。

《系辞》云："先天而天弗违，后天而奉天时。"此所谓先天后天，已经兼有早晚（先后）与主从（违奉）二义。邵雍据此阐发先后天之说，言"先天之学，心也；后天之学，迹也""后天乃效法耳"❶，也认为两者是居先与处后、主动与效法的关系。此外，邵雍《推诚吟》谈道：

> 天虽不语人能语，心可欺时天可欺。天人相去不相远，只在人心人不知。
>
> 人心先天天弗违，人身后天奉天时。身心相去不相远，只在人诚人不推。❷

"人心先天天弗违，人身后天奉天时"，即《自余吟》"身生天地后，心在天地前"之改写。这种相似关系更是鲜明地揭示出先后与先天后天的同一性。先后实为先天后天之省语。

对邵雍来说，先天后天的重点不在于早晚，而在于主从，早晚只是主从关系在时间上的体现；同样地，体用先后的立意也不在于突出用在体先、体在用后，而在于强调先能生后、后由先生、先能定后、后必奉先。通过将体用分属先天后天，邵雍归根结底是要表达用对于体的决定作用。在邵雍看来，用是"妙万物为言

---

❶ 邵雍：《观物外篇》卷上、卷下，《邵雍全集》第 4 册，第 1212、1217 页。
❷ 邵雍：《推诚吟》，《伊川击壤集》卷十八，《邵雍全集》第 4 册，第 361 页。

者"❶，能够生成、使役和决定万物。这与"心为太极"的寓意一致，都是将主动性作为最高的本原。邵雍对于主动性的推重，在先后问题上得到了极致的呈现。

最后，需要说明的是，邵雍只谈及用先于体、由用生体，并不存在所谓体先于用、由体生用的情况。《观物外篇》有"文王之作《易》也，其得天地之用乎"❷一语，张行成解释说：

> 是故先天者因用生体，伏羲之《易》无非体也，天地之用自此而生；后天者因体生用，文王之《易》无非用也，万物之体自此而成。❸

如果根据此语，认为体用先后应该按先天与后天分为由用生体与由体生用两类，就不免混淆了张行成的解说与邵雍的本意。这里的问题在于：文王之《易》对应于用，并不能推出伏羲之《易》对应于体。从"乾坤纵而六子横，易之本也；震兑横而六卦纵，易之用也"❹的说法来看，邵雍是以本用而非体用来理解伏羲之《易》与文王之《易》的差别的。本用是先与后、本与末的关系，体用在这里则指本体与效用的关系。在邵雍哲学中，本可以生出末，被动的、形质性的体却不能生出主动性的用。张行成认为体能生用，在根柢处还是受了本体大用的体用论的影响。❺

---

❶ 邵雍：《渔樵问对》，《邵雍全集》第 4 册，第 456 页。
❷ 邵雍：《观物外篇》卷上，《邵雍全集》第 3 册，第 1207 页。
❸ 张行成：《皇极经世观物外篇衍义》卷三，《景印文渊阁四库全书》第 804 册，第 95 页。
❹ 邵雍：《观物外篇》卷上，《邵雍全集》第 3 册，第 1208 页。
❺ 除伏羲之《易》与文王之《易》外，张行成还在方圆之数和律吕声音的含义上谈论由体生用。这些都只是张行成的发挥，在邵雍文本中没有对应的根据（《皇极经世观物外篇衍义》卷二、卷八，《景印文渊阁四库全书》第 804 册，第 77、176 页）。

体用对待的内涵，主要即体现为上述动静、主从、高下、先后诸方面。❶ 这些含义大略是一致的，都认为用相对于体处在主动的优势地位；但具体到不同的语境中，则表现出特殊的复杂性。这种复杂性一方面说明邵雍的体用论相当系统，体用概念承负了十分丰富的意涵；另一方面也意味着邵雍体用论所描述的世界颇为广阔，体用概念的多义性是对事物多样性的折射。在内涵的丰富性与诠释的灵活性方面，体用对待较体四用三更有胜之。

五 余 论

本章分别以体四用三和体用对待为中心，对邵雍体用论的两个主要维度——事物内部整体与部分的体用关系，以及事物之间彼此对待的体用关系——作了系统的诠释。两个维度在基本含义与问题意识上都有差异，这是所以要作区别处理的原因。不过，两者之间也不乏共通点。比如，两种体用关系都是对于物的说明，这就是最根本的共同身份。此外，在具体含义上，两者也有一些相通的特征：

第一，体用相须，不可一无。体用是一对互相界定的关系概念，除去任何一方，另一方都无法独立存在。正如无法设想没有整体的部分或者没有部分的整体，认为对待的事物当中存在有体

---

❶ 除动静、主从等义外，邵雍还谈及体用与本末的关系。《渔樵问对》云："火以用为本，以体为末，故动；水以体为本，以用为末，故静。"又云："天以用为本，以体为末；地以体为本，以用为末。"（《邵雍全集》第 4 册，第 456、458 页）不过，不同于体与静、用与动这样的固定组合，在体用与本末的关系中，本末各自都可以与体或用相搭配。这意味着，本末不是对体用性质的说明，而只是对事物中体用所占偶然比例的界定。

无用或有用无体的情况，也是不可能的。对此，邵雍多有说明：其云"用以体为基""体以用为本"❶，是就整体与部分之间的关系而言；其云"阳者道之用，阴者道之体，阳用阴，阴用阳""性非体不成，体非性不生""阴阳相生也，体性相须也"❷，是就对待事物之间的关系而言。邵雍特别强调，在对待的事物中，体用之间不仅相须，而且相济相息；不仅相互依存，而且相互配合、相互辅助、相互生成。《渔樵问对》云："火生于动，水生于静。动静之相生，水火之相息。"又云："火亦有体，水亦有用也，故能相济，又能相息。非独水火则然，天下之事皆然，在乎用之何如尔。"❸ 如陈来先生所指出的，邵雍的体用论"具有相当的辩证色彩"❹。

  第二，体用有序，不可颠倒。体用关系虽然辩证，却并不对等，彼此之间不能随意互换。在整体与部分的关系中，部分不能包含整体，整体也不能充当部分；类似地，在对待事物的关系中，活动、主动的一方也不能与静止、被动的一方颠倒。邵雍以水火举例，指出水为体，火为用，体能从用，而用不能从体，因此只有火加热水、水浇灭火，没有水使火降温的情况。这正说明体用不能相互颠倒，否则就会与"有温泉而无寒火"❺的经验事实相悖。体用之间这种有主有从的差序性，体现出邵雍的物理认知与

---

❶ 邵雍：《观物外篇》卷上，《邵雍全集》第3册，第1192页。
❷ 邵雍：《观物外篇》卷上，《邵雍全集》第3册，第1189、1198、1206页。
❸ 邵雍：《渔樵问对》，《邵雍全集》第4册，第455—456页。
❹ 陈来：《宋明理学》，第98页。
❺ 邵雍：《观物外篇》卷下，《邵雍全集》第3册，第1240页；又见邵雍：《渔樵问对》，《邵雍全集》第4册，第456页。有温泉而无寒火之说早见于《白虎通》："五行之性，火热水寒，有温水，无寒火。"（陈立：《白虎通疏证》卷四，中华书局，1994年，第192页）

价值侧重。

第三，体用非定，关系可变。在一对具体的体用关系中，双方的位置固然不能颠倒；但在不同的关系当中，体用究竟怎样组合，则是可以变化的。《观物内篇》所谓"体无定用，惟变是用；用无定体，惟化是体"❶，即此之意。一段对待关系中为体的事物，可能在另一段关系中就扮演了用的角色；同样地，一段整体与部分的关系中的整体，在更大的整体中，自然也就变成了部分。这里，体用作为一种关系范畴，明显具有流动的特征，在纵横两个方向都可以延伸、拓展，因而可以被广泛、灵活地运用在对于各种事物的诠解之中。

除了上述共通点外，两种体用关系中一些隐含的问题也值得作进一步的思考。前文主要强调的是两者的差别，认为体四用三是就纵向的整体与部分的关系而言，体用对待是就横向的对待事物间的关系而言。然而，一个十分重要的问题是：一纵一横的两种体用关系是不是就互不统属、彼此隔绝？一般来说，历史上的体用论虽然形态各异，但体用总是就同一事物而言，在该事物当中分辨何者为体，何者为用。与此不同，邵雍对待事物之间的体用关系却是以甲物为体、乙物为用。而对待的两者如果不属一体，就有割裂体用的嫌疑。近代严复对体用割裂曾有著名的批评，指出："有牛之体，则有负重之用；有马之体，则有致远之用；未闻以牛为体、以马为用者也。"❷ 严复此言是针对近代的中体西用思潮发问，本意当然与邵雍无关；但如果无法说明邵雍所谓体用并非割裂、隔绝，那么，邵雍的体用论也注定难逃"牛头不对马嘴"

---

❶ 邵雍：《观物内篇》,《邵雍全集》第3册，第1148页。
❷ 严复：《与〈外交报〉主人书》,《严复集》第3册，王栻主编，中华书局，1986年，第558—559页。

之讥。❶ 如果是这样，邵雍思想又在什么意义上可以被称为有见地的哲学思考呢？

实际上，以一纵一横两种关系来解析邵雍的体用论，只是言其大略。严格来说，整体与部分的体用关系即在彼此对待的体用关系之中，彼此对待的体用关系也不在整体与部分的体用关系之外。前一点，体用动静一节已有解释，这里主要对后一点略作说明。

仔细分析可以发现，在邵雍的体用思想中，尽管彼此对待的体用关系不再像整体与部分的体用关系那样强调两者作为同一整体之部分的含义，但体用双方仍处于同一个整体之中。这一点从前述动静、主从诸义中可以看得十分明显。例如，"火无体，因物以为体"，其实是将火与其所附着之物看作同一个物理整体，火为该物之用，火所附着之物为该物之体；又如，"人主用，物主体，圣人主用，百姓主体"，其实也是将人（圣人）当作统一整体中的用，而将物（人）当作这一整体中的体。在前一种关系中，火与物共享一个物理的形体；在后一种关系中，人与物、圣人与人虽然不具备统一的广延，但仍然是一个功用的整体。反过来，如果假设体用双方不是一体、不是处在某种或有形或无形的内在联系当中，那么，体用就将陷于彼此殊绝的境地，二者之间就不存在任何的相互作用与对比的可能。由此，邵雍的体用关系也将失去其全部的内涵与意义。这意味着，在邵雍所论事物之间的体用关系当中，体用双方并不是完全无关、彼此外在的原子式的个体，而是内在于一个整体

---

❶ 实际上，类似的"体用殊绝"的批评，已经见之于朱子对于邵雍的评价当中。《语类》载："直卿问：'康节诗尝有庄老之说，如何？'曰：'便是他有些子这个。'曰：'如此，莫不道体有异否？'曰：'他尝说老子得易之体，孟子得易之用，体用自分作两截。'"（《朱子语类》卷一百，第2543页）尽管朱子这里是就儒道之别立论，与邵雍体用论的一般含义略有不同，但其批判态度是明确的。

中,体用双方的关系是整体内部不同部分之间的关系。换句话说,彼此对待的体用关系仍内在于整体与部分的体用关系之中,对待仍以一体为前提。邵雍关于事物之间体用关系的论述,虽然侧重体用双方作为独立个体的含义,不突出两者所共在的一体之背景;但实际上,对于两个独立个体之间相互关系的揭示反而更加凸显出体用双方同在一个整体当中的事实。理解邵雍的体用思想,应对这一隐含的前提加以还原,而不能轻易忽略。

以上就邵雍体用关系的内涵作了更进一步的说明。接下来,再对邵雍体用论的整体成就与主旨略作总结,并将其置于宋代理学初兴的大背景之下,与以程朱为代表的理学主流略作比较。

以上述种种内涵为基础,按照体四用三和体用对待的分类,邵雍在事物内部与事物之间建立起一套复杂的体用论,对事物存在与活动的情况作了详尽深入的言说。体用为邵雍提供了观察事物的视角和模型,邵雍对事物所作的种种排比,无论如何繁复奇特,究其实,总是体用的应用。体用论处理的问题涵盖自然与人事,涉及形而上学、自然哲学、认识论、心性论、工夫论与历史观,可谓致广大而尽精微。体用论建构的方式系统缜密,在思辨性上达到了相当的高度。邵雍宏大广博的哲学视野与细密深微的运思能力,经由其体用论得到了充分展示。

邵雍建构体用论,是为了对事物的存在与活动给出解释。体用描述了事物的条理、结构与规律,在邵雍哲学中扮演着物理的角色。作为物理的体用不同于直观的现象,不能直接从感官中获得,而是必须通过知性的分析才能得到,故邵雍每言"探其体,潜其用"❶、"利害见乎情,体用隐乎性"❷,又言"一性一情,圣人

---

❶ 邵雍:《观物内篇》,《邵雍全集》第3册,第1149页。
❷ 邵雍:《渔樵问对》,《邵雍全集》第4册,第456页。

成能"❶、"士昧固难分体用"❷,强调体用具有隐微深藏、不易认识的特质。《观物内篇》云:"夫所以谓之观物者,非以目观之也,非观之以目而观之以心也,非观之以心而观之以理也。"❸邵雍"观物以理"的哲学宗旨,在相当程度上就体现在其体用的论述之中。

邵雍的体用论是其哲学态度之表达。在邵雍的时代,本体—现象的体用论经过隋唐佛教的发展,早已蔚成体系且为人熟知。在这样的情形下,邵雍不取体用的通义,却去追随前人的遗说,并将其发展至如此系统的程度,这一点耐人寻味,不能等闲视之。通过细密完备地分析事物的结构,邵雍表达出了这样的哲学取向:经验事物的存在本是自足,天地之间所有的道理都内在于事物之中,认识这种道理的唯一方法就是观察事物本身;驰骛外求、向经验之外寻找事物存在的根据,对于理解世界没有助益。故其诗云:"意亦心所至,言须耳所闻。谁云天地外,别有好乾坤。"又云:"道不远于人,乾坤只在身。谁能天地外,别去觅乾坤。"❹所谓在天地之外别觅乾坤,即在现象之后、之上别立本体之根据。这是佛教以来主流体用论的思考模式,邵雍却并不认同。邵雍不取本体论的体用论,而是致力于建构面向形下之物的形质论、经验性的体用论,原因正在于此。

与邵雍不同,理学主流基本采取了本体—现象的路向。在理学主流"体用一源"(程颐)、"体用不离"(朱子)的体用论中,体与用大体是微与显、基础与表现之别。这虽然变佛教的空无之

---

❶ 邵雍:《渔樵问对》,《邵雍全集》第4册,第456页。
❷ 邵雍:《首尾吟》,《伊川击壤集》附录,《邵雍全集》第4册,第436页。
❸ 邵雍:《观物内篇》,《邵雍全集》第3册,第1175页。
❹ 邵雍:《乾坤吟》,《伊川击壤集》卷十七,《邵雍全集》第4册,第356—357页。

体为实有之体,但仍然是以本体—现象的方式理解世界,事物仍然被建立在本体的基础上。理学主流对于物理的重视,因而也就往往更关注其作为"事物所以如此存在的根据"的含义,而不是像邵雍那样,致力于说明"事物具体是怎样存在"。❶ 两者之间的这种区别,换用另一种语言表达,即是说:在理学主流特别是朱子哲学中,物理总是根源于天理,禀受天理而来的性理的含义是其作为具体结构与规律的分理之含义的基础与前提。❷ 而这样一层本体界的背景,在邵雍哲学中并没有明显的位置。邵雍与理学主流之间微妙而深刻的差异,于此可见。❸ 张岱年先生曾经在理的含义当中区分出"所遵循"与"所根据"的不同,认为"所遵循"是指该事物的特性,"所根据"则是"一物所根据之规律,而不得谓之即某物之规律"❹。张先生的"所根据",一个重要的典型就是理学之"所以"。如果将"所以"理解为存在的基础与根据❺,那

---

❶ 这一差别的一个极端化案例是邵雍与程颐关于雷起于何处的讨论(《二程先生遗书》卷二十一上,《二程集》上册,第269—270页)。邵雍力图推知雷的确切位置,程颐则径言雷"起于起处",并不关心其间涉及的经验知识的内容。劳思光先生评说说:"伊川之意实谓此处经验世界之现象问题,非形上学家所应用心;从形上学立场看,知经验事物各有其经验之理,即已足够。"(《新编中国哲学史》三卷上,广西师范大学出版社,2005年,第117页)
❷ 参见陈来:《朱子哲学研究》,生活·读书·新知三联书店,2010年,第140—167页。
❸ 用理学的语言来说,以上概念区分侧重在理的"所以然之故"一面。除此之外,"所当然之则"的含义也能体现邵雍与理学主流观念的差异。理学主流对于理的重视,往往同时关联着道德性、应然性的意味;这层内涵,在邵雍处没有直接的体现。整体来看,邵雍的物理或体用主要是一种知性、客观的道理,尽管这种知识可以给人修身上的启迪,但其自身并不直接指向道德修养的主题。
❹ 张岱年:《谭"理"》,《张岱年全集》第1卷,第97页。
❺ 在张先生的语境中,"所以"大体还是规律义,故相对于飞机来说,力学的知识即属于"所根据"者。但对本书来说,"所以"或者"所根据"实有"所以如此存在之基础"的本体性的意味;相对应地,"所遵循"则指向经验性的条理、结构与规律。这里,本书借用了张先生的概念,但理解并不完全相同。

么，在这个意义上，邵雍与理学主流在物理观念上的差异，正可看作"所遵循"与"所根据"之间差别的例证。这种对于理的认知的差异，决定了邵雍的体用论必然要以不同于理学主流的模式展开。

在理与物的关系上，理学主流更重视明理，认为物只是理的载体；邵雍则更重视观物，认为理只是物的条理。就同样将理作为条理理解来说，邵雍与气学传统有相近之处。但两者之间也有重要的不同：气是无具体性的、抽象的存在，物却是形象化的、各异的个体；邵雍观物之学是将物本身当作认识的对象，而不是将物还原到一般性的气当中去。这一点，从邵雍的体用论总是指向对于具体事物的说明，即可看出。邵雍哲学所以没有完全融入理学主流中去，除儒道会通与众不同、学有专门难以普及外，十分根本的一个原因即在于邵雍物的概念既不是指向本体性的理，又不能化归为无差别的气，理气框架难以如实安顿邵雍观物的问题意识。❶ 理学兴起后，体用论整体上遵循了本体—现象的模式，邵雍的体用论则湮没在思想的历史中，仅仅在同样有观物之好的方以智那里得到了较认真的回应。❷ 这绝不是偶然，而是有其哲学

---

❶ 理气结构难以安顿邵雍观物的问题意识，反过来，邵雍观物的思想进路也难以催生出理学主流的理气模式。邵雍所谓物，主要指个别的存在物，而不是普遍、同一的物质；其观物之所得，主要也是个别事物的具体结构或条理，而不是关于普遍物质的某种更加抽象、共通的认识。在理学中，理作为普遍的原理或根据，是与气相对而出现的。邵雍哲学以物为主题，气不仅没有作为普遍物质而受到特别的关注，在某种意义上甚至遭到了具体之物的遮掩；这样，与气相对的、作为气之所以然的理没有相应地浮现出来，也就是十分自然的了。只有当关于物质同一性的观念建立之后，与此相对的、作为物质存在之根据的理的概念才能真正出现。从理学的发展史来看，作为普遍物质的气的概念在二程以至朱子处才开始得到真正的重视，并成为理学建立之不可或缺的逻辑环节（参见土田健次郎：《道学之形成》，第215页）。年辈早于程朱、思考进路不同于程朱的邵雍不曾提出理气论的模式，有其内在的必然性。

❷ 参见廖璨璨：《体用互余：论方以智易学哲学的"四分用三"说》，《周易研究》，2018年第4期。

理路上的深刻根由。不过,对于一种哲学体系的评价,不能仅看其是否符合另一套哲学观念,也不能将获得后世的认同作为唯一标准。毋宁说,哲学本身是否具有洞见、特色乃至趣味,才是更重要的问题。在这方面,邵雍可称无愧。在体用的视角下,邵雍剖析物理穷幽极微,运思立论细密深刻,其说实有相当纯粹的哲学品质与十分特别的哲学品格。邵雍的体用论对物作了体系性的诠解,物的维度在邵雍的分析下得到了巨大的深化与拓展。相比而言,同时代的其他哲学家,如周张二程,都不曾形成足够系统的体用论,对于物也不曾给予较多的关注。无论是置于理学史中还是放在整个中国哲学史中来看,邵雍的体用论都是极具特色的。

第7章

心　性

与易学和体用论相比,心性问题不算是邵雍着力的重点,但这并不是说邵雍在心性方面缺乏思考。相反,邵雍的心性论不仅自成体系,而且,较之同时代的张载、二程,某些方面还独具特色。本章以几组概念为切入点,以心与性在这些概念语境中的含义为线索,具体而多角度地呈现邵雍对于心性问题的认识。

一　论　性

(一) 性与体

在邵雍哲学中,性是一个较为复杂的概念。一般地讲,性可以泛指事物之本性;但在不同的语境中,性又呈现出彼此各别的含义:在性与体的关系中,性指精神灵识与天赋本性;在性与道的关系中,性指淳朴纯真的天性;在性与情的关系中,性指深微内在的精神;在性与命的关系中,性指天赋本质与修养状态。性的这些含义彼此不同,但又有着内在的统一性,即总是事物内部之本真性的存在。这些侧面,共同构成了性之整体。

本章对于性的分析,首先从体性关系入手。体性关系实际上是上一章所讨论的事物之间彼此对待的体用关系的一种特殊情况。

由于这一关系相对独立，其重点在性而不在体，我们将其放在心性部分加以论述。

邵雍的体性概念，有两种相关而又有别的含义。这里先看第一种。

《观物外篇》云：

> 性非体不成，体非性不生。阳以阴为体，阴以阳为性。动者性也，静者体也。在天则阳动而阴静，在地则阳静而阴动。性得体而静，体随性而动，是以阳舒而阴疾也。
>
> 气则养性，性则乘气。故气存则性存，性动则气动也。❶

邵雍诗《影论吟》云：

> 性在体内，影在形外。性往体随，形行影会。
> 体性不存，形影安在。影外之言，曾何足怪。❷

"阳以阴为体，阴以阳为性。动者性也，静者体也"表明，邵雍以体为静为阴，以性为动为阳，这与前文讨论的体用对待的情况是一致的；"体随性而动"、"性则乘气"和"性往体随"表明，性对于体有使动的功能，这也与前文体用主从的关系相符。由此来看，体性关系可以按照体用关系来大体近似地加以理解。❸

---

❶ 邵雍：《观物外篇》卷上，《邵雍全集》第3册，第1198、1211页。
❷ 邵雍：《影论吟》，《伊川击壤集》卷十九，《邵雍全集》第4册，第388页。
❸ 体用与体性相比，体用对待主要讨论的是事物之间的体用关系，而在体性关系中，性寓于体之内，所强调的更多是事物内部的动静主从意义上的体用关系；体用范畴多用于两个有独立形体的、无生命的事物，体性范畴则往往用于一个有生命的事物内部的两个部分。两者相比，体性的结合较之体用更为有机、紧密。

然而，体性为什么可以被理解为体用？或者说，体性所谓性，究竟是什么含义？按通常的理解，性往往指道德善恶的本性或刚柔缓急的禀性。但以此解读体性概念，却会遇到难以解决的困难：从字面上看，无论是本性还是禀性，都只是一种性质，既无法运动，也不具有使动外物的功能，这就不免与体性概念中"动者性也""体随性而动"的定位相悖。看来，体性之性既是能够活动的用，就该具有与上述本性或禀性不同的含义。

其实，这里所谓性，指的是与形体相对的精神。精神能活动运转，即所谓"动者性也"；精神能使役形体，即所谓"体随性而动"。性的这种用法虽然不甚常见，但实际上有其先例。唐末道书《无能子》云：

> 夫性者，神也；命者，气也。……形骸者，性命之器也，犹乎火之在薪。薪非火不焚，火非薪不光。形骸非性命不立，性命假形骸以显。则性命自然冲而生者也，形骸自然滞而死者也。自然生者，虽寂而常生。自然死者，虽摇而常死。❶

"性者，神也"，即是说性为精神；"性命自然冲而生者也"，即是说性命具有活动的功能。"冲而生"之"冲"，应从王明先生所引《说文》，读为"动"。《无能子》此段是认为，人的精神虽非外在可见，但有使动形体的功能，因而是常动常生的；人的形体虽

---

❶ 王明：《无能子校注》，中华书局，1984年，第7页。《无能子》以性命并举，其所谓命指精微之气。这种性命论显然有着道教的背景。邵雍的体性结构不涉及命的概念，这是其与《无能子》的不同。不过，若就神（性）—气—形体的三重结构而言，则邵雍亦有之。

能运转，但离精神则无可济，因而是常静常死的。❶此说与邵雍所谓"动者性也，静者体也""性得体而静，体随性而动"十分相近。邵雍也是认为，性本来是动，寓于形体而为静；体本来是静，受性之指挥而为动。两者都强调精神与形体存在着动静主从的关系。

类似意义上的性的观念，又可以见之于前引崔憬《易》注：

> 动物以形躯为体为器，以灵识为用为道；植物以枝干为器为体，以生性为道为用。❷

崔憬所谓"生性""灵识"，与"形躯""枝干"相对，也是指物之精神。由此来看，崔憬、《无能子》与邵雍所讨论的，都是精神与形体的动静主从关系，或者说，都是身心关系问题，而非通常理解的本性或禀性。这种意义上的性其实更近于心，是心的主动性在身心关系维度中的体现。❸

《无能子》"性者，神也"之说表明，性与神具有本质性的关联。这种关联在邵雍处也存在。邵雍所谓体性之性，实为神在人物当中的具体化。❹神本是世界的动因与主宰，落实在个体人物之

---

❶ 形骸为死、精神为生的观念在道教中早有渊源，《太平经》云："形者乃主死，精神者乃主生。"（王明：《太平经合校》卷一百三十七至一百五十三，中华书局，2014年，第734页）关于道教传统对性命等相关问题的论述，参见钟肇鹏：《论精气神》，《道家文化研究》第9辑，陈鼓应主编，上海古籍出版社，1996年，第201—224页。

❷ 见李鼎祚：《周易集解》卷十四，第442—443页。

❸ 关于包括《无能子》在内的中国哲学史上身心关系的详细分析，参见张学智先生的论述（《中国哲学中身心关系的几种形态》，《北京大学学报》[哲学社会科学版]，2005年第3期；收入《心学论集》，中国社会科学出版社，2006年，第15页）。

❹ 前引戴震曾提出：宋儒以理藏于心内而为性，老庄、佛教以神居于心内而为性（《绪言》卷下，《孟子字义疏证》，第122页）。邵雍此处所谓性，正切于后一种含义。

中，则体现为其精神，也就是性。❶ 故《观物外篇》既云："性则乘气。"又云："神亦一而已，乘气而变化。"❷ 性与神都是精神性的力量，对于物质性的气都有驾驭役使的功能，这是两者的相似之处。其不同在于：性只就个体事物而言，"只适用于比较有固定形质的事物"❸；而神则具有超越性，不局限于一事一物。体现在概念范畴上，就是性多与个体性的体相对言，而神多与普遍性的气相对言；体性范畴讨论的是具体人物的构成问题，神气范畴讨论的则是普遍存在的构成问题。同时，性既然是神在具体人物中的落实，较之无形不测的神，也就更具有气质性的成分。这一点，用邵雍的话来说，就是"神无方而性有质"❹。同时，与性相对的体较之与神相对的气，其气质化的程度也更深。总体来说，体性范畴是神气范畴之气质化、个体化的产物。

在体性对举之外，邵雍有时也以性与气相对言，如前引"气则养性，性则乘气"。这种情况下的性与气，与性与体一致，也是指精神与身体。戴震解释说："此即导养之说，指神之炯炯而不昧者为性，气之絪缊而不息者为命，神乘乎气而资气以养也。"❺ 导养云云自然是戴震的误读，但性与气应作身心、形神关系理解，是没有疑问的。❻

---

❶ 司马光也有"性者神之赋"的说法（《潜虚》,《四部丛刊三编》，商务印书馆，1936 年，第 1 页上、第 4 页上至第 4 页下）。这与邵雍哲学中性与神的关系相似。不过，司马光所谓性仍是指道德意义上的五常之性，这又与邵雍此处的用法有别。
❷ 邵雍：《观物外篇》卷上，《邵雍全集》第 3 册，第 1211、1213 页。
❸ 陈来：《宋明理学》，第 98 页。
❹ 邵雍：《观物外篇》卷下，《邵雍全集》第 3 册，第 1218 页。
❺ 戴震：《绪言》卷下，《孟子字义疏证》，第 116 页。
❻ 除性与体、性与气外，邵雍有时也直接用形神来表达类似含义。如云："形可分，神不可分。""'精气为物'，形也；'游魂为变'，神也。"（《观物外篇》卷上、卷下，《邵雍全集》第 3 册，第 1214、1222 页）这里的形神即与体性大体同义。不过，形神所谓神，不同于神气所谓神。后者指的是天地的动因与主宰，前者指的只是人的精神。

如上所述，在体性关系的第一重含义中，体指形体，性指精神，体性讨论的是身心关系。除此之外，邵雍的体性概念还有另一重面向。在后者中，体仍指形体，而性则指本性，体性讨论的是人物本性之构成与来源的问题。这主要是围绕体性与天地的关系展开的。

《观物外篇》云：

> 言性者必归之天，言体者必归之地。
> 生者性，天也；成者形，地也。
> 夫卦各有性有体，然皆不离乾坤之门。如万物受性于天，而各为其性也。在人则为人之性，在禽兽则为禽兽之性，在草木则为草木之性。❶

这是认为，天给出了事物的本性，地给出了事物的形体，合性与体而成物，故凡物必是天地相合而成。

邵雍的这一说法值得注意。如所周知，宋代理学在心性层面上的一大贡献，就是提出了天命之性（天地之性）与气质之性的分别。其说由张载提出，至朱子确立。至于邵雍，一般认为在这一问题上未有发明。这种看法未必准确。其实，邵雍"万物受性于天，而各为其性"的观念中，已蕴涵了近似意义上的天命之性与气质之性的思想。

张行成释"万物受性于天，而各为其性也"一段，云：

> 天为一，灵性也；地为二，气性也；人为三，种性也。数极于三，万类斯判，故论灵性则无不同，论气性则有不同，至

---

❶ 邵雍：《观物外篇》卷上，《邵雍全集》第 3 册，第 1202、1211—1212 页。

于种性，则物各一类，万万不同矣。人有人之性，禽兽有禽兽之性，草木有草木之性者，气性质性也。人之性人人各不同，禽兽草木之性物物各不同者，习性种性也。所谓天性，则一而已。❶

张行成在天性、地性外又提出所谓习性或种性，是其一家之言。抛却此点不论，张行成指出天性无所不同，地性有所不同，并以此解释人与禽兽草木皆受性于天，而又各有其性，则颇切邵雍原意。结合张行成与邵雍之说，可以看出，邵雍说中蕴涵了这样的观念：具有形体以前，万物有其相同的原初本性，即"受性于天"之性；具有形体之后，万物形成了各别的气性质性，即"各为其性"之性。本性来源于天，形体来源于地，本性与形体结合而得气性质性，因此天与地是万物之两种本性的来源。

二程云"论性不论气，不备；论气不论性，不明"❷，张载区分天地之性与气质之性，朱子区分天命之性与气质之性。从理与气两个层面理解人性，可说是宋代理学的共同进路。邵雍通过体性—天地结构而区分出的"受性于天"之性与"各为其性"之性，作为对于性之双重来源、性之普遍性与特殊性的揭示，与张载、二程以及朱子所论大体相近。❸

不过，两说之间也有差异。张、程、朱子的区分，更多意在解释人性为何会从先天本善堕入有善有恶的状态；邵雍的区分，则主要是为了解释万物的自然性质为何会有所差别。如果说前者

---

❶ 张行成：《皇极经世观物外篇衍义》卷七，《景印文渊阁四库全书》第804册，第164页。
❷ 程颢、程颐：《河南程氏遗书》卷六，《二程集》上册，第81页。
❸ 此处所谓气质之性，是取朱子而非张载之意，指天之性落在地之体当中而呈现出的整体的物性，即邵雍所谓"各为其性"之性，而不是气质本身的属性。

主要是一道德问题的话,后者则主要是一知识问题;前者可兼有后者知识的维度,后者却较少具有前者道德的含义。

两说的另一不同在于:对张、程特别是朱子而言,区分的标准在于理气;对邵雍而言,区分的标准却在于天地。在前者处,作为本性之一极的理是超越气质的;在后者处,天与地虽有气与形之别,但都属气,由此,以天地为基础的本性也就没有超出气外的成分。如果说前者的区分近于所谓本体论的话,后者则仍不离形质论的范围。

邵雍此说有其渊源。《管子·内业》云:"凡人之生也,天出其精,地出其形,合此以为人。"❶ 易学系统中,也素有"乾本气初,故云资始,坤据成形,故云资生"❷ 的说法。邵雍将人物构成追溯至天地,是继承了此种固有的气论传统。但二者所论主要只是形体,并未明言人性。邵雍以天地解释人性,这就由形体构成的问题转为心性构成的问题,由宇宙论转入心性论,从而开启了理学对于性之结构的分析。

另一方面,邵雍的以性属天,在先秦也是常见的观念,《中庸》"天命之谓性"可为代表。但如程子所言,理学兴起以前,人性论往往是论性则不论气,论气则不论性,尚未明确分辨性的两个层面。邵雍认为性在普遍本性外还有气质性的因素,这就为人性论补上了来源于地的一环。

邵雍区分了"受性于天"与"各为其性"之性,但未展开为系统的论述。站在理学主流的视角来看,其宏大细密的程度无疑有所不足。邵雍不曾提出超出气外的理,"本体化"的程度也有欠

---

❶ 黎翔凤:《管子校注》卷十六,中华书局,2004年,第945页。
❷ 孔颖达:《周易正义》卷一,《十三经注疏》,第31页。

缺。不过，如果不是以外在标准审视，而是聚焦学说自身的价值，则应承认邵雍此说毕竟有其意义，其最大意义即在于从传统气论的资源和语境出发，对人性之双重性加以区分。这种区分一方面构成宋代理学之理与气、天命之性与气质之性的双重人性论的先声，另一方面也鲜明地显示出邵雍之学关注经验事物之内在条理，而非诉诸完全超越的天理的特点。

邵雍体性之性的两重不同含义，即精神灵识与天赋本性，已如上所论。最后，有必要追问的是：这两重含义是什么关系？

按一般理解，精神灵识为经验，天赋本性为本质，两者不能等同。这种解读当然是可行的。但值得注意的是，对于上述两种含义，邵雍并未明确区分，而是皆以体性言之。这可能是邵雍分辨未细，但此种分辨未细未尝不蕴涵有某种根本的见解。邵雍可能是认为，天赋本性之性与精神灵识之性在根本上就是同一的：作为事物的根本性质，性不能是完全静态的存在，而是必然要作为活动性、主导性的本质倾向表现出来，对事物有所规定。这种活动性、主导性，在有意识的人与物当中，就体现为其精神灵识；在无意识的事物当中，就体现为事物之要求活动的本质倾向。《观物外篇》云：

火以性为主，体次之；水以体为主，性次之。

夫卦各有性有体，然皆不离乾坤之门。如万物受性于天，而各为其性也。在人则为人之性，在禽兽则为禽兽之性，在草木则为草木之性。❶

水火相比，水的形质性强而活动性弱，故"体为主，性次之"；火

---

❶ 邵雍：《观物外篇》卷上、卷下，《邵雍全集》第3册，第1211、1237页。

的形质性弱而活动性强，故"性为主，体次之"。类似地，卦之性，指的也是与卦体相对的主导型倾向。这种倾向，其实也就是事物之活动的本性。在这个意义上，可以认为，天赋本性之性就是精神灵识之性。

（二）性与道

性与体之外，邵雍又谈到性与道的关系。这里，性指的是人的淳朴天性。

如果说，在性与体的关系中，性作为天赋本性与精神灵识，可以兼包人物，主要是一种理论结构的话，那么，在性与道的关系中，性作为淳朴天性，则是专指人性，更多具有实践的面向，体现出对于主体存在的关注。

《伊川击壤集序》云：

> 性者道之形体也，性伤则道亦从之矣；心者性之郭郭也，心伤则性亦从之矣；身者心之区宇也，身伤则心亦从之矣；物者身之舟车也，物伤则身亦从之矣。❶

邵雍认为，道—性—心之间的关系是，道在人的形体中体现为性，性寓于人心，构成了人心的内容，这就是"性者道之形体""心者性之郭郭"的含义。

朱子对邵雍此说极为推崇，认为其说"语极有理"❷，张程诸

---

❶ 邵雍：《伊川击壤集序》，《邵雍全集》第4册，第2页。
❷ 黎靖德编：《朱子语类》卷六十，第1423页。朱子又云："'性者，道之形体；心者，性之郭郭；身者，心之区宇；物者，身之舟车。'此语虽说得粗，毕竟大概好。"（《朱子语类》卷一百，第2549页）这是认为邵雍对于心性的阐发尚有不够精微之处。

子皆有未及。《朱子语类》载：

> 邵尧夫说："性者，道之形体；心者，性之郭郭。"此说甚好。盖道无形体，只性便是道之形体。然若无个心，却将性在甚处！须是有个心，便收拾得这性，发用出来。盖性中所有道理，只是仁义礼智，便是实理。吾儒以性为实，释氏以性为空。若是指性来做心说，则不可。今人往往以心来说性，须是先识得，方可说。

> "性者，道之形体；心者，性之郭郭。"康节这数句极好。盖道即理也，如"父子有亲，君臣有义"是也。然非性，何以见理之所在？故曰："性者，道之形体。"仁义礼智，性也，理也；而具此性者心也。故曰："心者，性之郭郭。"

> 正卿问："邵子所谓'道之形体'如何？"曰："诸先生说这道理，却不似邵子说得最着实。这个道理，才说出，只是虚空，更无形影。惟是说'性者道之形体'，却见得实有。不须谈空说远，只反诸吾身求之，是实有这个道理，还是无这个道理？故尝为之说曰：'欲知此道之实有者，当求之吾性分之内。'邵子忽地于《击壤集序》自说出几句，最说得好！"❶

类似说法在《朱子语类》中多可见之。从其表述来看，朱子是将邵雍所谓道，理解为天理或义理；将邵雍所谓性，理解为仁义礼智的道德本性；将邵雍所谓心，理解为包有道德本性之心。❷ 按朱

---

❶ 黎靖德编：《朱子语类》卷四、卷一百，第64、2550—2551页。
❷ 朱子有时又认为，"道者性之形体"之道不是指形上天理或义理，而是指人所行出之道，这是在《中庸》"率性之谓道"的语境下理解邵雍此语。《语类》载："'性者，道之形体。'性自是体，道是行出见于用处。"又载："才卿问'性者道之形体'。（转下页）

子的解释，邵雍道—性—心的关系应是：人的道德本性是无形天理之凝聚，心具有人的道德本性，为本性之寓所，并能使其表现出来。

朱子之所以推许邵雍此说，一来是认为"性者道之形体"一句"说得最着实"，体现出理在人身、不假外求的特点；二来是认为"心者性之郭郭"一句体现出心具众理之义。这都是将邵雍所谓道与性理解为道德性理，遵从的是孟子以仁义礼智论性与程子性即理的思路。但就邵雍来说，其所谓道只是指自然的生化过程，其所谓性也只是指人的天赋自然的本性，并不具备明确的道德义理意味。朱子此说是对邵雍的误读。邵雍关注的究竟是什么？其所谓性又有怎样的含义？对此问题的回答，不能截取片言只语孤立观之，而应着眼于《伊川击壤集序》的整体语境。

《伊川击壤集序》云：

> 近世诗人，穷戚则职于怨憝，荣达则专于淫泆。身之休戚发于喜怒，时之否泰出于爱恶，殊不以天下大义而为言者，故其诗大率溺于情好也。噫！情之溺人也甚于水。古者谓水能载舟，亦能覆舟，是覆载在水也，不在人也；载则为利，覆则为害，是利害在人也，不在水也。不知覆载能使人有利害耶？利害能使水有覆载耶？二者之间必有处焉。就如人能蹈水，非水能蹈人也。然而有称善蹈者，未始不为水之所害也。若外利而

（接上页）曰：'道是发用处见于行者，方谓之道；性是那道骨子。性是体，道是用。如云'率性之谓道'，亦此意。"又载："器之问《中庸》首三句。先生因举'性者，道之形体'之语。器之云：'若说道者性之形体，却分晓。'曰：'恁地看，倒了。盖道者，事物常行之路，皆出于性，则性是道之原本。'木之曰：'莫是性者道之体，道者性之用否？'曰：'模样是如此。'"（《朱子语类》卷一百，第2551页）

蹈水，则水之情亦由人之情也；若内利而蹈水，则败坏之患立至于前，又何必分乎人焉水焉？其伤性害命一也。

性者道之形体也，性伤则道亦从之矣；心者性之郭郭也，心伤则性亦从之矣；身者心之区宇也，身伤则心亦从之矣；物者身之舟车也，物伤则身亦从之矣。是知以道观性，以性观心，以心观身，以身观物，治则治矣，然犹未离乎害者也。不若以道观道，以性观性，以心观心，以身观身，以物观物，则虽欲相伤，其可得乎！若然，则以家观家，以国观国，以天下观天下，亦从而可知之矣。❶

此段的文眼，在于"伤""害"以及与之同义的"覆""溺""败坏""患"，诸语在文中随处可见，极为醒目。如何远"伤"离"害"、保性全命，乃是此段序文的真正主题，也是邵雍道—性—心—身—物结构所要回答的根本问题。从序文强调的主要都是如何才能保全本性而不是如何才能实现本性来看，邵雍这里所说的性主要不是天赋的道德理性，而是淳朴纯真、未受戕害的"天性""真性"❷。这是因为，性如果指道德理性，则此种性不仅无须刻意保全，反而是一种力量，是人实现其道德存在的根基；只有当性指向某种自然的朴质时，保全免伤的说法才有意义，因为"朴"的定义在根本上就是以未来的伤害破坏为前提的。以此种素朴之性为基础，邵雍道—性—心的关系所关注的，主要不是道德

---

❶ 邵雍：《伊川击壤集序》，《邵雍全集》第4册，第1—2页。值得注意的是，序文中"其伤性害命一也"的说法是仿自《庄子·骈拇》"其于伤性以身为殉一也"，其道家意味是十分明显的。

❷ 邵雍诗云："谁能苦真性，情外更生情。"又云："亦恐因而害天性，尧夫非是爱吟诗。"(《放言》《首尾吟》,《伊川击壤集》卷三、卷二十，《邵雍全集》第4册，第47、424页）

问题，而是存在问题；邵雍所试图保全的，也就不是人的道德禀赋，而是淳朴自然的精神状态。正如郑开先生所指出的❶，这种以"素""朴""真"的自然本性来理解人性的思路，乃属道家心性论的范围，而与儒家以道德理性理解人性的思路有着深刻的差异。❷

早期道家所理解的人的素朴本性，往往是既排除了情欲因素，也排除了价值因素，因而呈现出既"无情无欲"又"无是无非"的特征。❸与此相比，邵雍所谓性虽然同样拒绝情欲的干扰，但并不否定价值。对于仁义礼智等道德价值，邵雍虽不直接将其等同于性，也不特别强调其在自然本性中的存在，但也绝不认为这些价值构成了对于本性的戕害。相反，从《伊川击壤集序》主张"以天下大义而为言"、反对一己之情好，以及邵雍诗文中随处可见的对于道德的揄扬肯定来看，邵雍的理想人格无疑是包有了道德价值的维度，而且这种维度只能是源自人的本性。就此而言，可以认为，邵雍所谓性是在延续了道家性论的素朴之义的同时，又将道德价值的维度看作与生俱来的素朴之性的一部分；或者，参照陈来先生对于有与无的区分，可以认为，邵雍所谓性是在无的形式当中容纳了有的价值。❹在这方面，邵雍人性论的确带有儒道会通的特点。

邵雍性论的这种通于儒道的特点，体现在其工夫论上，就是一方面要求"尽性""成性""正性"，一方面又要求保全"天

---

❶ 参见郑开：《道家心性论研究》，《哲学研究》，2003年第8期。
❷ 戴震对朱子与邵雍的上述差异有颇为到位的总结："邵子之学，深得于老庄，其书未尝自讳。以心为性之郭郭，谓人之神宅此郭郭之中也。朱子于其指神为道、指神为性者，皆转而以理当之。"（《绪言》下，《孟子字义疏证》，第116页）
❸ 郑开：《道家心性论研究》，《哲学研究》，2003年第8期。张岱年先生也说："邵子思想中道家的成分颇多，道家便是既不重利又不重义以忘义忘利为理想的。"（《中国哲学大纲》，《张岱年全集》第2卷，第423页）
❹ 参见陈来：《有无之境：王阳明哲学的精神》，生活·读书·新知三联书店，2009年，第3—9页。

性""真性",避免"害性"。邵雍诗既云:"同道道亦得,先天天弗违。穷理以尽性,放言而遣辞。""成性存存,用志不分。又何患乎,不到古人。""仲尼言正性,子舆言践形。二者能自得,殆不为虚生。"又云:"谁能苦真性,情外更生情。""亦恐因而害天性,尧夫非是爱吟诗。"❶ 前者含有追求成德的儒家意味,后者则更突出保全淳朴天性的道家意涵。两者互为表里,并不矛盾。总体来说,邵雍在性论上是以无包有,以道家包有儒家,以整体性的淳朴天性包有其道德价值,这与后来宋明理学特别是心学传统中强调仁义礼智的道德本性而以道家境界为辅的儒道兼综取向有微妙的差异。❷

这里可以附带说明淳朴天性意义上的性与心的关系。值得注意的是,在心性关系问题上,邵雍只谈到心是性的居所,心的状态能对性产生影响,并未提到心有无认知、实现其性的功能。这似乎意味着,心的后两种功能在邵雍哲学中并不重要。情况确实如此。就认知义来说,邵雍虽谈到"知性""明性""观性"❸,但"明"性的方式不是以思虑之心对其加以对象化的认识,反而是通过"无心"❹使性自然呈现出来,心在性的呈现过程中不具有正面的作用。其所以如此,在于邵雍所谓性,本就不是可以条分缕析来认识的道德条理,而是整体浑全的淳朴本性,故而只能以

---

❶ 邵雍:《观棋大吟》《放言》《答人书意》《成性吟》《首尾吟》,《伊川击壤集》卷一、卷三、卷四、卷十六、卷二十,《邵雍全集》第4册,第4、47、54、329、424页。

❷ 大概可以说,心学与理学主流的心性论都是孟子式的,但在邵雍这里,此种德性的"有"至少在相当程度上被道家心性的"无"涵化、冲淡了。

❸ 邵雍:《天津感事》《重游洛川》《瞻礼孔子吟》《观性吟》,《伊川击壤集》卷四、卷十五、卷十八,《邵雍全集》第4册,第60、63、299、369页。

❹ 邵雍诗云:"性以无心明,情由鉴止已。"(《重游洛川》,《伊川击壤集》卷四,《邵雍全集》第4册,第63页)

非对象化的方式把握。类似地,就实现义来说,邵雍虽谈到"尽性""成性""正性",但也没有凸显心在此过程中的主导作用。其所以如此,同样是由于邵雍所谓性主要不是意志行动之心所能实现的道德本性,而是有待回复的有境界意味的精神状态,这种回复不是勉强用力就能完成的,而只能通过由情返性、消除不合理的意念的"无心"的方式实现。这与张载等其他理学家突出心在成性过程中的作用、强调"心能尽性"❶的取向显然不同。此外,除了认知、实现之义,心对于性也不具有明显的发显外化的功能。性发为情,乃是"感其物"❷而然,邵雍并未强调其间存在着心的统合使动作用。总之,在邵雍这里,可以说"心有乎性""心包乎性""心能动性",但不宜说"心能见性""心能尽性""心能发性"。这种情况主要是由邵雍对性所作的道家式理解决定的。❸

最后,在澄清了性的内涵的基础上,这里可以对邵雍道—性—心—身—物的关系作一个完整的描述。邵雍之意是说,道体现为人的本性,本性寓于人心之中,人心居于人身之中,人身能与外物相交接。身与物若交接不当,则会伤及活动的人心;人心遭到伤害,则其淳朴的本性势必受到影响;本性受到影响,则道也就难免蒙受损害。在邵雍看来,要使人之身、心、性不受伤害,关键在于"以道观道,以性观性,以心观心,以身观身,以物观物",乃至"以家观家,以国观国,以天下观天下"❹,而不能"以

---

❶ 张载云:"心能尽性,'人能弘道'也;性不知检其心,'非道弘人'也。"(《正蒙·诚明》,《张载集》,第22页)
❷ 邵雍云:"感其物则谓之情。"(《伊川击壤集序》,《邵雍全集》第4册,第1页)
❸ 关于以朱子心统性情说为代表的理学中的心性关系,参见陈来:《朱子哲学研究》,第257—263、292—298页。
❹ 邵雍此语是本自《老子》第五十四章"以身观身,以家观家,以乡观乡,以邦观邦,以天下观天下",其道家态度是十分明显的。

道观性，以性观心，以心观身，以身观物"。这就是说，只有分辨内与外、己与物，才能保性全命，不使外物对自身产生有害影响。邵雍这种区分内外的工夫倾向，在其心性论结构上，就体现为对性与情的区分。这一点，下一小节将作更详细的讨论。

（三）性与情

和性与道的情况相似，邵雍关于性与情的论述，同样是在对主体存在的关切下展开的。两者的不同在于，性与道关注的是人如何保全天性，性与情则更关心人如何正确认知与行动。

在邵雍哲学中，性与情有专言偏言之别。❶专言之则性情连言，"性情""情性"同义，指人整体的精神、性格；❷偏言之则性情分言，性发为情，情根于性❸，性指深微清明的精神状态，情指发显有滞的精神状态。❹本节的讨论，主要围绕后一种含义展开。

看起来，性情关系中的性，与前文精神灵识、天赋本性与淳朴天性之性接近，都是内在的精神结构。但三者之间仍有差别：天赋本性与淳朴天性都是非活动的本质，性情之性却能应接外物，生发感情，因此只能是活动、能生的精神；精神灵识能使役形体，

---

❶ 专言偏言之别，见程颐：《周易程氏传》卷一，《二程集》下册，第695页。
❷ 此种含义在邵雍诗文中多可见的。邵雍云："虽曰吟咏情性，曾何累于性情哉。"又云："果然得手性情上，更肯埋头利害间。""虽向性情曾着力，奈何今日未能平。""静坐澄思虑，闲吟乐性情。""陶镕情性诗千首，燮理筋骸酒一杯。"此所谓"性情""情性"，皆为精神、性格之义（《伊川击壤集序》《思山吟》《戏谢富相公惠山笋》《独坐吟又一首》《书事吟》，《伊川击壤集》卷首、卷六、卷九、卷十三、卷十六，《邵雍全集》第4册，第2、97、149、270、334页）。
❸ 邵雍性情关系中的性并非本性或本质，性情间的发见关系不能作朱子式的已发未发理解。实际上，性与情都是经验的精神状态，发与见只是就情绪可见的程度而言。
❹ 邵雍云："发于性则见于情。"又云："情者性之影。"（《观物外篇》卷上、卷下，《邵雍全集》第3册，第1214、1218页）

而性情关系中的性却没有使役的对象，因而又只能是一种精神状态。正是在上述意义上，本章将性情关系中的性理解为深微清明的精神；与此相对，作为性之所发的情，则是情绪外显、有所滞溺的样态。❶性与情的概念，讨论的是人的精神状态问题。

邵雍性情思想的特色和重点，在于其往往扬性抑情，对情持否定的态度。这种否定有多方面的含义。从气质上讲，邵雍认为，性与情虽然都是一气所生，但情禀受的阴气更多，更具气质性的成分，即所谓"阳性而阴情，性神而情鬼"❷，在尊阳抑阴的总原则下，情是应当被贬抑的。从存在上讲，邵雍认为，感物而动的情构成了对人的本真天性的伤害，即所谓"谁能苦真性，情外更生情"❸，为避免为情所溺而"伤性害命"❹，情是应当被否弃的。从认知上讲，邵雍认为，系于一己之私的情是人如实认知的障碍，为实现正确的认知，情是应当被排除的。从修养上讲，邵雍认为，情在精神上易陷于执泥，在工夫上非治本之策，在动机上多涉于偏私，为避免错误的行动，情是应当被否定的。以上诸义中，邵雍尤其侧重认知与修养义。

就认知义来说，《观物外篇》云：

任我则情，情则蔽，蔽则昏矣。因物则性，性则神，神则

---

❶ 邵雍所谓情指喜怒哀乐的情绪，而非恻隐、羞恶、辞让、是非的道德情感。邵雍所谓情，有时似乎也带有情欲的成分，如认为感物而发的情往往内含利害之心（"内利而蹈水"，见《伊川击壤集序》,《邵雍全集》第 4 册，第 1 页），这里的情就不免有欲望的意味。但整体来看，邵雍所谓情仍以情绪之义为主。

❷ 邵雍：《观物外篇》卷下，《邵雍全集》第 3 册，第 1237 页。

❸ 邵雍：《放言》,《伊川击壤集》卷三，《邵雍全集》第 4 册，第 47 页。邵雍又云："百病起于情，情轻病亦轻。"（《百病吟》,《伊川击壤集》卷十七，《邵雍全集》第 4 册，第 346 页）

❹ 邵雍：《伊川击壤集序》,《邵雍全集》第 4 册，第 2 页。

明矣。

以物观物,性也。以我观物,情也。性公而明,情偏而暗。❶

邵雍认为,人如能在认知时做到无所系着,任物之真,精神就不会发作为明显的情绪,就能达到神明无滞的状态;相反,如囿于私意,碍于成见,情绪则不免偏滞,认知也不免昏蔽。这里,性与情是对"以物观物"与"以我观物"两种认知路向的描述。

就修养义来说,《观物外篇》云:

颜子不迁怒,不贰过。迁怒贰过,皆情也,非性也。❷

迁怒、贰过都是情绪的滥用,不迁怒、不贰过则是对过度情绪的控制。人能控制其情,则能由执泥归于无滞。❸ 这里,性与情指无滞与执着两种精神状态。

《性情吟》云:

践形治性,践迹治情。贤人践迹,圣人践形。❹

治性即在性上做工夫,从根本处革易身心;治情即在情上做工夫,只在形迹上仿效,而不从本原处改变。这里,性与情关联于内在

---

❶ 邵雍:《观物外篇》卷下,《邵雍全集》第3册,第1217—1218页。
❷ 邵雍:《观物外篇》卷下,《邵雍全集》第3册,第1225页。
❸ 张行成云:"怒与过,情也;不迁怒,不贰过,制情也,制情亦情也。制情,求以复性也。"(《皇极经世观物外篇衍义》卷八,《景印文渊阁四库全书》第804册,第178页)
❹ 邵雍:《性情吟》,《伊川击壤集》卷十四,《邵雍全集》第4册,第281页。

与外在、根本与浅表这两种工夫路向,区分的是贤人圣人之别。

另一篇《性情吟》云:

> 君子任性,小人任情。任性则近,任情则远。❶

从"君子""小人"的说法来看,这里的任性与任情应作道德含义理解。"君子任性",是说君子持养精神,不溺于情;"小人任情",是说小人任由情绪主宰行为。邵雍认为,情绪总有偏私,任情而发的行为也就带有不道德的因素。❷ 这里,性与情又指向道德与不道德两种行为路径,区分的是君子小人之别。

实际上,上述诸义间并不存在截然的分界:精神溺于情私,则认知难以客观;认知难以客观,则道德有欠真诚;道德有欠真诚,则工夫不能深入;工夫不能深入,则精神难免不陷于沉溺。《观物外篇》云:

> 知之为知之,不知为不知,圣人之性也;苟不知而强知之,非情而何? 失性而情,则众人矣。❸

"不知而强知之",不仅是一认知问题,而且是一道德问题,其结果不仅是泯为众人,而且是堕为小人。反过来说,人如能由情返性,也就不仅能建立起正确的认识,同时也能成就修养的工夫、

---

❶ 邵雍:《性情吟》,《伊川击壤集》卷十八,《邵雍全集》第 4 册,第 378 页。
❷ 邵雍又云:"君子多近名,小人多近刑。善恶有异同,一归于任情。"(《刑名吟》,《伊川击壤集》卷十八,《邵雍全集》第 4 册,第 381 页〉这里,近名与近刑或为名、或为利,都是任情之所为,而不是真正的道德行为。
❸ 此段文字,诸本《观物外篇》与《皇极经世观物外篇衍义》皆无,据吴坚本补。

道德的人格与精神的境界。就此而言,上述诸义中的性情结构其实是融贯一致的,共同指向理想的圣人人格之成立。

总体来说,邵雍的性情思想多以性为深微、为无滞、为神明、为公正、为正确、为道德,以情为浅表、为执着、为昏蔽、为偏私、为错误、为不道德,认为情对性有破坏扰动的作用,要求"去己之情"❶,由情返性。这种否定、贬抑情的倾向不始于邵雍。《庄子·人间世》早有"无情"之语,主张"不以好恶内伤其身,常因自然而不益生"。董仲舒将性情对立,扬性抑情,以性与情分属阳与阴。❷王弼亦将性与情相对立,主张"性其情"。❸佛教亦主无情,认为情在根本上就是虚妄不净的,要予以消灭。受佛教影响的李翱也有类似的观点,认为:"人之所以为圣人者,性也。人之所以惑其性者,情也。喜怒哀惧爱恶欲,七者皆情之所为也。情既昏,性斯匿矣。""情者妄也,邪也。邪与妄,则无所因矣。妄情灭息,本性清明,周流六虚,所以谓之能复其性也。"❹邵雍的扬性抑情无疑是以上述传统为背景的。其与前人的不同,则在于将性与情看成两种不同的认知、修养和道德工夫路径,加以系统论述。邵雍无我、安乐的工夫取向,与其扬性抑情的思想紧密相关。

值得注意的是,邵雍一面强调去己之情,由情返性;一面又常在诗中表达出鲜明浓烈的情绪,且不以为过。❺《击壤集》诗

---

❶ 邵雍:《观物吟》,《伊川击壤集》卷十七,《邵雍全集》第4册,第341页。
❷ 董仲舒云:"身之有性情也,若天之有阴阳也,言人之质而无其情,犹言天之阳而无其阴也。"(《春秋繁露义证》卷十,第299页)王充引董仲舒说云:"天之大经一阴一阳,人之大经一情一性。性生于阳,情生于阴。"(《论衡校释》卷三,第139页)
❸ 楼宇烈:《王弼集校释》,第217、631—632页。
❹ 李翱:《复性书》上、中,《李文公集》卷二,《四部丛刊初编》,第4页上、第12页上。
❺ 冯友兰先生即谓邵雍之乐"乐不可支""有点夸张造作"(《中国哲学史新编》第5册,《三松堂全集》第10卷,第119页)。

云:"快心亦恐诗拘束,更把狂诗大字书。""宾朋莫怪无拘检,真乐攻心不奈何。"❶ 由此来看,情在邵雍哲学中绝非完全负面的存在。实际上,邵雍反对的只是为情私所溺,以致汩乱知行、伤害性命,但并不认为人应该弃绝情感,同于木石。性必然地要发显为情,合理的情绪宣发,不仅没有过错,而且恰恰顺应了人的本性,是自然、必要且应当的;反过来,彻底弃绝情感的倾向才不合天地之常,也无益于成就人的道德人格和精神境界。正是出于这一原因,邵雍反复咏叹"天地岂无情""万物岂无情",又云"手足情深不可忘"❷,认为天地万物的倾向与人的道德、审美情感都是有价值、有意义的。就此来说,邵雍的态度与彻底弃绝情感、灭情复性的主张之间,仍有深刻的差异。

(四)性与命

性与体、性与道、性与情之外,邵雍性论的另一个维度,是性与命的关系。

性命关系一直是中国哲学史的重要主题。追根溯源,这一观念的初步形成是在战国之际。西周以来早期命观念中的道德性,在孔子手中得到提揭,并在天命观念中得到凝塑。《中庸》提出"天命之谓性",性命开始并提,天命成为性的来源。《易传》提出"穷理尽性以至于命"等说❸,性与命被纳入同一个工夫序列中。

---

❶ 邵雍:《林下五吟》《答客吟》,《伊川击壤集》卷八、卷十一,《邵雍全集》第4册,第142、214页。
❷ 邵雍:《秋怀》《初夏闲吟》《独坐吟》《伤二舍弟无疾而化》,《伊川击壤集》卷三、卷六、卷十三,《邵雍全集》第4册,第45、86、101、270页。
❸ 《说卦》云:"穷理尽性以至于命。"又云:"昔者圣人之作《易》也,将以顺性命之理。"《乾卦·彖传》云:"乾道变化,各正性命。"

至此，先秦儒家性命观念的格局已经基本确立。❶《中庸》《易传》而外，先秦儒家尚有其他关于性命的论述，如《孟子·尽心》对于性命内外的区分，但对后世儒学特别是宋明理学性命观念的影响不如前两者深刻。整体来看，可以认为，《中庸》《易传》构成了后世儒家性命观念主要的思想基础。

《中庸》与《易传》共同构成儒家性命观的基础，但在相当长的时期内，后世学者对命的理解是有偏重的。从汉唐经注看，命往往是在命运的意义上被人认识，其道德性、本质性的含义较少引起注意。郑玄释《中庸》，既云"天命，谓天所命生人者也"，以命令之义为说；又引《孝经说》"性者生之质，命，人所禀受度也"❷，指出天之命生实以分限意义上的命运气禀为内容。类似地，孔颖达释《中庸》，认为"天命之谓性"之命即《易传》"乾道变化，各正性命"之命❸，乃"贵贱夭寿之属"❹；而《易传》"穷理尽性以至于命"之命也不过是"一期所赋"的短长吉凶。❺这些解释都不脱命运之义。经注之外，这一时期关于命的一般性论述，也基本是围绕命运展开，董仲舒、王充即为显例。总体来看，抽离了命运之命内涵的纯粹道德性、本质性的天命观念，在此时尚未真正凸显。

及至北宋，性命问题得到了更多儒者的关注。学者指出，庆

---

❶ 相关论述，参见徐复观：《中国人性论史·先秦篇》，上海三联书店，2001年，第102—104页；陈来：《古代宗教与伦理：儒家思想的根源》，生活·读书·新知三联书店，1996年，第161—223页；丁为祥：《命与天命：儒家天人关系的双重视角》，《中国哲学史》，2007年第4期。
❷ 孔颖达：《礼记正义》卷五十二，《十三经注疏》，第3527页。
❸ 孔颖达：《礼记正义》卷五十二，《十三经注疏》，第3527页。
❹ 孔颖达：《周易正义》卷一，《十三经注疏》，第24页。
❺ 孔颖达：《周易正义》卷九，《十三经注疏》，第196页。

历以降,性命逐渐成为当时的核心话语,儒者率多言之。❶ 不过,这一时期,儒家的性命思想还没有取得真正的突破,而是仍然受到此前传统的较大影响。在对命的解释上,理学先驱多表现出与汉唐相近的思路。如胡瑗《周易口义》释"乾道变化,各正性命",云:"性者天生之质,有刚柔迟速之别也;命者人所禀受,有贵贱夭寿之等也。……皆天所赋性命之然也。"释"穷理尽性以至于命",云:"命者,则谓长短、凶折、夭亡之类是也。"❷ 这仍是将《易传》所谓命理解为贵贱寿夭的命运之命,其解释路向与前人大体相似。

邵雍在年辈上略晚于胡瑗等理学先驱,其性命论开始呈现出某些转化的特征。邵雍云:

> 天使我有是之谓命,命之在我之谓性,性之在物之谓理。《易》曰:"穷理尽性以至于命。"所以谓之理者,物之理也。所以谓之性者,天之性也。所以谓之命者,处理性者也。所以能处理性者,非道而何?❸

邵雍上说可注意处有二。其一,就形式上看,"天使我有是之谓命"有本于《中庸》,而理性命的结构是本于《易传》,邵雍已经

---

❶ 相关研究,参见邓广铭:《略谈宋学》,《邓广铭治史丛稿》,北京大学出版社,1997年,第163—176页;陈植锷:《北宋文化史述论》,中国社会科学出版社,1992年,第218—235页;吴国武:《经术与性理:北宋儒学转型考论》,学苑出版社,2009年,第203—209页。

❷ 胡瑗:《周易口义》卷一、卷十二,倪天隐述,《儒藏·精华编》第3册,北京大学出版社,2009年,第22、453页。

❸ 邵雍:《观物内篇》,《邵雍全集》第3册,第1150页;邵雍:《观物外篇》卷下,《邵雍全集》第3册,第1240页。

表现出融汇两种经典的倾向，这为性命观念的转向打开了空间。其二，就内容上看，邵雍云"命之在我之谓性，性之在物之谓理"，将命落实为人性与物理，这样的命已不再是贵贱夭寿的气数，而具有了普遍本质的含义。邵雍认为，人与物的本质都来源于天。类似地，《观物内篇》"所以谓之命者，处理性者也"之语表达的也是同样的含义，即天命才是区处、分配人性物理的来源和主宰。❶ 与前人相比，邵雍上述解释关心的重点已不再是命运，而是本性的来源与统一性问题。这种转变标志着儒学自身问题意识的更新。

朱子曾以理气为标准，将命区分为两类：

> 命有两般：有以气言者，厚薄清浊之禀不同也，如所谓"道之将行、将废，命也"，"得之不得曰有命"，是也；有以理言者，天道流行，付而在人，则为仁义礼智之性，如所谓"五十而知天命"，"天命之谓性"，是也。二者皆天所付与，故皆曰命。❷

借用朱子的上述区分，汉唐儒与胡瑗的解释基本遵循的是以气言命的传统，而邵雍则由以气言命转向以理言命。这一转向当然不仅仅发生在邵雍处，而是普遍地出现在同时代的泛理学群体中。北宋中后期，与邵雍"天使我有是之谓命"相似的表述并不鲜见。二程云：

---

❶《性理群书句解》释"处理性者也"，云："区处理性而付于人物也。"（熊节：《性理群书句解》卷十四，熊刚大注，《景印文渊阁四库全书》第709册，第225页）
❷ 黎靖德编：《朱子语类》卷六十一，第1463页。

> 天之付与之谓命，禀之在我之谓性，见于事业（小注：一作物）之谓理。
>
> 言天之付与万物者，谓之天命。
>
> 在天为命，在人为性，论其所主为心，其实只是一个道。❶

王安石云：

> 天使我有是之谓命，命之在我之谓性。❷

这种以天言命、以人言性、以物言理、将理性命统合为一的思想，是当时纵论性命的学者的普遍观念。相较于前人将命理解为气质性的个体命运，这种解释的特点在于以贯穿人与物的普遍本性规定命的内容，从而在万物之间建立起根本的同一性，同时也重新

---

❶ 程颢、程颐：《河南程氏遗书》卷六、卷十一、卷十八，《二程集》上册，第91、125、204页。

❷ 王安石此说在文字上与邵雍完全相同。两宋之际的文献对其说多有记载。杨时云："荆公云'天使我有是之谓命，命之在我之谓性'，是未知性命之理。"（《龟山先生语录》卷三，《四部丛刊续编》，第15页上）龚原云："天使我有是者，命也；命之在我者，性也；有性有命，则具之者理也。"（《周易新讲义》卷十，《续修四库全书》第1册，第788—789页）卫湜亦载陆佃引此语（《礼记集说》卷一百二十三，《中华再造善本·唐宋编》，北京图书馆出版社，2003年）。可见王安石确有此说。荆公新学盛行于两宋之际，而《观物外篇》在北宋元丰以后也有流传。理论上无法排除此种可能，即此说原出于王安石，误编入邵雍集中。但在缺乏任何证据的情况下，更审慎、可信的做法还是应该将二者分别处理。单就邵雍来看，此说与其性命观念确实相合，可以在其思想体系中得到融贯的解释。

杨时对王安石"天使我有是之谓命"的上述批评并不公允，朱子对此早有驳正。《中庸或问》云："王氏之言固为多病，然此所云'天使我有是者'，犹曰上帝降衷云尔，岂真以为有或使之者哉？其曰在天为命，在人为性，则程子亦云，而杨氏又自言之，盖无悖于理者。今乃指为王氏之失，不惟似同浴而讥裸裎，亦近于意有不平，而反为至公之累矣。"（《朱子全书》第6册，第553页）

发现了《中庸》《易传》中天命的本质意味。在这一时代性的思潮中,邵雍"天使我有是之谓命"与二程等关于性命的思考具有根本的同质性,共同开启了一个新的儒学局面。❶

"天使我有是之谓命"是自上而下地阐述性与理的来源,这是邵雍性命思想的一个侧面。其另一个侧面,则是自下而上地论述修养工夫。后者同样是在理性命结构中展开的。邵雍云:

> 理穷而后知性,性尽而后知命,命知而后至。
> 天下之物莫不有理焉,莫不有性焉,莫不有命焉。所以谓之理者,穷之而后可知也;所以谓之性者,尽之而后可知也;所以谓之命者,至之而后可知也。❷

这是说,人穷尽天所赋予物的物理,就能知晓自己的本性;充分实现本性,就能知命,知命则能至命。❸ 这里所谓命,同样是天

---

❶ 至于其间的不同,则在于邵雍关于理性命的探讨较少突出道德的意味,而更多侧重本性与物理的来源问题。这与邵雍对人性内容的理解有关。

❷ 邵雍:《观物内篇》,《邵雍全集》第3册,第1175页;邵雍:《观物外篇》卷下,《邵雍全集》第3册,第1224页。

❸ 这里,关于命究竟是知而后至,还是至而后知,邵雍的两种说法并不一致。整体来看,邵雍之意似乎更接近前者。其所以有至而后知的表述,主要不是论述工夫的次第,而是强调工夫的程度,认为工夫做到极致才能获得真知,这是语境使然。张载、程子也曾讨论到这一问题,而重点不同。张载云:"今言知命与至于命,尽有近远,岂可以知便谓之至也?"小程云:"知天命而未至命,从心方至命。"(《河南程氏遗书》卷十,《二程集》上册,第115页;《朱子语类》卷二十三,第553页)

"命知而后至"一句,不同版本文字有别。《邵雍全集》据文渊阁本《皇极经世观物外篇衍义》与《性理大全》,在"至"上添"知"字,作"命知而后知至"。实则此知字当为误衍。原文讨论的是"穷理尽性以至于命",既已言"知命",下自当言"至命",不当重出知字。疑此乃涉《大学》"物格而后知至"而误。今从吴坚本、《道藏》本《观物内篇》与刘尧诲本《皇极经世观物外篇衍义》,删去知字。

这里,穷理能够知性,是通过邵雍"万物备于我"的宇宙论来保证的;尽性能够知命,是通过天—命—性的一体性来保证的。

命、天道的含义。因此，邵雍实际上是以同天为其工夫论的最终目标，这与其"同于造化"❶的追求正相呼应，与张载、二程以至命为达于天道的解释也相一致❷，而与孔颖达、胡瑗等将至命理解为穷定贵贱寿夭的命运却有根本的差异。这再一次显示出邵雍性命思想的性质。

正是在上述意义上，我们终于可以理解前文提到的李之才传与邵雍的性命之学的确切含义。所谓性命之学，指的是探究本性之来源，在自己身心上做工夫，以求上与天同的学问。这种学问追求的是至命同天，而同天也就是成圣，因此，性命之学实际上也就是成圣之学。邵雍云：

> 不至于性命，不足谓之好学。
> 得天理者不独润身，亦能润心。不独润心，至于性命亦润。
> 人言《春秋》非性命书，非也。……圣人何容心哉？无我故也。岂非由性命而发言也？……故曰：《春秋》，尽性之书也。❸

所谓至于性命，即尽性至命；所谓润其性命，即从大本大源处变化气质；所谓由性命而无我，即排除了私我的障蔽而达至最高的

---

❶ 邵雍《秋怀》云："我患尚有言，不得同造化。"（《伊川击壤集》卷三，《邵雍全集》第 4 册，第 45 页）朱子也有类似的说法："至于'范围天地'，是'至命'，言与造化一般。"（《朱子语类》卷七十七，第 1968 页）
❷ 《洛阳议论》载二程与张载论"穷理尽性以至于命"，张载以"至于天道"解"至于命"。程颐亦云："理也，性也，命也，三者未尝有异。穷理则尽性，尽性则知天命矣。天命犹天道也，以其用而言之则谓之命，命者造化之谓也。"（《河南程氏遗书》卷十、卷二十一下，《二程集》上册，第 115、274 页）
❸ 邵雍：《观物外篇》卷下，《邵雍全集》第 3 册，第 1224—1225、1230—1231 页。

普遍性。性命之学所以能够成就入圣之功,正是因为无我之故:性命作为人得之于天的内容,代表的是根源的普遍性,而与个体性的私我相对。因此,只有无我才能达至这种境界。在这一点上,邵雍的性命思想与其工夫论是直接相关的。

邵雍对于性命之学极为看重。在邵雍看来,与尽性至命的内在成圣工夫相比,外在事功甚至都不足为重,故有"经纶亦可为余事,性命方能尽所为""君子之学以润身为本,其治人应物,皆余事也""隐几功夫大,挥戈事业卑"❶的说法。这种态度里固然承传着道家的思想背景❷,但从实质上讲,反映的是初兴的道学对于内在向度的发现与重视,体现的是内在工夫相对于外在事功所具有的根本性、统摄性、带动性的地位。张行成云:"人之学当从根本中来。"❸在理学看来,修养心性才是根本工夫,外在事功只是意诚心正的自然结果。在这个意义上,邵雍对于性命之学的重视,并不只是个体性的事件,而反映了理学发掘出成圣之学、以内圣为外王奠基的意识所具有的普遍的思想史意义。❹

不过,需要说明的是,邵雍虽然在其理性命的论述中以天命之命取代了命运之命,但在性命结构之外,邵雍所谈到的命,往往还是命运之义。从相关诗文来看,邵雍是把命运理解为与主体

---

❶ 邵雍:《观物外篇》卷下,《邵雍全集》第3册,第1222页;邵雍:《天道吟》《首尾吟》,《伊川击壤集》卷十、卷二十,《邵雍全集》第4册,第192、415—416页。

❷ 《庄子·让王》:"道之真以治身,其绪余以为国家,其土苴以治天下。由此观之,帝王之功,圣人之余事也,非所以完身养生也。"(郭庆藩:《庄子集释》卷九下,第971页)

❸ 张行成:《皇极经世观物外篇衍义》卷八,《景印文渊阁四库全书》第804册,第177页。

❹ 关于理学对于成圣之学的开掘,参见包弼德先生的论述(《斯文:唐宋思想的转型》,刘宁译,江苏人民出版社,2017年,第395—408页)。

性相对的客观性,理解为人之所不得已❶,认为命运对人主要起着否定、限制的作用,是人之所不愿而又不得不然的力量。❷ 而且,在邵雍看来,命运既不是目的论式的确定结果,也不是行为的合理报偿,而是"不知其所以然而然"的无端遭遇。❸ 这更突出了命的否定、强制的意味。应该说,命运问题不仅没有被排除出邵雍的视野,反而在其个体性的关怀中占有十分重要的位置。其实,即使在邵雍理性命的结构中,其所谓天命之命也未尝不浸染有天所赋予的命运、命分的含义。邵雍的这些论述,反映出其在个体

---

❶ 以客观性与不得已论命,用杨立华先生说。
❷ 邵雍论命之诗不少,如云:"成败须归命,兴亡自系时。""生平志在立功名,谁谓才难与命争。""既知富贵须由命,难把升沉更问天。""自know命薄临头上,不愿事多来眼前。""才高命寡,耻居人下。""死生有命尚能处,道德由人那不知。"可以看出,邵雍不仅认为命是人所不能做主之事,而且强调命对于人主要起着否定、限制的作用。命的这种否定性的含义甚至也体现在"天命""知命"等概念当中。邵雍诗云:"道之未行兮,其命也在天。""天命不我祐,云山聊自怡。""瀍上真人既已翔,四人相顾都无语。徐云天命自有归,不若追踪巢与许。""予年四十七,已甫知命路。岂意天不绝,生男始为父。""乐则行之忧则违,大都知命是男儿。至微功业人难必,尽好云山我自怡。"天所命予人的内容,是对人的意愿与行为的阻碍和限制,是"不行"、"不祐"与"难必"。人对于(天)命的认知,就是对于这种使人不得已、不如意、无奈何的力量的认识(《观棋大吟》《寄谢三城太守韩子华舍人》《闲吟》《题四皓庙》《游山》《闲坐吟》《哭张师柔长官》《和登封裴寺丞翰见寄》《重阳前一日作》《偶书》《首尾吟》,《伊川击壤集》卷一、卷二、卷四、卷五、卷七、卷十四、卷二十,《邵雍全集》第 4 册,第 4、8、11、26、27、56、67、121—122、274、419 页)。
❸ 邵雍论命,往往与时对举,如云"成败须归命,兴亡自系时""人作者事,天命者时"(《观棋大吟》《天时吟》,《伊川击壤集》卷一、卷十四,《邵雍全集》第 4 册,第 4、283 页)。这提示出,命和时相似,在根本上都是一种偶然性。命的这种偶然的意味,在邵雍《渔樵问对》中有更明显的体现。《渔樵问对》云:"樵者曰:'有为善而遇祸,有为恶而获福者,何也?'渔者曰:'有幸与不幸也。幸不幸,命也;当不当,分也。一命一分,人其逃乎?'曰:'何谓分?何谓命?'曰:'小人之遇福,非分也,有命也;当祸,分也,非命也。君子之遇祸,非分也,有命也;当福,分也,非命也。'"(《邵雍全集》第 4 册,第 461 页)邵雍将命运区分为合于本分的分和不合本分的命。分指的是德福一致,命指的是德福相悖。这种情况下,命所指向的就更是人之所不期而然的偶然的值遇。《观物内篇》云:"然而有幸有不幸者,始可以语命也已。"(《邵雍全集》第 3 册,第 1159 页)这也是强调命的偶然性。

第 7 章　心　性　　333

之存在与命运问题上的深切体验。

与邵雍相比,张载、二程则采取了不同的立场。张载区分命与遇,认为"命禀同于性,遇乃适然焉""行同报异,犹难语命,可以言遇"❶,将遭遇完全看作偶然,而将命理解为天赋的道德本性,这就将命运问题彻底排除出了性命问题的领域。类似地,二程区分命与义,认为"贤者惟知义而已,命在其中;中人以下,乃以命处义""命者所以辅义,一循于义,则何庸断之以命哉"❷,也将命运问题置于了道德义理的关切之外。张载、二程所持有的,无疑是一种更为彻底的"正其义不谋其利"的儒家态度。相比之下,邵雍虽然同样强调区分在我之德与在外之命,但对于个体之遭遇终究不免颇多关注,对于道德义理的坚持并没有使命运问题完全退出邵雍思考的范围。就此来说,邵雍在根本的价值关怀上较之张程仍有微妙的区别。

二 论 心

上一节对性的种种不同含义作了梳理。可以看出,即使放在邵雍哲学的全部范畴中考察,性的概念的多义性也是十分突出的。这方面,心不免相形逊色。然而,含义的复杂性并不能等同于概念本身的重要性。如果不是仅就含义的丰富程度着眼,而是更加关注其在整个哲学体系中的地位和功能的话,那么,心的概念就不能不引起更多的注意。

---

❶ 张载:《正蒙·乾称》,《张载集》,第64页。
❷ 程颢、程颐:《河南程氏遗书》卷二上、卷十一,《二程集》上册,第18、125页。关于张载、二程性命观念的讨论,参见蒙培元:《理学范畴系统》,第180—183页。

邵雍思想中的心的概念，大体来说，有三种不同的含义：其一是本原之心，其二是意念之心，其三是器官之心。器官之心的含义，邵雍在有关物象的论述中颇多言之❶，但这不成其为一种哲学概念。本节所要分析的，乃是心的前两种意义及其相互关系。

(一) **本原之心**

首先来看本原之心。《观物外篇》云：

> 心为太极。又曰：道为太极。❷

对于邵雍来说，太极是不折不扣的最高范畴。邵雍将心等同于太极，可见心的概念确实具有本原之义。这里的问题在于：邵雍究竟是在什么意义上将心认定为本原？试看一些相关的说法。邵雍云：

> 先天学，心法也，故《图》皆自中起。万化万事生乎心也。《先天图》者，环中也。
> 身生天地后，心在天地前，天地自我出，自余何足言。❸

第五章曾经谈到，先天圆图是自内而外次第地展开，其中心即所谓太极。从最直观的角度来讲，邵雍将心比拟为太极，正是有取于太极居于先天圆图之中心的这一位置特点。若从哲学的意义上

---

❶ 如"心肺之相联，肝胆之相属""阳与刚交而生心肺，阳与柔交而生肝胆"(《观物外篇》卷上，《邵雍全集》第3册，第1201—1202页) 之类。此种在生理学意义上将人体器官与阴阳、《易》卦相类比的说法，在邵雍著作中十分常见。
❷ 邵雍：《观物外篇》卷上，《邵雍全集》第3册，第1214页。
❸ 邵雍：《观物外篇》卷下，《邵雍全集》第3册，第1228页；邵雍：《自余吟》，《伊川击壤集》卷十九，《邵雍全集》第4册，第393页。

看，邵雍以心为太极，则是有见于心与太极都具有生发的功能，是万事万物之根源。正是在"万化万事生乎心"的意义上，心可以被理解为生生之本原。

具体来说，本原之心又有两种不同的含义。一方面，心可以被理解为天地之心，或说是天地的本质倾向。在这种意义上，心的生发是一个生成论或宇宙论的命题，指的是天地的本质倾向构成了万物产生的根本。邵雍《观物外篇》云"扬雄作《玄》，可谓见天地之心者也"，又云"'天地之心'者，生万物之本也"❶，其所谓"天地之心"，就是指本原之心。如果说太极分而为两仪、四象、八卦乃至万物的命题是以易学的形式表达出了本原所具有的生生的功能❷，那么，天地之心的概念则是以更加哲学的形式诠解出了本原作为万物所由以产生的来源的含义。❸此种意义上的本原之心，可说是以实体为本原。

另一方面，心又可以指人心。在这种意义上，心的生发是一个心性论的命题，指的是人心能生成各种意念与行为。由于人的

---

❶ 邵雍：《观物外篇》卷下，《邵雍全集》第 3 册，第 1225、1240 页。

❷ 邵雍云："太极既分，两仪立矣。阳下交于阴，阴上交于阳，四象生矣。阳交于阴，阴交于阳，而生天之四象；刚交于柔，柔交于刚，而生地之四象：于是八卦成矣。八卦相错，然后万物生焉。"（《观物外篇》卷上，《邵雍全集》第 3 册，第 1196 页）

❸ 邵雍所谓"天地之心"是本自《复卦·彖传》"复，其见天地之心乎"。天地之心的概念演变史，陈来先生有所总结（《仁学本体论》，生活·读书·新知三联书店，2014 年，第 227—236 页）。如果具体到邵雍思想中，则"天地之心"与"天心"两概念在使用上还是有微妙的区别。邵雍言"天地之心"，主要是强调其生生之义。言"天心"，则或是强调最高境界之义，如云"物理悟来添性淡，天心到后觉情疏""天心复处是无心，心到无时无处寻"；或是强调天之意志之义，如云"因通物性兴衰理，遂悟天心用舍权""清风兴况未全衰，岂谓天心便弃遗"（《答人放言》《贺人致政》《清风短吟》《寄亳州秦伯镇兵部》，《伊川击壤集》卷三、卷六、卷八，第 31、35、100、128 页）。后一种意义上的天心更接近天意。总体来说，天地之心概念的自然意味更强，天心概念的人格意味更重。

行为活动是意念驱使的结果,而意念是心的产物,因此,作为意念与行为之所从生的人心就是人之主宰,进而构成了人所生活于其中的意义世界的本原。就此而言,人心又是太极或道在人身中的体现。对此邵雍多有言之。邵雍既云"心为太极""万化万事生乎心""人居天地之中,心居人之中",又云"如知道只在人心,造化功夫自可寻""天向一中分体用,人于心上起经纶""心在人躯号太阳,能于事上发辉光,如何皎日照八表,得似灵台高一方"❶,其以人心与太极、道或一相比拟的意味是非常明显的。与太极相比,人心也具有生发的功能,也构成了存在的本原,且更突出作为主宰或者主体的意味。此种意义上的本原之心,可说是以主体为本原。邵雍"心为太极""万化万事生乎心"之语所强调的,主要就是心作为人心而非天地之心之义。

这里要对本原之心的动静问题略作说明。在邵雍哲学中,太极往往被认为是一个超越了动静的范畴。太极就其不活动而言,可以被理解为静。故《观物外篇》云:"太极一也,不动。"又云:"太极不动,性也。"就其作为生生之根源而言,又可以被理解为动。故《观物外篇》云:"(太极)生二,二则神也。"又云:"(太极)发则神,神则数,数则象,象则器。"❷此种兼具动静的太极其实与神同义,是一超越性的存在。❸本原之心的情况与此类似,而又略有不同。就其未尝逐物而动而言,本原之心可以被理解为静。故《观物外篇》云:"心一而不分则能应万变,此君子所

---

❶ 邵雍:《观物外篇》卷上、卷下,《邵雍全集》第3册,第1199、1214、1228页;邵雍:《道装吟》《试笔》《观易吟》,《伊川击壤集》卷十三、卷十四、卷十五,《邵雍全集》第4册,第272、277、290页。《观易吟》原注,"体用"又作"造化"。
❷ 邵雍:《观物外篇》卷下,《邵雍全集》第3册,第1238—1239页。
❸ 因此邵伯温认为太极是非动非静、亦动亦静的存在(《性理大全》卷九)。但这一理解掺入了更多本体化的态度,与邵雍原意容有距离。

以虚心而不动也。"❶ 就其生化不息而言，本原之心又可以被理解为动，前引"万化万事生乎心"，即此之谓。因此，在近似的意义上，可以认为本原之心与太极一样，也超越了具体的动静；但若就前引种种论述来看，邵雍更强调的其实是本原之心创生、主动、主宰的功能，这与太极尚多兼有静态的含义有所差异。

在以往的解释中，邵雍的本原之心往往被理解为某种贝克莱意义上的主观唯心论。此种观点认为，邵雍所谓"心为太极"，"实际上是将易学的法则归之于人心的产物"；所谓"心在天地前""天地自我出"，表达的乃是"先有人心，后有世界，世界依赖于人心"的观念，因而在根本上都是一种认为意识构成了物质的唯心论见解。❷ 这种说法并不准确，而是在相当程度上误解了邵雍上述命题的原意。实际上，邵雍所谓"心为太极""万化万事生乎心"，在个体之心的意义上，讨论的根本不是宇宙论或生成论的问题，而是心性论或认识论的问题；换句话说，邵雍不是在讨论物质是否由意识构成，而是在说明心体具有能够产生意念、引导行为的功能。与此类似，邵雍所谓"身生天地后，心在天地前""天地自我出"，也不是认为心构成了身之存在的物理前提，而只是讲心作为一身之主宰，总是逻辑地先在于身，能够对身（行动）施加影响；不是认为人心真的在物理的意义上具有生灭天地的功能，而只是讲人心能够生发意念、引起行为，进而建构起人所生活于其中的意义世界。至于个体之心的含义之外，心在邵雍哲学中所具有的客观的天地之心的含义，更非上述框架所能收摄。十分显然，此种解读并不足以诠释出邵雍本原之心的真义。

---

❶ 邵雍：《观物外篇》卷下，《邵雍全集》第3册，第1220页。引文据吴坚本，有改动。
❷ 朱伯崑：《易学哲学史》第2卷，第165—166页。

从某种意义上说，邵雍哲学中的本原之心，与后来心学传统当中的本心颇有相似之处。邵雍以心为最高本原，正如心学将心看作"天地万物之主"❶；邵雍认为心具有生化万事万物的功能，正如心学将心看作"造化的精灵"，认为"这些精灵生天生地，成鬼成帝，皆从此出，真是与物无对"❷。陈来先生早已指出，阳明心学的这些命题，不能在构成论或存有论的意义上理解，而应在意向性和境界论的面向上解读；换言之，阳明所谓物，指的是意识内的对象，而不是物质性的实体。❸准此，对邵雍"天地自我出""万化万事生乎心"的说法，也应采取大体相近的解读方式。其实，如果从意向性的角度考察，邵雍此种说法的含义是极为明确的：邵雍只是认为主体的心能够产生意向，此种意向建构了主体的意识对象，决定了主体的行动方向，从而构造出了主体的"生活世界"；而不是认为意识本身真的能够变现为物质性的存在，或为物质性的存在提供根据。换句话说，邵雍只是要"从心上说物"，要说明一主体之天地总是经过了其精神的建构，总是对该主体具有特别的意义，而不是要脱离具体的主客关系，来普遍、抽象地谈论物质存在之来源或者基础的问题。通过这些命题，邵雍要强调的是心作为一身之主宰，对于意向、意识对象和行为所具有的创生、构成与导向的作用。邵雍这些命题与心学的相似性，应该在上述意义上加以理解。

邵雍将心确立为本原，对于心的地位与功能特加重视，对于心上工夫特别关注，其学问因此具有了"心学"的色彩。邵雍直

---

❶ 王阳明：《答季明德》，《王阳明全集》卷六，吴光、钱明、董平、姚延福编校，上海古籍出版社，2011年，第238页。
❷ 王阳明：《传习录》下，《王阳明全集》卷三，第119页。
❸ 参见陈来：《有无之境：王阳明哲学的精神》，第53—73页。

言:"先天之学,心也。""先天学,心法也。"❶张行成也有先天学为心学的表述。❷可以认为,邵雍之说确乎开了宋明儒学以心为本原的先河。不过,应当特别注意的是,邵雍心学与后世的心学传统还不能直接等同,两者之间仍有不容忽视的差异。

就心与物的关系来说,邵雍只谈到了心能生物,并没有谈到心外无物。如果说心能生物讨论的是心与物之间的生成关系,那么,心外无物讨论的则是心与物之间的存在关系。邵雍此说虽然认为心创生出了意向,但并不强调此种意向所建构的对象只能居于心内,而不能有其物质性的实体。这种相对和缓的表述方式显示出,邵雍并不以事物之物质实在性的问题为思考的重点,故未多加阐述。与此不同,后来,阳明曾与其弟子围绕物的实在性的问题反复讨论,阳明被迫以心外无物的斩截命题来表达其观念,由此带出"否认"事物之物质实存的"张大和变形"❸了的命题内涵。阳明学中的此种情况在邵雍的心论中并不存在。这反映出邵

---

❶ 邵雍:《观物外篇》卷下,《邵雍全集》第3册,第1217、1228页。

❷ 张行成云:"先天之学以诚为主,心学也。"(《皇极经世索隐》卷下,《景印文渊阁四库全书》第804册,第23页)张行成称邵雍之学为心学,不是就本原而言,而是就工夫而言,心学是指心灵修养之学。这一点,只要注意到张氏"心学"之语是在对《观物内篇》"无心过"工夫一段的注释中给出的,即可清楚。此种理解较符合邵雍原意。只有从工夫而非本原入手,邵雍"先天之学,心也""先天学,心法也"诸说才能得到落实。

陈荣捷先生也曾提到邵雍的心学。在陈先生看来,邵雍之心学不是仅仅就心而言,而是"儒家全面修养之学"(《"心法"与"心学"》,《朱子新探索》,华东师范大学出版社,2007年,第224页)。不过,这里似乎存在文献的误导。陈先生立说的根据,是《四部备要》本《皇极经世》中的《心学》一章。然而,《四部备要》本《皇极经世》其实是清人刘斯组编辑的《皇极经世绪言》,后者又本于明代黄畿《皇极经世书传》。在《皇极经世书传》中,黄畿根据自己所立的十二个题目,将《观物外篇》原文重新编排,散入其下,《心学》即为标题之一。黄畿所拟的标题及其编排,显然无法反映邵雍本人的思想。

❸ 陈来:《有无之境:王阳明哲学的精神》,第68页。

雍本原之心的概念尚未发展至后世心学包罗万有、笼罩一切的绝对地步，也折射出邵雍与阳明心学在关注问题上的差异。

就心与理的关系来说，邵雍论本原之心，并未谈到天理或性理的内涵。这意味着，邵雍哲学中的本原之心，只涉及心与物的维度，不涉及心与理的维度；只强调生物的功能，不突出道德的意义。这种意义上的本原之心，作为最高的主体和最完满的境界，固然是合道德或超道德的，但其本身却不是道德理性或原则；换言之，这种意义上的本原之心，首先是一个心性论或境界论的概念，而不直接是一个道德哲学的概念。这与心学传统中的本心概念也有根本的区别。心学所谓本心，无论是陆九渊的本心还是阳明的良知，首先都是指道德理性，其次才因其道德意义而附带具有了实体意义上的本原的意味。心学家的这种作为道德行为之动力与判准的、圆满现在的道德本心，在邵雍哲学中并不存在。后者所谓本原之心，只具有生化意念的功能。就此来说，那种将邵雍的"心为太极"之说与陆九渊的"宇宙即是我心，我心即是宇宙"之说简单比拟，并认为两者"几无二致"❶的说法，其实是值得商榷的。

上一节曾经指出，邵雍哲学的性的概念，主要不是指道德禀赋，而是指淳朴天性；与此类似，邵雍哲学的心的概念，主要也不是指道德理性，而是指精神之主体性或活动性。如果说程朱理学发明"性即理"，陆王心学主张"心即理"，那么，邵雍哲学则可说是既不强调"心即理"，也不突出"性即理"，同时也不讨论"心即性"，盖因三者都以道德为其核心关切，而邵雍却并不将此看作本原之心的首要属性。邵雍的心性思想，更多是强调要发挥

---

❶ 宋锡同：《邵雍易学与新儒学思想研究》，第192页。

心之创生、活动的功能，使之同于太极本原，达到最高的主动性。因此，心而非性才是邵雍心性论的关键所在。就其同样以心为本原、强调心的创生功能以及在人的认知与行为当中的主宰性作用来说，邵雍的此种思想确实可以被称为心学，也可以认为在一定意义上构成了后世心学传统的先声；但必须注意，无论是在概念内涵抑或问题意识上，邵雍心学与陆王心学都有重要的区别，前者从根本上就不具有后者那样强烈且唯一的道德关怀，心作为活动之主体而非道德之主体的含义才是其首要内涵之所在。❶

与"心学"的情况相似，在前人对邵雍心论的解读中，还有另外一个概念也受到了长久的误解，这就是"心法"。❷

前文曾经引用《观物外篇》"先天学，心法也，故《图》皆自中起。万化万事生乎心也"之语，句中的心法概念，前辈学者或将其理解为心所具有的易学法则，即本体之心生成万物的形式；❸或将其理解为先验理性的认识方法，即主体之心认识本体的则律。❹两者一主一客，略有不同，但归根到底，都是将法看作某种

---

❶ 除去内涵与主题的不同，邵雍心学与陆王心学在修养工夫和境界效验上也有差别。详见下一小节。

❷ 心法的概念早见于佛教，其义或指心王，或统言心与心所，以与色法相对。不过，邵雍所谓心法，与佛教没有直接联系，其意不过是指心的修养方法。关于理学心法概念与佛教的关系，陈荣捷先生有探讨（《"心法"与"心学"》，《朱子新探索》，第222—225页）。

❸ 朱伯崑：《易学哲学史》第2卷，第165页。

❹ 谢扶雅先生认为，邵雍所谓心法，系对物法而言。"用西洋近代哲学上的派别来讲，心法相当于 Rationalism，物法相当于 Empiricism。前者用数理学的方法，后者用物理学的方法。前者是先验的，后者是经验的。前者重理性，后者重感觉。"在谢先生看来，"寻常我们所得到的知识是靠经验的科学"，而"我们若要知世界底真相，必须用数理的方法"（《邵雍先天学新释》，《岭南学报》，第二卷第三期，1932年，第134、136页）。此数理的方法归根到底就是一种逻辑的结构。另参见陈荣捷：《"心法"与"心学"》，《朱子新探索》，第222—225页。

具有实在意义的规则，因而也就都是将心法看作邵雍哲学中的一个关键概念。这其实是误读。心法一词，在邵雍著作中仅此一见，谈不上有什么关键地位。心法概念的含义，也不像前人所理解的那样，是某种生成论或认识论意义上的实在法则，而是与邵雍的心学概念相似，乃是一个工夫论或境界论的语汇。所谓"先天学，心法也"，以及《观物外篇》与《击壤集》中"先天之学心也，后天之学迹也""先天学主乎诚，至诚可以通神明，不诚不可以得道""圣人了心，贤人了迹，了心无穷，了迹无极"❶诸语，无一例外，都是强调心上工夫，都在指明一种诚心的方法，而与某种关于最高本体或认知主体的学说无干，后者毋宁说是类比西方哲学而来的并不恰切的解读。

（二）意念之心

以上，本节讨论了邵雍哲学中本原之心的含义，并指出：邵雍哲学中的所谓心法、心学，在根本上都是工夫论的语汇。具体来说，邵雍究竟如何在工夫论的意义上谈论心这一概念？这就涉及心的第二种含义：意念之心。

细观邵雍的心论，可以发现一个值得玩味的现象：邵雍一面将心确立为最高本原，对其赞叹备至；另一面又总以"无心"的形式对其加以否定。《无名公传》云：

> 夫无名者，不可得而名也。凡物有形则可器，可器斯可名。然则斯人无体乎？曰：有体，有体而无迹者也。斯人无用乎？

---

❶ 邵雍：《观物外篇》卷下，《邵雍全集》第3册，第1217、1228页；邵雍：《心迹吟》，《伊川击壤集》卷十四，《邵雍全集》第4册，第281页。

曰有用，有用而无心者也。夫有迹有心者，斯可得而知也；无心无迹者，虽鬼神亦不可得而知，不可得而名，况于人乎？故其诗曰："思虑未起，鬼神莫知。不由乎我，更由乎谁？"❶

邵雍诗云：

八月炎凉均，气味亦自好。临虚乔木低，远望行人小。有迹事皆妄，无心物都了。何须更问辛，愿君自食蓼。

买石尚饶云，买山当从水。云可致无心，水能为鉴止。性以无心明，情由鉴止已。二者不可失，出彼而入此。

天心复处是无心，心到无时无处寻。若谓无心便无事，水中何故却生金。

乐静岂无病，好闲终有心。争如自得者，与世善浮沉。❷

邵雍一方面高悬本原之心，一方面又对心加以贬抑，这当然不是自相矛盾。实际上，这里的无心与有心之心，已经不同于本原之心，而是相当于意，也就是具体的意念。所谓无心，是说要扬弃心生出的种种的思虑念头；所谓有心，是说思虑念头横亘在心中，不能化去。显然，无心有心所讨论的，乃是工夫论的问题。

邵雍为什么要主张无心的工夫？狭义地来看，邵雍所要扬弃

---

❶ 邵雍：《无名公传》，《邵子观物篇渔樵问对》第 8 册。
❷ 邵雍：《秋怀》《重游洛川》《寄亳州秦伯镇兵部》《答和吴传正赞善》，《伊川击壤集》卷三、卷四、卷八、卷十八，《邵雍全集》第 4 册，第 43、63、128、370 页。

的，似乎主要是那些不合于道德法则的意念。《观物内篇》云：

> 是知言之于口，不若行之于身；行之于身，不若尽之于心。言之于口，人得而闻之；行之于身，人得而见之；尽之于心，神得而知之。人之聪明犹不可欺，况神之聪明乎？是知无愧于口，不若无愧于身；无愧于身，不若无愧于心。无口过易，无身过难；无身过易，无心过难。心既无过，何难之有？吁！安得无心过之人，而与之语心哉？是知圣人所以能立于无过之地者，谓其善事于心者也。❶

《观物外篇》云：

> 人言《春秋》非性命书，非也。至于书"郊牛之口伤，改卜牛，牛死，乃不郊，犹三望"，此因鲁事而贬之也，圣人何容心哉？无我故也。岂非由性命而发言也？又云：《春秋》皆因事而褒贬，岂容人特立私意哉？又曰：《春秋》圣人之笔削，为天下之至公，不知圣人之所以为公也。如因牛伤则知鲁之僭郊，因初献六羽则知旧僭八佾，因新作雉门则知旧无雉门，皆非圣人有意于其间。故曰：《春秋》，尽性之书也。❷

上文中，邵雍将其要扬弃的意念称之为"心过"，又称之为"私意"。所谓"心过"，指的是有"愧""欺"神之事，所谓"私意"，指的是从一己而非公心出发所作出的褒贬，两者都是就道德意义

---

❶ 邵雍：《观物内篇》，《邵雍全集》第 3 册，第 1164—1165 页。
❷ 邵雍：《观物外篇》卷下，《邵雍全集》第 3 册，第 1230—1231 页。

而言。由此来看,邵雍所谓无心,其实与慎独相近,指的是纠正、扬弃乃至不再产生那些不合于道德法则的意念。在这个意义上,邵雍强调"无意""不动心"的重要性,倡言"思虑未起,鬼神莫知,不由乎我,更由乎谁"❶,都是发挥慎独之义,要求道德理性完全做主。

然而,狭义的道德并不足以概括邵雍无心的全部内涵。前引"乐静岂无病,好闲终有心"一句中,"乐静""好闲"并不必然违反道德法则,但仍然被邵雍划入应当扬弃的范围,这就提示出,邵雍对于无心工夫的强调,有着超越于道德之外的更为普遍的哲学考量。

分析"乐静岂无病,好闲终有心"一句可以发现,表面上看,邵雍对于"乐静""好闲"的否定似乎是重在静与闲,即否定的是该种意念的内容;但其实,静与闲本身并无过错,需要否定的却是乐与好的意念。换言之,在这里,乐与好的具体对象为谁并不重要,重要的是乐与好作为一种意念,本身处于有心或刻意的状态。这种有心或刻意使人心被拘定在了一个有形有迹的层面之上,无法返回到本体的状态中去。❷因此,为保持本体之心无滞无着的境界,不使其在具体的心境中受到阻碍,任何拘滞执着的意念之心都应被扬弃,无论其究竟是合于还是违背道德法则。这里,邵雍显然是在境界而非道德的意义上谈论无心的问题。

实际上,道德与境界之间未必存在严格的分野。不合于道德

---

❶ 邵雍:《意未萌于心》《思虑吟》《知音吟》,《伊川击壤集》卷十三、卷十四、卷十六,《邵雍全集》第4册,第270、281、335页。

❷ 这里所谓本体或本体之心,不是在本体论的意义上言的,而是在理学传统本体与工夫相对举的意义上言之。本体之心也不同于本原之心,后者是就生成的主宰而言,前者是就澄明之境界而言。

法则的念头，固然一定属于有心的范围；反过来，不合于境界要求的念头，在道德上同样也是可疑的。这是因为，任何有所执着的意念，相对于本体之心来说都不免是一种私己的存在，而私己本身就不符合无我的要求，最终也必然发展至违背道德的境地。邵雍解《论语》"意必固我"一段，云：

> 始于有意，成于有我。有意然后有必，必生于意；有固然后有我，我生于固。意有心，必先期，固不化，我有己也。❶

此所谓意，最初不过是有心，虽然滞碍心体，但似乎并不违反道德的法则。然而，此种有意最终发展成有己，则是彻底的私意了。由此来看，邵雍哲学中的道德与境界之义，总体上是统一的。

更进一步思考，邵雍的无心工夫之中其实蕴涵了一个问题：既然具体念头总不免是滞碍，应当加以扬弃，那么，为了回到本体之心，人是否应该扬弃全部的经验意念，以达到某种不思不虑的状态？应该承认，邵雍确实表达过这样的倾向。前引"思虑未起，鬼神莫知"之语不必多说，《击壤集》中还有不少关于最高境界之神秘体验的描述：

> 美酒饮教微醉后，好花看到半开时。这般意思难名状，只恐人间都未知。

---

❶ 邵雍：《观物外篇》卷下，《邵雍全集》第3册，第1244页。朱子对《论语》此段的解释与邵雍十分相似。朱子云："意，私意也。必，期必也。固，执滞也。我，私己也。四者相为终始，起于意，遂于必，留于固，而成于我也。"（《论语集注》卷五，《四书章句集注》，中华书局，1983年，第109—110页）朱子的注释从一开始就将意界定为私意，更加突出道德的含义。

阴阳初感处,天地未分时。言语既难到,丹青何处施。

　　一片两片雪纷纷,三杯五杯酒醺醺。此时情状不可论,直疑天地才绸缭。

　　虚室清泠都是白,灵台莹静别生光。观风御寇心方醉,对景颜渊坐正忘。

　　会取坐忘意,方知太古心。❶

所谓"难名状""才绸缭""坐忘意""太古心",归根到底,都是销融了经验意念、与本原相合一的神秘状态。就此而言,通过无心来达到本体之心,通过扬弃念虑来接近最高境界,确可说是邵雍工夫论的进路。❷

　　扬弃意念的无心工夫虽然能够使人接近最高境界,却不能让人真正步入其中。在工夫与境界之间,仍然横亘着某种根本的分

---

❶ 邵雍:《听琴》《安乐窝中一炷香》《安乐窝中吟》《耄年老逢春诗》《赏雪吟》,《伊川击壤集》卷四、卷九、卷十、卷十一、卷十二,《邵雍全集》第4册,第58、168、196、207、244页。

❷ 邵雍在诗文中每将自身与不可得而名、不可得而知的太极或天地相类比,典型表述如《无名公传》:"……既而四方之人又疑之,质之于古今之人,古今之人终始无可与同者;又考之于天地,天地不对。当是之时,四方之人迷乱不复得知,因号为无名公。……能造万物者,天地也。能造天地者,太极也。太极者,其可得而名乎?可得而知乎?故强名之曰太极。太极者,其无名之谓乎?故尝自为之赞曰:'借尔面貌,假尔形骸。弄丸余暇,闲往闲来。'"(《邵子观物篇渔樵问对》第8册)前人常疑其言之过甚。李光地说:"邵子学问有弊,其立言太夸。程子虽亦有自负语,然却有着落。如言:'绝学不传,却还他有个绝时。'邵子则曰:'得不谓之至神、至圣者乎!'此语尚盘,或者不是说自己。至谓生于冀方,长于豫方,自号太极,天地尚不足道,这是何说?"(《榕村语录》卷十九,第330页)其实,这些都是在神秘体验的意义上立言,表达的是与本原相融合的究竟感受,不可作空言视之。

野。邵雍在道德的意义上虽然并未特别强调工夫与境界间的隔阂，但在境界的意义上，这一界限却是清楚存在的。一个值得注意的事实是，在邵雍的论述中，"难名状""才缊纭"的最高境界从来不是无心工夫直接造成的结果，而是由饮酒、赏景等审美体验引发的不期而然的神秘遭遇。最高境界所以不能通过无心工夫直接达到，或许可作这样的理解，即无心工夫虽能扬弃作为其对象的其他意念，但本身仍是一种意念，仍是有意而为之。既是有意为之，就无法彻底离开经验的、工夫的层面，达至本体的、境界的高度，后者必须依赖一种在其自身就摆脱了特定意图的行为，而这只有在彻底超越目的性的审美活动之中才能实现。这意味着，邵雍的工夫与境界思想不能被简单地概括为通过无心以达至本体。更准确地说，无心其实只是"别"的工夫，为达至本体提供了作为基础的较为清明的心境；在这样的心境下，人还需要再凭借无预设的、偶然的审美活动与酒的帮助，经由"合"的过程，彻底扬弃自身之意念性的存在，才能最终达到与本体合一的境地。如果把前者称为"工夫之无"，那么，后者则可以相应地被称为"本体之无"。以此为根据，邵雍的工夫与境界思想可以被更加确切地概括为首先实现工夫之无，继而通过本体之无，最终达至与本体合一的境地。

邵雍的上述工夫路向和境界体验显示出其与后世心学传统的同异。整体上讲，邵雍心学与陆王所代表的后世心学传统都强调无心，都至少在一定程度上重视通过静坐来收摄心神、安定意念[1]，

---

[1] 邵雍论无心的文字已见前，其论静坐的语句亦不少。邵雍诗云："静坐养天和，其来所得多。""将养精神便静坐，调停意思喜清吟。""静坐澄思虑，闲吟乐性情。"(《和君实端明花庵静坐》《旋风吟又二首》《独坐吟又一首》,《伊川击壤集》卷九、卷十一、卷十三，《邵雍全集》第4册，第148、213、270页)这些都分明有将静坐当作将养精神、收摄思虑的手段的意味。

这是理学群体的共法；邵雍心学与后世心学传统也都有冥契的经验和倾向，这也是心学一脉的共同趣味。但两者的不同在于，一来，后世心学传统常将体验究竟、观未发气象当作一项有意的、日常的工夫，而在邵雍这里，至高的神秘体验多是不期而然的遭遇，不能预设目的去追求；二来，后世心学传统的神秘体验往往是通过长时间的静坐工夫或凝神思虑证得，境界是工夫之直接结果，而在邵雍这里，无心工夫与究竟体验之间有明确的距离分限，两者并未直接贯通；三来，后世心学传统的神秘经验往往或是洞见心体、性体，或是自觉与万有合一，不管怎样，其经验内容总是丰富的、历历可述的❶，而在邵雍这里，究竟体验似乎主要只是一种至高的愉悦、纯粹的意识，较少有具体的内容，难以描述，带有十分强烈的"忘"与"无"的色彩。❷ 这些差别，固然有气质人格、修养方法之个体性的缘故，但根本地来说，还是体现出学问路数的不同：无论心学或者其他派别，理学主流的修养方法大体接近孟子"反身而诚""万物皆备于我"的立场，归根结底总是要在自身的心性中发现某种道德性（"诚"）或构成性（"万物"）的完满（"皆备于我"）；但邵雍哲学却较少预设人性当中的道德性内涵，相反，在邵雍这里，性作为素朴天性本身近乎是无内容的，这是邵雍在神秘体验中最终归于"坐忘""未分""无言"的根源

---

❶ 关于理学神秘体验中的此种特点，参见陈来先生的论述（《儒学传统中的神秘主义》，《中国近世思想史研究》，生活·读书·新知三联书店，2010年，第341—373页）。

❷ 斯泰斯（Walter Terence Stace）曾将神秘体验分为外向（extrovertive）与内向（introvertive）两种（*Mysticism and Philosophy*, Philadelphia: Lippincott, 1960, pp.131-132）。陈来先生认为，两种体验在理学传统中都有存在（《儒学传统中的神秘主义》，《中国近世思想史研究》，第341—373页）。斯泰斯的分析未必一定切合邵雍的体验，但若从此角度考察，大体可以说邵雍更近于外向一路，唯其如此，邵雍才有同于太极的体验与追求。

所在。在这个意义上,邵雍的修养工夫还是颇多具有道家的底色,而与儒家特别是孟子学的理路有深刻的差异。❶

上述工夫与境界之别,用邵雍的语言来说,也就是后天与先天之别。邵雍云:

先天之学,心也;后天之学,迹也。

一片先天号太虚,当其无事见真腴。

先天天弗违,后天奉天时。弗违无时亏,奉时有时疲。

若问先天一字无,后天方要着功夫。拔山盖世称才力,到此分毫强得乎?❷

在工夫论和境界论的意义上,邵雍所谓后天,指的是不停地去做扬弃意念的工夫;所谓先天,指的是达到了本体的境界之后,不必再刻意去做无心的工夫,而能自然合于道德法则与精神境界的要求。如果说后天仍体现出着意的工夫论的特征,那么,先天则主要呈现出不着意的境界论的意味。先天上用不得一丝工夫,工夫只能在后天上做,这就是邵雍所谓"若问先天一字无,后天方要着功夫,拔山盖世称才力,到此分毫强得乎"的含义。后来,

---

❶ 当然,客观上来说,在邵雍这里,包括静坐在内的修养方法尚未发展至明代儒学的丰富程度,这也是两者间的不同。
❷ 邵雍:《观物外篇》卷下,《邵雍全集》第 3 册,第 1217 页;邵雍:《先天吟示邢和叔》《先天吟》《先天吟》,《伊川击壤集》卷十六、卷十七,《邵雍全集》第 4 册,第 330、333、342 页。

在心学传统中，王畿沿上述理路对先天后天的心学意涵作了进一步的阐发。这固然是阳明良知之学启发的结果，但从概念自身的含义来看，其实也仍内在于邵雍学说的轨辙之中。❶

除了境界的含义之外，另一方面，先天又可以从工夫论的角度得到理解。借用后世理学的语言来讲，如果后天工夫可以视为省察，那么，先天工夫则略近于涵养。这就是说，先天虽然不是某种现实的体现于经验意识活动之中的工夫，却也不是全无活动，而是体现为一种涵容或保持的功能，其所涵养出的，是一个超越于经验意念之上的作为心灵之最完满的状态的心体。邵雍诗频言"养素""养心""养天和""涵容是了心"❷，即此之谓。在这个意义上，邵雍的先天后天之说其实已经蕴涵了某种与后世理学相近的工夫论结构，只是未得细加展开。此外，邵雍此说的特殊之处还在于后天完全以先天为目的，先天并不追求后天之发用，这与后世理学已发未发兼顾、涵养省察并重的态度也有较大的差异。

---

❶ 这方面的研究，参见张学智：《明代哲学史》，北京大学出版社，2000年，第129—145页；彭国翔：《良知学的展开：王龙溪与中晚明的阳明学》，生活·读书·新知三联书店，2015年，第93—120页。
❷ 邵雍：《秋怀》《逍遥吟》《和君实端明花庵独坐》《黄金吟》，卷三、卷七、卷九、卷十七，《邵雍全集》第4册，第44、114、148、350页。

第 8 章

观 物

邵雍哲学或分析外在秩序（易学、体用论、历史与政治思想），或关注内在结构（心性论），要之，总是对物理的揭示，总归于对客观性的说明。客观性在邵雍处获得如此中心的地位和巨大的体量，不是偶然，而是特定问题意识形塑下的结果：邵雍是出于观物的自觉，才将物理确立为自己哲学的焦点和主题。作为宗旨、方法与眼光的观物，较之作为内容的物理，在邵雍哲学中处于更根本的位置。

邵雍哲学所以秉持观物的态度，首先是出于对客观性极其强烈的知性兴趣，试图对广阔的物的世界给出解释，发现普遍的理则，这是其说最显著的倾向；但在此客观性之外，观物还有更高的精神层面的追求。对邵雍来说，观物的最终目标是要从个别有限当中拔擢出来、获得对于大全整体的理解，"以一心观万心，一身观万身，一物观万物，一世观万世"❶，从而实现精神的自由，达至"万事由我"❷、"物物"而不"为物所物"❸ 的境界。在邵雍

---

❶ 邵雍：《观物内篇》，《邵雍全集》第3册，第1149页。
❷ 程子云："尧夫之学，先从理上推意言象数，言天下之理须出此四者，推到理处，曰：'我得此大者，则万事由我，无有不定。'"（程颢、程颐：《河南程氏遗书》卷二上，《二程集》，第45页。此段《二程集》标点有误，据文意改）
❸ 程子云："尧夫尝言：'能物物，则我为物之人也；不能物物，则我为物之物也。'"（程颢、程颐：《河南程氏遗书》卷一，《二程集》，第9页）

看来，物的世界虽定然而无可改易，但心灵却可以通过遍观万物来超脱客观性的限制，做到自由而无所羁绊。观物因此不只是认知的手段，更是实现精神自由的方式。❶

观物的精神性提示出邵雍哲学的主观性向度。同属于这一向度的，还有邵雍安乐的人生态度。在邵雍处，安乐不是一般的情绪，而是观物的精神成果，是在自由观察万物中获得的内在精神的愉悦与满足。❷邵雍以安乐为人生理想，表明其人生哲学更多向往的是自在洒落，在意的是主体的存在感受；而不是像后世理学主流那样，主要强调整齐严肃，特别措意于与某种客观标准的符合。对邵雍来说，物理的定准无比真实，心灵的自在也同样重要。在统合起自然与定然、主体与客体、心的世界与物的世界这内外两方面的基础上，邵雍的修养论呈现出自身独到的特色。

一 观 物

在邵雍哲学中，观物是最根本的问题意识。这一点，从其自我定位可以看得非常清楚：《观物篇》不仅是邵雍主要哲学著作的篇名，同时也是《皇极经世》每一卷的卷名；此外，《伊川击壤集》中还有多篇题为《观物吟》的诗作。邵雍以"观物"二字统

---

❶ 汪晖先生曾论及邵雍思想的这种"矛盾性"特征："邵雍之学具有一种看似矛盾而实质统一的品质，即它一方面带有深刻的命定论色彩，另一方面又极重主体及其认知能力。"(《现代中国思想的兴起》，生活·读书·新知三联书店，2008年，第181页)

❷ 安乐之外，邵雍观物之学开出的另一重要的精神境界，是纵观无穷后的旷达。这方面，《渔樵问对》有集中的体现。对于此种境界的一种历史哲学的解读，参见赵汀阳：《渔樵为何论古话不休》，《历史·山水·渔樵》，生活·读书·新知三联书店，2019年，第101—165页。

指其全部论述,这表明,其学在整体上就是观物之学,观物是其看待世界的统摄性的方式。

从著述来看,邵雍所谓观物,范围至为宽广:举凡历史、声音、物理、人情,都被置于观物的名义下加以探讨。在这个意义上,邵雍所谓物,指包含了物与事在内的可观察的世界整体;❶ 所谓观,指把握此世界的方式。邵雍所论种种"物"的条理,前后各章已有说明;本章希望分析的是,邵雍究竟是以怎样的"观"的视角来应接事物和处理身心的。对邵雍来说,作为普遍方法的"观",较之作为具体内容的"物",要更为重要。

(一)解释

邵雍所谓观物,首先是一套解释事物的方式。整体来看,此种解释方式有如下几个显著的特点:

第一,普遍的观察视野。

邵雍所谓观物,兼包自然与人事,统贯经典与历史,"包括宇宙,终始古今"❷,其视野之广、抱负之大,在理学群体中固罕见

---

❶ 物兼指事与物,是中国古典语言的通义。故《观物篇》所论自然物象,与《皇极经世》所论古今事迹,邵雍皆以"物"之一字称。张岱年先生指出,"中国古代哲学中所谓'物',主要指具体的实物而言,亦即个体的实物",但"有时'物'字亦泛指一切思维的对象"(《中国古典哲学概念范畴要论》,《张岱年全集》第4册,第558—559页)。物的这两重含义,在邵雍哲学中都能找到对应:邵雍对物理的分析,往往是立足于具体事物展开;但其观物的方法,则是将万物都纳入考察的范围。不过,更加确切地来说,在邵雍哲学中,所谓"具体的实物"指的往往不是某一个体,而是某类事物,如水、火、土、石等。换句话说,邵雍物更多是对物理或"类本质"的考察。此正如章太炎先生在训释物字本义时所指出的:"万物者,犹言万类矣。"(《说物》,《章太炎文录初编》卷一,《章太炎全集》第8册,上海人民出版社,2014年,第31页)

❷ "问:'近日学者有厌拘检,乐舒放,恶精详,喜简便者,皆欲慕邵尧夫之为人。'曰:'邵子这道理,岂易及哉!他腹里有这个学,能包括宇宙,终始古今,如何不做得大?放得下?今人却忒个甚后敢如此!'因诵其诗云:'日月星辰高照耀,皇王帝伯大铺舒。可谓人豪矣!'"(《朱子语类》卷一百,第2542页)

其匹,在中国哲学史中亦卓然特出。❶邵雍是自觉地将全部世界作为其观察的对象。

第二,突出的自然取向。

邵雍观物并不忽视人文世界,但其最加重视、最多论述、最能体现自身特色的主题,当属自然。邵雍的观物思想,在其最突出的意义上,主要就是一套自然哲学。在《观物篇》中,邵雍以大量笔墨分析天地(如"天生于动者也,地生于静者也"❷)、阴阳(如"阳者道之用,阴者道之体"❸)、时间(如元会运世、年月日时)、物象(如日月星辰、水火土石)、人体(如"阳与刚交而生心肺,阳与柔交而生肝胆"❹)等自然事物的结构,自然性在邵雍思想中的位置至为显著;在这些直接论述之外,邵雍对于易学象数的大量解说,究其宗旨,也是将《周易》当作中介性的工具,用以说明阴阳消长的自然之理。邵雍由此建构起的是一个空前庞大而具体的自然世界,物理的真实性与确定性以前所未有的精细度呈现出来。

北宋道学是应佛老挑战而起,矫正虚无世界观是其重要思想任务。为证明存在之真实,北宋道学家多有宇宙论的关切,如周

---

❶ 钱穆先生曾以邵雍为"观物派"思想家之代表,认为这一派在中国历史上"前有庄周,后有康节,再无第三人可相比拟"(《濂溪百源横渠之理学》,《中国学术思想史论丛》第 5 册,第 61—62 页)。钱先生此语表彰了邵雍观物之学的历史地位,也揭示出邵雍观物思想与《庄子》的深刻联系。不过,应该说明的是,邵雍与《庄子》的观物仍有不同:《庄子》主张的是"以道观之"的超然立场,对物本身并无特殊兴味,相反,齐物的哲学态度恰恰是要消泯掉万物的差别性;与此相反,邵雍并不主张齐物,而是致力于分析万物、刻画物理、"遍为万物说"(《庄子·天下》)。这样的态度,与其说接近庄子,倒不如说更接近被庄子批评的惠施。

❷ 邵雍:《观物内篇》,《邵雍全集》第 3 册,第 1146 页。
❸ 邵雍:《观物外篇》卷上,《邵雍全集》第 3 册,第 1189 页。
❹ 邵雍:《观物外篇》卷上,《邵雍全集》第 3 册,第 1202 页。

敦颐、张载，都不乏自然哲学的论列。但周、张的自然哲学大体只是满足为道德与政治奠基之用即止，较少深入到具体的物的层面；❶像邵雍这样，对自然物理怀持特殊兴趣，衍成庞大体系，并且自身就有其独立意义的物论，可说是绝无仅有。在道学家中，邵雍最为充实地说明了自然世界。

邵雍关于自然事物的论述，主要是用以说明物理，少作特别发挥；但也不无将自然物理与人事价值相关联的例子。《观物外篇》有这样的表述：

> 天地之本，其起于中乎？是以乾坤屡变而不离乎中。人居天地之中，心居人之中。日中则盛，月中则盈，故君子贵中也。
>
> 日行阳度则盈，行阴度则缩，宾主之道也。月去日则明生而迟，近日则魄生而疾，君臣之义也。
>
> 天昼夜常见；日见于昼，月见于夜，而半不见；星半见于夜：贵贱之等也。❷

天地日月的结构被当作"君子贵中""君臣之义""贵贱之等"的根据。此外如《观物内篇》对皇帝王伯、士农工商的排比，也是以日月星辰、飞走木草为依据。这表明，邵雍析论自然的最终指向也是在于以自然原则底定人伦秩序，论证包括自然与价值在内的全部世界都建立在一贯的原理之上。❸只不过，相比于其他哲

---

❶ 周敦颐的宇宙论极简，自不待言；张载的宇宙论虽详，但就其宗旨而言，则正如汪晖先生所说，"张载之学的中心意图不是讨论自然哲学问题"（《现代中国思想的兴起》，第184页）。

❷ 邵雍：《观物外篇》卷上，《邵雍全集》第3册，第1199、1204—1205页。

❸ 在邵雍处，自然与人文的一贯性归根到底是通过自然对人的奠基建立起来的。《观物内篇》说："夫人也者，暑寒昼夜无不变，雨风露雷无不化，性情形体无不感，（转下页）

学家,详细地说明自然本身在邵雍处被赋予了更重要的意义。

第三,分析的理则形式。

邵雍对万物的观察是出于强烈的求知兴趣,又能用思辨的态度,故其所观虽广,却并不失于芜杂,而是以知性将观物之所得抽象为高度条理化的形式。这一方面表现在邵雍试图从根本的原理出发演绎出世界的进程,《观物内篇》完全凭借动静、天地、阴阳刚柔展开全篇,即为显例;另一方面也表现在邵雍努力将对于现象的认识归纳入基本范畴之中,或者说,是将"物"收归到"类"当中。此种分类有时是针对较为具体的事物,如《观物吟》:

水雨霖,火雨露。土雨蒙,石雨雹。
水风凉,火风热。土风和,石风冽。
水云黑,火云赤。土云黄,石云白。
水雷霎,火雷虩。土雷连,石雷霹。❶

霖露蒙雹等是雨风云雷的不同形态,邵雍将其总结为水火土石四类。这里,水火土石显然充当了范畴的角色,将经验观察留意到的具体事物和新的知识收摄到已有的分类之中,物类由此呈现出清晰的条理和边界。

有时,此种分类被用来处理更为宏观的事物。《观物外篇》云:

(接上页)走飞草木无不应。所以目善万物之色,耳善万物之声,鼻善万物之气,口善万物之味。灵于万物,不亦宜乎?""备天地万物者,人之谓也。"(《邵雍全集》第3册,第1148、1172页)

❶ 邵雍:《观物吟》,《伊川击壤集》卷十九,《邵雍全集》第4册,第404—405页。《观物外篇》也说:"云有水火土石之异,他类亦然。"(《邵雍全集》第3册,第1210页)

阳交于阴而生，蹄角之类也；刚交于柔而生，根荄之类也；阴交于阳而生，羽翼之类也；柔交于刚而生，支干之类也。天交于地，地交于天，故有羽而走者、足而腾者，草中有木，木中有草也。各以类而推之，则生物之类不过是矣。❶

"蹄角之类"指走，"根荄之类"指草，"羽翼之类"指飞，"支干之类"指木。在邵雍思想中，走飞木草原本已属四象级别，较上述霖露蒙雹的层次更高；这里，邵雍将其收归到更加宏观的阴阳的分类之中。从阴阳刚柔到物类再到具体物象，邵雍建构了层次井然的物的体系，这是以类的观念为基础的。诸如"从其类""类使之然"❷这样的说法在《观物外篇》中出现甚繁，邵雍所谓观物，因此主要就是对物类的辨析。《观物外篇》云："生生长类，天地成功；别生分类，圣人成能。"❸邵雍观物的理则性，主要就是分类的理则性；分类是邵雍观物思想的重要主题。

在垂直分类的基础上，邵雍对事物的考察，又涉及平行类属之间的相似与互动。《观物外篇》云：

虎豹之毛，犹草也；鹰鹯之羽，犹木也。
草伏之兽，毛如草之茎；林栖之鸟，羽如林之叶：类使之然也。
木者星之子，是以果实象之。

---

❶ 邵雍：《观物外篇》卷上，《邵雍全集》第3册，第1201页。
❷ 例如："金火相守则流，火木相得则然，从其类也。""在水者不瞑，在风者瞑，走之类上睫接下，飞之类下睫接上，类使之然也。"(《观物外篇》卷上、卷下，《邵雍全集》第3册，第1206、1217页）
❸ 邵雍：《观物外篇》卷下，《邵雍全集》第3册，第1218页。

有变则必有应也。故变于内者应于外，变于外者应于内，变于下者应于上，变于上者应于下也。天变而日应之，故变者从天而应者法日也。是以日纪乎星，月会于辰，水生于土，火潜于石。飞者栖木，走者依草，心肺之相联，肝胆之相属，无他，应变之道也。

本乎天者亲上，本乎地者亲下。故变之与应常反对也。❶

虎豹属走兽，走类与草类相应，多伏草中，故虎豹之毛柔软如草；鹰鹯为飞禽，飞类与木类相应，多栖木上，故鹰鹯之羽坚硬如木。这样的关系在邵雍笔下其他相应的类属间同样存在。万物因此以各自类别为基础而有天然的关联性与互动关系，邵雍称此为"应变之道"。如果说阴阳、刚柔等概念为事物分类提供了基础，那么，变应、相似、体用等模式则为描述不同类属间事物的关系准备了工具。所有这些，共同使邵雍的物论呈现出纵横交错、理则分明的形式。❷

第四，独特的数理框架。

邵雍观物之理则性的最直观体现，是其独树一帜的数理。邵雍在易学中提出"一分为二"，在体用论上主张"体四用三"，在历法与史学中以十二与三十辗转相乘，得元会运世之数。这些数字各有其繁复含义，但若从根柢上说，种种数字绝非别物，而就是物理，就是以数字形式划分的物类。

如同物类本身有纵向的从属与横向的关联关系一样，作为对

---

❶ 邵雍：《观物外篇》卷上，《邵雍全集》第3册，第1200—1201、1215页。
❷ 关于邵雍自然哲学的特点，另参大岛晃：《邵雍、张载的气的思想》，《气的思想：中国自然观与人的观念之发展》，小野泽精一、福永光司、山井涌编著，李庆译，上海人民出版社，1990年，第382—393页。

于物理的刻画，邵雍的数理框架也具有类似的两重功用。一方面，各种数字工具的自身应用以醒目、抽象的形式显豁了事物分类，如八卦遵循体四用三之数，表明八卦在天地四象的分类体系下各有自身的定位；另一方面，不同数字工具的彼此交织又往往勾勒出不同物类之间的联系，如在易学上，爻与策、方圆与揲蓍原本各有其边界，畛域不通，但在相同数值的沟通下，则显示出其间的复杂关联。❶以上两重功用，前者别异，后者合同，两者相比，后者更为重要，这是因为后者之理原本更难直观，但数字形式上的"相等"为发现物理内涵上的"相应"提供了条件。这是数理的特殊贡献。通过数字这种最确定的形式，物理的复杂性、确定性与高严性在邵雍哲学中得到了空前强化。❷此外，就邵雍哲学的整体来说，数字作为通约的工具，也将理论的各个不同部分关联在了一起。

第五，自觉的解释态度。

邵雍的观物之学既是为说明物理而设，就必然采取解释的立场。这体现在行文上，就是每每以"故""是以"的形式，关联起现象与原理。《观物外篇》云：

---

❶ 在易学上，爻是成卦之事，属先天，策是揲蓍之事，属后天。但邵雍常以爻与策相比，《观物外篇》云："四九三十六，所用之策也，以当乾之三十六阳爻也。""四七二十八，所用之策也，以当兑离之二十八阳爻也。"(《邵雍全集》第3册，第1192页) 如前文第五章所说，这是在暗示爻与策、先天与后天之间的内在联系。在易学上，揲蓍之数与方圆之数原本也非一事，但邵雍牵合两者，《观物外篇》既云："奇数四，有一，有二，有三，有四。策数四，有六，有七，有八，有九。合而为八数，以应方数之八变也。"又云："归奇合挂之数有六，谓五与四四也，九与八八也，五与四八也，九与四八也，五与八八也，九与四四也，以应圆数之六变也。"(《邵雍全集》第3册，第1193页) 这是通过八与六的数值勾连起揲蓍之数 (奇数、策数) 与圆方之数的联系。这种通过数值相等来勾连物理的方法，后来在张行成笔下得到了更加普遍的发挥。

❷ 参见张学智：《宋明理学中的"终极关怀"问题》，《中国社会科学》，2016年第9期。

大数不足而小数常盈者，何也？以其大者不可见而小者可见也。故时止乎四，月止乎三，而日盈乎十也。是以人之肢体有四而指有十也。

　　天见乎南而潜乎北，极于六而余于七，是以人知其前，昧其后，而略其左右也。

　　乾坤七变，是以昼夜之极不过七分也。兑艮六变，是以月止乎六，共为十二也。离坎五变，是以日止于五，共为十也。震巽四变，是以体止于四，共为八也。

　　乾坤定上下之位，坎离列左右之门，天地之所阖辟，日月之所出入。是以春夏秋冬、晦朔弦望、昼夜长短、行度盈缩，莫不由乎此矣。

　　天为父，日为子，故天左旋，日右行；日为夫，月为妇，故日东出，月西生也。

　　日月相食，数之交也。日望月则月食，月掩日则日食，犹水火之相克也。是以君子用智，小人用力。❶

　　邵雍的这些解释理路不一，或是以天地作为人之形体的根据（第一、二条），或是以《周易》结构作为天地的原理（第三、四条），或是以人伦作为理解天行的基础（第五条），或是以阴阳作为人事原则的奠基（第六条）。但其间不变的主题则是解释物象，将物象之所以然收归到已有的基本原则中去。类似这样的表述在《观物外篇》中极夥。

　　以今天的眼光来看，邵雍的这些论述当然不能尽皆成立。《观物篇》中，除了那些或许可以称为演绎的推理和运算外，大多数

---

❶ 邵雍：《观物外篇》卷上，《邵雍全集》第3册，第1178—1179、1198、1204页。

的解释是在不同领域的事物之间建立关联,特别是将自然原理直接移用作人事秩序的根基,其充分性是可疑的。但这是古典哲学的常态,不足以专责邵雍。反过来,我们毋宁说,较之其他哲学家,邵雍在解释物理方面有超乎寻常的自觉和执着,其全部哲学,本质上都是试图穷尽时代之知识与语言的容量,来对世界作出完整、一贯、精准乃至优美的解说。如果说观物是邵雍哲学的方法之所在,那么,这一方法确乎是以解释为其根本精神的。

(二) 工夫

在解释方法之外,邵雍所谓观物同时也是一套修身的工夫。如果说作为解释方法的观物主要是围绕物而展开的,那么,作为修身工夫的观物则更多是对主体提出的要求。对于观物的解释原理,邵雍少有系统的总结,上文的分析依赖于我们的提炼;但对于观物的修身意涵,邵雍却有点睛的论说。此种工夫论颇能体现邵氏特色,值得作细致的分析。❶

整体来看,邵雍的观物工夫论包含了两方面的主题:"观物之理"与"观意思"。前者多认知的含义,后者多境界的意味。

邵雍论观物之理,云:

> 夫所以谓之观物者,非以目观之也。非观之以目而观之以心也,非观之以心而观之以理也。天下之物莫不有理焉,莫不有性焉,莫不有命焉。所以谓之理者,穷之而后可知也;所以谓之性者,尽之而后可知也;所以谓之命者,至之而后可知

---

❶ 对于工夫意义上的邵雍观物思想的考察,参见方旭东:《邵雍"观物"说的定位:由朱子的批评而思》,《湖南大学学报》,2012 年第 6 期。

也。此三知者，天下之真知也，虽圣人无以过之也，而过之者非所以谓之圣人也。❶

邵雍学术的基本取向是对天地万物作系统的认知。这种认知的对象既不是事物的外观、广延，也不是事物给人带来的情感体验，而是事物自身的结构、规律与本质，此即所谓"观物之理"。观物之理不能倚仗感官、心灵，而只能凭借理性，以条理化的方式进行，此即所谓"观物以理"。观物以理是观物之理的内在要求。邵雍又将观物之理同《易传》"穷理尽性以至于命"的结构关联起来，从"穷之""尽之""至之"的表述看，邵雍认为，物理（性命）只有在认知达到最高阶次时才能真正把握，故称此种认知是"天下之真知"。

邵雍以理观物的工夫内在地关联着三个维度的要求。其一是以物观物。邵雍云：

> 圣人之所以能一万物之情者，谓其圣人之能反观也。所以谓之反观者，不以我观物也。不以我观物者，以物观物之谓也。既能以物观物，又安有我于其间哉？
>
> 以物观物，性也。以我观物，情也。性公而明，情偏而暗。
>
> 自心观物，何物能一。自物观心，何心不均。❷

以理观物要求对事物作客观的认识，而客观意味着排除各种主观

---

❶ 邵雍：《观物内篇》，《邵雍全集》第3册，第1175页。
❷ 邵雍：《观物内篇》《观物外篇》卷下，《邵雍全集》第3册，第1175、1217—1218页；邵雍：《上下吟》，《伊川击壤集》卷十六，《邵雍全集》第4册，第324页。

因素的干扰，返回事物本身，如实地呈现事物的面貌。此即所谓"反观"，亦即所谓"以物观物"。这里，以物观物是与以我观物对言，实即无我之义。

其二是以道观物。邵雍云：

> 道为天地之本，天地为万物之本。以天地观万物，则万物为万物；以道观天地，则天地亦为万物。
>
> 夫物之物者，至物之谓也；人之人者，至人之谓也。以一至物而当一至人，则非圣人而何？人谓之不圣，则吾不信也。何哉？谓其能以一心观万心，一身观万身，一物观万物，一世观万世者焉。
>
> （观物）此所以能用天下之目为己之目，其目无所不观矣；用天下之耳为己之耳，其耳无所不听矣；用天下之口为己之口，其口无所不言矣；用天下之心为己之心，其心无所不谋矣。
>
> 物有声色气味，人有耳目口鼻，万物于人一身，反观莫不全备。❶

邵雍认为圣人观物能以一心观万心、万身、万物、万事，这是把圣人放在道的至高位置上，认为从此至高者的位置出发，故能对万物之理有普遍的照察，获得对于大全整体的系统把握。同时，此至高者既已集万物之理于一身，因此，观物又是对于主体自身完整性的认识。此种态度可以称为"以道观物"。这里，以道观物与以物观物对言，强调的是观物必有超越性的定位与体系性的把

---

❶ 邵雍：《观物内篇》，《邵雍全集》第3册，第1149、1150、1175—1176页；邵雍：《乐物吟》，《伊川击壤集》卷十九，《邵雍全集》第4册，第403页。

握。类似的态度在邵雍的其他文字中也能看到。《观物外篇》云"以上观下曰观"❶,《击壤集》云"居简观繁,居轻观重,所居者寡,所观则众"❷,正是在强调观物的超越性;而其"千万年之人,千万年之事,千万年之情,千万年之理,惟学之所能,坐而烂观尔"❸的为学气魄,则表现出观物的体系性要求。如果说以物观物还主要是讲排除己见以认识事物、主客二分、有所谓"平铺横观"❹色彩的话,那么,以道观物则明确提出要站在主客统一的至高立场,完整纵贯地把握事物。观物因此绝非轻易之事,而是究极的认知追求。

此种观物的要求,放在邵雍体用论的视角下来看,也就是将圣人看作无体之一。二程云:"尧夫之学,先从理上推意言象数,言天下之理须出于四者。推到理处,曰:我得此大者,则万事由我,无有不定。"❺二程所说超越于意言象数的"理"(用邵雍哲学的语言,称之为道更为合适),正相当于与体四相对的无体之一,邵雍认为观物必至于此而后止,体现出其以道观物的期许。从渊源上讲,以道观物的态度在《天地》《秋水》等《庄子》外篇中已

---

❶ 邵雍:《观物外篇》卷下,《邵雍全集》第3册,第1244页。
❷ 邵雍:《观物吟》,《伊川击壤集》卷十八,《邵雍全集》第4册,第369页。
❸ 邵雍:《观性吟》,《伊川击壤集》卷十八,《邵雍全集》第4册,第369页。
❹ 唐君毅先生认为,邵雍与周敦颐、张载的不同之处,在于"康节之观物之论,原重在平铺地横观物之象数之故耳"(《中国哲学原论·原教篇》,《唐君毅全集》第22卷,九州出版社,2016年,第26页)。从整体风格来说,这样的概括与比较并非无据;但应看到的是,邵雍自己并不认为观物仅是对象化的外在认知,而是明确提出观物必须上升到以道观之的层次,从总体和至极的角度把握事物。此种观物之所得,在邵雍理性命的工夫结构中,又被纳入了纵贯的性命之学中。故邵雍所谓观物,并不能简单以横观定性。
❺ 程颢、程颐:《河南程氏遗书》卷二上,《二程集》,第45页。此段《二程集》标点有误,据文意改。

有体现。❶ 邵雍观物之学在继承《庄子》对超越性的强调的同时，更突出了学的体系性、完整性意味。

其三是以静观物。邵雍云：

> 着身静处观人事，放意闲中炼物情。
> 去尽风波存止水，世间何事不能平。
> 闲将岁月观消长，静把乾坤照有无。
> 同向静中观物动，共于闲处看人忙。❷

以理观物要求排除主观情绪对认知的影响，物象越是纷繁，主体越要具备闲静的气度，如此才能厘清杂多现象下的物理。对邵雍来说，这份闲静固然是心上工夫的体现，但根本上还是来自置身物外的定位；或者说，是物外闲观的立场内在地保证了两不相伤的安舒自在。❸ 邵雍自己的隐士生涯，就是此种物外原则的极致体现。以静观物因此不是简单的认知态度，而是整个邵雍哲学取向之表达。与程朱主敬的立场不同，邵雍哲学整体上更多强调闲静，这里既有认知的要求，也有生命的体验。

以上，邵雍"观物之理"的工夫论主要表达出认知的取向，但也兼有修养的含义。邵雍强调"以物喜物，以物悲物，此发而

---

❶《天地》："以道观言，而天下之君正；以道观分，而君臣之义明；以道观能，而天下之官治；以道泛观，而万物之应备。"《秋水》："北海若曰：以道观之，物无贵贱；以物观之，自贵而相贱。""北海若曰：以道观之，何贵何贱，是谓反衍。"

❷ 邵雍：《天津感事》《谢富相公见示新诗一轴》《依韵和王安之少卿六老诗仍见率成七》，《伊川击壤集》卷四、卷九、卷十三，《邵雍全集》第 4 册，第 59、169、264 页。

❸ 邵雍云："以物观物，则虽欲相伤，其可得乎！"（《伊川击壤集序》，《邵雍全集》第 4 册，第 2 页）

中节者也"❶，即是要将观物的原则应用在情感之上，以保身心之静定；邵雍倡言"观物之乐复有万万者焉"❷，则是认为观物能给人带来至高的精神愉悦。此种境界论的意味，在其"观意思"的观物态度中有更集中的体现：

> 雨后静观山意思，风前闲看月精神。
> 多种好花观物体，每斟醇酒发天真。
> 闲来观万物，在处可逍遥。
> 美酒饮教微醉后，好花看到半开时。
> 这般意思难名状，只恐人间都未知。❸

邵雍所谓意思，一般指人的情绪、情怀，这里移用于物，乃是表明在"观意思""观物体"的视角下，事物不再以抽象的理的形式呈现在人面前，而是表现为激发美感、起兴哲思乃至与人相交互的完整的物的存在。邵雍在物上所观察到的，不仅是事物的条理、结构与规律，更是与人的情感相通、存在相关的物之整体。❹

邵雍主观物，程朱主格物。这两种同时代的理学工夫观念，既有明显的相似，也有重要的区别。在本节的最后，不妨对二者作一比较。概括来说，观物与格物的一致在于对物都取认知的态度，都将全部的物的世界纳入考察范围，都强调要从物理入手，客观、如实地把握事物，达到"至极"❺的地步。观物与格物都体

---

❶ 邵雍：《观物外篇》卷下，《邵雍全集》第3册，第1215页。
❷ 邵雍：《伊川击壤集序》，《邵雍全集》第4册，第2页。
❸ 邵雍：《闲来》《安乐窝中酒一樽》《谢富相公见示新诗一轴》《安乐窝中吟》，《伊川击壤集》卷九、卷十，《邵雍全集》第4册，第152、169、196页。
❹ 这种意义上的物，也就主要不再是类，而是个别事物。
❺ 陈来：《宋明理学》，第140页。

现了理学理性化的根本态度。两者的区别则在于：在物我关系上，格物要求即物，观物则主张保留观者与物的距离，强调物外的立场对于确保认知正确的必要性；在工夫内容上，格物主要体现为穷理，观物则在认知物理之外还容纳了审美趣味，且其所谓物理也较多保留了物的具体性，不能被完全还原到理的普遍性中去；在工夫姿态上，格物必主敬，态度端谨严肃，观物则由其静观的立场和审美的态度而有一安闲自在的兴味；在工夫主题上，格物的一个重要方面是研习经典，观物于此则少措意，而更多以自然与历史作为观察对象；最后，在表达形式上，观物往往以体四用三或一分为二等独有的数理表达对于物的认识。格物在程朱之后成为理学工夫论的共法，邵雍的观物则更多流行于游心自然、具有兼综儒道倾向的学者当中，这与其内涵上的特质是分不开的。

二　安　乐

理学家的境界取向，整体上常分为敬畏与洒落两路。敬畏者整齐严肃，洒落者游心自在。邵雍追求超脱安适的精神体验，不甚突出道德理性时时的把守用功，自然是偏于洒落一面。❶ 不过，即使在洒落的传统中，邵雍也显得十分特别，其逍遥安乐的境界和人生追求确有与众不同之处。

邵雍在境界上的追求和感受，主要是通过诗歌来抒发。在诗

---

❶ 邵雍虽主安乐，但亦不废持敬。其诗云："观时见物理，主敬得天真。"(《触观物》，《邵雍全集》第4册，第443页）朱子也提到邵雍为学之端整严肃："尝于百原深山中辟书斋，独处其中。王胜之常乘月访之，必见其灯下正襟危坐，虽夜深亦如之。"(《朱子语类》卷一百，第2543页）

文中,邵雍有时将自己的精神状态描述为"逍遥":

> 闲来观万物,在处可逍遥。
>
> 夫君惠我逍遥枕,恐我逍遥迹未超。形体逍遥终未至,更和魂梦与逍遥。❶

有时称为"自在":

> 斟有浅深存燮理,饮无多少寄经纶。凤凰楼下逍遥客,郏鄏城中自在人。
>
> 何人不饮酒,何人不读书。奈何天地间,自在独尧夫。❷

但绝大多数情况下,邵雍是用"安"与"乐"来标举自己的精神境界。邵雍将其居所命名为"安乐窝",自称"安乐先生"❸。在其诗中,快乐几乎触目皆是,无处不在,快乐的程度也似达到了无穷无尽、不能胜任的地步:

> 非止身休逸,是亦心夷旷。能知闲之乐,自可敌卿相。
>
> 不必奇功盖天下,闲居之乐自无穷。
>
> 尽快意时仍起舞,到忘言处只讴歌。宾朋莫怪无拘检,真乐攻心不奈何。

---

❶ 邵雍:《闲来》《依韵谢任司封寄逍遥枕吟》,《伊川击壤集》卷九、卷十六,《邵雍全集》第4册,第152、312页。

❷ 邵雍:《安乐窝中酒一樽》《自在吟》,《伊川击壤集》卷九、卷十一,《邵雍全集》第4册,第169、219页。

❸ 邵雍:《安乐吟》,《伊川击壤集》卷十四,《邵雍全集》第4册,第286页。

> 轻风吹动半醺酒,此乐直从天外来。❶

邵雍自己曾明白说过:"《击壤集》,伊川翁自乐之诗也。非唯自乐,又能乐时,与万物之自得也。"❷一部《击壤集》,确实可以"乐"之一字大体概括。

快乐在邵雍处越是常见、普遍,理解此种情怀,就越需要对其内涵和本质作深入的分析。邵雍的快乐是为何而发?《伊川击壤集序》云:

> 予自壮岁业于儒术,谓人世之乐何尝有万之一二,而谓名教之乐固有万万焉,况观物之乐复有万万者焉。❸

邵雍区分了三种快乐:人世之乐、名教之乐、观物之乐,认为三者带来的快乐程度逐层递增。一种常见的理解认为,邵雍所谓人世之乐是指"生物性与自然性"的快乐。❹这种解读大概未必准确。从邵雍诗文看,人世之乐不是指别的,而就是指仕宦名利之乐。邵雍有大量诗作将仕宦名利与自在闲乐作对比:

> 平生如仕宦,随分在风波。所损无纪极,所得能几何。
> 名利到头非乐事,风波终久少安流。
> 民间有此乐,何必待封侯。

---

❶ 邵雍:《高竹》《天津闲步》《林下五吟》《自和打乖吟》,《伊川击壤集》卷一、卷七、卷八、卷九,《邵雍全集》第 4 册,第 12、109、142、175 页。
❷ 邵雍:《伊川击壤集序》,《邵雍全集》第 4 册,第 1 页。
❸ 邵雍:《伊川击壤集序》,《邵雍全集》第 4 册,第 2 页。
❹ 程刚:《"观物之乐"与"天地境界":邵雍三"乐"与冯友兰四"境界"之比较》,《中国文化研究》,2008 年第 2 期。

> 借问主人何似乐,答云殊不异封侯。
>
> 风花雪月千金子,水竹云山万户侯。欲俟河清人寿几,两眉能着几多愁。❶

前引"能知闲之乐,自可敌卿相""不必奇功盖天下,闲居之乐自无穷",也是在描述隐与仕所得快乐的差别。邵雍的安乐境界因此是从摆脱名利拘束、追求身心安顿开始,而不是起于对一般感性愉悦或人伦亲情的否定,后者如饮酒赏花、孝亲天伦之乐,在《击壤集》中随处可见,毋宁是邵雍大加肯定的主题。

邵雍所谓名教之乐,是指践履道德修养、遭逢道德行为时感受到的愉悦:

> 乐见善人,乐闻善事。乐道善言,乐行善意。
> 闻人之恶,若负芒刺。闻人之善,如佩兰蕙。❷
> 父慈子孝,兄友弟恭。家给人足,时和岁丰。
> 筋骸康健,里闬乐从。君子饮酒,其乐无穷。❸
> 君子乐善,小人乐恶。乐恶恶至,乐善善归。❹
> 扬善不扬恶,记恩不记雠。人人自欢喜,何患少交游。❺

而其所谓观物之乐,则涵义甚广,举凡赏景、吟诗、饮酒、感悟的快乐,都属于观物之乐的范围。

---

❶ 邵雍:《闲吟》《名利吟》《游洛川初出厚载门》《后园即事》《林下五吟》,《伊川击壤集》卷一、卷三、卷五、卷八,《邵雍全集》第4册,第11、34、35、64、142页。
❷ 邵雍:《安乐吟》,《伊川击壤集》卷十四,《邵雍全集》第4册,第286页。
❸ 邵雍:《君子饮酒吟》,《伊川击壤集》卷十六,《邵雍全集》第4册,第318页。
❹ 邵雍:《君子吟》,《伊川击壤集》卷十六,《邵雍全集》第4册,第333页。
❺ 邵雍:《欢喜吟》,《伊川击壤集》卷十八,《邵雍全集》第4册,第360页。

> 酒喜小杯饮，诗快大字书。不知人世上，此乐更谁如。
>
> 美酒饮教微醉后，好花看到半开时。这般意思难名状，只恐人间都未知。
>
> 一片两片雪纷纷，三杯五杯酒醺醺。此时情状不可论，直疑天地才缊纭。
>
> 小车赏心，大笔快志。❶

人世之乐得失难计，名教之乐虽乐，却是理性、有限度的道德愉悦，而饮酒、赏景等审美性的观物之乐，强烈而纯粹，最易将人导入天人合一、物我不分的至高的精神体验，这是邵雍所以将观物之乐置于人世之乐、名教之乐之上，认为其乐"复有万万者焉"的原因。在这个意义上，邵雍"把观物之乐置于首位来统率名教之乐"❷，确实表达出以审美而非道德作为境界上之究竟旨趣的意味。❸

邵雍的观物之乐带有一定超道德的性质，不过这种区分是有限度的。从论述来看，较之刻意区分快乐层次的高下，邵雍更多强调的是快乐的遍在性：

> 吾常好乐乐，所乐无害义。乐天四时好，乐地百物备。
> 乐人有美行，乐己能乐事。此数乐之外，更乐微微醉。❹

---

❶ 邵雍:《安乐窝中吟》《大笔吟》《赏雪吟》《安乐吟》,《伊川击壤集》卷十、卷十一、卷十二、卷十四,《邵雍全集》第4册, 第196、226、244、286页。

❷ 余敦康:《汉宋易学解读》, 第307页。

❸ 邵雍的观物之乐不完全是纯粹精神性的审美，以饮酒为例，其中也有物质性的享受。对于审美与享受，邵雍并不作绝对严格的区分。当然，此种享受是内在于审美活动中的，且不与道德原则相悖。

❹ 邵雍:《乐乐吟》,《伊川击壤集》卷九,《邵雍全集》第4册, 第158页。

> 生身有五乐，居洛有五喜：……
>
> 一乐生中国，二乐为男子，三乐为士人，四乐见太平，五乐闻道义。
>
> 一喜多善人，二喜多好事，三喜多美物，四喜多佳景，五喜多大体。❶

"生中国"至"见太平"主要是个体的遭遇，"闻道义"至"多好事"主要是道德性的欣赏，"多美物"、"多佳景"乃至"微微醉"则更多跟主体的审美享受有关。这些快乐性质不同，邵雍却将其统统并列起来，而不特别强调高低。这里显然有一无事不乐的态度在内。说到底，邵雍追求的是实现乐的心境，而不是穷究导致乐的原因，乐本身才是邵雍修养的导向所在。

邵雍的安乐境界，一般解读主要强调其乐的一面。但其实，安与乐有不同的含义，应当加以区分。邵雍所谓安，有身体安泰的含义，如"天晴仍客好，酒美更身安""气静形安乐，心闲身太平"❷；但更多情况下是指心灵安详，如"心安身自安，身安室自宽，心与身俱安，何事能相干"❸。在心灵的安详义中，邵雍又特别强调安分：

> 自有林泉安素志，况无才业动丹墀。
>
> 蓬户能安分，藜羹固不厌。
>
> 能安陋巷无如我，既上高楼还忆君。

---

❶ 邵雍：《喜乐吟》，《伊川击壤集》卷十，《邵雍全集》第4册，第191页。
❷ 邵雍：《中秋吟》《又五首》，《伊川击壤集》卷十二、卷十七，《邵雍全集》第4册，第238、338页。
❸ 邵雍：《心安吟》，《伊川击壤集》卷十一，《邵雍全集》第4册，第220页。

> 安分身无辱，知几心自闲。虽居人世上，却是出人间。
> 静处乾坤大，闲中日月长。若能安得分，都胜别思量。❶

安分的本质是对所得的满足。邵雍所谓安乐，因此应被理解为知足基础上的快乐，或者说，是在知足中感受到的快乐。邵雍既言"安是道梯阶""更将安作道枢机"，又说"安而不乐"乃是惑❷，正是强调知足是快乐的前提与来源。事实上，如果不是将隐而不仕作为本分或者天命绝对地接纳下来、安于其中，陋巷的贫窭生涯是难以真正让人将其与乐联系在一起的。

放在理学传统中看，邵雍的安乐境界代表了和乐洒落一脉的精神取向，同时又有其独特之处，值得对比分析。一个典型的比较对象是周敦颐的孔颜乐处。以陋巷穷居、不改其乐而言，邵雍的精神状态与颜回相当接近；❸周敦颐阐发的"以道充为贵，身安为富，故常泰无不足，而铢视轩冕、尘视金玉"❹的态度，也确实适用于邵雍。不过，周邵之间值得注意的区别是：至少在后来理学主流的阐释中，周敦颐的孔颜乐处是因"人达到与道为一的境界"❺而来的至高的、非对象化的精神状态，而邵雍的安乐是因事因物而发，道德与审美、愉悦与享受相杂，并不必然是至高的精神体验；周敦颐的孔颜乐处源于对道体的体认，必然预设一道

---

❶ 邵雍：《和王安之少卿韵》《和君实端明》《楼上寄友人》《安分吟》《何处是仙乡》，《伊川击壤集》卷七、卷九、卷十、卷十二、卷十三，《邵雍全集》第4册，第103、166、187、230、263页。

❷ 邵雍：《三惑》《谢安之少卿用始知安是道梯阶》《首尾吟》，《伊川击壤集》卷十、卷十一、卷二十，《邵雍全集》第4册，第186、208、418页。

❸ 邵雍有时也以颜回之乐自比："颜渊方内乐，天下事难任。"（《坐右吟》，《伊川击壤集》卷十四，《邵雍全集》第4册，第284页）

❹ 周敦颐：《通书》，《周敦颐集》，第40页。

❺ 陈来：《宋明理学》，第140页。

体的观念，而此种观念在邵雍处并不突出；至于周敦颐的孔颜乐处主要是持久、稳定的心灵状态，邵雍的安乐则往往是浓烈兴发的情绪，更是两者之间明显的差别。两种同样主张乐的精神旨趣，在性质和性格上其实有相当差异。

上述同异在一定程度上也可以说明邵雍的安乐与后世理学和乐传统的关系。一般而言，理学主流推崇的乐多近于周敦颐的孔颜乐处，是持续、稳定的精神愉悦，而非由感性激发的快乐情绪。二程说："中心斯须不和不乐，则鄙诈之心入矣。此与'敬以直内'同理。谓敬为和乐则不可，然敬须和乐，只是中心没事也。"❶ 和乐不是被对象诱发的结果，而是未对象化时中心无事的状态，这种状态其实也就是"喜怒哀乐之未发"，是心之本然。和乐因此被理解为即情绪而超情绪的存在。此种意味，在后来王阳明的论述中有更到位的揭示：

> 乐是心之本体，虽不同于七情之乐，而亦不外于七情之乐。……虽在忧苦迷弃之中，而此乐又未尝不存。但一念开明，反身而诚，则即此而在矣。❷

乐不是情绪，而是心之本体，先于具体情绪而存在。此种意义上的乐乃是心灵的固有底色，既是心体之本然，又是心体之当然。这种超越性的定位，是邵雍的安乐说不曾赋予的。

邵雍的安乐与后世理学主流的乐的传统可以相比的另一点，在于乐与学的关系。王艮《乐学歌》有云：

---

❶ 程颢、程颐：《河南程氏遗书》卷二上，《二程集》，第31页。
❷ 王阳明：《答陆原静书》，《传习录》中，《王阳明全集》卷二，第79页。

> 人心本自乐,自将私欲缚。私欲一萌时,良知还自觉。一觉便消除,人心依旧乐。乐是乐此学,学是学此乐。不乐不是学,不学不是乐。乐便然后学,学便然后乐。乐是学,学是乐。呜呼!天下之乐,何如此学;天下之学,何如此乐?❶

王艮之说一方面是对阳明"乐是心之本体"的阐发,一方面也接续了《论语》"学而时习之,不亦说乎"的传统。学(王艮指良知之学)被认为与乐同一,学习必然能感受到快乐,快乐也必然是来自学习。相比之下,邵雍虽云"学不至于乐,不可谓之学"❷,认为真正的性命之学必有乐的效验;但并不强调乐只能由学引发。恰恰相反,纵观邵雍的文字,乐感基本与学习无关,而多是观物审美的结果。这在显示出邵雍之乐更加亲近自然、洒脱广大的同时,也提示出其与"典型"儒家之学的距离。

不同于后来明代心学常见的乐观倾向,北宋自立国起,整体的时代精神气质更多偏在"忧"的一面,忧国忧民的情怀是士大夫担当感的集中呈现。❸ 在这样的氛围下,邵雍却专主于"乐",以之为理想的人格形态,显得十分与众不同。从儒者角度来看,邵雍在家国担当上未免不足,故程朱对此颇有异议,朱子更直接认为邵雍之学近于老子。❹ 程朱的这些批评未必全然合理,作为隐士的邵雍原本就是世外之人,难以再用方内之条框笼羁之;但程

---

❶ 黄宗羲:《泰州学案》一,《明儒学案》卷三十二,中华书局,2008年,第718页。
❷ 邵雍:《观物外篇》卷下,《邵雍全集》第3册,第1225页。
❸ 杨立华:《气本与神化:张载哲学述论》,北京大学出版社,2008年,第1—4页。
❹ 程颐说:"邵尧夫在急流中,被渠安然取十年快乐。"(《河南程氏外书》卷十一,《二程集》,第413页)朱子说:"(康节之学)似老子。只是自要寻个宽闲快活处,人皆害它不得。后来张子房亦是如此。方众人纷拿扰扰时,它自在背处。"(《朱子语类》卷一百,第2544页)

朱的见解不能说没有根据。邵雍追求安乐的人生态度里，确实渗透着道家的气息。邵雍之乐虽然有道德性的成分，但终究是自得之趣较多，而承担之勇较少；虽然不同于老庄式的无情，但毕竟是把个体的自在放在了最重要的位置，将一己之体验看成是更关键的问题。邵雍会通名教与观物而来的快乐，本质上就是兼综儒道而成的，在安顿自我的同时，也为后世理学注入了更强的对于生命的关切。

最后应该指出的是，邵雍的安乐不宜全从境界的角度理解，相反，当中其实颇有工夫的意味。文学史的研究指出，对于唐以来文人因得失浮沉动辄怨嗟喟叹的惯习，北宋中期的士人开始越来越多地加以反省、批判，范仲淹、欧阳修与邵雍等，在此点上都有相通的追求。而宋人改变嗟叹的方式之一，就是表彰乐，以乐作为对痛苦的超越。❶《伊川击壤集序》所以批判近世诗人"大率溺于情好"❷，所以提倡"以物观物""两不相伤""其间情累都忘去"❸的态度，集中诗歌所以不厌其烦地咏叹其乐，一来当然是由于真实愉悦的情绪体验，二来其实也是在自觉的、以乐易怨的修养态度的基础上言之的。从这个角度理解，邵雍诗中"乐天为事业，养志是生涯""已把乐为心事业，更将安作道枢机"❹等种种以安乐为事业追求的表述，其实都不是简单的文学戏语，而是

---

❶ 杨晓山：《私人领域的变形：唐宋诗歌中的园林与玩好》，文韬译，江苏人民出版社，2008年，第168—172页。

❷《伊川击壤集序》云："近世诗人，穷戚则职于怨憝，荣达则专于淫泆。身之休戚发于喜怒，时之否泰出于爱恶，殊不以天下大义而为言者，故其诗大率溺于情好也。噫！情之溺人也甚于水。"(《邵雍全集》第4册，第1页）

❸ 邵雍：《伊川击壤集序》，《邵雍全集》第4册，第2页。

❹ 邵雍：《击壤吟》《首尾吟》，《伊川击壤集》卷十七、卷二十，《邵雍全集》第4册，第347、418页。

有确切的工夫论的意味。从这个角度观察,邵雍诗中每每将安乐与工夫相提并论,自然也就不是无心之言,而是将长保安乐当作实在的心性修养方式。❶ 从这个角度评价,邵雍日日乐、处处乐、"篇篇只管说乐,次第乐得来厌了"❷ 的安乐生涯,也就不能简单地认为一定是"乐不可支"、"夸张造作"乃至"作达"❸,其实,这不过是自我修养中另一种时时刻刻的惺惺提撕工夫罢了。

---

❶ 此类表述在邵雍诗歌中常见,如:"月恨花愁无一点,始知诗酒有功夫。""隐几功夫大,挥戈事业卑。""闲吟闲咏人休问,此个功夫世不传。"(《花月长吟》《天道吟》《安乐窝中吟》,《伊川击壤集》卷六、卷十,《邵雍全集》第4册,第95—96、192、196页)

❷ "康节之学,其骨髓在《皇极经世》,其花草便是诗。直卿云:'其诗多说闲静乐底意思,太煞把做事了。'曰:'这个未说圣人,只颜子之乐亦不恁地。看他诗,篇篇只管说乐,次第乐得来厌了。圣人得底如吃饭相似,只饱而已。他却如吃酒。'"(《朱子语类》卷一百,第2553页)

❸ 冯友兰:《中国哲学史新编》第5册,《三松堂全集》第10卷,第119页。

第9章

治　道

邵雍磅礴宏大的哲学体系，以其历史与政治思想为最终指归。邵雍在易学象数上的穷幽极微、在宇宙生化上的细致推衍、在阴阳体用上的条分缕析，归根结底，都是要导向对人事的说明，都是要用自然来为人事奠定基础、作出解释。实际上，邵雍历史与政治思想的一个突出特征，就在于仍然沿用了其易学和自然哲学的体以四分的结构。这表明，在邵雍看来，自然与人事乃是同条共贯的整体。

邵雍关于历史与政治的分析，主要是要说明这样几个问题：历史与政治的演化具有怎样的规律，人能够期待怎样的理想政治，以及如何实现这种理想政治。邵雍将对于这些问题的回答以极为条理化的形式组织起来，其论述具有高度的系统性。这就是他以皇帝王伯为核心的治道思想。前人从此形式化、系统化的特点出发，往往认为邵雍的历史与政治思想不过是主观的构造与机械的排比，少有真知灼见。❶ 这其实是误解。深入考察可以发现，如同其整个哲学体系一样，邵雍历史与政治思想的可贵之处，正在于其既能为事物赋予线索分明、一以贯之的结构，而这种结构本身

---

❶ 萧公权先生即认为，邵雍的"象数政治哲学""貌似富有条理，而实牵强附会，甚至毫无意义"（《中国政治思想史》，辽宁教育出版社，1998年，第462页）。萧先生已是较能留意于邵雍政治思想的学者，但仍不免否定其价值。

又往往合于事物自身的条理,是从事物当中自然抽绎而来的。邵雍关于历史与政治的论述,实际上蕴涵了相当深刻而现实的识见。其历史感之宏大、丰富、通透,在整个理学群体中都是十分突出的。本章就以邵雍皇帝王伯的治道观念为主干,系统地分析与呈现邵雍在历史与政治方面的思考。❶

一 《皇极经世》

邵雍在历史与政治方面的著述大体可以分为两部分。《观物篇》《击壤集》对于前代史事的论衡,可以称为史论;《皇极经世》历史年表部分对于前代史迹的梳理❷,可以称为史料。作为史料的《皇极经世》,不折不扣是一本史书。然而,前人却往往忽视、误解其史学性质,而以占书视之。朱子即云:"《皇极经世》是推步之书。"❸此种观念使得《皇极经世》长期笼罩在神秘的氛围之中,饱受误会乃至非议。在展开关于邵雍历史与政治思想的讨论之前,本节首先对《皇极经世》的渊源与体例加以考察,以为后文的论述确定一个可靠的性质与范围。

(一) 渊源

《皇极经世》的历史年表部分记载了从传说中的帝尧甲辰至后

---

❶ 前人对于邵雍皇帝王伯的研究多集中在政治思想方面。历史视角下的研究,有张新智:《邵康节先天易学之历史哲学研究》,台北:花木兰文化出版社,2011年;章伟文:《易学历史哲学研究》,中国社会科学出版社,2012年,第233—260页。
❷ 本章所用《皇极经世》之名,专指书中的历史年表部分。
❸ 黎靖德编:《朱子语类》卷一百,第2547页。

周显德六年间共计三千三百余年的历史。就此而言，该书作为编年体通史的性质可说是不言自明。不过，为了更加全面、具体地呈现其史学性质，从史学史角度入手，对该书的渊源作一讨论仍有必要。史学史的定位可以清楚地表明，《皇极经世》不仅具有史学的内容和形式，而且从根本上就内在于唐宋史学变革的整体脉络之中，具有鲜明的时代特色。

前辈学者早已指出，北宋中期以至南宋，编写编年体通史蔚然成为一种风气。其典型者，如邵雍有《皇极经世》，司马光有《资治通鉴》，胡宏有《皇王大纪》，张栻有《经世纪年》。❶ 此种观察敏锐地把握到了两宋道学与史学之间密切的思想关联，注意到了宋代史学之强调编年的特点。但如果在此基础上进一步追问：此类编年体通史为什么会在两宋时期突然兴起？其兴起的源流本末如何？邵雍的《皇极经世》究竟是在怎样的史学发展脉络当中撰写而成？这些问题，则非以上论述所能回答。只有从一个更为宏大的思想背景出发，才能对上述问题有清楚的认识。

上举诸书中，胡宏《皇王大纪》、张栻《经世纪年》都是受到邵雍影响而作，这里探究《皇极经世》的缘起，可以将其暂置勿论。张载《编年历》其书无存，亦难详考。唯一可资比较的，是

---

❶ 侯外庐、邱汉生、张岂之主编：《宋明理学史》上卷，人民出版社，1984年，第183页。这里可以此种观点补充一条例证：除邵雍、司马光、胡宏、张栻外，宋代道学群体中之重视编年史学者，似也包括张载在内。张载虽以"观书且勿观史"（《经学理窟·义理》，《张载集》，第276页）的态度闻名，但在后人的记述中，却有通史《编年历》的著作。邵博记载道："横渠先生《编年历》，自黄帝至于本朝，上下数千百载，其书详矣。"（《书张横渠先生编年历后》，《全宋文》第184册，第396—397页）《编年历》早佚，今已难考其详。但据此来看，与通常的印象不同，张载对历史也有深刻的关切。其实，不论各自史观如何，宋代道学家总体上都将历史视为关心的问题。又，按邵博的记载，张载《编年历》起于黄帝癸未年，与邵雍《皇极经世》起于帝尧甲辰有别。

司马光《资治通鉴》。前人对此早有留意：张行成已将两书相提并论❶，后来，明人也有"《皇极经世》《资治通鉴》相符契也"❷的说法。❸看起来，两书皆为编年通史，性质体裁应该一致。不过，仔细分析可以发现，两书之间仍有不同。这种不同，表面在于纪事年限有别，《皇极经世》起于帝尧，《资治通鉴》起于战国；实则在于体例手法有别，《皇极经世》每年只记当年史事，内容简略，《资治通鉴》不仅记事，而且记言，不仅记录当年史事，而且夹杂倒叙插叙，又涉及典章制度，内容繁复。大体上，《皇极经世》与《资治通鉴》的差别，可以理解为编年体史书内部两种不同体裁的差别：《皇极经世》是大事年表，《资治通鉴》是成形史书。或者，在近似的意义上可以认为，《皇极经世》仿效的是《春秋》，而《资治通鉴》仿效的是《左传》。❹

---

❶ 张行成云："窃谓文正公《资治通鉴》则删《诗》《书》、定《礼》《乐》之意也，康节先生《皇极经世观物》则赞《易》道、作《春秋》之意也。"(《皇极经世索隐》卷下，《景印文渊阁四库全书》第804册，第36页)张行成以史书《资治通鉴》与四经《诗》《书》《礼》《乐》相比，可谓引喻失义，但其将《皇极经世》与《资治通鉴》并列合观的态度还是十分明确的。

❷ 刘定之：《河南府学四学堂记》，程敏政编：《明文衡》卷三十七，《四部丛刊初编》，第15页下。

❸ 邵雍与司马光为密友，但《皇极经世》与《资治通鉴》并不存在影响关系。邵伯温提到，吕诲知邓州后，"寻请宫祠归洛，温公、康节日相往来"(《邵氏闻见录》卷十，第107页)。吕诲提举嵩山崇福宫在熙宁三年(1070)十二月(《续资治通鉴长编》卷二百十八，熙宁三年十二月辛酉条，第5294页)，而司马光熙宁四年(1071)四月方始居洛(参见马峦：《司马光年谱》卷六，中华书局，1990年，第168—169页)，邵雍与司马光交往必在熙宁四年之后。至于两人以诗相唱和，则已晚在熙宁五年。熙宁四年《皇极经世》已经完稿，而此时邵雍与司马光最多只是初识，《皇极经世》的写作不可能受到《资治通鉴》的直接影响。同样道理，《皇极经世》与下文所论《历年图》之间也不存在源流关系。

❹ 刘恕记载，司马光自言《资治通鉴》是"因丘明编年之体"(《书资治通鉴外纪后》，《宋文鉴》卷一百三十，第1821页)，其效法《左传》的态度由此可见。《春秋》与《左传》体例的不同，刘知几曾有论述，所谓"左氏为书，不遵古法，言之与事，同在传中"(浦起龙：《史通通释》卷二，上海古籍出版社，2009年，第30页)(转下页)

其实，司马光著作之中与《皇极经世》更相近者，不是《资治通鉴》，而是《历年图》。《历年图》是司马光在撰作《资治通鉴》之前已经编就的一部历史年表❶，其书"采共和以来下讫五代，略记国家兴衰大迹，集为五图，每图为五重，每重为六十行，每行记一年之事。其年取一国为主，而以朱书它国元年缀于其下，盖欲指其元年以推，二、三、四、五则从可知矣。凡一千八百年，命曰《历年图》"❷。司马光所谓图，其实就是表。《历年图》以表统年，以年记事，记事简赅，与《皇极经世》体例相似；其以一国年号为主，而以它国年号缀于其下的做法，也与《皇极经世》以会经运部分相一致。如果把司马光后来补作的上起伏羲、下至周威烈王二十二年的《稽古录》前半部分也算上（《历年图》后来收入《稽古录》）❸，那么，司马光的这一通史同样是自上古以至于本朝，与《皇极经世》就更相近了。《皇极经世》与《历年图》代表的，其实是编年体史书中年表或年历的传统。❹ 前述张载《编年

（接上页）是也。《资治通鉴》遵从的正是《左传》的传统。这里关于《春秋》与《左传》的对比，只是就纪事体例而言，不涉及经传地位的问题。

❶ 司马光《历年图》有初本与修订本。修订本《历年图》进呈于治平元年（1064），后来成为《资治通鉴》首八卷的《通志》进呈于此后的治平三年（1066）。关于《历年图》，参见李俊清：《关于司马光〈历年图〉的几个问题》，《山西大学学报》（哲学社会科学版），1988 年第 1 期。

❷ 司马光：《记历年图后》，《温国文正司马公文集》卷六十六，第 6 页下。

❸ 关于《稽古录》，参见王瑞来：《〈稽古录〉发微》，《史学史研究》，2017 年第 3 期。

❹ 张栻就明确将《皇极经世》称为年谱："本朝嘉祐中，康节邵先生雍出于河南，穷往知来，精묘于数，作《皇极经世书》，上稽唐尧受命甲辰之元，为编年谱。"张栻又认为《皇极经世》上续《史记》年表。由此可知，其所谓年谱，实际上就是年表或年历之意。张栻参照《皇极经世》所作的《经世纪年》，采用的也是与《皇极经世》《历年图》一致的图表体例。张栻云："某不自揆，辄因先王之历，考自尧甲辰至皇上乾道改元之岁，凡三千五百二十二年，列为六图，命之曰《经世纪年》，以便观览。"（《经世纪年序》，《新刊南轩先生文集》卷十四，《张栻集》，中华书局，2015 年，第 965 页）此外，明人徐必达也曾指出："《经世》，年表之体也。"（《刻邵子全书序》，《邵子全书》卷首，中国科学院图书馆藏明万历刻本，第 8 页）

历》，以相关记载来看，似乎也应归属于这一范畴。❶

《皇极经世》、《历年图》与《资治通鉴》，虽然在具体形式和详略程度上有所不同，但归根结底，都属于编年体通史的范围。此类史学在北宋中期的兴起，绝非出于偶然。蒙文通先生指出，

---

❶ 饶宗颐先生指出，秦汉以降，史学中始终存在一个"统纪之学"的传统。这一类文献，因其重在彰明正统，故多采编年体例；因其意在言明历代之迁革，而非记录一代之史事，故多自上古衍为通史；又因其重在明统而不在叙事，故笔墨简省，只记大事。职是之故，此类统纪之学的文献，多有采取年表或年历之体例者。饶宗颐先生详细列举了此类文献的谱系：由邵雍、司马光的时代上溯，北宋有诸葛深《绍运图》、宋庠《纪年通谱》、刘羲叟《甲子编年历》等；唐有王起《五位图》、陈鸿《大统纪》、王勃《大唐千岁历》等；更早，则北魏有张彝《历帝图》，南梁有陶弘景《帝代年历》，三国吴有韦昭《洞纪》，甚至一般认为是历法之学的汉刘歆《三统历》，其实也是与谱并行，有着年表或年历的内涵；如果继续上推，此类著作的前身更可以追溯至《史记》的十表，乃至作为《史记》史料来源的先秦《春秋》一类文献（《中国史学上之正统论》，上海远东出版社，1996年，第1—3、28—49页）。由此可见，统纪之学的传统确是古已有之，渊源久远。《皇极经世》与《历年图》，就内容与形式而言，与此类统纪之学有密切的亲缘关系。

不过，饶先生所谓统纪之学，更多是一个较为宽泛的概念。大凡内容关乎正统纪年、体裁涉及年表年历者，都可以划入统纪之学的范围。因此，上举谱系中的不同文献，彼此之间其实并不具有严格的同一性：上述文献中，《春秋》与《史记》年表是严格意义上的编年史文献；《三统历》等是将年表年历与历法之学相结合，以探究天时人事；而《五位图》等则是将年表年历与五行运之说相结合，以附言国运正统。在上述文献中，《历年图》继承的是《春秋》与《史记》年表的传统，既不言历法推步，也不言五德终始，是十分纯粹的历史著作；而《皇极经世》则在明统纪年的意涵之上，又预设了某种天时人时互为参照的结构，其所继承的，是《三统历》天时人事交相影响的观念。由此来看，所谓统纪之学本身并不是一种界限特别明确的固定体裁，而是从统纪视角出发对编年体通史作出的指称。这意味着，对《皇极经世》渊源的考察，应该透过统纪之学的概念，回归、深入到更加真实的整个编年体通史发展的脉络上来。

需要说明的是，饶先生并未将《皇极经世》列入统纪之学当中。其实，早在南宋，楼钥已将《皇极经世》与统纪之书相比，云："(《皇极经世》)又略载岁之卦爻，以推其政迹，比世之《绍运图》《编年通载诠要》等书，最为优扁。"（《历代帝王总要序》，《攻媿先生文集》卷五十三，《中华再造善本·唐宋编》，北京图书馆出版社，2005年）饶先生既备言《历年图》，又提到元代郑松续作《皇极经世》之事，依此标准，《皇极经世》自不应被排除在外。

自唐代中期开始以至两宋，编年体史学有一逐渐复兴的态势。这种史学风气上的变化，一开始就与经学上的春秋学革新关联在一起，其实质是要以《春秋》化的编年体史学取代以《史记》《汉书》为代表的纪传体史学。❶ 在此种史学观念看来，编年体纪事始末明晰，不像纪传体一样"乱杂而不明"；而且，编年体效仿《春秋》义法，又能寓褒贬于纪事之中，有助于明确"治乱之本、劝戒之道"❷，不像纪传体一样"失褒贬体"❸，昧于大旨。因此，自唐代中期以来就不断有仿效《春秋》新作编年体通史的尝试，唐萧颖士、裴光庭等所作编年通史，皆自战国秦汉以至于隋，即为其中显例。❹ 此种史学虽以《春秋》为法，但并不取《春秋》之微言大义，而是主张实录善恶。这已经开了新史学之先河。后来，包括《皇极经世》与《资治通鉴》在内的宋代编年体史学，无论是在编年的形式上，还是在褒贬的义例上，都直接承继自唐中期以来的史学革新，在根本上都受到《春秋》经的深刻影响。其所反映的，乃是"鉴于往事，有资于治道"❺ 的学术取向和现实要求。

长期以来，《皇极经世》被当作术数推步之书❻，学者鲜能正视此书之性质。这在相当程度上是由于对该书史学背景的陌生所致。

---

❶ 蒙文通：《中国史学史》，《经史抉原》，《蒙文通文集》第3卷，第305—307页。
❷ 孙甫：《唐史论断序》，《宋文鉴》卷八十七，第1239页。
❸ 欧阳修、宋祁：《新唐书》卷二百二，第5768页。
❹ 参见蒙文通：《中国史学史》，《经史抉原》，《蒙文通文集》第3卷，第306—307页。
❺ 胡三省：《新注资治通鉴序》，司马光：《资治通鉴》，胡三省音注，中华书局，1956年，第27页。
❻ 如朱子就认为："《易》是卜筮之书，《皇极经世》是推步之书。《经世》以十二辟卦管十二会，绷定时节，却就中推吉凶消长。尧时正是乾卦九五。其书与《易》自不相干，只是加一倍推将去。"（《朱子语类》卷一百，第2547页）朱子以《皇极经世》配卦解释史事，显然受到了当时流行的术数之说的影响。

借助以上史学史的梳理，可以看出，《皇极经世》与《资治通鉴》一样，都是唐中期以来编年史学兴起的产物；单就对《春秋》的仿效来说，《皇极经世》较之《资治通鉴》甚至更为紧密地体现出了与唐宋史学变革的亲缘关系。该书的性质，到此已经昭然无疑。其实，邵雍自己早就提到，《皇极经世》的撰作是为了将古今的"治乱与废兴"都"著见于方策"，从而达到观古以明今的目的。❶ 这表明，《皇极经世》与其他编年通史的情况并无二致，都是以察于治乱、资于治道为目标，本质上都是以年系事的史书。这就要求对于《皇极经世》的研究必须在史学框架下进行，不能脱离文本作无边界的推测。只有这样，该书的性质与内容才能得到恰如其分的理解。

（二）体例

除性质与渊源外，《皇极经世》在体例上也颇有值得注意之处。

第一，关于结构。

《皇极经世》最引人注目者，无疑当属书中设置的以元经会、以会经运、以运经世的三重结构。邵雍将其元会运世的时间观念应用在历史叙述中，把十二万九千六百年的一元之时按照时段由大到小、记事从略到详的顺序作了三次不同尺度的描述：以元经会以一世三十年为单位，只录每三十年年首受命帝王年份；以会

---

❶ 邵雍诗云："天地如盖轸，覆载何高极。日月如磨蚁，往来无休息。上下之岁年，其数难窥测。且以一元言，其理尚可识。一十有二万，九千余六百。中间三千年，迄今之陈迹。治乱与废兴，著见于方策。吾能一贯之，皆如身所历。"又云："皇王帝伯时虽异，礼乐诗书道自新。观古事多今可见，不知何者为经纶。"（《偶书》《皇极经世一元吟》，《伊川击壤集》卷五、卷十三，《邵雍全集》第4册，第71—72、262页）

经运以年为单位，除记录每年受命帝王年号之外，亦录同时诸侯年号；以运经世也是以年为单位，详细记载历年史事。

邵雍的这一结构出于独创，前所未见，其义颇为新奇。对此可作史学与哲学两种不同角度的认识。从史学的角度看，邵雍将年月日时系于元会运世，是在传统编年史学"记事者以事系日，以日系月，以月系时，以时系年"❶体例的基础上，将纪时单位从一年拓展到了一元，从而大大拓宽了纪事的尺度，为其纵论天地古今变化之迹提供了可资凭借的记录形式。从哲学的角度看，则邵伯温的解释值得留意：

> 《皇极经世书》凡十二卷。其一之二，则总元会运世之数，《易》所谓天地之数也。三之四以会经运，列世数与岁甲子，下纪帝尧至于五代历年表，以见天下离合治乱之迹，以天时而验人事者也。五之六以运经世，列世数与岁甲子，下纪自帝尧至于五代书传所载兴废治乱、得失邪正之迹，以人事而验天时者也。❷

邵伯温将以元经会解释为《系辞》的天地之数，显系附会。不过，他将以会经运解释为"以天时而验人事"，将以运经世解释为"以人事而验天时"，却有一定道理。实际上，元会运世的大时间尺度根本不适合记载详细的人事，只能体现整体的趋势；年以下才是适应人事历史的恰当尺寸。由此来看，邵雍将年月日时推广至元会运世，主要或许不是从纪事着眼，而是本身就有考察整体趋

---

❶ 杜预：《春秋序》，见孔颖达：《春秋左传正义》卷一，《十三经注疏》，第3695页。
❷ 胡广编：《性理大全》卷七。

势（天时）与人事（人时）关系的用意。这一态度在《皇极经世》的体例中也有体现：《皇极经世》在以运经世部分是以元会运世纪时，而在以元经会、以会经运部分却是以日月星辰纪时。元会运世是人事历史的拓展，日月星辰则属天。邵雍以此区分两种时间结构，似乎寓有分别人时与天时的意味。

邵雍分别天人，乃是认为在人时之上，还有一种更为根本的天时；或者说，在人的活动所形成的历史之上，还有一种不以人力为转移的自然节奏或趋势。就其大者而言，这种趋势也就是先天后天的历史规律，即：在历史的前半段（先天），一切都在向着兴盛的方向发展；而到了历史的后半段（后天），则不可避免地走向衰落。在整个过程中，人具有一定程度的自主性，但天时对于人时仍有根本的制约作用。❶ 天时与人时既相关联，又不是完全一致，彼此之间存在着一定的张力。正是在这个意义上，以天时人时交相检验，明确天时之于人时的影响与人时之于天时的顺逆，就成为了必要。邵雍设置以元经会、以会经运、以运经世三个层次，正是要将人事系于天时，来推求人事历史与天地自然趋势的关系。

历史地来看，这种区分天时与人时、认为天时人时相互关联的思想不起于邵雍，刘歆《三统历》已经提出了"夫历《春秋》

---

❶ 邵雍只论及了一元之内的历史。其所以如此，是因为一元之内的历史最切近人事、"其理尚可识"，并非是他认为历史只有一元的长度。从诗中"日月如磨蚁，往来无休息。上下之岁年，其数难窥测"（《皇极经世一元吟》，《伊川击壤集》卷十三，《邵雍全集》第4册，第262页）之语来看，邵雍应该是主张时间运行无始无终，一元之后复有一元（邵伯温也说："一元在大化之中，犹一年也。"见胡广编：《性理大全》卷八）。对于一元之外的趋势，邵雍未作说明。推其意，邵雍可能是认为每一元都遵循着由先天而至后天的节奏，先天后天是时间当中的普遍规律。如果是这样，邵雍就是在更大的时间尺度上突出了天时的制约作用。

第9章 治 道

者天时也，列人事而因以天时"❶的说法。邵雍此说是对此种久已有之的观念的推阐。后来的术数学者对邵雍此意大加发挥，把《皇极经世》的历史观简单化、庸俗化为一种绝对的命定论，并以配卦的形式将其固定下来，用以解说人事历史。❷这当然不合邵雍本意。邵雍只是认为，历史之走向不纯粹是人为的结果，而是建基于自然的趋势之上；但这种趋势既不构成对人的主动性的完全否定，更无法以拘定的形式落实在任意一个微观的尺度之中。邵雍天时与人时的观念，不仅不能简单理解为一种命定论，而且恰恰相反，这一观念根本指向的乃是主观性与客观性同时存在、彼此互动的关系问题。

邵雍以元统会、以会统运、以运统世的体例，除了表达天时人时交相检验之意，也透露出价值高低的意味。如前所述，在邵雍的数学体系中，一种存在的价值之高低，直接体现在其数值之大小之上。对于一种政治秩序来说，其所历时段越久、时间尺度越大，则其治理状况也就越加理想；反之，其所历时段越短、时间尺度越小，则其治理状况也就越加卑下。❸邵雍以年月日时记录人事历史，而将其系于元会运世这样更大的尺度之下，在记录史实的同时也凸显出"时无百年之世，世无百年之人"❹，人的存在的短暂性就决定了人事秩序难以持久，而难以持久也就难以具有真正的价值。就此来说，邵雍是在天时这样的大时间尺度下照鉴出了人事秩序之与生俱来、无法超越的局限性。

---

❶ 班固：《汉书》卷二十一上，第979页。
❷ 宋代牛无邪、张行成、祝泌等人以《皇极经世》为依托发展出系统的值卦法。这方面的研究，参见王铁：《宋代易学》，第76—78页；川原秀城：《数と易の中国思想史：術数学とは何か》，第127—143页。
❸ 陈睿超：《北宋道学的易学哲学基础》，第143—144页。
❹ 邵雍：《观物内篇》，《邵雍全集》第3册，第1171页。

第二，关于笔法。

史家修史皆有主旨，从来不是要巨细靡遗地记录过往一切陈迹；史家修史又皆有笔法，其褒贬扬抑多寓于看似平淡的叙述之中。《皇极经世》同样如此。从《皇极经世》处理史料的方式，即可窥知邵雍的观念与立场。不过，《皇极经世》卷帙庞大，难以一一具论。考虑到《皇极经世》主要以《春秋》为法，这里不妨以《春秋》为参照，选取《皇极经世》中与《春秋》二百四十二年相同的部分作为具体例证，以对邵雍纪事的原则有一直观的了解。❶

总体来看，《皇极经世》在纪事方面有以下几点值得注意：

首先，不取灾异之说。《春秋》原书多记灾异，如鲁隐公三年曰"日有食之"，九年曰"大雨，震电""大雨雪"等。这些都是此前春秋学特别是公羊学着力发挥的内容，而《皇极经世》所载春秋二百四十二年史事却极少言之，这显示出邵雍思想之理性化的基本品格。

其次，不取微言大义之说。《春秋》多有一字褒贬，如鲁隐公五年曰"初献六羽"，三传皆有发挥，认为是批评鲁国旧僭天子八佾之礼，邵雍在《观物外篇》中也作了相关的解释❷，但《皇极

---

❶ 此前已有研究者在春秋学的视野下对相关问题作了讨论（如杨逸：《邵雍〈春秋〉学思想研究》，浙江大学硕士论文，2013年，第57—66页；刘越峰：《邵雍〈春秋〉学论略》，《船山学刊》，2010年第1期）。本书对此有所借鉴。不过，与这些研究者不同的是，本书主要是将《皇极经世》作为史书而非经学文本看待，因而也就主要是在史观而非经学态度的意义上讨论邵雍《皇极经世》的笔法问题。

❷ 不同于《公羊传》将此事解读为《春秋》讥讽鲁国旧君僭礼，邵雍却将此事解读为对隐公知礼的褒奖，与《穀梁传》所引尸子语相近。这可能是受到了啖助、赵匡、陆淳等人折中三传的直接影响。邵雍云："'始作两观'，始者贬之也，诛其旧无也。'初献六羽'，初者褒之也，以其旧僭八佾也。"又云："《春秋》圣人之笔削，为天下之至公，不知圣人之所以为公也。如因牛伤则知鲁之僭郊，因初献六羽则知僭八佾，因新作雉门则知旧无雉门，皆非圣人有意于其间。故曰：《春秋》，尽性之书也。"（《观物外篇》卷下，《邵雍全集》第3册，第1229、1231页）陆淳云："《公羊》曰：（转下页）

经世》却不加载录。《春秋》又多有隐讳之语，如鲁隐公十一年曰"公薨"，并未明说鲁隐公是公子翚所弑。这在《公羊传》看来，乃是《春秋》有意隐去弑君之迹。《皇极经世》却直书事实，云："鲁乱，公子翚杀其君隐公，立惠公之子，是谓桓公，翚为之辅。"❶这就不仅道明了公子翚弑君的行迹，而且点出了鲁桓公在此事中所起的作用。类似的情况在《皇极经世》中十分常见。可以说，举凡《春秋》被认为寓有微言大义之处，邵雍往往加以改造，或不作叙述，或将曲笔改为直书。邵雍之所以对史料作这样的处理，就经学而言，与其对《春秋》性质的理解有关。在邵雍看来，《春秋》乃是"天下之至公"，遵循着"录实事，而善恶形于其中矣"❷的原则，对善恶之事都以公心褒贬，不因私意采取遮掩的态度。因此，仿效《春秋》而作的《皇极经世》自然也应秉笔直书，而非曲笔回护。❸另一方面，邵雍对史料作这样的处理，就史学而言，又是唐宋编年史学一贯风格影响下的产物。前人经常引用的《新唐书》萧颖士本传，在叙述萧氏所作编年史书时谈道："（萧颖士）在魏书高贵崩，曰：'司马昭弑帝于南阙。'在梁

（接上页）'僭诸侯犹可言也，僭天子不可言也。'赵子曰：'按鲁僖用八佾非一朝，若不因改革之时言之，则无以明改自隐公始也。事须因此减数时书之。《公羊》不达此意，云僭天子则不可言，如此则僭差之过无由而惩，惩劝之道安所寄乎？'"（《春秋集传辨疑》卷一，《景印文渊阁四库全书》第146册，第603页）

❶ 邵雍：《皇极经世》卷五，《邵雍全集》第1册，第443页。
❷ 邵雍：《观物外篇》卷下，《邵雍全集》第3册，第1221页。
❸《皇极经世》虽不取微言大义，但并不缺乏表达价值寄寓的义例。如严格区分杀、诛、弑，即是用来说明政治行为正当与否的标志。此外，徐必达曾注意到："其间三晋求为诸侯于周，不书命，不予天子之命也，明君道也；武后废帝为王，改唐为周，犹书唐孝昭皇帝十一年，不予武氏之废之、改之也，明臣道、妇道也。"（《刻邵子全书序》，《邵子全书》卷首，中国科学院图书馆藏明万历刻本，第8—9页）这也是《皇极经世》表达价值取向的鲜明案例。

书陈受禅，曰：'陈霸先反。'"❶ 韩愈亦云："愚以为凡史氏褒贬大法，《春秋》已备之矣。后之学者，在据事迹实录，则善恶自见。"❷ 由此来看，不作曲笔、实录善恶自唐中期以来已经被新兴的编年史学奉为纪事原则。在这方面，《皇极经世》的笔法是对前人史学观念的继承。❸

最后，不取丛杂，提纲挈领，以周王与五伯之事重述春秋历史。《春秋》所载史事涉及多国，繁杂丛脞，以大要观之，多有无关宏旨者。因此，《皇极经世》往往只取其中与周王及五伯有关的内容，间或及鲁，而小国之事多不言之。例如，周平王四十九年（鲁隐公元年）至周桓王十五年（鲁桓公七年）十八年间，《春秋》与三传所载史事多矣，而《皇极经世》着力突出的主线只有一条，即晋曲沃武公弑君夺权之事。❹ 邵雍所以如此剪裁，一般来说，当然是出于删繁就简的考虑；但具体而言，则是由于曲沃代翼之事改变了晋国历史，而晋国在整个春秋历史当中又占有重要地位的

---

❶ 欧阳修、宋祁：《新唐书》卷二百二，第5768页。
❷ 韩愈：《答刘秀才论史书》，见马其昶：《韩昌黎文集校注》，上海古籍出版社，1986年，第667页。并参见蒙文通：《中国史学史》，《经史抉原》，《蒙文通文集》第3卷，第306页；刘复生：《北宋中期儒学复兴运动》，台北：文津出版社，1991年，第89页。
❸ 邵雍的史学观念与其春秋学态度，是两个密切相关而不能混同的问题。一方面，就其相关处言之，邵雍史学对春秋史迹的探讨，必然与其春秋学立场有涉。反过来，邵雍的春秋学立场，本身也带有一定的史学色彩。程颐云："后世以史视《春秋》，谓褒善贬恶而已，至于经世之大法则不知也。《春秋》大义数十。其义虽大，炳如日星，乃易见也；惟其微辞隐义、时措从宜者为难知也。"（《春秋传序》，《河南程氏文集》卷八，《二程集》上册，第583页）程颐此语不是针对邵雍而发，邵雍的春秋学也不能等同于史学，但邵雍从直录实事、公心褒贬的角度来理解《春秋》，确有"以史视之"的意味。另一方面，就其不同处言之，则从上引隐公五年的例子已经可以看出，邵雍的春秋学理解并未全部体现在其史学著述之中。实际上，《皇极经世》作为史料，表达的自然只能是邵雍的史学观念；其春秋学态度，则主要体现在《观物篇》的相关讨论之中。关于后者，本章第三节有进一步的讨论。
❹ 邵雍：《皇极经世》卷五，《邵雍全集》第1册，第441—443页。

缘故。在邵雍看来，春秋以秦晋齐楚四国为最重要，"春秋之间，有功者未见大于四国者，有过者亦未见大于四国者也。故四国者，功之首，罪之魁也"；这就决定了治《春秋》必须"先定四国之功过"，否则就会"事无统理，不得圣人之心"❶。以此种观念为本，《皇极经世》对春秋历史颇加了一番剪裁和重述。这样的春秋史，其实就是周王与五伯的历史。邵雍对于史料所作的这种剪裁，归根到底是其春秋学观念指导下的结果。

第三，关于正统。

《皇极经世》不是专门论述正统问题的著作，但正统在书中占有相当重要的位置。邵雍对于这一问题的处理，主要是通过纪年的方式表达出来的。

研究者已经注意到，《皇极经世》虽以《春秋》为法，但并不取《春秋》的鲁史视角，而是改以周王纪年。❷这是因为，当春秋之时，周在名义上仍然是天下共主，是正统所在；作为通述这一时期各国史事的史书，《皇极经世》自然应当以周王在位年份为准，而不能再取《春秋》的鲁史纪年。在这一点上，邵雍遵从的其实是《史记》以来编年史学的通例。❸类似地，对于春秋以后政权并立的时代，邵雍也采取同样的方式，即以其所认定的受命王朝纪年，其下再按同时代政权的主次与先后排序。例如，在以会经运部分，三国时期，邵雍是以魏国纪年，其下以蜀、吴排序；西晋惠帝以后以至东晋，邵雍是以晋朝纪年，其下以后汉、后蜀等排序；东晋亡后，是以南朝宋、齐、梁、陈纪年，其下以北燕、

---

❶ 邵雍：《观物外篇》卷下，《邵雍全集》第3册，第1230页。
❷ 研究者指出，邵雍以运经世部分大体是将齐晋秦楚四国之事置于他国史事之前，而在四国之中又以齐晋为先，秦楚为次（杨逸：《邵雍〈春秋〉学思想研究》，第62页）。
❸ 《史记》十二诸侯年表、六国年表皆用周王而非鲁国纪年。这里，邵雍继承的显然是《史记》以来编年史处理东周史事的普遍态度。

北魏等北方政权排序；唐末五代，则是以梁、唐、晋、汉、周纪年，其下以闽、吴越等十国排序。这样，邵雍虽然没有针对正统问题作专门论述，但在《皇极经世》的纪年中，已经寓有了对于历史上诸政权之偏正的意见。

在邵雍的正统观念中，有几点值得注意。其一，《皇极经世》完全不言德运终始，表明邵雍并不接受正统源于天授的神话。从《观物篇》《击壤集》的相关史论看，邵雍是把作为王朝之"合法性"的正统建立在是否能够居正的基础之上❶，这正合于学者关于宋代正统观念是"将王朝的更迭由奉天承运的政治神话变成了居天下之正的政治伦理问题"❷的论断。其二，邵雍对于历史上特殊时段正统问题的处理，多与包括司马光在内的传统正统观念相一致，而与后来以朱子为代表的新兴的理学正统思想颇有隔阂。邵雍以吕后间于汉统，为王莽单独纪元，又以曹魏为三国正统之所在，这些都是此后理学从其更为严峻的道德与政治立场出发而要着力加以辨正的重要问题，张栻《经世纪年序》对邵雍的这些说法就有专门的攻驳。❸由此来看，邵雍的正统观念与后世理学的典

---

❶ 邵雍在历数周、秦、汉、楚的成败与其为政善恶的关系后，指出："是知善也者无敌于天下，而天下共善之；恶也者亦无敌于天下，而天下亦共恶之。天之道，人之情，又奚择于周、秦、汉、楚哉？择乎善恶而已。"(《观物内篇》，《邵雍全集》第3册，第1162页)

❷ 刘浦江：《"五德终始"说之终结：兼论宋代以降传统政治文化的嬗变》，《中国社会科学》，2006年第2期。

❸ 张栻介绍《经世纪年》对于《皇极经世》的改造之处，谈道："(《经世纪年》)于新莽之篡，缺其年，亦所以表光武之中兴也。汉吕太后称制，既不得系年，而所立少帝乃他人子，又安得承统？故复缺此数年，独书曰'吕太后临朝称制'，亦范太史祖禹系嗣圣纪年之意也。汉献之末，曹丕虽称帝，而昭烈以正义立于蜀，不改汉号，则汉统乌得而绝？汉献帝之后，即系昭烈年号，书曰蜀汉，逮后主亡国，而始系魏。凡此皆节目之大者，妄意明微扶正，不自知其愚也。"(《经世纪年序》，《新刊南轩先生文集》卷十四，《张栻集》，第966页)

型态度尚有距离,而更多显现出某种"前理学"时代的特征。其三,无论面对历史上怎样衰败的时代,邵雍都仍然将其系于当时的某一政权之下,并未虚置正统之位。这似乎意味着,在邵雍看来,正统在每一时代都存在,不会出现"无统""绝统"的情况,只是不同时代的理想程度有所差别而已。这种态度,与欧阳修和朱子的正统观念也有明显的差异。邵雍认为每一时代都有其正统,这同时也就意味着邵雍所理解的正统观念重在"居正"而不在"一统",因为政权分立的时代并无所谓一统可言。❶邵雍认为每一时代皆有正统的观点,一方面是传统史学观念的体现,另一方面也与其对于历史采取的较为乐观的态度有关。关于这一点,在下文关于皇帝王伯的讨论中将有更深入的说明。

二 皇王前史

上一节对《皇极经世》的性质、渊源与体例作了说明。本节围绕邵雍治道概念的含义与治道话语的背景再略作考察,以为下文正式的分析打基础。

治道一语,古已有之。《墨子》《荀子》已有明确的治道概念;秦汉以后,治道一词应用尤繁。古人所谓治道,指的是治国之道。牟宗三先生在其《政道与治道》中,认为治道是就治权而言,政道是就政权而言;治道指的是行政治理,政道指的是政权归属;治道是第二义,政道是第一义。在牟先生看来,中国古代

---

❶ 关于以朱子为主的宋代正统观念,以及居正与一统等问题,参见赵金刚:《朱熹的历史观:天理视域下的历史世界》,生活·读书·新知三联书店,2018年,第416—430页。

为君主专制，政权与治权没有分别，因此中国古代有治道而无政道。❶ 这是牟先生以现代观念立论，与传统语境中的治道、政道概念并不相同。实际上，传统所谓治道并不能按照牟先生所言，被简单等同于治术；相反，治道所关注的，毋宁说是治理原则、价值取向等政治中最为根本的问题。这些被牟先生划入政道范围的内容，其实原本就包含在治道的概念之内。而王霸或皇帝王伯之说，正是传统治道思想当中极为重要的内涵所在。❷ 准此，本节下文使用的治道概念，都是取其原义，即将治道理解为根本的政治原则或模式，而不取治术之说。

邵雍在其著作中并未提及治道一词。本书所以选取治道概念来指称邵雍的历史与政治思想，主要是因为邵雍对于历史与政治的思考基本是借由其皇帝王伯之说表现出来的，而皇帝王伯之说实际上也就是四种不同的治道，或者说，是四种不同的政治模式。在这个意义上，治道概念是对邵雍历史与政治思想核心议题的集中揭示。也正是由于这一原因，本书对邵雍治道思想的解读并不是围绕着治道二字本身作概念分析，而是落实在邵雍关于皇帝王伯的详细论述中，以此说明邵雍所理解的理想政治究竟有着怎样的具体面貌，以及邵雍认为通过怎样的途径才能实现这种理想政治。

治道本身是一个政治概念，似乎与历史无涉。但邵雍治道思想的特点是，其关于政治的思考都是围绕着历史上曾经存在过的政治形态来展开，而不是脱离历史抽象地讨论政治的原则；其对于政治的分析，最终也不是要设计或制作出某种全新的、不曾存在过的政

---

❶ 牟宗三：《政道与治道》，吉林出版集团有限公司，2010年，第3—23页。
❷ 牟先生自己也提到："从前论政治，即言皇王帝霸之学。"（《新版序》，《政道与治道》，第8页）

治形态,而是要回到曾经的理想状态,或说是要使历史上的理想政治在未来复现。就此来说,邵雍的治道思想其实本身就兼具政治与历史的双重意味。因此,本书没有将邵雍的历史与政治思想刻意区分为二(事实上也无法区分),而是统一以治道言之。

以上说明了治道概念的含义与整体研究的取径。下面,再就邵雍皇帝王伯之说的渊源作一番考察。

邵雍皇帝王伯的治道思想蔚成体系,在历史上影响甚大,以至于造成了这样一种印象,即皇帝王伯之说似乎是邵雍独创,此前不曾有人言之。❶ 即使是到了20世纪,学界对邵雍的研究渐趋充分,皇帝王伯之说的渊源却依然少有学者关注,而是往往被默认成了邵雍原创思想的一部分。这其实是误解。邵雍的皇帝王伯之说虽然极具特色,却并非自出机杼,而是有着相当久远的历史,是在广泛继承前人之说的基础上改造而来。对于邵雍皇帝王伯思想的研究,因此必须将其置于历史脉络中追根溯源,与前人之说参酌比较,辨其同异,而不能只是局限于邵雍文本内部,作字面的分析。唯其如此,其说的含义与特色才能得到确切认识。

从历史上看,皇帝王伯之说在先秦已经初成,至汉代真正定型。因此,这一问题虽然较少引起邵雍研究者的注意,但在秦汉研究的领域却颇受重视。早在20世纪二三十年代,以罗根泽、顾

---

❶ 自宋至清,罕少有人注意到邵雍皇帝王伯之说的渊源。只有王应麟曾提到:"'三皇象春,五帝象夏,三王象秋,五伯象冬。'见于《王莽传》,盖古之遗言也,与邵子《观物》同。"(《困学纪闻》卷十二,第1393页)程直方说:"《管子》曰:'明一者皇,察道者帝,通德者王,谋得兵胜者伯。'孔颖达曰:《管子》书或是后人所录,非本书也。'《经世书》以皇帝王伯配春夏秋冬,西汉末霸桥灾,莽曰:'三皇象春,五帝象夏,三王象秋,五伯象冬。'与康节语合。岂邵子本莽语欤?抑古有是语而莽述之欤?"(《读易堂随笔》,程敏政编:《新安文献志》卷三十五,《景印文渊阁四库全书》第1375册,第447页)后来,杨慎也有类似的说法(《升庵集》卷四十六,《景印文渊阁四库全书》第1270册,第361—362页)。

颉刚、吕思勉先生为代表的历史学者，已经对流行于先秦两汉的皇帝王伯之说作了系统的梳理。❶ 后来饶宗颐先生也续有考论。❷ 近年来，随着黄老思想研究的推进，这一问题再次引起学者的关注，相关成果时时而见。❸ 另一方面，宋史学界也注意到，北宋年间，皇帝王伯的政治话语再度兴起，成为一种引人瞩目的政治现象。❹ 这些都为理解邵雍皇帝王伯之说的背景提供了重要参照。以下即在前人研究的基础上，对皇帝王伯之说自先秦至北宋的发展脉络作一番梳理。❺

---

❶ 罗根泽：《古代政治学中之"皇""帝""王""霸"》，《管子探源》，中华书局，1931年，第247—271页；收入罗根泽：《诸子考索》，人民出版社，1958年，第115—129页。同时期的其他古史辨学者，对三皇五帝之说也有考论（顾颉刚、杨向奎《三皇考》，蒙文通、缪凤林《三皇五帝说探源》，吕思勉《三皇五帝考》，见吕思勉、童书业编著：《古史辨》第7册中，上海古籍出版社，1982年，第20—281、314—380页；吕思勉：《纬书之三皇说》《儒家之三皇五帝说》《三王五霸》《皇帝说探源》《管子论王霸》，《吕思勉读史札记》增订本，上海古籍出版社，2005年，第19—26、167—170、174—177页；周予同：《谶纬中的"皇"与"帝"》，《周予同经学史论著选集》，朱维铮主编，上海人民出版社，1996年，第422—424页）。更早一些，日本学者对于这一问题已有关注（内藤湖南：《中国上古史》，《中国史通论：内藤湖南博士中国史学著作选译》上册，夏应元等译，社会科学文献出版社，2004年，第20—28页）。这些研究大多是从史学角度切入，即更加关注皇帝王伯名号所指的具体人物与皇帝王伯之说兴起的历史过程，而非皇帝王伯之说包含的思想意蕴。

❷ 饶宗颐：《王道帝道论》，《澄心论萃》，胡晓明编，上海文艺出版社，1996年，第414—416页。

❸ 杨兆贵：《先秦"五至"论与帝道、王道、霸道说：由〈鹖冠子·博选〉篇说起》，《古代文明》，2009年第3期；曹胜高：《"霸王道"的学理形成与学说调适》，《中原文化研究》，2014年第5期；曹胜高：《帝道的学理建构与学说形成》，《哲学动态》，2015年第9期；郑开：《黄老的帝道：王霸之外的新思维》，《道家文化研究》第30辑，陈鼓应主编，中华书局，2017年，第491—525页；叶树勋：《"帝道"理念的兴起及其思想特征》，《中国哲学史》，2017年第1期。

❹ 刘复生：《北宋中期儒学复兴运动》，第129—130页；邓小南：《祖宗之法：北宋前期政治述略》，生活·读书·新知三联书店，2006年，第399—404页。

❺ 以下梳理的用意只在于勾勒皇帝王伯之说的产生过程与思想脉络，而非穷举所有相关语例，亦非探究皇帝王伯名号的具体所指，后两者更多属于历史研究的范围。需要说明的是，本书并不认为存在某种先在不变、传承千年的皇帝王伯之说；实际上，（转下页）

皇帝王伯，就其字面含义而言，首先指的是历史上不同时期的四类君主，即三皇、五帝、三王、五伯；引申而言，又可指由上述四类君主所代表的四种不同的治道。就其作为历史人物的时代来说，皇帝王伯自然是以皇为最久远，逐次递降；但就其成为思想观念的时代来说，则恰恰相反，乃是以王伯为最早，帝次之，皇出现最晚。罗根泽先生在揭明皇帝王伯的出现时代后指出，"考四者之政治异同，须自王霸起"❶。

历史地来看，王霸之辨只能是在王政与霸政都已出现之后，才能为人所意识到，此即所谓"王虽甚古，而必待霸之产生，始因对待而生出不同之政论"❷。以相关典籍考之，霸/伯的概念较早出现在《论语》《左传》《国语》等书中。❸《左传》诸书备载各国称霸事迹，这表明时人已经认识到霸者是有别于王者的政治主体，采取的是不同于王者的行事方式。《左传》成公二年"四王之王也，树德而济同欲焉，五伯之霸也，勤而抚之，以役王命"，就鲜明地道出了时人理解中王政与霸政的不同含义。❹不过，《左传》

（接上页）下文梳理可见，皇帝王伯之说的形成是历史的产物，其发展并没有某种固定不变的逻辑。同样地，本书也不认为存在一个所谓的皇帝王伯学派；实际上，皇帝王伯之说更多是一种公共话语，接近韩愈所说的"道与德为虚位"（《原道》），使用此套概念的学者各自强调的重点有别，并不具有相同的观点与立场。此外，本书也无意于证明皇帝王伯之说的历史全部巨细靡遗地进入了邵雍的历史世界，而只是认为邵雍之说是继承前人而来，并在前人的基础上有所推进，因而是内在于这一思想脉络之中的。

❶ 罗根泽：《古代政治学中之"皇""帝""王""霸"》，《诸子考索》，第115页。
❷ 罗根泽：《古代政治学中之"皇""帝""王""霸"》，《诸子考索》，第115页。
❸ 霸、伯二字古来通用，郑玄已经指出此点（《春秋左传正义》卷二十五，《十三经注疏》，第4115页）。王利器先生认为，伯为诸侯之长，霸为把持之义，后世混淆两者，遂并列齐桓、晋文之伯与秦穆、宋襄、楚庄之霸（《风俗通义校注》卷一，中华书局，1981年，第18—19页）。此说持之有故，但邵雍与古来学者多不作如是观，且与本章主题无关，故不取。
❹ 杜预认为，此句所谓五伯，指夏商西周三代的霸者。据此，霸之产生更在西周以前。不过这并不影响此处的结论，即从文献来看，王霸之辨是在春秋以后才出现的。

诸书往往只从统率诸侯的事实层面理解霸者,还没有看到王与霸在政治原则上的差异。罗根泽先生认为,此时所谓霸只是就形势言,而非就政治言。❶ 这一看法是有道理的。

《左传》诸书所记载的早期王霸观念,往往是以霸为王之辅翼,既不比较王霸之优劣,也不将王霸对立起来。这种情况至战国中期而有所变化。此时,包括黄老、法家在内的各家开始竞言王霸。各家对于王霸的关注是出于为所在国制定政略的需要,因而主要不再是将王霸当作古圣先贤的历史加以称述,也不再是将霸者当作王者的辅翼,而是将王道与霸道当作现实的、可选择的政治模式加以分析权衡,择优而从,故其言率多比较之语。到这时,有别于王政与霸政的王道与霸道才真正出现。

王霸之辨自正式出现之日起,即表现出尊王贱霸的态度,要求以王道超越霸道。❷ 这一超越有两种不同的形态。一般来说,诸家进行权衡比较,多以效果为标准,关心的是王道与霸道何者能使国家得到治理。以此衡量,王道重德而持久,霸道重功而势盛,其间主要是高下之分,而非是非之别。这是从效果上论王霸之辨。此种态度可以称之为王霸并举。盖在此种观点看来,霸道虽然效果劣于王道,但仍是可取的治道,王霸之间并无斩截的界限,故可并而举之。与此不同,孟子则以动机为标准,将比

---

❶ 罗根泽:《古代政治学中之"皇""帝""王""霸"》,《诸子考索》,第116—117页。杨伯峻先生亦指出,春秋"以统一天下者为王,能为当时天下共主效力者为霸"(《春秋左传注》修订本,中华书局,1990年,第798页)。

❷ 这里,法家大概是唯一的例外。法家在根本上就反对递降的历史观与法先王的政治理念,而是主张变法图强。在法家眼中,治道的价值序列恰与诸家相反,霸道实际上居于更高的位置。《史记》记载,商鞅说秦孝公,先进之以帝道、王道,不见用,而后改以霸道,又进以强国之术(《史记》卷六十八,第2228页),对商鞅来说,帝道、王道都不过是托辞,霸道以及同方向的强国之术才是其真正主张。

较的原则主要建立在德义的基础之上。以此衡量，王道合于德义，霸道不合德义，其间乃是对错之别，而非优劣之异。这是从道德上论王霸之辨。此种态度可以称之为王霸对立。盖在此种观点看来，霸道用心不正，在根本上就是错误的、不可选择的政治方案。从战国时期的总体情况看，各家以并举的立场衡论王霸优劣，乃是当时主流，而孟子以对立的态度严明王霸是非，则是对此主流的回应与批判，是从此主流当中特出的一脉。王霸并举与王霸对立都表达出了贬抑霸道、以王道超越霸道的态度，但内在仍有其深刻的差异。后来的帝王伯与皇帝王伯之说固然受到王霸对立的影响，但就其不废霸道来说，更多继承的还是王霸并举的传统。

战国中后期，王霸之辨中加入了帝这一新的元素。《黄帝四经·称》云："帝者臣，名臣，其实师也；王者臣，名臣，其实友也；霸者臣，名臣，其实【宾也】。"❶《管子·乘马》云："无为者帝，为而无以为者王，为而不贵者霸。"❷《战国策》载范雎语："五帝之圣而死，三王之仁而死，五伯之贤而死。"❸《吕氏春秋》云："五帝先道而后德，故德莫盛焉；三王先教而后杀，故事莫功焉；五伯先事而后兵，故兵莫强焉。"❹ 即使是儒家，对于帝王伯也有论说。被认为是弟子纂集荀子语录而成的《大略》篇，以及《穀梁传》隐公八年的传文中，就有"诰誓不及五帝，盟诅不及三

---

❶ 国家文物局古文献研究室编：《马王堆汉墓帛书》壹，文物出版社，1980年，第81页。
❷ 类似说法在《管子》中多有，见黎翔凤：《管子校注》卷一、卷三、卷十七，第84、139、1027页。
❸ 除范雎外，郭隗亦言及帝王伯（范祥雍：《战国策笺证》卷五、卷二十九，上海古籍出版社，2006年，第312、1684页）。
❹ 类似说法在《吕氏春秋》中多有（许维遹：《吕氏春秋集释》卷三、卷十三、卷二十六，中华书局，2009年，第71—72、287、682页）。

王，交质子不及五伯"❶的说法。及至战国末年，帝王伯已经成为一种成形而普遍的政治话语。

战国时期的帝王伯之说，从其较早见于《黄帝四经》与《管子》来看，最初应是齐地黄老思想的产物。学者已经指出，帝道的兴起，乃是由于齐国黄老学者试图超越王霸之辨，为齐国设计出一种更为理想的政治模式。❷而对于王霸之辨的超越，实际上也就是对霸道的进一步超越。在这个意义上，帝王伯学说延续并加强了王霸并举传统下的超越霸道的倾向。

帝王伯学说的特色在于，其对王霸的超越，是通过与道家观念相结合实现的：道家的理想政治是无为而治，以《管子》为代表的帝王伯学说正是将帝道理解成无为之道；道家的历史观念认为随着时代愈趋晚近，无为之治愈遭破坏，帝王伯学说同样认为从理想的帝道到王道、霸道，乃是一个等而下之的过程。在这方面，帝道学说开启了一个新的进程：如果说在此前的王霸之辨中，各家关注的主要还是治道本身的差异，那么，在帝道加入以后，治道本身的差异则开始更多依附于历史时势的演变。换句话说，帝王伯学说开始将时凸显为治道学说的关键。由此，对于理想治道的追求同时也就意味着对于古的追求。后来皇帝王伯学说浓重的复古与无为取向，在精神上可以直接追溯至帝道

---

❶ 王先谦：《荀子集解》卷十九，中华书局，1988年，第519页；杨士勋：《春秋穀梁传注疏》卷二，《十三经注疏》，第5144页。《穀梁传》"五伯"作"二伯"。《荀子》主体部分虽未论及帝王伯，但对王霸多有讨论，其说不同于孟子的王霸对立，而是更接近王霸并举的立场，将霸道看作劣于王道但仍可肯定的治道。

❷ 参见郑开：《黄老的帝道：王霸之外的新思维》，《道家文化研究》第30辑，第499页；叶树勋：《"帝道"理念的兴起及其思想特征》，《中国哲学史》，2017年第1期。按，帝道的兴起与战国中后期齐湣王称帝之事应有直接的关联。

学说的创立。❶

在战国时期的帝王伯理论中,后世皇帝王伯之说的内涵已大要具备,但皇尚未真正加入其中。❷ 学者指出,皇成为一种君主人格与政治理念,较之帝为尤晚。帝王伯之发展为皇帝王伯,大体已经是秦汉以后的事。❸ 西汉早期的文献,如陆贾《新语》、贾谊《新书》、晁错对策,尚多沿袭帝王伯的旧说。❹《淮南子》中,皇与王开始并列,但皇帝王伯的并举仍未出现。❺ 及至纬书出世,皇帝王伯并举的说法遂告成形。《孝经纬·勾命诀》云:"三皇步,五帝骤,三王驰,五霸骛。"❻ 素信谶纬的王莽有诏书云:"三皇象

---

❶ 按照常见的说法,此种理论是一种"历史退化论"。但本书避免使用这一概念,这是因为:不论帝道、皇道还是后来邵雍的皇帝王伯说,"退化"的历史预设总是同时伴随着"回向"的主观追求。简单用退化概括此种理论,无疑会遮掩、模糊掉论者的态度。其实,论者的主观态度较之理论预设,或许更能反映出某种根本的观念。

❷ 皇作为君主的含义在战国后期开始出现。《庄子·天运》与《吕氏春秋》已有了三皇五帝的概念,《吕氏春秋》甚至已将皇帝与伯连言,但尚未与王伯同时并举(《庄子集释》卷五下,第514页;《吕氏春秋集释》卷一、卷七、卷十四,第25、166、307页)。目前可见先秦典籍唯一一处以皇帝王伯并举的用例,是《管子·兵法》"明一者皇,察道者帝,通德者王,谋兵胜者霸"(《管子校注》卷六,第316—317页)。该语在战国时期并未得到呼应。此外,传为先秦文献的《逸周书》与《文子》虽有皇帝王伯并举的说法,但两书年代素有争议,今人一般认为他们至少经过了汉人的改编。

❸ 罗根泽:《古代政治学中之"皇""帝""王""霸"》,《诸子考索》,第127—128页。关于三皇五帝概念的历史学考察,参见前引顾颉刚、杨向奎等文。

❹《新语·辅政》云:"杖圣者帝,杖贤者王,杖仁者霸,杖义者强,杖谗者灭,杖贼者亡。"(王利器:《新语校注》卷上,中华书局,2012年,第51页)《新书·官人》云:"与师为国者帝,与友为国者王,与大臣为国者伯,与左右为国者强,与侍御为国者若存若亡,与厮役为国者亡可立待也。"(闫振益、钟夏:《新书校注》卷八,中华书局,2000年,第292—293页)晁错亦云"五帝神圣,其臣莫能及""三王臣主俱贤""五伯不及其臣"(《汉书》卷四十九,第2292—2295页)。

❺《淮南子·缪称训》云:"昔二皇凤皇至于庭,三代至乎门,周室至乎泽。德弥粗,所至弥远;德弥精,所至弥近。"(刘文典:《淮南鸿烈集解》卷十,中华书局,2013年,第341页)

❻ 赵在翰辑:《七纬》卷三十七,第728页。

春,五帝象夏,三王象秋,五伯象冬。"❶ 至此,皇帝王伯之说终于具备了完整的规模,后世的传衍皆以此为根源。❷

皇帝王伯之说在汉代颇有影响,但引入皇道的意义似乎更多仅在于形式方面:皇帝王伯学说从此具有了三五循环的形式,又得以与春夏秋冬相配比,这就纳入了汉人畅论德命、类比为说的关联结构。若就学理来看,则皇帝王伯学说其实仍是帝王伯的延续:皇与帝只是在无为之中又区分出了道与德、"无制令刑罚"与"有制令而无刑罚"(桓谭语)的不同,但宗旨并无差异。就此而言,皇道不过是另一更加超越的帝道。

渊源于王霸之辨、在帝道之中得到凸显的复古与无为的主张,至皇道出现而达到极致。可以说,复古与无为就是这一时期皇帝王伯学说的全部宗旨,皇道就是这一时期皇帝王伯学说的重心所在。这种理论陈义高远,指出了理想政治的可能方向,但距离现实却也不免愈发汗漫,乃至成为空谈与笑柄。❸ 此种情况的出现并非偶然。实际上,皇道及其所托身的谶纬本身就是西汉中后期复古运动的一部分,从一开始就是有意将求古而非实用当作追求的目标,其无法实施,可谓宜矣。❹ 随着王莽改制的失败,复古运动

---

❶ 班固:《汉书》卷九十九下,第4174页。
❷ 从当时与后世的影响看,皇帝王伯学说在汉新之际蔚然成为一种风潮,不应仅有目前可见的数条记载。所以如此,大概是由于后世禁绝谶纬、文献颇多亡佚之故。谶纬中的皇帝王伯之说,前引周予同等文有专门的辑录。
❸ 皇帝王伯之说脱离现实的一个典型案例是王莽"三皇象春,五帝象夏,三王象秋,五伯象冬"的诏书。该诏书是针对地皇三年(22)的霸桥火灾而发。王莽的解决思路不是惩前毖后,救火防备,而是认为霸桥发生火灾是因为名称与霸道相近,而霸道是驳杂不正的,因此天降此灾。王莽于是下令改霸桥为长存桥。这里,对于霸道的"超越"没有解决任何现实的困难,反而带来了更大的问题。
❹ 皇道的复古取向有其背景。顾颉刚先生已经指出皇道在西汉末年的兴起与王莽有密切联系,王莽实际上是以皇道自居(《三皇考》,《古史辨》第7册中,第94—102页)。其实,整个西汉中期以后的政治演变,在一定意义上都体现为在曲折中不断(转下页)

及其理论基础归于坍塌,皇道自然也不能幸免。对于热衷复古的王莽,桓谭有"释近趋远,所尚非务,故以高义,退至废乱"❶的评价。这种评价,对于此一阶段偏重高远的皇帝王伯之说也是成立的。

早期偏重高远的皇帝王伯之说已随王莽破产。此后其说虽仍见诸记载,但内涵与重点已有不同。东汉初年,桓谭再度提起此说。《新论·王霸》云:

> 夫上古称三皇五帝,而次有三王五伯,此天下君之冠首也。故言三皇以道治,而五帝用德化,三王由仁义,五伯以权智。其说之曰:无制令刑罚,谓之皇;有制令而无刑罚,谓之帝;赏善诛恶,诸侯朝事,谓之王;兴兵众,约盟誓,以信义矫世,谓之伯。王者往也,言其惠泽优游,天下归往也。五帝以上久远,经传无事,唯王霸二盛之美,以定古今之理焉。夫王道之治,先除人害,而足其衣食,然后教以礼仪,而威以刑

(接上页)朝向复古的进程。从武帝、宣帝"霸王道杂之"的实用立场,到从元帝开始的对于王道与德政的追求,再到王莽前后对于皇帝之道的推崇,复古的倾向不断加强,贯穿西汉中后期政局之始终。王莽与皇道是这一进程的终点与巅峰。在这个意义上,扬雄对王莽所作的"配五帝,冠三王,开辟以来,未之闻也……胤殷周之失业,绍唐虞之绝风……帝典阙者已补,王纲弛者已张"(《剧秦美新》,《全汉文》卷五十三,《全上古秦汉三国六朝文》,第830—831页)的评价,不论褒贬之意如何,都有深刻的历史总结意味。前辈学者已经指出,汉代政治复古主张的背后是对更化的追求,这与汉代经学思潮的变迁有密迩的关联(阎步克:《士大夫政治演生史稿》,北京大学出版社,2015年,第302—364页;陈苏镇:《〈春秋〉与"汉道":两汉政治与政治文化研究》,中华书局,2011年,第207—377页)。此外,这一问题还关联到皇帝之道与皇帝制度、皇帝与圣人的关系(参见邢义田:《中国皇帝制度的建立与发展》《秦汉皇帝与"圣人"》,《天下一家:皇帝、官僚与社会》,中华书局,2011年,第1—83页)。不过这距离本书的主题已远,兹不赘论。

❶ 朱谦之:《新辑本桓谭新论》卷四,中华书局,2009年,第13页。

诛，使知好恶去就，是故大化四凑，天下安乐，此王者之术。霸功之大者，尊君卑臣，权统由一，政不二门，赏罚必信，法令著明，百官修理，威令必行，此霸者之术。王道纯粹，其德如彼；伯道驳杂，其功如此。具有天下，而君万民，垂统子孙，其实一也。❶

桓谭仍然推崇皇帝之道，但其说真正值得注意之处乃在于以实用的态度对霸道给予了肯定。桓谭所谓"五帝以上久远，经传无事，唯王霸二盛之美，以定古今之理焉"，实际上是虚悬了皇帝之道，而将王霸之道看作唯一可实行的方案；所谓"王道纯粹，其德如彼；伯道驳杂，其功如此，具有天下，而君万民，垂统子孙，其实一也"，实际上是肯定了霸道具有与王道相同的治理效果。❷ 桓谭此说不是孤明独发，后来，东汉崔寔、王符也表达出了类似的反对高远、肯定霸道的态度。❸ 这些都是得自对西汉复古教训的反思。诸子之说标志着皇帝王伯理论的转型：如果将从先秦至西汉末对于复古无为的追求看作皇帝王伯之说第一期的发展的话，那么，从东汉开始，皇帝王伯之说则更多表现出对于现实的关注，

---

❶ 朱谦之：《新辑本桓谭新论》卷二，第3—4页。
❷ 文献所见桓谭的态度似乎略有出入。桓谭一方面以王霸为"二盛之美"，认为两者"具有天下，而君万民，垂统子孙，其实一也"，同时又对霸道颇有批判。《新论·王霸》云："儒者或曰：'图王不成，其弊可以霸。'此言未是也。《传》曰孔氏门人，五尺童子，不言五霸事者，恶其违仁义而尚权诈也。"（《新辑本桓谭新论》卷二，第4页）桓谭这里的立场更接近孟子，与王霸并举的传统有所不同。不过，从其强调识大体来看，桓谭整体的政治倾向还是更偏现实一面。
❸ 东汉诸子之说，见范晔：《后汉书》卷五十二，第1727—1729页；彭铎：《潜夫论笺校正》卷五，中华书局，1985年，第238—243页。关于对诸子之说的评述，参见萧公权：《中国政治思想史》，第297—300页；阎步克：《士大夫政治演生史稿》，第377—387页；陈苏镇：《〈春秋〉与"汉道"：两汉政治与政治文化研究》，第601—603页。

试图对此前被否定过甚了的霸道给予恰当的肯定。由此，霸道取代皇道开始成为皇帝王伯之说的标志与重心。不过，桓谭等人的论述并未演成系统。随着政局转变，思想界关心的主题与使用的话语又有更换，皇帝王伯之说的发展还有待于下一步的展开。

桓谭之后，班固《白虎通》、应劭《风俗通义》对于皇帝王伯名号的含义与所指作了较详细的解释和总结。❶ 大体成书于东汉中晚期的《太平经》对皇帝王伯之说有所化用。❷ 三国时期的学者对此也有论及。❸ 不过，这些或是集成性的总结，或是一般性地推崇高远的皇道，都不是延续东汉重视霸道的传统，也都没有造成较大影响。汉魏以后，皇帝王伯之说甚至逐渐淡出了历史记载。这可能与该说成于谶纬而曹魏以降谶纬屡遭科禁有关。皇帝王伯之说的再一次流行，要迟至北宋初年。

邓小南先生指出，北宋建立初期存在着一个确定统治思想的问题：宋初原有无为的治政主张，宋太宗雍熙北伐失利后，为了维护统治，掩饰军事上的失败，政策取向愈加由外转内，清静修德的皇王之道遂成为君臣关注的重点。至宋真宗登基后，又有皇帝王伯之论的兴起。❹ 咸平二年（999）田锡奏疏"以皇王之道致

---

❶ 陈立：《白虎通疏证》卷二，中华书局，1994年，第49—66页；王利器：《风俗通义校注》卷一，第1—28页。

❷ 王明：《太平经合校》卷四十七，第146页。类似说法在《太平经》中甚夥。

❸ 桓范、马照、阮籍曾论及此说。分见桓范：《政要论》，《群书治要》卷四十七，魏徵等撰，中华书局，2014年，第576页；陈寿：《三国志》卷四，中华书局，1982年，第138页；阮籍：《通老论》，《阮籍集校注》上卷，陈伯君校注，中华书局，2012年，第160页。

❹ 邓小南：《祖宗之法：北宋前期政治述略》，第399—401页。按，宋太宗时的皇王之道与宋真宗时的皇帝王伯之说似是两种不尽相同的理论形态。在理论内涵上，皇王之道强调的是端拱无为，皇王之间并无明显的区别；皇帝王伯之道强调的则是在不同治道中择一而从，皇帝王伯之间有明确的差异。在兴起背景上，皇王之道最初是本于宋太宗时期的特殊政治环境；皇帝王伯之说则主要出现于宋真宗即位初期，（转下页）

陛下于尧舜……以帝霸之道致陛下于尧舜……若师皇王之道，日新厥德，必十年之内，能致太平；若遵帝霸之道，夕惕若厉，则千载之运，永固鸿业"❶，就是此类说法的代表。田锡将皇王与帝霸当作两种不同的政治原则，认为两者皆可实行，其所秉持的，正是从效果出发的王霸并举的立场。咸平四年（1001）贤良方正取士，宋真宗有制策云："《传》曰：'三皇步，五帝骤，三王驰，五霸骛。'斯则皇帝王伯之异世，其号奚分？步骤驰骛之殊途，其义安在？"❷宋真宗令士子论述皇帝王伯之道的不同，更是以制策的形式确定了勘定国是、从皇帝王伯之道中择一而从的必要性。其所体现的，自然也是王霸并举的态度。考虑到宋太宗时已有皇王之道的政略，皇帝王伯之说在此时的兴起，似有改作兴张的意味，更多偏重在实用有为的霸道一面。这在一定意义上可以认为是对东汉诸子之说的异代重提。以宋真宗与田锡为代表，皇帝王伯之说在当时一度演成潮流。

王霸并举意义上的皇帝王伯观念虽然流行一时，但从宋真宗后期起似乎就渐告消歇。大中祥符八年（1015），宋真宗作《皇帝王霸论》与《五臣论》。两论同时被赐予臣下，其间似有比照对应

（接上页）似有更张兴作、变易国策的考虑在内。此外，宋太宗时的政论大抵也并非只有皇王之道一种声音，朱子所谓"太宗朝一时人多尚《文中子》，盖见朝廷事不振，而《文中子》之书颇说治道故也"（《朱子语类》卷一百二十九，第3085页），就道出了当时士人关切治道的情形。但皇王之道应是其中得君臣认可而较有影响者。

❶ 田锡：《奏乞不差出》，《咸平集》卷二十七，《宋集珍本丛刊》第1册，舒大刚主编，线装书局，2004年，第406页。在此之前的至道三年（997），宋真宗初即位时，田锡曾有与其后来皇帝王伯之说不同的主张，认为"驳杂者霸道，不足为陛下言之"（《续资治通鉴长编》卷四十一，至道三年秋七月丁卯田锡奏疏，第874页）。这可能仍然是沿袭了宋太宗朝的立场。参见刘复生：《北宋中期儒学复兴运动》，第129—130页。
❷ 宋真宗：《试贤良方正制策》，徐松辑：《宋会要辑稿·选举》一〇之七，中华书局，1957年，第4415页。

的态度。❶ 观其意，宋真宗可能是想将霸道对应于五臣中的奸臣或权臣。若然，则霸道此时已经被列为贬抑的对象，这与此前田锡等人王霸并举的言论颇有不同，似乎标志着某种立场的转向。与此相似，前文第四章提到，种放曾专门就"唐虞各以其道自帝，三代各以其道自王，二公各以其时自霸"❷的皇帝王伯之说加以批驳。种放当宋真宗之世，其所针对的，应该正是当时盛行的倡言皇帝王伯的思潮。种放此文未详撰作年月，未知是否与宋真宗的转向相呼应，但其中蕴涵的思想史意义大抵相近：两者都是以王霸对立反对王霸并举，从而在实质上也就是以道德反对功利，这正合于孟子所代表的儒学的基本精神。两者的论说，在时间上也与北宋中期的儒学复兴大体同步。宋仁宗以后，随着儒学逐渐复兴，王霸之间德与力、义与利的对立愈发受到重视，对于霸道的批判愈发深入人心，皇帝王伯之说也就相应面临愈大的挑战。这种形势上的变化，归根结底是由于既有的王霸并举之说未能应对来自王霸对立的道德质难。

宋仁宗时，李觏再度提起皇帝王伯之说。李觏认为，皇、帝、王是天子之号，霸是诸侯之名；天子之道在于安天下，诸侯之道在于尊京师，因此，皇、帝、王与霸在地位上虽有不同，但目标实相一致。❸ 这样，通过将霸者解释为诸侯之长，李觏就将霸道消解为臣道，从而化入了王道政治的范围。在皇帝王伯的问题上，司马光也持与李觏相近的立场。❹ 李觏与司马光虽仍使用

---

❶ 参见邓小南：《祖宗之法：北宋前期政治述略》，第404页。这种对应其实也就是前引先秦文献中倡论的不同种类、高下有别的君臣关系。

❷ 种放：《述孟志》，《全宋文》第10册，第217页。

❸ 李觏：《常语》卷下，《李觏集》卷三十四，第372—373页。

❹ 司马光：《答郭纯长官书》《疑孟》《迂书》，《温国文正司马公文集》卷六十一、卷七十三、卷七十四，第2页上、第7页下、第5页上。

皇帝王伯的说法，但概念名义已有不同：其意不是将霸道当作可行的治道，而是否定其独立的意义。同样是批判皇帝王伯之说，两人与以种放为代表的孟子学的传统也有差别：如果说孟子是以道德否定功利，那么，李觏与司马光则更多是在名位的意义上认为作为臣下的霸者不应也不能主张独立的霸道。这就在根本上否定了霸道的存在，取消了皇帝王伯之说的意义，从而退回到了与《左传》类似的只以名位、不以政治理解王霸的层次。这种批评未必深刻，但与孟子式的批判相比，却表现出更强的釜底抽薪的态度。在此种批判下，传统的皇帝王伯之说已经面临着被取消的境地。

以上梳理了皇帝王伯之说从先秦至北宋中期的演变脉络。总结而言，千余年间，其说经历了四个代表性的阶段：春秋末年至战国中期，王霸之辨出现，这是皇帝王伯之说的萌芽期，此一时期的主旨是道义与实用，王道被认为是治道典范；战国中后期至西汉末年，皇帝之道提出，这是皇帝王伯之说的形成期，此一时期的主旨是复古无为，皇道成为学说的重心；东汉前后是皇帝王伯之说的演变期，此一时期的宗旨返归实用，重心是关注实用的霸道；北宋前中期是皇帝王伯之说的再变期，此一时期霸道先获重视但旋即遭到挑战，王道渐有取代其他三者，成为理论的唯一出口之势。

上述四个阶段，就大体来说，其实只是两段，即西汉末年以前追慕高远，以皇道为高；东汉以后侧重现实，以霸道为重。若就关键而论，则两个阶段又都贯穿着同一个根本问题，即如何安顿霸道的位置。西汉末年，主张复古无为的皇帝王伯之说所以归于瓦解，从理论上讲，正是由于轻忽实用、贱视霸道之故；东汉以后，为补偏救弊，霸道与实用原则受到重视，但如何应对孟子式的王霸、德力、义利此是则彼非的道德质难，仍是根本性的挑战。在这个意义上，作为最高目标的皇帝之道从来不是要害所在，霸道才是皇帝王伯之说千余年的演变史中内在恒久的困难处、推动力与转捩点。皇帝王伯之说是否能有下一步的发展，端看其说能否在高扬皇帝之道自然无为宗旨的同时，为霸道提供一种合道德的辩护；或者说，能否面对孟子以来王霸对立的传统，为王霸并举的主张给出真正具有合理性的证明。这在实质上也就是要求以肯定霸道为基础，重建皇帝王伯之说。

以霸道为起点重建王霸并举，是皇帝王伯之说面临的政治上的任务。除此之外，其说需要解决的另一重更深的疑难，来自历史方面。皇帝王伯是历史上曾经出现过的四种政治形式，如果不具有时间上的普遍性，这种形式对于后来的历史就没有意义。如何证明皇帝王伯之说不仅仅是对往事的描述，而且在现在与将来也仍有其价值？这就需要从更根本的层面上为其奠基，证明皇帝王伯并非偶然的历史现象，而是历史的内在条理。皇帝王伯之说由此有必要从简单的历史叙述发展为一种真正的历史哲学。相应地，这种历史哲学需要回答一系列的问题：如果皇帝王伯是历史的内在条理，那么，这种条理是如何被人发现的？历史内在的条理性与经验事实的杂乱性之间是怎样的关系？人在历史当中处于何种位置？只有从哲学层面加以系统思考，上述问题才能得到深入的回答，皇帝王伯学说也才能获得充实的内容、完整的结构与充分的解释力。

"承百代之流，而会乎当今之变"，这些，正是邵雍所要承担的任务。

三　皇帝王伯

皇帝王伯之说历千余年之发展，至邵雍而集于大成。在邵雍的论述中，我们可以看到一种高度体系化了的理论形态。

邵雍关于皇帝王伯的论述集中见于《观物内篇》。《观物内篇》自第三篇开始，至第十二篇结束的人事部分，主要都是围绕皇帝王伯而展开。其说云：

> 夫昊天之尽物，圣人之尽民，皆有四府焉。昊天之四府者，春夏秋冬之谓也，阴阳升降于其间矣。圣人之四府者，《易》《书》《诗》《春秋》之谓也，礼乐污隆于其间矣。
>
> 观春，则知《易》之所存乎？观夏，则知《书》之所存乎？观秋，则知《诗》之所存乎？观冬，则知《春秋》之所存乎？
>
> 《易》之《易》者，生生之谓也；《易》之《书》者，生长之谓也；《易》之《诗》者，生收之谓也；《易》之《春秋》者，生藏之谓也。
>
> 生生者，修夫意者也；生长者，修夫言者也；生收者，修夫象者也；生藏者，修夫数者也。
>
> 修夫意者，三皇之谓也；修夫言者，五帝之谓也；修夫象者，三王之谓也；修夫数者，五伯之谓也。
>
> 三皇同意而异化，五帝同言而异教，三王同象而异劝，五伯同数而异率。同意而异化者必以道。以道化民者，民亦以道归之，故尚自然。夫自然者，无为无有之谓也。
>
> 三皇同仁而异化，五帝同礼而异教，三王同义而异劝，五伯同智而异率。同礼而异教者必以德。以德教民者，民亦以德

归之,故尚让。夫让也者,先人后己之谓也。

三皇同性而异化,五帝同情而异教,三王同形而异劝,五伯同体而异率。同形而异劝者必以功。以功劝民者,民亦以功归之,故尚政。夫政也者,正也,以正正夫不正之谓也。

三皇同圣而异化,五帝同贤而异教,三王同才而异劝,五伯同术而异率。同术而异率者必以力。以力率民者,民亦以力归之,故尚争。夫争也者,争夫利者也。取与以利不以义,然后谓之争。

夫意也者,尽物之性也;言也者,尽物之情也;象也者,尽物之形也;数也者,尽物之体也。

善化天下者,止于尽道而已;善教天下者,止于尽德而已;善劝天下者,止于尽功而已;善率天下者,止于尽力而已。以道德功力为化者,乃谓之皇矣;以道德功力为教者,乃谓之帝矣;以道德功力为劝者,乃谓之王矣;以道德功力为率者,乃谓之伯矣。以化教劝率为道者,乃谓之《易》矣;以化教劝率为德者,乃谓之《书》矣;以化教劝率为功者,乃谓之《诗》矣;以化教劝率为力者,乃谓之《春秋》矣。此四者,天地始则始焉,天地终则终焉,终始随乎天地者也。

皇帝王伯者,圣人之时也;《易》《书》《诗》《春秋》者,圣人之经也。时有消长,经有因革。时有消长,否泰尽之矣;经有因革,损益尽之矣。否泰尽而体用分,损益尽而心迹判。体与用分,心与迹判,圣人之事业于是乎备矣。

所以自古当世之君天下者,其命有四焉:一曰正命,二曰受命,三曰改命,四曰摄命。正命者,因而因者也;受命者,因而革者也;改命者,革而因者也;摄命者,革而革者也。因而因者,长而长者也;因而革者,长而消者也;革而因者,消而长者也；革而革者，消而消者也。

革而革者，一世之事业也；革而因者，十世之事业也；因而革者，百世之事业也；因而因者，千世之事业也……一世之事业者，非五伯之道而何？十世之事业者，非三王之道而何？百世之事业者，非五帝之道而何？千世之事业者，非三皇之道而何？

是知三皇之世如春，五帝之世如夏，三王之世如秋，五伯之世如冬。如春，温如也；如夏，燠如也；如秋，凄如也；如冬，冽如也。

皇之皇，以道行道之事也；皇之帝，以道行德之事也；皇之王，以道行功之事也；皇之伯，以道行力之事也。帝之皇，以德行道之事也；帝之帝，以德行德之事也；帝之王，以德行功之事也；帝之伯，以德行力之事也。王之皇，以功行道之事也；王之帝，以功行德之事也；王之王，以功行功之事也；王之伯，以功行力之事也。伯之皇，以力行道之事也；伯之帝，以力行德之事也；伯之王，以力行功之事也；伯之伯，以力行力之事也。

有皇皇之民者也，有皇帝之民者也，有皇王之民者也，有皇伯之民者也。有帝皇之民者也，有帝帝之民者也，有帝王之民者也，有帝伯之民者也……

皇皇民者，士士也；皇帝民者，士农也；皇王民者，士工也；皇伯民者，士商也。帝皇民者，农士也；帝帝民者，农农也；帝王民者，农工也；帝伯民者，农商也……❶

上述排比，用表格可以表示如下：

---

❶ 邵雍：《观物内篇》，《邵雍全集》第3册，第1151—1174页。

治道	皇	帝	王	伯
四时	春	夏	秋	冬
四经	《易》	《书》	《诗》	《春秋》
功用	生	长	收	藏
工夫	意	言	象	数
治民	化	教	劝	率
原则	道	德	功	力
德性	仁	礼	义	智
工夫所在	性	情	形	体
品级	圣	贤	才	术
价值	自然	让	政	争
得国	正命	受命	改命	摄命
方式	因而因	因而革	革而因	革而革
时运	长而长	长而消	消而长	消而消
国命	一世	十世	百世	千世
效果	温如	燠如	凄如	冽如
民众	士	农	工	商

邵雍的这些说法，部分是得自前人。比对前文可知，邵雍以春夏秋冬配比皇帝王伯，是承自王莽；以道德功力、仁礼义智解释皇帝王伯，可以看作是对桓谭"三皇以道治，而五帝用德化，三王由仁义，五伯以权智"的发展；以正夫不正、去贼除害解释王道，与桓谭"赏善诛恶，诸侯朝事，谓之王""夫王道之治，先除人害"之说相呼应；此外，因革之说是得自扬雄《太玄》。❶ 这些都

---

❶《太玄》云："夫道有因有循，有革有化。因而循之，与道神之。革而化之，与时宜之。故因而能革，天道乃得；革而能因，天道乃驯。夫物不因不生，不革不成。故知因而不知革，物失其则；知革而不知因，物失其均。革之匪时，物失其基。因之匪理，物丧其纪。因革乎因革，国家之矩范也。矩范之动，成败之效也。"(《太玄集注》卷七，第190—191页) 扬雄因革并重，邵雍扬因抑革，这是两者的不同之处。

不是邵雍的新说，而是对汉人理论的继承。

在继承的同时，邵雍对前人之说又有细化与丰富。汉人只提到，皇帝王伯之道依据不同的价值原则，采取不同的治理方式，导致不同的政治效果；邵雍则加以分析推阐，从君主修身工夫之内外、治民手段之缓急、政治原则之隆污、德性价值之高下、得国方式之正邪、民风习俗之优劣等诸多方面展开比较，甚至将皇帝王伯进一步两两配比，演成系统。尤其特别地，邵雍还凭借深湛的文思，为此说赋予了四四相承、整齐醒目的形式。在邵雍的论述中，皇帝王伯之说获得了空前丰富的内涵，成为体系性的政治方案。

然而，如果仅仅是对既有理论加以排比推衍，这种发展在形式上或许有铺陈的意义，却未必有真正的理论价值。邵雍皇帝王伯之说的意义当然不止于此。就其大者来说，较之前人，邵雍此说真正的突破有二：其一，皇帝王伯不再是异质性的杂糅，而是在儒家义理的基础上得到重建；其二，皇帝王伯不再是现象性的描述，而是在历史条理的意义上得到奠基。皇帝王伯之说长期内蕴的困难，在邵雍手中得到了一种可能的解决。对于理解邵雍此说的内涵与意义而言，以上两项是需要细加分析的重点。❶

（一）霸道之容摄与政治之取向

考察邵雍的论述，一个值得注意的现象是：邵雍不再是简单

---

❶ 本节没有字斟句酌地分析邵雍上述排比的具体含义。这是因为，邵雍的排比遣辞固然显示出其精思，但其中不少只是文辞性、形式性的调整，究其来源，还是对前人之说的继承。在推崇皇道、崇尚自然等方面，邵雍与古人并无差异。重复分析这些通义，并不能显示出邵雍思想的特质。真正理解邵雍的皇帝王伯之学的关切和特色，需要考察的是邵雍在核心的问题意识上较之前人有怎样的推进。

地、不加定义地沿袭旧说,而是努力将皇帝王伯之说建立在儒家的基础上,为其赋予内在的一致性。这种一致性是通过经典与德性的搭配实现的。邵雍以《易》与《书》二经、仁与礼二德同皇帝相关联,认为前两者之内涵与义理即为后者之治道,这就是认为皇与帝、自然与礼让不是儒门之外黄老道家的政治主张,而是儒家经典固有的原则;同样地,邵雍以《春秋》经、智德同霸道相关联,这就是认为霸道也不是儒者一概否定、拒而不言的主题,而是一样可以在儒家经典之中找到相应的论述。这样,邵雍就将原本来源颇为驳杂的皇帝之道与霸道在儒家经典的基础上作了重建。邵雍的这些说法确有文献的依据。《观物外篇》云:"《易》始于三皇,《书》始于二帝,《诗》始于三王,《春秋》始于五霸。"《观物内篇》云:"孔子赞《易》,自羲轩而下;序《书》,自尧舜而下;删《诗》,自文武而下;修《春秋》,自桓文而下。自羲轩而下,祖三皇也;自尧舜而下,宗五帝也;自文武而下,子三王也;自桓文而下,孙五伯也。"❶ 四经的内容分别始于三皇、五帝、三王、五伯的时代,是对皇帝王伯时代精神的浓缩性呈现。邵雍据此认为皇帝王伯之道乃四经固有,可谓持之有故,言之有据。以此为基础,邵雍才能提出"皇帝王伯者,圣人之时也",将皇帝王伯划入儒家的范围。

历史地来看,皇帝之道在汉代已经实现了一定程度上的儒家化,其所主张的自然无为观念原本也与儒家有共通之处。因此,皇帝王伯之说的理论困难主要不在皇与帝,而是在于霸道。邵雍立论明确以皇帝之道为最高目标,这与前人并无区别;但其真正

---

❶ 邵雍:《观物内篇》,《邵雍全集》第3册,第1157页;邵雍:《观物外篇》卷下,《邵雍全集》第3册,第1238页。

的特色与重点,在于对霸道的特别处理。关乎此,这里有必要稍作展开。

从经典的层面上讲,邵雍对霸道的容摄与肯定,是经由《春秋》而实现。这是有考虑的。儒家经典之中,只有《春秋》最为集中地处理了霸道的问题,而且表现出与孟子不尽相同的评判态度。按照邵雍的理解,《春秋》备录五伯之迹,乃是"孔子之刑书"。五伯有功有过,孔子一本大公至正之心而记录之,"功过不相掩","先褒其功,后贬其罪,故罪人有功亦必录之,不可不恕也"❶。《春秋》因此在本质上就具有不废霸道的性格。邵雍从其对于《春秋》的此种理解出发,认为对霸道不能一概否定,这就为容摄霸道找到了经典的根据。这实际上是以《春秋》对治《孟子》,为霸道在儒家内部安顿了恰当的位置。

从义理的层面上看,邵雍对于霸道的容摄,不是质疑孟子原有的动机的评判,而是另外突出了功过的维度。就动机来说,邵雍明确指出,五伯所有的行为都以利为出发点,由利故多争夺,"取与以利不以义,然后谓之争";五伯虽多言尊王,却不过是借名伪饰,内心并无真正的诚意,因而是"借虚名以争实利"❷。可见,邵雍对五伯的动机作了彻底否定,这与孟子以来的道德主义传统并无差异。其真正特别之处,乃在于从功过的角度重新审视霸道。邵雍认为,五伯虽用心不纯,但于保全华夏实有大功,"周之东迁,文武之功德于是乎尽矣,犹能维持二十四君,王室不绝如线,夷狄不敢屠害中原者,由五伯借名之力也"❸。在这个意义上,邵雍对五伯的功绩作了毫不吝惜的称述。其赞晋文侯,云:

---

❶ 邵雍:《观物外篇》卷下,《邵雍全集》第3册,第1229页。
❷ 邵雍:《观物内篇》,《邵雍全集》第3册,第1154页。
❸ 邵雍:《观物内篇》,《邵雍全集》第3册,第1155页。

礼乐征伐自天子出，而出自诸侯，天子之重去矣。宗周之功德自文武出，而出自厉幽，文武之基息矣。由是犬戎得以侮中国。周之诸侯非一，独晋能攘去戎狄，徙王东都洛邑，用存王国，为天下伯者之倡，秬鬯圭瓒之锡，其能免乎？

《传》称："子贡欲去鲁告朔之饩羊。孔子曰：赐也！尔爱其羊，我爱其礼。"是知名存实亡者，犹愈于名实具亡者矣。礼虽废而羊存，则后世安知无有复行礼者乎？晋文公尊王，虽用虚名，犹能力使天下诸侯知有周天子，而不敢以兵加之也。及晋之衰也，秦由是敢灭周。斯爱礼之言，信不诬矣。❶

赞齐桓公，云：

仲尼曰："《韶》，尽美矣，又尽善也；《武》，尽美矣，未尽善也。"又曰："管仲相桓公，霸诸侯，一匡天下，民到于今受其赐。微管仲，吾其披发左衽矣。"是知武王虽不逮舜之尽善尽美，以其解天下之倒悬，则下于舜一等耳。桓公虽不逮武之应天顺人，以其霸诸侯，一匡天下，则高于狄亦远矣。以武比舜，则不能无过；比桓，则不能无功。以桓比狄，则不能无功；比武，则不能无过。❷

论五伯之次，云：

---

❶ 邵雍：《观物内篇》,《邵雍全集》第3册，第1159—1160页。邵雍此段云"晋文公尊王"，但结合内外篇的相关论述看，其所指应是晋文侯，而非晋文公。如下段引文所示，邵雍所谓五伯为秦穆公、晋文侯、齐桓公、楚庄王、宋襄公。

❷ 邵雍：《观物内篇》,《邵雍全集》第3册，第1165页。

> 秦穆公有功于周，又能迁善改过，为伯者之最。晋文侯世世勤王，迁平王于洛，次之。齐桓公九合诸侯，不以兵车，又次之。楚庄力强大，又次之。宋襄公虽伯而力微，会诸侯而为楚所执，不足论也。❶

除秦穆公是因"悔过自誓"而"几于王道"❷外，邵雍对于五伯的评价基本是突出其功绩，以功绩论高下。这就是说，功业成就是邵雍肯定五伯的原因所在。

论功则必及于过。对于五伯的过错，邵雍也不加讳饰，明言五伯是"功之首、罪之魁"，"春秋之间，有功者未见大于四国者，有过者亦未见大于四国者也"❸。在邵雍看来，五伯之功在于维持王纲不使坠地，其过则在于以战争与强力胁迫他国，戕害人民。对于五伯治下的情景，邵雍有诗描述：

> 堂堂王室寄空名，天下无时不战争。灭国伐人唯恐后，寻盟报役未尝宁。
>
> 刻意尊名名愈亏，人人奔命不胜疲。生灵剑戟林中活，公道货财心里归。❹

《观物内篇》亦云：

---

❶ 邵雍：《观物外篇》卷下，《邵雍全集》第3册，第1230页。
❷ 邵雍：《观物外篇》卷下，《邵雍全集》第3册，第1242页。
❸ 邵雍：《观物外篇》卷下，《邵雍全集》第3册，第1230页。
❹ 邵雍：《观春秋吟》《观五伯吟》，《伊川击壤集》卷十五，《邵雍全集》第4册，第291、293页。

> 三皇之法无杀，五伯之法无生。❶

不过，总体上来看，邵雍对于五伯之过的批判不多，仍以褒奖其功为主。这种功过不相掩、以功为主的评价，是邵雍对待五伯的基本态度。

邵雍对于五伯的衡论大体都是围绕功过主题而展开。此种功过论不是随意言之，而是有着特定的经学背景。这就是春秋学的思想。《春秋》重视褒贬，褒贬须以功过为标准，因此春秋学特重对于功过的考察，公羊学尤其如此。徐彦云："《春秋》褒贬，皆以功过相除计。"❷ 所谓功过相除，即将对人物的褒贬建立在对功过轻重的权衡与综合上，而不是根据一事之是非与一念之善恶直接裁断。❸ 邵雍虽未明引《公羊》，但其以功过褒贬五伯的思想与公羊学的这种态度确实一脉相承：邵雍认为五伯虽有大过，亦有大功，功过不相掩，而功尤重，故对五伯以肯定为主，这就是功过相除态度的体现；❹ 邵雍强调对于五伯"不可不恕"，也正与《公羊》突出恕道的精神相应。邵雍对五伯的肯定是通过对春秋学思想资源的汲取而实现的，这与前论《春秋》与五伯在形式上的

---

❶ 邵雍：《观物内篇》，《邵雍全集》第3册，第1167页。
❷ 徐彦：《春秋公羊传注疏》卷七，《十三经注疏》，第4849页。
❸ 这方面的研究，参见王光辉：《论〈公羊〉学中的"功过相除计"》，《同济大学学报》（社会科学版），2016年第1期。关于功过相除思想在汉代的实践，参见高恒：《公羊春秋学与中国传统法制》，《传统中国法律的理念与实践》，柳立言主编，台北："中研院"历史语言研究所，2008年，第21—22页。关于功过相除思想在中唐以来春秋学中的体现，参见刘宁：《论中唐春秋学的义例思想》，《中国哲学史》，2011年第3期。
❹ 功过相除不能等同于功过相掩。功过相掩意味着否定功过各自的独立性，放弃道德判断；功过相除则是在承认道德判断的基础之上，再加以综合的考虑。《观物外篇》明言"功过不相掩"，在这一点上，邵雍与程颐等理学家并无区别，其区别只在于是否允许对人物与史事作超越当下即是的道德标准之外的评价。

关联相呼应。由此可以更加深刻地理解邵雍皇帝王伯形式排比的内涵。

得自春秋学的功过论为邵雍提供了别具一格的观察视角。一来，功过的维度与孟子动机的维度显然不同。动机只考察立心之邪正，功过则关注行为之后果。用邵雍的话来说，动机属心，后果属迹。邵雍在动机论之外另提出功过论的标准，就是主张"心与迹判"❶，认为五伯之功与五伯之心有必要区分开来。这样，否定五伯心术的同时仍然可以肯定五伯的功业。较之单纯的动机评价，这种态度自然更加全面。❷

二来，功过的维度与前人效果的维度也有区别。效果论属于政治实践的范围，以治迹为标准，立足一国之得失，不脱功利之考量，故与价值评判恒相出入；功过论属于历史评价的范围，以是非为标准，立足历史之意义，去除了一己之私利，故与价值评判可相一致。其实，功过论作为一种历史评判，本身就是以价值为基础的。只不过，这里的价值更多不是指行为之动机，而是指行为之后果，更多不是绝对，而是相对的：功过之为功过，总是就某一主体的行为对于其他主体造成的影响而言之。功过论因此

---

❶ 邵雍：《观物内篇》，《邵雍全集》第3册，第1156页。心迹之判之说来自王通。《中说》载王通答魏徵与董常之语相反，董常请问，王通回答说："徵所问者迹也，吾告汝者心也。心迹之判久矣，吾独得不二言乎？"（张沛：《中说校注》卷五，中华书局，2013年，第127—128页）

❷ 同样是区分心迹，邵雍对五伯的评价重在褒其迹，伊川对管仲的评价则重在贬其心，两者恰成对比。刘元承记载："（伊川曰）孔子未尝许人以仁。或曰：'称管仲如其仁，何也？'曰：'此圣人阐幽明微之道。只为子路以子纠之死，管仲不死为未仁，此甚小却管仲，故孔子言其有仁之功。此圣人言语抑扬处，当自理会得。'"类似记载又见于唐棣所录，而《粹言》所言尤明："子曰：齐威之正，正举其事尔，非大正也；管子之仁，仁之功尔，非至仁也。"（《河南程氏遗书》卷十八、卷二十二上，《二程集》上册，第182、284—285页；《河南程氏粹言》卷二，《二程集》下册，第1228页）

在本质上是将所考察的对象作为客体，评价其对于他者的意义，就其影响而论其价值；而不是如动机论或效果论那样，将考察对象本身当成唯一的主体，就其自身而论其是非或者利弊。从这个意义上说，孟子的动机论可以批判效果论在道德上有其缺陷，却不能指责功过论在道德上无法立足。这是由于两者的主题不同。功过论为霸道提供了动机论之外的另外一种辩护可能：任何一种治道，或者任何一位君主，只要功大于过，都是值得被肯定的。霸道由此可以在儒家内部得到合理的容摄。较之有功利倾向的效果评价，这种态度可说更加公允。

功过论对于行为后果的关注，在邵雍关于五伯的评价中有具体的体现。仔细分析可知，邵雍对于五伯之功的肯定可以分为两种情况：其一是肯定五伯对于当时秩序的保全，所谓"攘去戎狄"、使"夷狄不敢屠害中原"即属此类；其二是肯定五伯对于未来可能的守护，所谓"礼虽废而羊存，则后世安知无有复行礼者乎"属于后一种。两者相比，邵雍更强调的是后者。后者认为，霸道就其自身而言虽然价值甚低，但却通过尊王借名而保存了转入王道、帝道与皇道的可能；假如没有霸道的保存，未来朝向理想政治的复归也就无从起步。这就是就其影响而言其价值，认为霸道的意义主要在于充当了未来回向更高治道的工具。❶换言之，这就是认为霸道拥有的更多是相对价值，而非绝对价值；对于霸道的肯定更多是"历史判断"，而非"道德判断"。❷对照邵雍的体用论可知，这实际上是

---

❶ 关于"回向"的概念，参见余英时：《朱熹的历史世界：宋代士大夫政治文化的研究》，生活·读书·新知三联书店，2011年，第184—198页。

❷ 参见牟宗三：《政道与治道》，第207页。牟宗三先生所谓道德判断与历史判断，本是就南宋朱陈之辩而言，这里可以移论邵雍。牟先生又认为，一时代若非治世，则自身便无价值，或只有"负面价值"（《论"凡存在即合理"》，《生命的学问》，广西师范大学出版社，2005年，第148—159页）。在这方面，邵雍的态度则有明显不同。（转下页）

将霸道理解为体四用三中的不用之一：不用之一自身虽然不能发用，但并不因此而失去意义，其意义就体现在对未来之用的保全与成就之中。❶这样，面对孟子以来的批判，邵雍从功过论的角度出发，终于为霸道提供了一种可能的、合义理的辩护。

不唯动机、重视功过、容摄霸道的观念使邵雍具备了相当通透的历史识见。在邵雍看来，霸者虽然在动机上需要批判，在效果上也谈不上理想，但既然仍有价值，就不能一概否定，而要承认其存在的必然性与必要性。邵雍将皇帝王伯并举，实际上就是承认霸道同皇帝王道一样具有基本的合理性。《击壤集》诗云"日月星辰高照耀，皇王帝伯大铺舒，几千百主出规制，数亿万年成楷模"，就是认为霸主与皇帝王一样都为人道确立了规范，乃人事之典模；诗中又云"皇王帝伯中原主，父子君臣万世权"❷，也是称赞霸道仍然维持了基本的人伦秩序。在这个意义上，邵雍甚至认为霸道仍可施行于当下，《天人吟》云"羲轩尧舜虽难复，汤武桓文尚可循"❸，《洛阳怀古赋》云"君上必欲上为帝事，则请执天道焉；中为王事，则请执人道焉；下为霸事，则请执地道焉。三道之间能举其一，千古之上犹反掌焉"❹，都明确将霸道视为可行的政略。对邵雍来说，霸道绝非完全负面的存在，而是有其现实、可取的意义。

（接上页）邵雍认为五伯仅就保全当时的基本秩序而言也是有意义的，这就还是对五伯自身的价值有所肯定，而不完全是从相对的意义上评定之。

❶ 在邵雍这里，霸道的功用，可一言以蔽之，曰"存"。这其实也是对前人观念的继承：《白虎通》早已有"昔三王之道衰，而五霸存其政"之语（《白虎通疏证》卷二，第61—62页）。

❷ 邵雍：《安乐窝中一部书》《仲尼吟》，《伊川击壤集》卷九、卷十二，《邵雍全集》第4册，第167、245页。

❸ 邵雍：《天人吟》，《伊川击壤集》卷十三，《邵雍全集》第4册，第259页。

❹ 邵伯温：《邵氏闻见录》卷十九，第213页。

邵雍认为霸道仍可施行于当下，既是对霸道的肯定，同时也寓有治道须随时而择的意味：在世风浇薄的时代，治道只能自卑而高、由粗入精，不能罔顾实际、一概以最高标准为法；反过来，当世风时俗有所改善之后，治道自然也不能停留于此，而是要向更高标准迈进。邵雍的皇帝王伯之说因此在根本上就带有随时而治的品格。在邵雍看来，随时而治不仅必要，而且可能：尽管历史上治世常少而乱世常多❶，但从原理上讲，只要措施得当，从乱世入手转入治世，不过需要三变、百年的时间："伯一变至于王矣，王一变至于帝矣，帝一变至于皇矣。其于生也，非百年而何？"❷以此为基础，邵雍展开的是一种颇为乐观的历史态度。邵雍不仅肯定五伯的价值，而且认为即使是五伯以后的千余年，历史也并不是处在完全无道的状态；对于汉唐这样的时代，邵雍甚至给予了几于王道的评价。❸在邵雍的历史观中，无论此前经历过怎样晦暗时刻，只要有明主兴起，采取恰当的治道，积之以时，实现大治就翘首可待；而历史的气运恰恰保证了明主世代可有，"千世万世，中原有人"❹，因此，朝向理想政治的复归就是切实可

---

❶ 《观物内篇》以皇帝为祖宗，以王霸为子孙，云："何祖宗之寡而子孙之多耶？"又云："何故治世少而乱世多耶？"（《观物内篇》，《邵雍全集》第 3 册，第 1158、1168 页）

❷ 邵雍：《观物内篇》，《邵雍全集》第 3 册，第 1167 页。邵雍此说是本自《论语》"善人为邦百年，亦可以胜残去杀矣"，与王符《潜夫论》的说法也颇为相似。后者云："且夫治世者若登丘矣，必先蹑其卑者，然后乃得履其高。是故先致治国，然后三王之政乃可施也；道齐三王，然后五帝之化乃可行也；道齐五帝，然后三皇之道乃可从也。"（《潜夫论笺校正》卷五，第 243 页）

❸ 邵雍云："汉，王而不足；晋，伯而有余。"又云："唐，汉之弟也。"（《观物内篇》，《邵雍全集》第 3 册，第 1170 页）所谓王而不足，就是已属王道之列，而略有所欠，视霸道则远比。在其诗中，邵雍对汉唐也有相当高的评价（《观两汉吟》《观有唐吟》，《伊川击壤集》卷十五，《邵雍全集》第 4 册，第 294、297 页）。

❹ 邵雍诗中又云"才堪命世有时有，智可济时无时无""不知造化谁为主，生得许多奇丈夫"，亦是此意（《安乐窝中一部书》《经世吟》，《伊川击壤集》卷九、卷十七，《邵雍全集》第 4 册，第 167—168、353 页）。

以期盼的事情。随时而治正是王霸并举的根据所在。这样，邵雍也为王霸并举的立场作出了有效的论证。

邵雍关于霸道的这些观点，在理学乃至整个宋代儒学群体中都显得较为特别，甚至不无"离经叛道"之嫌。比较来看，邵雍以《春秋》为本容摄霸道，与种放以《孟子》为据严斥霸道彼此枘凿；邵雍认为五伯有功有过，《春秋》有贬有褒，与孙复所代表的认为《春秋》有贬无褒的传统针锋相对；❶邵雍主张随时而治，行霸事终可转入圣道，与程颢申明"霸者崎岖反侧于曲径之中，而卒不可与入尧舜之道"❷的立场迥然有别；邵雍肯定汉唐，与二程等将汉唐视为"把持天下"❸的观点亦大有距离。一言以蔽之，与邵雍相比，种放、孙复、二程的态度要更为严厉，毫不假借。❹在这种历史观看来，王霸之间既有严格界限，为政者就只能行王黜霸，而不能有丝毫的逾越；即使霸道具有某种工具性的意义，为政者也不应加以承认，如此才能杜绝全部可能的权且与转圜。这样的历史观，自然无法认可邵雍试图兼容霸道、允许随时而治的努力，而是必然将其归入杂霸的范围。以程门诸子为例：程颢对邵雍虽颇敬重，却仍目之为"乱世之奸雄中道学之有所得

---

❶《观物外篇》云："某人受《春秋》于尹师鲁，师鲁受于穆伯长。某人后复攻伯长，曰：'《春秋》无褒皆是贬也。'田述古曰：'孙明复亦云《春秋》有贬而无褒。'曰：'《春秋》礼法废，君臣乱。其间有能为小善者，安得不进之也？况五霸实有功于天下。且五霸固不及于王，不犹愈于夷狄乎？安得不与之也？治《春秋》者不辨名实，不审五霸之功过，则未可言治《春秋》。先定五霸之功过而治《春秋》，则大意立矣。若事事求之，则无绪矣。'"（《观物外篇》卷下，《邵雍全集》第3册，第1230页）是邵雍不但了解孙复之说，而且对其有颇为严肃的批判。

❷ 程颢：《论王霸札子》，见程颢、程颐：《河南程氏文集》卷一，《二程集》上册，第450页。

❸ 程颢、程颐：《河南程氏遗书》卷一，《二程集》上册，第4页。

❹ 关于北宋的王道观念，另参江湄：《北宋诸家〈春秋〉学的王道论述及其论辩关系》，《哲学研究》，2007年第7期。

者",程颐评价邵雍"豪杰之士,根本不帖帖地"❶,谢良佐更明确认为"此人在风尘时节,便是偏霸手段"❷,对邵雍的观点气质颇有保留。所有这些,都是峻别王霸态度的体现。❸邵雍与以二程理学为主体的宋代主流观念间的这些差异,其实仍是王霸并举与王霸对立相峙格局的延续。后来南宋陈亮与朱子的王霸之辨,也未尝不是这一线索的进一步展开,尽管陈亮的态度不能与邵雍等同,而其间涉及的许多问题也已逸出了原有的范围。❹

王霸之辨发展至邵雍的时代,不论是主张并举抑或是对立,双方的理论都已经难说存在显豁的缺陷。因此,对于两种政治观的评定注定不会仅仅是一个理论问题,而更关乎论者自身的态度。站在程门的立场上看,容摄霸道意味着大本已失,因此需要斩钉截铁地划出王霸疆界,如此才能正君之心,为理想政治提供可能的主观条件;站在邵雍的立场上看,治道的实施却不会只与君主的心术有关,时势同样是需要考虑的因素,这样,在审定动机的基础上,从功过的角度容摄霸道,就仍在可取的范围。❺ 对于以上

---

❶ 程颢、程颐:《河南程氏遗书》卷二上,《二程集》上册,第32页。

❷ 谢良佐:《上蔡语录》卷上,《朱子全书外编》第3册,第6页。

❸ 二程、上蔡屡言邵雍有"豪杰"之气,这大概不仅是指邵雍在知识上心量宏大,将天地万物打并观之;也是指其在观念和气质上有不拘礼法的一面,"无礼不恭最甚"(《河南程氏遗书》卷二上,《二程集》上册,第32页)。所谓"豪杰",正与"淳儒"相对。邵雍对于霸道的容摄,需要与其精神气质联系起来认识。

❹ 关于朱陈之辨,前贤论之已多,此不赘论。概言之,陈亮与邵雍的最大区别,在于陈亮大体仍主效果或事功的立场,而邵雍则以功过定是非;陈亮并不认为治道需要由粗入精,邵雍则认为霸道与王道仅仅是向更高治道的过渡。不过,就不废霸道来说,陈亮与邵雍确有一致之处。

❺ 邵雍与以二程为代表的宋学主流的上述政治观念差异,在一定意义上可以被主要归结为对于权的理解与定位不同。对程子来说,权只是"经所不及者",必须以"合义"为前提,因此霸道就不在可权之列(《河南程氏遗书》卷十八,《二程集》上册,第234页)。对邵雍来说,权却意味着区分心迹,因此就其功业而言,霸道就仍然有其意义。《观物内篇》云:"心迹之间,有权存焉者,圣人之事也。"(《邵雍全集》第3册,第1153页)

两种态度，评价可以见仁见智；但应该承认，邵雍的态度更为通达而现实。理论的世界简洁剔透，现实的政治却充满了复杂的折冲。当时势作为客观性对趋向善治的政治家构成了某种不得已的限制的时候，在理论上为霸道留出恰当的位置，实际上是对历史作为气运的复杂性的正视，是对治道作为过程结果而非当下即是的承认，是对政治家之主体性的包容❶，同时也是对未来善治之可能的守护与成就。程门以杂霸批判邵雍，固然是义精理明，责之以严；但反过来，邵雍以"面前路径常令宽"❷告诫程颐，也未尝不是有深意寄焉：只有以宽行己，才能以恕待人；而只有对他人特别是伟大政治家的努力抱有足够的理解与宽容，理想才能获得现实化的力量，善治也才能获得成长的空间。邵雍对于霸道的容摄，正是宽的态度的体现。然而这种态度似乎终究未能为程颐所接受：程颐后以布衣为帝师，终因过于严厉而解职；元祐诸公尽废新法，新旧相争，局势遂至无可挽回。程颐晚年反思前事，慨叹当年"争之有太过"❸。在宽与严、过与不过之间，适足以见出两种政治态度的深刻差异。❹

邵雍与以二程为代表的理学主流治道观念的差异一方面体现

---

❶ 参见杨立华：《宋明理学十五讲》，第79—81页。
❷ 邵伯温记云，邵雍病重，"伊川犹相问难不已。先君戏之曰：正叔可谓生姜树头生，必是生姜树头出也。"伊川曰：'从此与先生诀矣，更可以见告者乎？'先君声气已微，举张两手以示之。伊川曰：'何谓也？'先君曰：'面前路径常令宽，路径窄则自无着身处，况能使人行也？'"(《易学辨惑》，《景印文渊阁四库全书》第9册，第411页)邵雍又有诗云："面前路径无令窄，路径窄时无过客。过客无时路径荒，人间大率多荆棘。"(《路径吟》，《伊川击壤集》卷十六，《邵雍全集》第4册，第330页）
❸ 程颐云："新政之改，亦是吾党争之有太过，成就今日之事，涂炭天下，亦须两分其罪可也。"(《河南程氏遗书》卷二上，《二程集》上册，第28页）
❹ 实际上，争者当然不独程颐为然，新旧两党之主体都是此种激烈观念的信奉者。就这一点来说，邵雍不仅仅与二程理学有别，而是与整个宋学的主流都有深刻的差异。

在政治取径上,另一方面也体现在对历史的认识之中。如果说理学主流关注的更多是道理本身,那么,邵雍则更重视此种道理如何在历史中展开;或者,如果说理学主流更多具有某种"反历史主义"的倾向,那么,邵雍则更加具有"历史主义"的品格。❶ 对于二程、朱子来说,只有三代的历史才是理想治道的体现,三代以降,即使强如汉唐,也不过是"架漏牵补过了时日","尧舜、三王、周公、孔子所传之道未尝一日得行于天地之间"❷,就不曾体现治道而言,历史在三代之后是近于无意义的;而对于邵雍来说,汉唐虽然不能与三代齐同,却仍然是治道之体现,仍然保有了良好的秩序,就此而言,秦汉以下的历史也自有其价值。如同在形而上学中区分理气一样,理学主流在历史观中峻别三代汉唐,认为三代有理,汉唐理不得行,表现出强烈的断裂性与革命性;相比之下,邵雍的皇帝王伯之说不对三代汉唐作如此截然的划分,还是保持更加具有连续、改良和保守的色彩。❸ 这是理学主流所无法接受的,同时也是邵雍所必然坚持的:邵雍哲学既然不曾孤悬一个最高的价值本体,价值与现实、应然与实然也就不曾完全脱

---

❶ 关于以理学主流为代表的宋学历史观与唐代历史观的区别,参见包弼德:《唐宋转型之反思:以思想的变化为主》,收入《斯文:唐宋思想的转型》,第539—543页;关于北宋理学及周边群体的"反历史主义"倾向,参见杨立华:《气本与神化:张载哲学述论》,第9—12页。

❷ 朱熹:《与陈同甫》,《晦庵先生朱文公文集》卷三十六,《朱子全书》第21册,第1583页。

❸ 邵雍之保守只是相对于理学主流的态度而言,若与司马光对比,则亦可称为进步,盖司马光并不以回向历史上的圣王之治为念,而只是致力于维持现有的基本秩序。关于司马光的政治理念,参见 Ji Xiaobin, *Politics and Conservatism in Northern Song China: the Career and Thoughts of Sima Guang (1019–1086)*, Hong Kong: The Chinese University of Hong Kong Press, 2005; 包弼德:《政府、社会和国家:关于司马光和王安石的政治观点》,田浩编:《宋代思想史论》,杨立华等译,社会科学文献出版社,2003年,第111—183页。

离，历史因此得以保持其连续性，不致断裂；反过来说，也只有在承认历史连续性的基础上，从霸道向理想政治的复归才具有一贯的气运的基础，而成其为可能。❶ 邵雍主张从霸道向皇道渐次过渡，倾向"因而因"的治理策略，这些改良的态度在根本上都与其连续的历史观紧密相关。也正是由于邵雍主张连续的历史观，历史在邵雍处才具有如此重要的意义，而不是像二程、张载一样，认为历史与道理相比既不重要，又不本质。进入邵雍思想世界的因此是一个全幅的历史和连续的传统，而不是像程朱理学一样，仅仅截取其中被认为有价值的部分和断面。

邵雍关于霸道的思考大体如上所论。总结而言，可以说，邵雍皇帝王伯之说的最大特色，在于对霸道的容摄。邵雍对霸道的容摄是通过春秋学而实现的，即在形式上以《春秋》与霸道相配比，在内涵上以得自春秋学的功过论审视霸道。以功过论为视角，邵雍对于霸道的容摄主要是肯定其保存了回向理想政治的可能，这使邵雍得以在前人的效果论之外，开辟出一条可能的从义理上

---

❶ 其实，这一连续性在程朱一系的历史观中也未尝不存：程朱认为，超越秦汉以降的衰世、回向三代要靠君主之学；君主以其诚意正心之学化民成俗，改易天地之气质，回向因而得以实现。这就是认为气质可以从不理想的状态恢复到纯粹的状态，从而也就是认为在气的层面上仍然维持有某种程度的合于理的连续性。只不过，这一气质层面的连续性并不为程朱所强调，反而被君主心术层面的断裂性掩盖，君主心术上的义利之分被当成了判别三代汉唐的斩截根据。而在邵雍哲学中，三代与汉唐在气质上既无绝对的割裂，在君主之心术上也无本质的差异，历史自然也就不存在所谓的断裂。归根结底，气的连续性是双方共同的预设，而是否认为有与气相分别的理，是否以理的标准划分气的界限，则是以程朱为代表的理学主流与邵雍的差别所在。

关于邵雍历史观中的汉唐君主的心术问题，这里需要略作说明。邵雍既然认为汉唐近于王道，就是切实肯定汉唐的成就，而不仅仅是许可其保存了回向三代的可能。汉唐的君主既然近于王者，则其心术也就近于大公至正；而不是像朱子所认为的那样，"恐其无一念之不出于人欲也"（《与陈同甫》，《晦庵先生朱文公文集》卷三十六，《朱子全书》第 21 册，第 1583 页）。

回应孟子动机论批评霸道的路径。邵雍对于霸道的容摄之中包含有认为治道须随时而择的意味；在邵雍看来，随时而治不仅必要而且可能。由此，邵雍的历史观表现出一种乐观的基调，对霸道有所肯定，对汉唐更有较高的评价。邵雍的这些观念将其与以二程为代表的理学和宋学主流区分开来：相较于后者峻别王霸义利，邵雍的政治观更多具有现实的品格；相较于后者划分三代汉唐，邵雍的历史观更多具有连续的色彩。邵雍的治道理论兼容动机与功过，而在整体上体现出宽容、改良与温和的特点，在宋学整体偏于严正的政治观念氛围中，可谓独树一帜而又意味深长。

关于邵雍的治道思想，还有几个问题需要说明。一来，邵雍对霸道虽有肯定，但仅仅是容摄而已，对邵雍来说，霸道之上当然还有更高的治道形态，不能因为邵雍重视霸道就认定其专主此道。二来，邵雍虽然认为皇道与帝道其事高远，难以实行，但还是将二者确立为最高的治道理想，二者在邵雍的价值体系之中毕竟有实在的地位。就此而言，邵雍的治道理论还是以自然无为为最高价值，以三皇五帝为理想时代。这与此前的皇帝王伯论者大体相合，但与将王道视为"天理之正""人伦之至"❶、将三代视为理想时代、将王霸与义利之辨视为全部关键的理学及宋学主流相比，则有深刻的差异。换言之，邵雍虽然在儒家的基础上对皇帝王伯之道作了重建，但其推重高远无为的态度终究接纳了道家精神，而与儒家的一般立场有其距离。❷ 三来，邵雍对理想政治之实

---

❶ 程颢：《论王霸札子》，见程颢、程颐：《河南程氏文集》卷一，《二程集》上册，第450页。

❷ 能够体现这种差别的一个细节是，在理学与儒学的主流看来，二帝与三王之道是一致的，故向向三代的观念实际上包含了尧舜在内；而在邵雍这里，皇帝王伯各有其道，帝与王不能等同，其间有实质性的差别。

现虽然抱有乐观的态度，但这是就原理而言；若就历史实情来说，则邵雍亦承认善治实现之难。对邵雍来说，善治的困难不在于有其政，而在于有其人：尽管"千世万世，中原有人"，但可有并不意味着实有，理想的为政者何时出现，在相当程度上其实系乎时运；而且，即使在理想的为政者出现之后，这一局面能够维持多久也仍有赖于时运的保证。邵雍因此感叹，"时无百年之世，世无百年之人"，时运之不济使得"三变而帝道可举"❶ 在现实中成为极难企及的事情。❷ 四来，常常被忽视但又十分重要的是，邵雍的治道理论中不只有皇帝王伯四者；在皇道之上，其实还有孔子的位置。《观物内篇》指出，伯、王、帝、皇分别对应于一世、十世、百世、千世之事业，而孔子则为万世之事业。其说云：

> 可以因则因、可以革则革者，万世之事业也。……万世之事业者，非仲尼之道而何？是知皇帝王伯者，命世之谓也；仲尼者，不世之谓也。❸

所谓"可以因则因、可以革则革"，即不为因革所限、随时施化之意。邵雍认为，孔子所以能够位居皇帝王伯之上，不是因为孔子提出了一种更为高远的治道，而是因为皇帝王伯总属拘定，而

---

❶ 邵雍：《观物内篇》，《邵雍全集》第3册，第1171页。
❷ 邵雍与程朱理学都认可为政者具有追求善治的能力。在程朱理学中，为政者以诚意正心之学自修，圣学是为政者朝向理想政治努力的途径。在邵雍哲学中，这一主体性的维度同样存在：为政者由于存心不同（意言象数），而具有不同的德性（仁礼义智），造成不同的治理效果（皇帝王伯）。不过，与程朱拈出"学"字作为追求善治的关键，相比之下，邵雍对为政者的自修工夫确实没有作特别着重的强调，理想为政者的出现因此似乎更多来自时运的客观性，而非主观之选择与努力。此外，意言象数主要关注的是存心工夫的内外问题，也与正心工夫的道德问题有别。
❸ 邵雍：《观物内篇》，《邵雍全集》第3册，第1156页。

孔子却能随时而治。《观物内篇》前云"皇帝王伯者，圣人之时也"❶，圣人即孔子之谓。在这个意义上，孔子其实是"时"的代表。这就超越了固定的治道，而能根据不同的时运主动采取不同的治理策略；这同时也就超越了不济的时运，为理想政治的实现提供了不以时世为转移的可能性的保证。可见，在邵雍这里，至治的理想终究必须通过随时的原则才能实现。其实，邵雍对于霸道的容摄，在根本上也是以圣人对于时势的准确判定为前提的。作为随时之象征者与功过之裁断者的圣人的出现，是邵雍皇帝王伯之说相比于前人的一大不同。❷

（二）历史之条理与孔子之意义

邵雍以霸道为重心，在儒家义理的基础上重建皇帝王伯之道的一致性，是其说最为突出的特点，故而本节作了较为详细的分

---

❶ 邵雍：《观物内篇》，《邵雍全集》第3册，第1156页。
❷ 圣人在邵雍皇帝王伯学说中的特殊地位，在《观物内篇》的结构中也有体现。《观物内篇》在阐明天地万物的生化过程及其相互关系之后，开始转入对于人事秩序的论述；而从自然进入人事的标志，就是圣人观念的提出。在《观物内篇》第二篇中，邵雍通过"一一之人当兆人之人"引入了圣人的观念；此后以至篇末，《观物内篇》对于人事秩序的种种论说大多都是围绕圣人而发，都是对于圣人治道思想的阐扬与解释。可以说，圣人是贯穿《观物内篇》全篇的文眼。篇中对于皇帝王伯的种种论述，都是圣人治道思想的具体体现。

值得说明的是，邵雍《观物内篇》与周敦颐《太极图说》在总体结构上颇有相似之处。《太极图说》先言太极阴阳之生化，而后通过"圣人定之以中正仁义"转入对人事秩序的论述；《观物内篇》也是先言天地万物之生化，而后通过"一一之人当兆人之人"的圣人转入对人事秩序的论述。两篇都是以自然秩序来为人事秩序奠基，而以圣人作为确立秩序的关键。这显示出早期道学思考路向的高度一致性。不过，两者之间也有微妙的区别。如果说《太极图说》是从"太极"推至"人极"的话，那么，《观物内篇》则是从"太极"推至"皇极"（尽管太极的概念是在《观物外篇》而非《观物内篇》出现）。人极更多强调的是中正仁义的价值与工夫意味，皇极更多强调的是皇帝王伯的历史与政治内涵。两者分别体现了理学对于个体修养和公共政治这两个最重要现实问题的关注。

析。除此之外，邵雍此说的另一个特点，即对历史条理的发现，也值得加以考察。在最后这一部分，我们希望不以讲明字面的文意为限，而是沿着邵雍的理路作更深入的阐发，以此作为本书关于邵雍治道思想讨论之收束。

如前所述，皇帝王伯在最基本的意义上，原本只是对三皇、五帝、三王、五伯这样四个特定历史时段的论述。但当汉人将皇帝王伯作为政治原则与方案加以探讨时，实际上就已经为此说赋予了普遍性，只是尚未给出清楚的说明与论证。❶ 邵雍则明确指出，皇帝王伯四种治道是普遍性的政治原理，适用于古今一切时代。《观物外篇》云：

> 所谓皇帝王伯者，非独三皇、五帝、三王、五伯而已。但用无为则皇也，用恩信则帝也，用公正则王也，用智力则伯也。
>
> 法始乎伏羲，成乎尧，革于三王，极于五伯，绝于秦。万世治乱之迹，无以逃此矣。❷

按照邵雍的解释，皇帝王伯代表的是无为、恩信、公正、智力四种治理方式。政治必然采取此四种方式，历史也必然呈现为此四种样态。这种必然性与普遍性是如何成立的？对此，邵雍从更为

---

❶ 应劭曾提出三五循环的思想："盖三统者，天地人之始，道之大纲也；五行者，品物之宗也。道以三兴，德以五成。故三皇五帝、三王五伯。至道不远，三五复反；譬若循连环，顺鼎耳，穷则反本，终则复始也。"（《风俗通义校注》卷一，第20页）此说虽承认皇帝王伯的普遍性，但却是以三统五行作为基础，且认为历史必然遵循三五循环的规律。在这里，皇帝王伯仍然是神秘的，而不是被当作政治原理来理解。

❷ 邵雍：《观物外篇》卷下，《邵雍全集》第3册，第1229、1235页。"法始乎伏羲，成乎尧"之说本自扬雄，《法言·问道》云："或曰：'太上无法而治，法非所以为治也。'曰：'洪荒之世，圣人恶之。是以法始乎伏羲，而成乎尧。'"（汪荣宝：《法言义疏》卷四，中华书局，1996年，第118页）

根本的体用论层面作了解说。

前引《观物内篇》云:

> 夫昊天之尽物,圣人之尽民,皆有四府焉。昊天之四府者,春夏秋冬之谓也,阴阳升降于其间矣。圣人之四府者,《易》《书》《诗》《春秋》之谓也,礼乐污隆于其间矣。春为生物之府,夏为长物之府,秋为收物之府,冬为藏物之府。号物之庶谓之万。虽曰万之又万,其庶能出此昊天之四府者乎?《易》为生民之府,《书》为长民之府,《诗》为收民之府,《春秋》为藏民之府。号民之庶谓之万。虽曰万之又万,其庶能出此圣人之四府者乎?昊天之四府者,时也;圣人之四府者,经也。昊天以时授人,圣人以经法天。

> 观春,则知《易》之所存乎?观夏,则知《书》之所存乎?观秋,则知《诗》之所存乎?观冬,则知《春秋》之所存乎?

> 是知三皇之世如春,五帝之世如夏,三王之世如秋,五伯之世如冬。如春,温如也;如夏,燠如也;如秋,凄如也;如冬,冽如也。春夏秋冬者,昊天之时也;《易》《书》《诗》《春秋》者,圣人之经也。

邵雍指出,皇帝王伯四种治道,对应于春夏秋冬四个季节。两者一属人事,一属自然,虽然领域不同,但却具有相似的结构,这个结构就是体四。按邵雍的体用论,事物依其特性总是必然且只能被分为四个部分,体四因而是对事物结构周遍、完整而贴切的描述。治道与季节都具有体四的结构,既然春夏秋冬四季赅尽了自然的时间形式,那么,皇帝王伯四道就赅尽了人事的治道原则;既然春夏秋冬四季贯穿了时间之始终、在每一年中都有存在,那么,皇帝王伯四道就贯穿了人事之始终,为历史与政治提供了任何时代都必然采取、不可逾越的形式。邵雍云"虽曰万之又万,其庶能出此圣人之四府者乎",即是强调皇帝王伯之道框定了历史与政治的基本范围。皇帝王伯四道之所以不是对于某个特定时段的解释,而是具有超越具体时段的普遍有效性,就是由这种体用论层面的原理决定的。在这个意义上,皇帝王伯不再是现象,而是历史与政治的内在条理。

皇帝王伯作为内在之理,并非现象、表层的存在,不能为人所直接把握,而是必待探赜索隐,然后才能被发现。邵雍认为,此种发现乃是圣人之功。这里所谓圣人,还是指孔子。这就涉及圣人与治道的关系。❶

孔子是如何发现皇帝王伯之道的?按邵雍的论述,这可以从两个不同的层面得到理解。从自然的层面上讲,孔子注意到皇帝王伯之道与春夏秋冬四季的相互对应,因而通过删修四经标举出两者之间的这种一致性。《观物内篇》所谓"昊天以时授人,圣人以经法天",就指出了上述对应关系。这是从人与天的关系论之。

从历史的层面上讲,孔子在四经所记载的古史中发现了根本性的义理,因而提出了皇帝王伯之道。这是从人与史的关系论之。在这方面,邵雍的解释较为复杂。《观物内篇》云:

> 皇帝王伯者,圣人之时也;《易》《书》《诗》《春秋》者,圣人之经也。

---

❶ 邵雍认为孔子发现皇帝王伯之道,与邵雍对汉人的皇帝王伯之说有所继承是两个不同的问题:后者是邵雍思想的历史来源,前者是邵雍思想的义理建构。

孔子赞《易》，自羲轩而下；序《书》，自尧舜而下；删《诗》，自文武而下；修《春秋》，自桓文而下。

仲尼修经周平王之时，《书》终于晋文侯，《诗》列为王国风，《春秋》始于鲁隐公，《易》尽于《未济》卦。❶

邵雍认为，从上古以至孔子之时，历史经历了皇帝王伯四种时态；在每一时态中，时人以当时的状况为根据，分别撰作了《易》《书》《诗》《春秋》四种经典。《易》始作于三皇之时，《书》始作于五帝之时，《诗》始作于三王之时，《春秋》始作于五伯之时。从文献上说，四种经典虽然撰作甚早，但在当时并没有真正完成，而是要待孔子序赞删修之后，方得成书。就此而言，《易》《书》《诗》《春秋》四种经典在孔子以前并未成形。从内涵上讲，孔子以前，四经对各自的时代虽然有所记述，但只是记"事"，而非明"道"；其各自所记，也只是皇帝王伯当中的一端，并没有将四者同提并举为一个整体，治道的名目与原理因而尚未得到系统的总结和揭示。就此而言，皇帝王伯四种治道在孔子以前也还没有出现。孔子生春秋之世，以前代事迹为其历史世界，因而能够从四经所记载的皇帝王伯之事中提炼出皇帝王伯之道，从繁芜的事迹中总结出根本的原理，这样，作为整体的皇帝王伯四种治道才第一次被系统地提揭出来。在这个意义上，孔子删修四经，不仅是一个经学事件，同时也是一个历史与政治事件；换言之，孔子删修四经，不仅标志着四部经典的成书，同时也标志着四种治道的成立。

作为普遍原理的皇帝王伯之道，或许可以用"理"加以概括，

---

❶ 邵雍：《观物内篇》，《邵雍全集》第3册，第1156、1157、1159页。

以与作为历史现象的皇帝王伯之"事"相区别。理与事在这种概括中因而呈现出对立的关系。而事作为经验历史其实也就是气，因此，理与事的对立也就是理与气的对立。看起来，理与事或者气应该有严格的区别；但从下文可知，在邵雍的论述中，孔子对皇帝王伯之理的揭示并不是一个与事或气完全无关的事件，相反，理的揭示其实依赖于事或气的特定走向，而事或气的走向，反过来也受到理的深刻制约。❶ 这提示出，在邵雍的治道思想中，圣人并不是一个外在于历史的存在；圣人与历史之间，其实存在着相当复杂的关系。

在邵雍的理论中，文明历史发端于伏羲，及至孔子之时，先后经过了三皇、五帝、三王、五伯之世，经历了一个完整的历史与政治的周期。此种周期的完整性值得引起特别的注意。这意味着，到孔子时为止，治道与历史、理与气都是合一的，历史的发展顺序完全符合治道的逻辑顺序。这种严格对应的关系不像是出于偶然。从邵雍治道思想的整体看，这更像是出于历史自身的某种神秘目的。用理与气的语言来说，这是历史以特定的理的形式规范了气的走向的结果。历史采取这一形式的目的是什么？对此，邵雍没有给出明确的解释，但我们或许可以作这样一种理解：历史之所以选择在孔子以前，以完整的形态与严格的顺序展示出自身所蕴涵的全部内涵，乃是有意要借孔子来道出自己的普遍规律，以此来为整个人事的政治与历史定下规模、指明原理。或者说，

---

❶ 这里选择用理气来描述邵雍的治道思想，当然不是认为这种区分在邵雍处已经存在，而只是说理气概念有助于理解邵雍历史观的深层结构。这里所谓理，也只是强调历史的特定形式，而不能完全等同于理学主流中与气相对的理的概念。此种表述借鉴了研究者关于朱子历史哲学中理气关系的论述（赵金刚：《朱熹的历史观：天理视域下的历史世界》，第33—75页）。

历史之所以选择要在文明发端之处，以特定的理的形式来规范气的节奏，乃是有意要借此种特定的气的节奏，来揭示出自身的理的内涵。在这个意义上，孔子生春秋之世，揭举出治道的普遍内涵，就不再是一个偶然、个体的事件，而是内在于历史的整体节奏、目的和方向当中，是历史目的之一部分。在这个意义上，孔子也就不再是简单的个人，而是历史理性之代表，孔子对于治道的揭示即是历史理性的自我发现、认知与表述。❶《观物内篇》有云："时之既往亿万千年，时之未来亦亿万千年，仲尼中间生而为人。"❷ 这鲜明地点出了孔子其实是出现在了历史特殊时点上，且这种时点本身就反映出历史的目的。

历史虽然在文明开端之时表现出了某种形式性，但值得玩味的是，此种严格的形式性随后就不复存在。邵雍《经世吟》云"羲轩尧舜，汤武桓文。皇王帝伯，父子君臣。四者之道，理限于秦"❸，即道出了秦代前后两时段的根本区别。其实，如果从五伯消亡的战国算起，皇帝王伯的严格形式早在孔子作《春秋》以后就已结束，即孔子生活的时点才是划分两个时段的坐标。此后，历史进入了一个不再遵循旧有形式的新阶段。这种新阶段不是简单打乱了原先的顺序，而是在根本上就体现为另一种不同的逻辑：如果说在皇帝王伯之时，历史是以特定的理的形式强力约束了气的发展的话，那么，在孔子揭示出治道的规律性之后，历史就不再以理驭气，而是一任于气，此时，治道之盛衰就完全取

---

❶ 关于历史理性，参见刘家和：《历史理性在古代中国的发生》，《史学、经学与思想：在世界史背景下对于中国古代历史文化的思考》，北京师范大学出版社，2013年，第49—69页。
❷ 邵雍：《观物内篇》，《邵雍全集》第3册，第1157—1158页。
❸ 邵雍：《经世吟》，《伊川击壤集》卷十七，《邵雍全集》第4册，第353页。

决于人事本身，历史因而完全成为了一种气的历史。❶秦以后，历史不再具有特定的方向或节奏，而是时而近于王，时而归于伯，其节奏之纷乱错杂、奔突不定，正是气失去了理之规约的反映。在这种情况下，重新认识历史就成了一项必要而迫切的任务：孔子曾经揭示出皇帝王伯的原理，但在当时，治道与历史、理与气仍然遵从着相同的顺序，从理论上说，人不必一一研究各个时段的具体情况，只需根据治道的逻辑顺序，就能推定历史的演变顺序；但在治道与历史、理与气分离之后，治道的逻辑顺序已经无法推出历史的演变顺序，因此，人只有诉诸治道的原则，对于各个时段加以具体的考察，才能判定其究竟为王还是为伯。这时，历史就需要一位新的圣人来继续孔子的事业，以孔子给出的皇帝王伯之道作为原则，对孔子以后的历代历史加以评定。只有当此种以皇帝王伯之道为根据的对于历史的评定真的在理气分离的时代被付诸实践后，孔子对于历史与政治之原理的揭示才算是真正完成，此原理也才真正具有了解释一切历史时段的普遍效力。在这个意义上，可以说，在邵雍思想当中，如同历史自身呈现为"有理之气"与"无理之气"两个阶段一样，历史理性的真正成熟也要经历一个从"发现"到"应用"的双重过程。这两个过程并非彼此外在、互不相关，相反，后者在根本上就是前者的深化，是前者在更加常态化的历史当中的再次实践与最终完成。

在邵雍看来，继承孔子之事业者，非自己莫属。邵雍的《皇

---

❶ 这不是认为在孔子以前，皇帝王伯的历史完全是天意而非人事的结果，也不是否认皇帝王伯的主观意志与行动能力，而只是说在孔子以前，历史是在气的走向当中贯注了理的形式，三皇、五帝、三王、五伯都是在此种特定形式的气的基础上行动；孔子以后，此种特定的理的形式就不复存在了。就此而言，在邵雍的历史哲学中，孔子构成了中国历史上一个十分根本的分野，此前此后不仅存在着气的厚薄之别，还存在着更为根本的理气之别。

极经世》即是将孔子《春秋》推展至此后的全部历史;在《观物篇》与《击壤集》中,邵雍仿效孔子所立的皇帝王伯之道,对春秋以后的各代历史也作了详细的褒贬品题。这些"《春秋》后语"❶,正突显了邵雍的以孔子自比,他要以孔子所立之法,在孔子以后的历史中发现、彰明治道的规律。邵雍又认为,从历史自身的节奏来看,当时也该有继承孔子事业的新圣人出现,故其云:"仲尼后禹千五百余年,今之后仲尼又千五百余年,虽不敢比仲尼上赞尧舜禹,岂不敢比孟子上赞仲尼乎?"❷其中自期之意甚明。实际上,所谓孔子通过删修四经而发明皇帝王伯之道的说法,本来就是邵雍的诠释。此种诠释所反映的,与其说是孔子真实的思想观念,不如说是邵雍自己的历史哲学。在这个意义上,所谓孔子发现了历史,应该理解为邵雍发现了历史;所谓历史理性至孔子而觉醒,应该理解为至邵雍而觉醒。通过孔子的形象,邵雍寄托了自己对于历史、政治及其与圣人关系的理解。

---

❶ 邵雍:《首尾吟》,《伊川击壤集》卷二十,《邵雍全集》第 4 册,第 421 页。
❷ 邵雍:《观物内篇》,《邵雍全集》第 3 册,第 1158 页。

附录一　点校本《邵雍集》《邵雍全集》补正

以南宋吴坚刻本为中心[*]

邵雍，字尧夫，北宋五子之一，著有《皇极经世》[1]《伊川击壤集》，另有文章数篇传世。诸书今可见者除《伊川击壤集》有宋本存世外[2]，余多刊于明代以后，如《皇极经世》早期刊本有明《正统道藏》本[3]，然其中多讹脱而失原貌之处。常熟翁氏旧藏南宋末吴坚刻本（下或简称吴坚本）《观物内篇》、《观物外篇》、《渔樵问对》、《无名公传》与《邵子后录》，刊刻早于《正统道藏》本近两个世纪，篇帙全备，校刻精美，洵为珍贵。此本是上述诸书如今可见的较早版本[4]，也是孤本仅存的稀有宋椠，对于研究邵雍

---

[*] 本文发表于《儒家典籍与思想研究》第10辑，北京大学出版社，2018年。
[1] 关于《皇极经世》与《观物篇》的关系，可参本书第3章，详见第37—43页。
[2] 参见《重刊邵尧夫击壤集·邵尧夫先生诗全集》，《中华再造善本·唐宋编》，国家图书馆出版社，2014年。此外，台湾图书馆藏有宋刻本与南宋刻明修补本《伊川击壤集》，惜未得见。相关介绍，参见郑定国：《邵雍及其诗学研究》，台北：文史哲出版社，2000年，第93页。
[3] 一般认为《正统道藏》成于明正统十年（1445）（陈国符：《道藏源流考》，中华书局，1963年，第175—79页）。虞万里先生提出《正统道藏》在永乐二十年（1422）已成书（《正统道藏编纂刊刻年代新考》，《文史》，2006年第4期）。
[4] 本文发表后，我留意到《观物内篇》在吴坚刻本之前另有一更早的南宋刻本。这里补充如下：国家图书馆藏南宋庆元三年（1197）书隐斋刻本《新刊国朝二百家名贤文粹》，收录有邵雍《观物内篇》的全文（《新刊国朝二百家名贤文粹》卷二十一，《续修四库全书》第1652册，上海古籍出版社，1995年，第505—514页），这是目前可见《观物内篇》最早的存世本。不过，与吴坚本相比，该本错讹严重，且后世传本的讹误往往与该本相同。除《观物内篇》外，吴坚刻本邵雍诸书皆为存世的最早版本。

的著作与思想，都具有相当重要的价值。近年来，邵雍著作整理进展显著，近期已有两种点校本问世❶，蒐罗普及、方便学者之功甚伟，但此南宋刻本似乎尚未引起整理者的重视，不无遗憾。本文即以吴坚本邵雍诸书为纲，对相关问题作一讨论。

一　吴坚本概况

今见吴坚本邵雍诸书有两种影印本：其一为文物出版社1996年出版之《常熟翁氏世藏古籍善本丛书》，线装，两函九种三十二册，中有《邵子观物篇附后录》（两册）、《邵子渔樵问对》（一册），计两种三册；其二为国家图书馆（以下或简作国图）出版社2005年出版之《邵子观物篇渔樵问对》，为《中华再造善本》唐宋编之一，经折装，一函八册，有《邵子观物内篇》（两册）、《邵子观物外篇》（三册）、《邵子观物后录》（两册）、《渔樵问对》（一册），计四种八册。两书虽分别影印出版，题名、分册、装帧有别，但行款与内容完全一致：两书均为半叶十行，行十八字，排版、分章、字体、文字和钤印内容全然相同。实际上，两书所据乃同一底本，即常熟翁氏家族所藏本。其不同只在于，国图出版社版为出版者在翁氏后人翁万戈先生2000年将藏书转让给上海图书馆后据原书影印，而文物出版社版则是国内据翁万戈先生先行寄回的复印件影印而得。❷

在《邵子观物后录》与《渔樵问对》篇末，翁氏藏本有"后

---

❶ 邵雍：《邵雍集》，中华书局，2010年。以此为基础，整理者在五年后又推出了全集本。见邵雍：《邵雍全集》，上海古籍出版社，2015年。

❷ 关于翁氏藏书的详细情况，参见翁万戈：《略述常熟翁氏藏书》，《常熟翁氏世藏古籍善本丛书》，文物出版社，1996年。

学天台吴坚刊于福建漕治"之语，由此知其所据底本为吴坚刻本。吴坚本为南宋刻本，整理者已有说明。国图出版社版首册牌记云："据上海图书馆藏宋咸淳福建漕治吴坚刻本影印。"文物出版社版牌记亦云："据南宋咸淳间吴坚福建漕治刊本原大影印。"后者卷首有冀淑英先生所撰影印说明，指出：

> 坚字彦恺，仙居人，淳祐四年进士，咸淳间知建宁府，可知此数种皆咸淳时刻于建宁府者。❶

冀先生所考甚确，唯吴坚既称"刊于福建漕治"，则该书付梓未必在其知建宁府时，而更可能是在其福建转运使任上。今按明弘治本《八闽通志》，吴坚任福建转运使，正在咸淳年间。❷ 冀先生又指出，吴坚所刻流传至今者，尚有《张子语录》《龟山语录》二种，二者均收入《续古逸丛书》及《四部丛刊续编》；二者行款、版式等与此本全同，"当是同时所刻"。吴坚本《张子语录》《龟山语录》的价值，前人言之甚详❸，中华书局版《张载集》语录部分即以此本为底本。❹ 吴坚本邵雍诸书亦颇珍贵，但近年来两种邵雍著作点校本均未加以利用，这不能不说是相当可惜的。以下即就

---

❶ 冀淑英：《影印〈邵子观物篇〉说明》，《邵子观物篇附后录》一，《常熟翁氏世藏古籍善本丛书》。

❷ 明弘治《八闽通志》卷三十，哈佛燕京图书馆藏明弘治刻本。吴坚任福建转运使，又见马廷鸾：《中大夫吴坚特授华文阁待制福建路计度转运使制》，《碧梧玩芳集》卷五，《景印文渊阁四库全书》第1187册，台北：台湾商务印书馆，1986年，第39页。

❸ 张元济先生指出："时刻《张子全书》第十二卷有语录抄，取以对勘，乃仅得六十七节，减于是本（作者按，指吴坚本《张子语录》）者约三之二。"又云："虽是本（作者按，指吴坚本《龟山语录》）亦间有舛误，然其佳胜处，固非时本所可几及者矣。"（《跋》，《张子语录》，《四部丛刊续编》，商务印书馆，1934年，第1页；《跋》，《龟山先生语录》，《四部丛刊续编》，第1页）

❹ 见《编校说明》，《张载集》，第1页。

此本逐篇进行考察,对此本与通行本之间的异同作出说明。

二 《观物内篇》

校勘之要,首在选定底本。底本善,则校勘可附而增色;底本欠佳,则难免事倍功半。《邵雍集》《邵雍全集》校勘方面最大的问题在于底本选择不当。下面按吴坚本顺序,对两书中相关部分的讹误及其底本根源逐篇加以说明。

首先讨论《观物内篇》。就《观物内篇》而言,传世版本大抵可以分为三种:其一为各种《皇极经世》本,如《正统道藏》本、《性理大全》本、《四库全书》本;其二为注释本,如张行成《皇极经世索隐》《皇极经世观物外篇衍义》;其三为单行本,如吴坚本。在《观物内篇》部分,中华书局版《邵雍集》以文渊阁《四库全书》本《皇极经世》为底本,上海古籍出版社版《邵雍全集》以《道藏》本《皇极经世》为底本,但这两种底本都难称善本。❶只要将吴坚本与之作一比对,其误立见。为显示两点校本讹误之处与所选底本的源流关系,这里选取《邵雍集》《邵雍全集》讹误中关乎文意之要者,以吴坚本为纲,首先指出点校本的讹误,然后说明该讹误的底本根源,略举数例以明之。

先来看《邵雍集》。《邵雍集》及其底本文渊阁本的问题主要如下:

---

❶ 各通行本《观物篇》中,《性理大全》本虽然同样不免讹误,但详审远胜《道藏》本,且较为完整地保存了原书中的注语。《性理大全》成书于明永乐十三年(1415),尚在《正统道藏》之前。整理者不取此本校勘,是十分可惜的。本文所引《性理大全》,均据国家图书馆藏明嘉靖刻本,下不具注。

(一) 讹误

1. 人之所以能灵于万物者，谓其目能收万物之色，耳能收万物之声，鼻能收万物之气，口能收万物之味。色声气味者，万物之体也。(《内篇》之二) ❶

"色声"，《邵雍集》讹作"声色"(第6页)，这是承文渊阁本而来。邵雍文字前后对应明确，上文既以色声气味为序，此处亦当照用。

2. 求而得之，则谓其己之能得也，故矜之；求而不得，则谓其人之不与也，故怨之。(《内篇》之六)

"不得"，《邵雍集》讹作"失之"(第23页)，亦承文渊阁本之误。按上文皆以"得之""不得"并举，此处当与上同。且"失之"之文，意虽可明，理甚不贯：既言"不与"，则是求者并未曾得，无所谓"失之"之理。

3. 是知任天下事易，死天下事难。死天下事易，成天下事难。(《内篇》之八)

"任"，《邵雍集》讹作"成"(第32页)，亦承文渊阁本之误。按，原文语意甚明：为天下之事而死，较之单单以天下之事为己任更难；能够成就天下之事，较之徒然为天下之事而死更难。若作"成"，则语意不通，且与下句"成天下事难"重复。此处，《道藏》本、文津阁本"成"作"从"，亦误。

4. 天由道而生，地由道而成，物由道而形，人由道而行。(《内篇》之九)

此处，《邵雍集》并无讹误，但"物由道而形，人由道而行"，

---

❶ 本文所引邵雍著作原文，除特别注明外，均据影印吴坚本，下不具注。

文渊阁本脱作"物由道而行",《邵雍集》未出校记（第33页）。像这样影响文意的脱句,改动底本时似仍以说明为佳。

    5. 暑变飞走木草之性,寒变飞走木草之情,昼变飞走木草之形,夜变飞走木草之体。(《内篇》之十一)

句中四"飞走木草",《邵雍集》均讹作"飞走草木"（第40页）,此亦承文渊阁本而来。《观物内篇》中有"飞走木草",有"走飞草木",但无"飞走草木"。这是不明邵雍四象体例所致。

    6. 夫所以谓之观物者,非以目观之也。(《内篇》之十二)

"夫",《邵雍集》讹作"天"（第49页）,亦沿文渊阁本之讹。按,作"天"字语意明显不通。

上六例中,《邵雍全集》除第一例仍沿其误、第三例出校记而取舍未当外,其余四例作了改正（第3册,第1148、1158—1159、1166—1167、1172、1175页）。

（二）篡改

《四库全书》本改动文字中有碍当时统治之标准者,乃是惯例。此处只举两例以说明:

    1. 帝不足则王,王不足则伯,伯又不足则夷狄矣。(《内篇》之四)

"夷狄",文渊阁本作"左衽",文津阁本作"僭窃"。

    2. 中国行中国事,夷狄行夷狄事。(《内篇》之九)

文渊阁本作"中国行中国事,僭窃行僭窃事",文津阁本作"君子乐得其道,小人乐得其欲"。

《邵雍集》以文渊阁本为底本,故皆出校（第15、34页）。实际上,这些篡改乃《四库全书》本所独有,若以吴坚本等善本为底本,即不必出校。《邵雍全集》对此作了改进,以《道藏》本为底本，便不存在篡改的问题，故不出校记即可。

再来看《邵雍全集》。相比《邵雍集》本《观物内篇》，《邵雍全集》在点校时更为细致，对底本中的众多讹误作了改正。但《邵雍全集》选择了脱误严重的《道藏》本作为底本，无谓地增加了校勘的工作量。《道藏》本的问题主要在于：

（一）脱文

1. 静之大者谓之太柔，静之小者谓之少柔，动之大者谓之太刚，动之小者谓之少刚。太柔为水，太刚为火，少柔为土，少刚为石。（《内篇》之一）

"静之大者"至"谓之少刚"三十二字，《道藏》本脱。

2. 故有言曰："予欲无言。"又曰："天何言哉？四时行焉，百物生焉。"其斯之谓欤？（《内篇》之五）

"故有言曰"至"斯之谓欤"二十七字，《道藏》本脱。

3. 时之既往亿万千年，时之未来亦亿万千年，仲尼中间生而为人。（《内篇》之六）

"仲尼中间生而为人"八字，《道藏》本脱。

如上所示，脱文可谓《道藏》本《观物篇》最为明显的特征。上三例，《邵雍全集》均予改正，唯第一例似不必仅将脱文置于校记之中，置入正文而说明之即可（第3册，第1146、1157页）。

（二）讹误

1. 木，感暑而变者，性之木也。（《内篇》之一）

前"木"字，《道藏》本讹作"本"。

2. 然则人亦物也，圣亦人也。（《内篇》之二）

前"人"字，《道藏》本讹作"天"。

3. 夫虚生虚死者，譬之萧艾，忠与智者不游乎其间矣。(《内篇》之八)

"与"，《道藏》本讹作"于"。

上三例，《邵雍全集》已作改正，但第一例改动底本而未出校记，第二、三例有校记，而第三例校记又错将《道藏》本之误当作文渊阁本之误（第3册，第1147、1148、1167页）。这种错配校本的情况，在《邵雍全集》中并非孤例。

三 《观物外篇》

《观物外篇》部分，先来说明《邵雍集》的底本问题。

《邵雍集》以文渊阁本《皇极经世观物外篇衍义》为底本，这是有争议的。首先，从文本性质上看，《观物外篇衍义》仅是南宋张行成为方便注释所编之本，对于旧本《观物外篇》的分章、次序都有巨大改动。❶ 如今《观物外篇》仍然存世，自有传本，在这样的情况下，以此注释本的引文作为邵雍著作，体例上有可商之处。其次，从卷次分章来看，吴坚本、《性理大全》本、《道藏》本等《观物外篇》作两卷，较之张行成九卷本，亦更合《郡斋读书志》所云"其门人记其平生之言，合二卷"❷ 之旧。最后，文渊阁本《观物外篇衍义》的一个严重缺陷是，有多达10条、216字

---

❶ 张行成云："今补其阙而正其脱误，分数、象、理相从为九卷，辄衍其义，以俟同志者择焉。"（《序》，《皇极经世观物外篇衍义》，《景印文渊阁四库全书》第804册，第38页）

❷ 孙猛：《郡斋读书志校证》，第32页。《郡斋读书志》本条下云"或分为六卷"，是晁公武以六卷本为后出，此当即《直斋书录解题》所录《观物外篇》六卷者（陈振孙：《直斋书录解题》卷一、卷九，第17、278页）。

的内容没有被收入其中。这一点，明代刘尧诲刻本《观物外篇衍义》中早已经点出。刘尧诲在全书之末云：

> 按番本有《衍义》不载者，附见于后：
> 阳无十，故不足于后；阴无一，故不足于首。
> 天地生万物，圣人生万民。
> 学不至于乐，不可谓之学。
> 经纶天地之谓才，远举必至之谓志，并包含容之谓量。
> 日为心，月为胆，星为脾，辰为肾，藏也。石为肺，土为肝，火为胃，水为膀胱，府也。
> 天之变六，六其六得三十六，为乾一爻之数也。积六爻之策共得二百一十有六，为乾之策。地之变四，六其四为坤一爻之策，积六爻之数共得一百四十有四，为坤之策。积二篇之策，乃万有一千五百二十也。
> 火生湿，水生燥。
> 人之为道，当至于鬼神不能窥处，是为至矣。
> 气以六变，体以四分。
> 思虑一萌，鬼神得而知之矣，故君子不可不慎独。[1]

察文渊阁本《观物外篇衍义》，上述十条确不见于其中，则此即所谓"番本"多于通行本《观物外篇衍义》者；而吴坚本、《道藏》本和《性理大全》本均毫无遗漏地收录了这些文字。《邵雍集》以文渊阁本《观物外篇衍义》为底本，虽云以《道藏》本参校，上述文字却并未收入其中；《邵雍全集》改以《道藏》本为底本，以

---

[1] 张行成：《皇极经世观物外篇衍义》卷九，北京大学图书馆藏明万历刘尧诲刻本。

《性理大全》本和《观物外篇衍义》为参校本，虽然收入了这些文字，却一条校记也没有给出。《邵雍全集》收录这些阙文时应已注意到了《邵雍集》的上述缺失。无论是就阙文的重要性还是就校勘工作的承继性而言，在校记中说明这些阙文的情况，应该说都是有必要的。

再来看《邵雍全集》的底本问题。《邵雍全集》以《道藏》本替代文渊阁本《观物外篇衍义》是妥当的，但《道藏》本自身仍然存在众多问题，主要在于：

（一）脱文

1. 天统乎体，故八变而终于十六。地分乎用，故六变而终于十二。天起于一，而终于七秭九千五百八十六万六千一百一十垓九千九百四十六万四千八京八千四百三十九万一千九百三十六兆。（《外篇》卷上）

"七秭"至"三十六兆"四十五字，《道藏》本脱。

2. 人寓形于走类，何也？走类者，地之长子也。（《外篇》卷上）

本段十六字，《道藏》本脱，《邵雍全集》亦脱（第1202页）。

3. 四正者，乾坤坎离也。观其象无反覆之变，所以为正也。阳在阴中，阳逆行……则不可得而测也。（《外篇》卷上）

"阳在阴中"以下，至"得而测也"二百六十七字，《道藏》本脱。

类似这样整条或数十字以上的脱文，在《道藏》本《观物外篇》中至少有五六处之多。可见此本虽然近古，却实难称为善本。整理者给予了详细的校订，指出了《道藏》本的不少缺失，颇费心力。如果别择善本以从，这些问题本来可以得到更加简易的解决。

（二）讹误

1. 然地之火且见且隐，其余分之谓耶？（《外篇》卷上）

"火"，《道藏》本讹作"大"。

2. 前六限为长，后六限为消，每限得十三亿九千九百六十八万之一百六十七亿九千六百一十六万。（《外篇》卷上）

"十三"，《道藏》本讹作"三十"。

3. 齐桓公九合诸侯，不以兵车，又次之。（《外篇》卷下）

"九"，《道藏》本讹作"六"。

与脱文相比，《道藏》本的讹误是较轻的。上三例《邵雍全集》均有校记。但第一、三例取舍不当，正文不应再从《道藏》本作"大"与"六"；第二例校记不全：《性理大全》本"十三"讹作"二十"，校记未言（第1178、1181、1230页）。事实上，校记撰写不够严谨是《邵雍全集》一个比较明显的缺陷。在重要、明显的讹脱衍倒之处，如上刘尧海所举缺文之处，理应给出说明；而书中已出校记之处，整理者必定是认为这些校勘关乎文意之要，则自然应当详细列出各参校本中重要的异文，而不是举此略彼，这样才能更加完整地显示校勘成果。今仅从《观物外篇》卷上来看，当出校记而未出、出校记而遗漏重要异文（特别是《性理大全》本、文渊阁本中的异文）的例子已是所在甚多，远在十处以上。学者欲知诸本异同，仍须核对原文，未免不便。

最后可以回到吴坚本，看看此本的价值所在。以上所举脱文，吴坚本均有收录；《道藏》等本的讹误，往往也能在此本中找到正解。此外，《观物外篇》中吴坚本独有而《性理大全》本、《道藏》本、文渊阁本以及《观物外篇衍义》等他本皆无的佚文、异文亦有数处，颇有补全之功，十分珍贵。这些佚文、异文，《邵雍全

集》均未收录,仍沿诸本之误。佚文数条如下:

(一)《外篇》原文

1. 一分为四,四分为十六,八分为三十二,十六分为六十四,以至九十六分为三百八十四也。(《外篇》卷上)

"四分为十六"五字,他本皆无(《邵雍全集》第3册,第1190页)。❶吴坚本下有小注,云:"一本无此五字。"

2. 语其体,则天分而为地,地分而为万物,而道不可分也;要其终,则万物归地,地归天,天归道,是以君子贵道也。(《外篇》卷上)

"要"字,他本皆无(第1200页)。按,"语其体"与"要其终"对言,有"要"字是。

3. 心为身本,身为家本,家为国本,国为天下本。心能运身;苟心所不欲,身能行乎?(《外篇》卷下)

"身为家本"四字,他本皆无(第1225页)。由上下文可知,此处当有"身为家本"一句。

4. 修身,人也。遇不遇,天也。得失不动心,所以顺天也。行险侥幸,必欲有所遇,是逆天也。(《外篇》卷下)

"必欲有所遇"五字,他本皆无(第1232页)。

5. 知之为知之,不知为不知,圣人之性也;苟不知而强知之,非情而何?失性而情,则众人矣。(《外篇》卷下)

本段三十四字,他本皆无(第1239页)。

6. 人心当如止水则定,定则静,静则明。(《外篇》卷下)

---

❶ 本节以下所附,均为《邵雍全集》页码。《邵雍全集》整段脱文者所附页码,为脱文所应在之上下文处。

本段十四字,他本皆无(第1241页)。

7. 所以造物者,神也。神不死,所更者四时也。所以造人者,神人也。神亦不死。(《外篇》卷下)

本段二十八字,他本皆无(第1243页)。

8. 时然后言,乃应变而言,言不在我也。(《外篇》卷下)❶

"乃应变而言"五字,他本皆无(第1244页)。

(二)《外篇》注文

《观物外篇》为弟子所记邵雍之语。传统上认为,邵雍生前似曾审阅《外篇》,篇中"更思之"云云之注,似即邵雍对语录的批语。❷《外篇》中还有另一种小注,是编者列出的他本异文。前者有助于判断《外篇》诸语是否与邵雍思想相一致,后者有助于了解邵雍之语可能的原貌。吴坚本两种注文皆有,其独见于此本者,列出如下:

1. 日有八位而数止于七,去泰而言之也。

原注:更思之。(《外篇》卷上)

"更思之",他本皆无(第1179页)。按,此注可能是兼上段"日有八位而用止于七"而言。

2. 月自兑起者,月不能及日之数也,故十二月常余十二日也。

原注:星辰更思之。(《外篇》卷上)

"星辰更思之",他本皆无(第1179页)。

3. 日一大运而进六日,月一大运而退六日,是以为闰差也。

---

❶ 《性理大全》本卷下此条无"乃应变而言"五字,但卷上之末亦录此条,有此五字。
❷ 黄畿:《皇极经世书传》卷七,《四库全书存目丛书》子部第57册,齐鲁书社,1995年,第408页;王植:《皇极经世书解》卷九,《景印文渊阁四库全书》第805册,第514页。

原注：此更算过。(《外篇》卷上)

"此更算过"，他本皆无（第1204页）。

4. 象起于形，数起于质，名起于言，意起于用。

原注：一本云"形上起象，质上起数，名上起言，用上起意"。(《外篇》卷上)

"一本云"至"用上起意"，他本皆无（第1209页）。此为异文。

5. 己配天地谓之人，惟仁者真可以谓之人矣。

"己"下原注：一本作"匹"。(《外篇》卷上)

他本"己"作"仁"，皆无"一本作'匹'"四字（第1213页）。吴坚本此处未必为确，但提供了两种可能的异文。

6. 寂然不动，反本复静，坤之时也。感而遂通天下之故，阳动于中，间不容发，复之义也。

原注：一本云"寂然不动，以其无阳，坤之象也。感而遂通天下之故，阳动于中，复之义也"。(《外篇》卷下)

"一本云"至"复之义也"，他本皆无（第1221页）。

7. 庄周雄辩，数千年一人而已。如庖丁解牛，曰"踌躇四顾"，孔子观吕梁之水，曰"蹈水之道无私"，皆至理之言也。

原注："至理"一作"中理"。(《外篇》卷下)

"'至理'一作'中理'"，他本皆无（第1225页）。

8.《易》有内象，理致是也；有外象，指定一物而不变者是也。

原注："理致"一作"理数"。(《外篇》卷下)

"'理致'一作'理数'"，他本皆无（第1234页）。

9. 经纶天地之谓才，存远举必至之愿之谓志，并包含容之谓量。

"并包含容"下原注：一作"包容含忍"。(《外篇》卷下)

"一作'包容含忍'",他本皆无(第1235页)。他本皆作"远举必至之谓志",独吴坚本作"存远举必至之愿之谓志"。

10. 刘绚问无为。

"刘绚"下原注:刘质夫。(《外篇》卷下)

"刘质夫",他本皆无(第1242页)。

以上佚文或可补全《外篇》之语,或可据以判断原文之可信程度,或可提供异文别解。除此之外,吴坚本还有一些与各本都有所不同的异文,亦有补正之功。今择其要,列举如下:

(三)重要异文

1. 天以刚为德,故柔者不见;地以柔为体,故刚者不生;是以震巽不用也。

 原注:或先艮坎后兑离。(《外篇》卷上)

注文,《道藏》本、《观物外篇衍义》无。"艮坎",《性理大全》本"坎"讹作"离",《邵雍全集》亦然(第1193页)。按本条上文有"四七二十八,所用之策也,以当兑离之二十八阳爻也……四八三十二,所用之策也,以当艮坎之二十四爻",先言兑离,后言艮坎,则注文之意,盖谓另有此两句之位置是相调换的版本,即先言艮坎,后言兑离也。

2. 置乾于西北,退坤于西南,乾统三男而长子用事,坤统三女而长女代母,坎离得位,兑震为耦,以应地之方也。

 (《外篇》卷上)

"乾统三男而长子用事,坤统三女而长女代母",他本皆作"长子用事而长女代母"(第1207页)。

3. 鱼在于水则生,离则死,交与不交之谓也。(《外篇》卷下)

"鱼",他本皆讹作"日",不可通(第1218页)。

4. 龙能大能小，然亦有制之者。受制于阴阳之气，得时则能变化，自变则不能也。(《外篇》卷下)

"自变"，《性理大全》本作"失时"，他本作"变变"（第1222页）。

5. 夫日之余盈也六，则月之余缩也亦六。若去日月之余十二，则有三百五十四，乃日行之数。以十二除之，则得二十九日五十分。

五两之则为十。若三天，两之则为六；两地，又两之则为四：此天地分太极之数也。(《外篇》卷下)

"二十九日五十分"，他本皆作"二十九日"；"五十分"连下段，而下段又脱文，遂作"五十分之则为十"，不可通（第1237—1238页）。按，以十二除三百五十四正得二十九又二分之一，此本甚确。

6. 当仁不让于师者，进仁之道也。(《外篇》卷下)

"进仁"，他本皆作"进人"（第1242页）。

上述佚文、异文，《邵雍全集》均未收入。

以上对《邵雍集》《邵雍全集》的底本问题和吴坚本的价值作了简单说明。限于篇幅，两书中还有一些其他的点校错误，此节不能尽列。❶ 但已不难看出，以吴坚本、《性理大全》本等善本重新详校《观物外篇》是有必要的。当然，吴坚本虽然相对精

---

❶ 以《邵雍全集》为例，除校记撰写不够严谨之外，另一个比较明显的问题是，由于《道藏》本每句皆顶格书写，两段之间没有区分的标志，整理者往往因此将《道藏》本相连的两段错认作一段。如"或问显诸仁藏诸用"一段，即误连上段。这种情况所在不鲜。

审，但也并非全无脱讹，有些错误还比较明显❶，校勘中应该加以注意。

四 《邵子后录》与《渔樵问对》、《无名公传》

吴坚本在《观物内篇》《观物外篇》之后，又有《邵子后录》《渔樵问对》《无名公传》三篇。这里择要述之。

《邵子后录》二卷，收录二程、谢良佐、朱子论邵雍之语。上卷收程子语录二十条，程颢所撰《邵尧夫先生墓志铭》一条，上蔡语录一条；❷下卷收朱子语录六十条。除上蔡语录外，所收各条均见今本诸子之书，文字差别不大；而诸子论邵雍语有不限于此本所收者，故校勘之用有限。此本所收尚有误作论邵雍语者：

> 正叔说："尧夫对上之词，言陛下富国强兵后待做甚？以为非是。此言安足谕人主？如《周礼》岂不是富国之术存焉？"子厚言："尧夫抑上富强之说，正犹为汉武帝言神仙之学长年不足惜，言岂可入？圣贤之晓人，不如此之拙。如梁惠王问何以利国，则说利不可言之理，极言之，以至不夺不厌。"（《邵子后录》卷上）

---

❶ 如《观物外篇》卷上"六者三天也，四者两地也"一段，吴坚本即脱去。
❷ "尧夫直是豪才"一段，原注云录自《上蔡语录》。但从文字上看，直接来源应是朱子《伊洛渊源录》，或吴坚所见《上蔡语录》有不同于今本者（《伊洛渊源录》卷五，《朱子全书》第12册，第990—991页）。

本条见《洛阳议论》。❶ 此所谓尧夫当指范尧夫,即范纯仁,非邵雍也。

《邵子后录》的意义,不仅在于所收文字,也在于展示"后录"这一集录理学后来人论学语的体例。这在当时并非孤例:吴坚本《张子语录》下,有《张子语录后录》,《龟山语录》下,有《龟山杨先生语录后录》,皆为两卷,体例与此相似。这种类聚而观、广为刊行的做法,只有在理学思想边界已经清晰、理学文献较为普及和理学群体高度自觉化后才能出现。就此而言,《邵子后录》正可以从一个侧面显示出南宋末年的理学传播状况和当时理学群体对于邵雍的认识。此书除吴坚本外"未见他本著录"❷,乃是孤本,足为可贵。

《邵子后录》之下,吴坚本又收入《渔樵问对》与《无名公传》两种。两书特别是《渔樵问对》的真伪素有疑问,对于这一问题的考证非本文主旨所在,故从略。❸ 这里,本文仅仅关注版本与点校的问题。

首先来看《渔樵问对》。❹ 该篇版本讹误较少,两整理本的主

---

❶ 程颢、程颐:《河南程氏遗书》卷十,《二程集》,第111页。
❷ 冀淑英:《影印〈邵子观物篇〉说明》。
❸ 关于《渔樵问对》真伪的讨论,参见整理者的说明,见《邵雍全集》第4册,第468—471页。从思想上来看,《渔樵问对》讨论的天人、体用之分,正是邵雍哲学中的重要主题;《渔樵问对》所谓水火体用,在《观物外篇》中也能找到相似的表达,如"火无体,因物以为体""火以性为主,体次之;水以体为主,性次之"。此外,前人没有注意到的一条材料是,张行成曾引用《渔樵问对》,称其为邵雍之语:"先生曰:'竿纶、浮沉、钩饵,一不具则鱼不可得。六物具而不可得鱼者有焉,具六物者人也,得鱼不得鱼者天也;六物不具而不得鱼者非天也,人也。'此理尽之矣。"(《皇极经世索隐》卷上,《景印文渊阁四库全书》第804册,第19页)《渔樵问对》确为邵雍思想的表达,是没有疑问的。
❹ 《渔樵问对》有《百川学海》本,与吴坚本同属南宋刻本。《邵雍集》《邵雍全集》以《性理大全》本所附《外书》为底本,而不取宋本,未为尽善。

要问题是点校错误。试举数例如下:

1. 以我徇物,则我亦物也;以物徇我,则物亦我也。我物皆致,意由是明。天地亦万物也,何天地之有焉?万物亦天地也,何万物之有焉?万物亦我也,何万物之有焉?我亦万物也,何我之有焉?

"我物皆致,意由是明",《邵雍集》《邵雍全集》在"我物皆致意"下断句,"由是明"连下读(《邵雍集》第555页,《邵雍全集》第4册,第457页)。从上下文来看,"我"与"物"并举,"天地"与"万物"并举,点校本的断法可商。

2. 百斤,力分之内者也;十斤,力分之外者也。力分之外,虽一毫犹且为害,而况十斤乎?

"力",两点校本连上读,作"百斤力,分之内者也;十斤力,分之外者也"(《邵雍集》第559页,《邵雍全集》第4册,第462页)。上文既以"百斤""十斤"对举,下文又言"力分之外",是"力分"自为一词,不应断开。

3. 《大象》谓阴阳刚柔。有阴阳然后可以生天,有刚柔然后可以生地。

两点校本断作:"《大象》谓阴阳刚柔,有阴阳然后可以生。天有刚柔,然后可以生地。"(《邵雍集》第560页,《邵雍全集》第4册,第462页)阴阳以天言,刚柔以地言。今杂糅一处,非。

4. 凡言知者,谓其心得而知之也;言言者,谓其口得而言之也。

两点校本"言言者"作"言之者"(《邵雍集》第562页,《邵雍全集》第4册,第464页)。上下文可见"知""言"并举,"之"字误。

5. 圣人所以惜乎才之难者,谓其能成天下之事而归之正者寡也。

附录一 点校本《邵雍集》《邵雍全集》补正 461

两点校本在"之事"下加逗号(《邵雍集》第564页,《邵雍全集》第4册,第467页)。如此点断虽亦勉强可通,但首句所言才之难,正在于既"成事"且能"归正"者甚"寡"。若断开,则"寡"似仅指"归正",而与"成事"无关,文意不贯。

6. 若不能归之以正,才则才矣,难乎语其仁也。

两点校本断作:"若不能归之以正才,则才矣难乎语其仁也。"(《邵雍集》第564页,《邵雍全集》第4册,第467页)显误。

《渔樵问对》中,吴坚本亦有讹误。"樵者问渔者曰:'小人可绝乎?'"一句,吴坚本、《百川学海》本及其他传世本"樵者问渔者"皆作"渔者问樵者"。全篇皆借樵者设问于渔者,此为误倒。

最后来看《无名公传》(一作《无名君传》)。《邵雍集》中,《无名公传》取《四部丛刊》吕祖谦《宋文鉴》本为底本,脱文满篇,几不可读;《邵雍全集》改以《性理大全》所附《外书》本参校,但仍取《宋文鉴》本为底本,虽详为校勘,但底本已劣;虽较《邵雍集》多有补充,但所补文字又未添入正文之中,学者阅读,颇为不便。其实吴坚本此篇保存完整,远胜《宋文鉴》本,可惜整理者未加利用。这里仅以《邵雍全集》为例,列出整理者未注意的几处文字:

1. 无名君生于冀方,长于冀方,老于豫方,终于豫方。

"长于冀方",《性理大全》本脱,《邵雍全集》亦脱(第4册,第450页)。

2. 年四十求学于古今,遂尽古今之情,己之滓十去其七八矣。

"七八",《性理大全》本讹作"八九",《邵雍全集》亦讹作"八九"(第4册,第450页)。从上下文"去其一二""去其三四"云云来看,此处当作"七八"为是。

3. 既而国人疑其陋,问于四方之人,四方之人曰:斯人不器,安得谓之陋?

两"四方之人",《邵雍全集》讹作"四方之八"(第4册,第450—451页)。

五 余 论

吴坚本在校勘上的价值已如上述。此外,《邵雍全集》中其他数篇的问题,这里也附带言之。

首先来看《洛阳怀古赋》。此篇在先前的邵雍研究中未被重视,但其实十分重要:在此篇中,邵雍提出了其皇帝王伯说的雏形,由此可以考察邵雍思想的发展历程。这又与另一个问题相关——此篇究竟作于何时?如果不是仅仅以《宋文鉴》为本,而是注意到此篇同样见之于邵伯温《邵氏闻见录》的话,对于这一问题将有完全不同的认识。❶

《洛阳怀古赋》云:

> 予家此始半岁,会秋乘雨霁,与殿院刘君玉登天宫寺三学阁,洛之风景因得周览。❷

"始半岁",《邵雍全集》承《宋文鉴》本之误,讹作"治平岁"。若以后者为准,则此篇当作于治平年间(1064—1067)。但作"治平"不仅上下不贯,在时间上也有问题:治平年间去邵雍迁洛

---

❶ 邵伯温提到,《洛阳怀古赋》起初并无笔录,而是由宗颢口传。《邵氏闻见录》收录该篇,在时间上早于《宋文鉴》(《邵氏闻见录》卷十九,第214页)。

❷ 以下所引《洛阳怀古赋》原文,均据邵伯温:《邵氏闻见录》卷十九,第211—213页。

已近二十年,而邵伯温此段笔记的背景明明是叙述邵雍初迁洛时事❶,两者实不相符。此条当作"始半岁",也可以得到邵雍诗作的旁证。《伊川击壤集》存有邵雍与刘君玉即刘元瑜的唱和诗一首,正作于皇祐元年(1049),乃邵雍初迁洛时,此后二人再未见有诗作往还。❷据《宋史》本传及《续资治通鉴长编》,刘元瑜至和起即转任潭州、襄州等地,最终卒于青州任上❸,吴廷燮《北宋经抚年表》系之于治平元年(1064)❹。很难想象,去世当年、远在青州的刘元瑜如何会与邵雍在洛阳登临吟咏。由此来看,《洛阳怀古赋》之作,只可能在邵雍初迁洛时,即皇祐元年前后。

《宋文鉴》本《洛阳怀古赋》尚有其他一些问题,择录于下。

1. 洛阳之为都也,地居天地之中,有中天之王气在焉。

后"中"字,《宋文鉴》本讹作"终"。

2. 不得中者,加以宽猛失政,重轻逸权,不有水旱兵革而民已困,而况有水旱兵革者焉?

"不有水旱兵革",《宋文鉴》本脱"兵革"。

3. 必时教之各备,则居地而得宜,是故知地不可固有之也。

"必时",《宋文鉴》本无。

以上,《邵雍集》《邵雍全集》皆沿《宋文鉴》本之误(《邵雍集》第546、548页,《邵雍全集》第4册,第446、448页)。

---

❶ 邵伯温云:"康节先公自共城迁洛,未为人所知也。宗颢独馆焉,可见宗颢非俗僧也。康节登其馆阁,尝作《洛阳怀古赋》曰……。"(《邵氏闻见录》卷十九,第211、213页)由此可见此事当在邵雍初迁洛时,即所谓"始半岁"。下文又云:"熙宁间,宗颢尚无恙。"熙宁与治平相接,若赋作于治平年间,邵伯温不当言"尚"字,亦可见《宋文鉴》本之误。

❷ 邵雍:《新居成呈刘君玉殿院》,《伊川击壤集》卷一,《邵雍全集》第4册,第6—7页。

❸ 脱脱等:《宋史》卷三百零四,第10071—10072页;李焘:《续资治通鉴长编》卷一百八十,至和二年六月戊辰条,第4358页。

❹ 吴廷燮:《北宋经抚年表·南宋制抚年表》,第73页。

最后谈一谈《邵雍全集》佚文的编排问题。整理者考得邵雍遗文多篇，搜罗甚力。但将其以《伊川击壤集外诗文》之名附于《击壤集》后，似有可商之处。这些佚文并不曾收入历代《击壤集》中或附于《击壤集》后，故实无"集外诗文"之名，另取他名成篇即可。其中《自作像赞》《答人书》两篇，分见于《伊川击壤集》卷十二《自作真赞》及《邵氏闻见录》卷二十❶，《邵雍全集》所引，大抵是后人从中钞撮而得，不必作佚文处理。又，《邵雍全集》所列佚文，《全宋文》已有收集❷，其中尚有《邵雍全集》未收录者，整理者似可留意。

尽管尚有如上一些缺憾，但瑕不掩瑜，《邵雍集》《邵雍全集》无疑仍然是近年来邵雍著作整理中最为全备的两种。衷心期盼整理者能够再作校订，补苴罅漏，向读者呈现出更加精善的版本。

---

❶ 邵雍：《自作真赞》，《伊川击壤集》卷十二，《邵雍全集》第 4 册，第 242 页；邵伯温：《邵氏闻见录》卷二十，第 220 页。
❷ 曾枣庄、刘琳主编：《全宋文》第 46 册，上海辞书出版社、安徽教育出版社，2006 年，第 43—72 页。

附录二 《全宋诗》所收吕公著诗辨疑[*]

吕公著（1018—1089），字晦叔，安徽寿州人，吕夷简第三子，北宋宰相。《全宋诗》录其诗十八首。[❶] 经考，其中十四篇并非吕诗，而是邵雍诗作。

吕公著诗已无别集流传，《全宋诗》所收系辑佚而得。据整理者所述，十八篇中，《恭和》辑自宋蒲积中《古今岁时杂咏》，《分题得瘿木壶》辑自吕祖谦《宋文鉴》，《杨郎中新居和尧夫先生韵》二首辑自邵雍《伊川击壤集》；其余十四篇则辑自清乾隆十年（1745）龚崧林编次之《洛阳县志》。事实上，后十四篇原出邵雍《伊川击壤集》，乃邵雍诗作。今将其在《击壤集》中的卷次列出如下：

《和王常侍登郡楼望山》（《击壤集》题作《追和王常侍登郡楼望山》），卷二

《归洛寄祖择之龙图》（《击壤集》题作《归洛寄郑州祖择之龙图》）、《留题龙门》（二首）、《龙门石楼看伊川》、《二十二日晚步天津次日有诗》，卷五

《和魏教授见赠》，卷六

---

[*] 本文发表于《中华文史论丛》，2016年第4期。
[❶] 北京大学古文献研究所编：《全宋诗》第8册，北京大学出版社，1992年，第5468—5472页。

《寄吴传正寺丞》(《击壤集》题作《代书寄吴传正寺丞》,同卷另有《寄吴传正寺丞》,非此篇),卷七

《延福坊李太博乞园池诗》,卷九

《天津晚步》,卷十二

《和王安之六老诗》(三首,《击壤集》题作《依韵和王安之少卿六老诗仍见率成七》,龚《志》作《和王安之六老诗仍见率成七》,原诗共七首,《全宋诗》据龚《志》录其一、其五、其七),卷十三

《王安之同赴王宣徽洛社秋会》(《击壤集》题作《和王安之同赴府尹王宣徽洛社秋会》),卷十六

《全宋诗》邵雍名下已收此十四篇❶,此处实为重出。如何判断其为邵雍而非吕公著所作?以下几条证据值得注意。从版本上看,《击壤集》自元刻本以来,各足本皆存此十四篇;而在龚崧林《洛阳县志》以前,他书皆未有以其为非邵雍诗者。从思想上看,十四篇文字的风格与《击壤集》他篇相一致,特别是其中一些概念,如《和魏教授见赠》所谓"天根""极玄",乃邵雍之所独发,《击壤集》每言之。最明显的,《和王安之同赴府尹王宣徽洛社秋会》末句"邵尧夫敢作西邻",更是明白表露身份。可以说,上述十四篇的作者归属十分清楚。龚氏以为吕诗,乃是误收无疑。

这一误收最早出现于何时?据《洛阳县志》卷首所录武攀龙序,该志原有嘉靖七年(1528)路直所修本,清初武攀龙继修之,龚《志》系在此基础上校补而得。❷今明本不存于世,而康熙四十

---

❶ 北京大学古文献研究所编:《全宋诗》第7册,第4466—4622页。
❷ 乾隆《洛阳县志》卷首,龚崧林编,哈佛燕京图书馆藏本。

年（1701）刻本武攀龙《洛阳县志》并无此十四篇❶，知此当系龚氏修订时所添入。《全宋诗》未之考，遂沿其误。

又，龚《志》同卷有《题水北杨郎中园亭二首》，题为司马光作，实亦邵雍之诗，见《击壤集》卷十七。此处，《全宋诗》未承龚氏之说。

又及，《全宋诗》所收吕公著诗《分题得瘿木壶》以《宋文鉴》为底本，然此篇早已见于吕希哲《吕氏杂记》，其文曰："欧阳公居颍，日与正献公及刘敞原甫、魏广晋道、焦千之伯强、王回深甫、徐无逸从道七人会于聚星堂，分题赋诗，得'瘿木壶'。"❷观此可知该篇之所由作。

---

❶ 康熙《洛阳县志》，武攀龙编，中州古籍出版社，2014年，影印版。
❷ 吕希哲：《吕氏杂记》卷下，《景印文渊阁四库全书》第863册，台北：台湾商务印书馆，1986年，第226页。

附录三　极数知来：邵雍形象与托名占法之演变

对于命运的探究始终是哲学与人生的重要母题。自商周龟卜蓍占以来，人们开发出种种占卜的方式以推算命运，占算之学在民间知识、信仰和生活中发挥了重要作用。历代占卜术中，11世纪以后渐次出现的托名于宋代哲学家邵雍的一系列占算术在传承上自成系统，在技术上独标一格，特别引人注目。伴随着这些占算术的发展，邵雍的形象也经历了复杂的改造和建构，从理学宗师一步步转变为术数宗主。本文致力于对相关托名著作加以梳理，勾勒上述演变过程，分析相关占算方法，并就其间蕴涵的思想史意义略作探讨。

一　邵雍论命与时人记述中的邵雍形象

在展开关于托名邵雍的占法的讨论之前，首先有必要对邵雍关于命运的思考略作说明，以澄清后世所建构的邵雍形象、所托名的邵雍占法与邵雍本人在著作中所表现出的立场和思想之间的差异。

邵雍，字尧夫，谥康节，北宋哲学家、易学家，有《皇极经世》《伊川击壤集》传世。邵雍在哲学上取得了相当高的成就，与周敦颐、张载和二程并称为北宋五子，被认为是宋明理学的重要建立者。

作为哲学家的邵雍对命运有着理性的认识。邵雍认为，人生在世的遭遇，有分与命之不同：分指人所应尽力的本分、所能影响的结果，命则是非出人力而人不得不接受的客观性，是"天使我有是者"❶。在人力的限度内，主体具有充分的认知、决断与行动的能力；但在人力之外，面对莫如之何的命运，正确的态度应该是知命、顺命、安命，充分理解并安于这种客观性。相反，如果出于功利之心试图改变命运以趋吉避凶，则是逆天而行，反而会带来凶的结果，"强取必得，是逆天理也，逆天理者，患祸必至"❷。邵雍秉持理性化的命运观，拒斥出于功利期待之心的占算之举，故对世人迷信占算多有批评，直斥"买卜稽疑是买疑，病深何药可能医"❸。从文字上看，邵雍本人的思想倾向与占算并不相投。

邵雍不仅在态度上拒斥占算，而且明言自己不能预知命运❹，著作中不涉及占算之事。邵雍思想的价值也不在于卜问吉凶。朱子言："如今人说康节之数，谓他说一事一物皆有成败之时，都说得肤浅了。"❺然而，这并不能妨碍世人沿着占算的方向理解邵雍。对于邵雍是否具有占算之能，同时代及后世的学者近乎一致地给出了不同于邵雍自述的答案。

一般认为，最早言及邵雍占算之能的是二程兄弟。二程与邵雍同居洛阳，交游约三十载，对邵雍思想行事十分熟悉。二程语录中颇有关于邵雍能推知"物寿长短始终""指一二近事，当面可

---

❶ 邵雍：《观物外篇》卷下，《邵雍全集》第3册，第1240页。
❷ 邵雍：《观物外篇》卷下，《邵雍全集》第3册，第1232页。
❸ 邵雍：《闲行吟》，《伊川击壤集》卷七，《邵雍全集》第4册，第111页。
❹ 邵雍《和人放怀》云："为人虽未有前知。"（《伊川击壤集》卷二，《邵雍全集》第4册，第23页）
❺ 黎靖德编：《朱子语类》卷四，第78页。

验",乃至"大段漏泄它天机"❶的评述。尽管这些说法部分在主题上另有指向❷,但无论如何,"察形色""以生下日数推考""须精方验"❸的表述确实只能作占算理解。二程的称述应当说是关于邵雍与占算关系最早也较为可靠的记载,但可惜未能展现出占法的具体面貌。由于缺乏足够的细节,二程记述中的邵雍占法究竟如何只能存疑,而不能被简单等同为后世的某种特定的术数。后世关于邵雍占法的记述,应该主要是托名的产物。

二程之后,关于邵雍占算的记载开始在北宋士人的记述中频频出现。二程弟子谢良佐曾提到邵雍能推知房屋倒坏之期❹,这是现有记载中较早的关于邵雍前知的实例。私淑邵雍的晁说之言邵雍曾预知为其作谥之人。❺邵雍之子邵伯温更将邵雍预测的内容由私事推展至国运:按照邵伯温的描述,邵雍早在治平年间(1064—1067)就凭借洛阳有杜鹃啼鸣而推断出此后将有南人入相,国势将为之蹙。❻类似记载在宋人笔记中所在多有,近人丁传靖《宋人轶事汇编》曾裒辑数十条,集成一节。❼由丁氏所辑可知,至迟在南宋绍兴(1131—1162)中期,邵雍善占已经成为

---

❶ 程颢、程颐:《河南程氏遗书》卷二上、卷十二、卷十八,《二程集》上册,第42、197、428页。

❷ 细察文意可知,"推物寿"一段,程颐与弟子所谈论的其实是物类寿命的上限,而非某个体的寿命,并不是占算之事;"一二近事"一段,叙述者是谢良佐,而非二程亲言,且其所论乃是历法,并非命运;"泄天机"一段,程子所指乃是物理,亦与卜算无关。

❸ 程颢、程颐:《河南程氏遗书》卷十八,《二程集》上册,第197页。

❹ 谢良佐:《上蔡语录》卷上,《朱子全书外编》第3册,第7页。

❺ 晁说之:《康节先生谥议后记》,《嵩山文集》卷十八,《四部丛刊续编》,商务印书馆,1934年,第11页下至第12页下。

❻ 邵伯温:《邵氏闻见录》卷十九,第214页。此事朱弁亦有记录,见朱弁:《曲洧旧闻》卷二,中华书局,2002年,第110页。

❼ 丁传靖辑:《宋人轶事汇编》卷十,第457—463页。

士人普遍接受和谈论的"共识"。此类记载的特点是，皆出士人群体之手，记邵雍占算轶事，而不详其占法细节。这说明：一方面，早在邵雍去世后数十年内，其形象已经经历了来自子嗣、弟子和士人群体的建构，邵雍的占算之能得到了刻意突出；另一方面，此时邵雍形象与术数的结合仍然比较初步，成体系的占法似乎尚未出现，仍有待于进一步的发展。此后，邵雍占例与新旧术数不断融合，一种新的占术体系逐渐形成。

二 极数知来：《梅花易数》诸书占法

宋元以来，占算书籍中出现了特殊的一类：其法不用蓍草或铜钱，纯以数字起卦，简易明白，而皆"托邵子以神其说"❶。此类占法分为数家，中以《梅花易数》最为知名。本文以《梅花易数》为代表，兼及其他诸家，分析其形成源流、占法内容、及与邵雍思想的关系。

（一）《梅花易数》

《梅花易数》五卷，旧题邵雍撰，今存清代抄刻本多种。《梅花易数》之为伪书，前人已有确论：郑万耕先生考证其为明代以后之作；❷郭彧先生引明代季本之说，认为其书应出于元

---

❶ 永瑢等：《四库全书总目》卷一百十一，第943页。
❷ 郑万耕：《关于〈梅花易数〉的几个问题》，《国际易学研究》第3辑，朱伯崑主编，华夏出版社，1997年，第41—46页。 更早，1928年，容肇祖先生在研究卜筮时已留心到《梅花易数》，将其列入筮占系统，惜未作详论（《占卜的源流》，《国立中央研究院历史语言研究所集刊》第一本第一分，1928年，第48、83页）。

末。❶ 本文认为，从《梅花易数》书中的人名判断，《梅花易数》成书当在明初以后❷，但其中的主要事例和占法当早已有之。以下举出数则未被注意的宋代史料，略作讨论。

首先来看占例。《梅花易数》举有观梅占、牡丹占、邻夜叩门借物占等数种占例，皆以邵雍为主人公，根据不同情境讲解占法。其中，特别值得注意的是牡丹占。《梅花易数》云：

> 巳年三月十六日卯时，（康节）先生与客往司马公家共观牡丹。时值花开甚盛，客曰："花盛如此，亦有数乎？"先生曰："莫不有数，且因问而可占矣。"遂占之。以巳年六数，三月三数，十六日十六数，总得二十五数，除三八二十四数，零一数为乾，为上卦。加卯时得四数，共得二十九数，又除三八二十四数，零五为巽卦，作下卦。得天风姤。又以总计二十九数，以六除之，四六二十四，零五爻动，变鼎卦，互见重乾。遂与客曰："怪哉！此花明日午时，当为马所践毁。"众客愕然不信。次日午时，果有贵官观牡丹，二马斗啮，群惊花间驰骤，花尽为之践毁。❸

---

❶ 郭彧：《易图讲座》，华夏出版社，2007年，第164页。除郭文所引外，季本还提到："（《梅花易数》）此法颇似魏管辂所断之占，岂汉魏以来皆用其术，而后人秘之，至于久乃文其说，美其名，而假重于康节邪？"（季本：《易学四同别录》卷二，《续修四库全书》第6册，上海古籍出版社，1995年，第458页）至于托名邵雍的占法与前人如何相似，季本并未给出说明。

❷ 这里可以为郑万耕先生之说补充一条论据：《梅花易数》卷五提到相字家张乘槎评拱北楼楼名事，此事又见载于明人著作，明言其事在洪武初年（郎瑛：《七修类稿》卷二十二，中华书局，1959年，第335页；郭子章：《六语·谶语》卷六，《北京图书馆古籍珍本丛刊》第65册，书目文献出版社，1996年，第192页）。可知《梅花易数》成书必晚于此。

❸（旧题）邵雍：《梅花易数》卷一，国家图书馆藏清光绪五年（1879）书业堂刻本。

同样的情节在两宋之交的宋人笔记中已经出现。张邦基《墨庄漫录》载：

> 康节邵先生尧夫，在洛中尝与司马温公论易数，推园中牡丹云：某日某时当毁。是日温公命数客以观，日向午花方秾盛，客颇疑之。斯须两马相踶，绝衔断辔，自外突入，驰骤栏上，花果毁焉。❶

此事亦见马永卿《懒真子录》。❷除占法未备外，上述记录在人物和情节上与《梅花易数》完全一致。《梅花易数》占法在两宋之交是否已然悉数出现，或难确证；但就所举事例来说，上述故事无疑是《梅花易数》之远源。

其次来看占法。《梅花易数》的基本占法是观变取数定卦之法。❸其法大略如下：占者根据当下所见闻之事物、文字、声音或时间（年月日）计数，以总数去八之余数为上卦，以总数加时数去八之余数为下卦，再以总数加时数去六之余数定动爻。卦爻皆定后，参用互体、五行求得吉凶及应验时期。其例已如上牡丹占所示。

《梅花易数》占法的关键在于"不动不占，不因事不占"❹，即必须以当下的某个数量作为起卦的变量。关于这一点，宋代学者已有论述。朱子曾谈及世所流传的邵雍占例：

---

❶ 张邦基：《墨庄漫录》卷二，中华书局，2002年，第65页。
❷ 崔文印：《懒真子录校释》，中华书局，2017年，第103页。
❸ 与其他占算书籍类似，《梅花易数》亦是层累杂糅而成，其中保存的占法不止一种。如卷四、卷五所论拆字之法，即当为羼杂附入者。
❹ （旧题）邵雍：《梅花易数》卷一。

> 有气有形便有数。物有衰旺，推其始终，便可知也。有人指一树问邵先生，先生云："推未得。"少顷一叶堕，便由此推起。盖其旺衰已见，方可推其始终。推，亦只是即今年月日时以起数也。❶

朱子所举占例，不仅在情节上与《梅花易数》枯枝坠地占极为相近❷，而且特别点明了《梅花易数》占法的原则，即必由"一叶"之"堕"作为变量来展开占算。其逻辑是：占算是求一物之盛衰成毁，而此成毁必由该物之动乃能见之。❸

朱子又曾提到另外一种邵雍占法：

> 康节曰："思虑未起，鬼神莫知，不由乎我，更由乎谁。"此间有术者，人来问事，心下默念，则他说相应。有人故意思别事，不念及此，则其说便不应。问姓几画，口中默数，则他说便着；不数者，说不着。❹

此例除同属"不动不占"外，还提示出托名邵雍占法的一种情况：按姓名笔画占。其占法亦见于《梅花易数》：

---

❶ 此例朱子多有提及，分见黎靖德编：《朱子语类》卷六十五、卷六十七，第1610、1649、1671页。
❷ 见（旧题）邵雍：《梅花易数》卷一。
❸ 《梅花易数》从当下之动求占，当下之动相对于占得的结果来说，其实就是《周易》所讲的"几"，"几者动之微，吉凶之先见者也"（《系辞下》）。季本认为，这正是《梅花易数》的命名原则："梅花者，先春而露蓓蕾，生意之早动者也。占于几动之初，思虑方起而鬼神可知之时，故数以梅花名焉。"（《易学四同别录》卷二，《续修四库全书》第6册，第457页）
❹ 黎靖德编：《朱子语类》卷一百，第2554页。

寅年十二月初一午时，有数家起造，俱在邻市之间。有三家以此年月日时求占于先生。若同一卦，则吉凶莫辨矣。先生以各姓而加数，遂断之而皆验。盖三家求占，有田姓者，有王姓者，有韩姓者。若寅年三数，十二与一，共十六，加王姓四画，得二十数，除二八一十六，得四，震为上卦；又加午时七数，总二十七数，除三八二十四，得三，离为下卦。二十七中除四六二十四，零三为爻，得丰变震，互见兑巽。其田姓加以田字六画，得水风井，变升，互见离兑。其韩姓加入二十一画之数，得益变中孚，互见艮坤。乃以各家之姓起卦，随各家之卦断之也。不特起屋之年月日时加姓也，凡冠婚及葬事皆须加姓。❶

以上占法同样是依姓氏笔画而占。其与朱子所言之相似处，一望可知。❷

由以上梅花占、枯枝坠地占和姓名笔画占诸例可见，早在朱子之世，《梅花易数》的主要占法应已初步具备。但朱子所举诸例与《梅花易数》仍有不同：朱子所言占法，无一例外都是以数起占；《梅花易数》则在以数定卦法中，大量采用了取象、取义定卦之法作为辅助，如据老人之象取乾卦、据少年之象取艮卦。❸此外，《梅花易数》中常用的互体、五行之法，朱子亦未言之。造成以上差异的原因，一方面固然可能是朱子所言并非占法全貌，另

---

❶（旧题）邵雍：《梅花易数》卷二。
❷ 李光地曾提及一则托名邵雍的占事，亦属此类："邵子入东林寺，僧言多怪，邵子曰：'吾未入门，已知之矣。'取扁额'林'字两木各添一钩，其怪即止。以二字数画当某卦，故多怪。加画，则卦画变矣。"（《榕村续语录》卷十七，中华书局，1995年，第2554页）
❸（旧题）邵雍：《梅花易数》卷一。

一方面，考虑到《梅花易数》占法的体系性，以及取象、互体、五行都是易学传统术数的常用之法，似乎更可能是朱子时已经兴起的所谓邵雍占法在其后又有发展，与传统术数实现了进一步的融合。

《梅花易数》的基本占法可以称为数占。就思想史的意义来看，这种数占之法并不仅仅是对既有占法的抽象和简化，同时也体现出了占算观念的演变。龟卜用骨，《周易》用蓍，早期占卜不仅必须借助某种工具展开，而且这种工具本身往往具有通灵的作用，如龟有通灵妙用，蓍以幽赞神明，通灵工具对于占法的成功是不可或缺的。换言之，早期占算主要是向某种至少带有人格性的神灵求取问题的答案。后世占法逐渐趋简，《火珠林》改用钱币占算，所看重的与其说是钱能通神的观念，不如说已经是钱币方便易得的属性。及至《梅花易数》采用数占，就完全悬置了占算工具背后预设的神灵观念，而将对于命运的预测置于数字的变换之中。这显然是认为，人的遭遇虽有命定，但却并非出于某种人格神的意志，而是自有其可以为人所探寻的客观的规律。此后出现的种种托名邵雍的占法，就其占算以数、远离神灵而言，都与《梅花易数》具有本质上的一致性。❶

就思想而言，《梅花易数》对邵雍的继承十分有限，主要体现在对邵雍先天卦序、卦图和体用概念的挪用变形之中❷，思想价值

---

❶ 陈来先生谈到，《周易》所以能逐渐"摆脱神鬼观念而向某种宇宙法则转化"，正是由于其具有"数的特质"（《古代宗教与伦理：儒家思想的根源》，第83页）。就以数代神而言，以《梅花易数》为代表的数占较之早期占术其实更有推进，尽管这种推进不是以祛魅的理性化为方向的。

❷ 季本已经指出："梅花数从上起卦，据数轮爻，略不及阴阳消长之几、进退存亡之道，与邵子所精加一倍之学大异。"（《易学四同别录》卷二，《续修四库全书》第6册，第458页）

甚低。❶但在同类占书中,《梅花易数》与邵雍的关系已经是相对较为紧密者,因其对邵雍的形象与思想毕竟有所借用。其余数种占书,虽亦托名于邵雍,但内容上的联系更为单薄。以下择其要者,略作述论。

(二)《邵子易数》

《邵子易数》,又名《万物数》《皇极数》,旧题邵雍撰,今有清代抄刻本数种,较流行者为明喻有功编纂、清道光王通瑞改订的六卷本。王通瑞序云:"至年几四十,果得《喻氏易数》一书……知非邵氏之旧,尚多先天之说,盖私淑邵氏而作者也。"❷据此,此书原名《喻氏易数》,大抵是喻有功在前人基础上借用邵雍思想发挥而成。其书虽不似《梅花易数》言邵雍占例,部分内容却有取于彼,如卷一《心易妙用》即《梅花易数》之《三要灵应篇序》,卷五《十应灵枢篇》即《梅花易数》之《十应目论》,所言体用、互卦、五行概念和小衍❸、用二字取画占法亦与《梅花易数》十分近似。❹据王通瑞所言,"卷内有听言观方辨卦,法近梅花数者,俱删去"❺,则可知原书保存的《梅花易数》内容当更夥,由此可见两书之亲缘关系,亦可知《邵子易数》成书当在

---

❶ 对于《梅花易数》思想的批判,参见郑万耕:《关于〈梅花易数〉的几个问题》,《国际易学研究》第3辑,第52—55页。
❷ 王通瑞:《邵子易数序》,(旧题)邵雍:《邵子易数》,九州出版社,2013年,第2页。
❸ 《邵子易数》以小衍为占法,值得注意。宋代易学中颇有论及小衍者,但少言其为占法(参见拙文《宋代易学中的数字五:以朱震为中心》,《周易研究》,2016年第1期)。冯友兰先生亦曾谈到,旧日北京街头卜卦者有所谓大衍、小衍,乃是不同的筮法(《致〈周易〉学术讨论会》,《三松堂全集》第14册,河南人民出版社,2001年,第699页)。此类记载之间有无深入关联,值得作更细致的考察。
❹ (旧题)邵雍:《邵子易数》卷一、卷二、卷五,第20—21、40、169—172页。
❺ 王通瑞:《臆说》,见(旧题)邵雍:《邵子易数》,第3页。

《梅花易数》之后。

《邵子易数》内容芜杂，其主要价值在于保存了一种不同于《梅花易数》的占法——元会运世占法。其法分为起卦画、起原策、起演策、定吉凶四步。所谓起卦画，是指按照大衍、小衍等占法先求得一卦及其动爻；所谓起原策，是指求出上一步所得之卦阴阳爻之策数；所谓起演策，乃此种占法的关键，是根据卦之原策，以动爻与卦分别乘数，再加上下卦之先天序数，得通衍之数，定元会运世四位之数；❶最后，所谓定吉凶，是根据不同占算事项，将元会运世分别对应于事中人物，再根据数字间的大小及生克比和关系推定吉凶。《邵子易数》举出了天时、国事、军旅、身命等数十种事项，每种事项皆配以元会运世之数，并详解其占法，颇为全备。❷

就占法而言，《邵子易数》在第一步起卦画处已经可以根据爻辞占验吉凶，不必继续从事后续步骤。其所以仍要继续计算，是为了增强运算的复杂性，以实现对于繁杂的现实世界更为充分的模拟。在复杂性上，《邵子易数》较《梅花易数》更有过之。就数占的纯粹性来说，《邵子易数》较之《梅花易数》亦有度越之处：《梅花易数》虽然抛弃了蓍草等占具，完全凭借数字进行占算，但所得之结果，仍然需要借助数字所成卦象及其卦义来判断；换言

---

❶ 原书举例如下："凡起演策，先看原策若干，次看上卦动、下卦动。上卦动，以动因十，以卦因零；下卦动，以卦因十，以动因零。仍要知一转在千万上算，二转百十上算，三转零数上算。假如占值地天泰六五爻动，原策乃一百八十，是上卦动，该以动因十。又一转千万上算，五爻动，该下五十个一百八十，五的五千，五八方四千，共计九千。又以卦因零，坤八数，二转百十上算，该下八个一百八十，仍加原策一百八十，连前共计一万六百二十。三转零上算，算加坤八乾一，又加动爻五数，通衍得一万六百三十四，以究元会运世，而吉凶悔吝之道昭昭也。"（《邵子易数》卷二，第42页）

❷ （旧题）邵雍：《邵子易数》卷三，第65—94页。

之，其所占得之吉凶乃是卦之吉凶，而非数之吉凶。《邵子易数》则是以数起卦、以卦定数，卦在占算过程中充当的只是增强运算复杂性的工具，数字本身的关系才是判断吉凶的根据。应该说，这种算法更根本地体现了数占的特征。

就其与邵雍的关系来说，《邵子易数》占法最值得注意的当然是元会运世之数。然而，《邵子易数》虽然借用了元会运世之名，其含义却与邵雍原意毫无关联。元会运世原是邵雍用以描绘历史纪年的数字单位，其数以十二与三十辗转相乘；在《邵子易数》中，所谓元会运世则是指千百十零四个数位，不涉及具体数字。故而，《邵子易数》占法虽颇为繁复，其真实面貌却正如王通瑞在全书末尾所点明的：

> 所谓以卦爻加数算之得千百十零为元会运世者，此必嗜好邵氏书，别有心得，而作此名为《易数》者也。观其所本，乃积先天策数以当万物之数，故又名曰《万物数》。其于每爻各分元会运世，实非邵子之所谓元会运世也。❶

（三）《河洛理数》、《河洛真数》与《铁板神数》

《河洛理数》（以下简称《理数》）七卷，又有《河洛真数》（以下简称《真数》）十卷，两书旧题皆作陈抟述、邵雍撰，皆有明清抄刻本存世，而实际上只是一书：《理数》卷一，对应《真数》卷一至三《起例演义》；《理数》卷二，对应《真数》卷四至八《易卦释义》；《理数》卷三，对应《真数》卷九至十《诗断秘诀》；《理数》此后四卷，则为《真数》所无。《理数》往往将《真

---

❶ 王通瑞：《元会运世论》，见（旧题）邵雍：《邵子易数》卷六，第214页。

数》文字删减合并,如《真数》易卦释义部分每爻下皆有托名邵雍的注释,《理数》即全部删去。从文意关系来看,《理数》当是对《真数》的改造。两书之中保存了包括占算、八字、星命在内的多种术数,内容更趋杂糅,较之《梅花易数》《邵子易数》,此两书形成年代似当更晚。❶

就与邵雍的关系而言,两书最值得注意的是对邵雍先天后天概念的改造。邵雍所谓先天后天,指历史处境、工夫境界与易学体系;两书所谓先天后天,则是就命理而言,分别指人生前后半段之命运。其术如下:首先,根据八字在《河图》《洛书》中所对应的数字起卦,此为先天卦;继而,求出先天卦中的元堂爻位;再次,将先天卦内外卦互换,得出后天卦;最后,根据先后天卦求得元气、化工,推断流年吉凶。❷此外,《真数》易卦各爻之下称引有颇为详细的"邵雍"注释,不无资料价值;只是,从邵雍易学的整体倾向来看,这些文字当然不是出自邵雍手笔。

严格来说,《理数》《真数》的逻辑已经不能称之为占法:所谓占,是指借用某个变量,通过一套方法,求得对于未来某个时间或事情的预测;而《理数》《真数》则是根据作为常量的八字起卦,得出人一生全部的流年吉凶。这实际上是命理之一种,而不再属于占算。故两书虽然借用先天后天之概念,其与邵雍的关系,较之以上诸种占书,却已更趋遥远。与此相似的还有世所流传的《铁板神数》(一名《神机妙算铁板数》),同样是以八字起卦论命

---

❶《理数》中有所谓《河洛参评》,其法与上引元会运世占法相似,"谨依《皇极》之例,以千百十零为定局",再据所得数从《金锁银匙歌》选取占诗判断吉凶(旧题陈抟、邵雍:《河洛理数》卷六,国家图书馆藏明崇祯五年[1632]英德堂刻本)。可知其法当在《皇极数》或《邵子易数》占法出现之后。

❷(旧题)陈抟、邵雍:《河洛理数》卷一。

理,在方法和文字上均与《理数》《真数》颇为近似。

(四)《一撮金》、《邵子秘传易数》与《袖里珠玑》

宋元以来的占法中,诗占亦十分流行。其中与邵雍相关、较有代表性的诗占是《一撮金》,又名《邵康节易数一撮金》。从王夫之曾提及此书来看❶,其成书当在明末以前。其书按八宫卦序录六十四卦,每爻下录有占诗。随版本不同,卦爻和占诗的内容与详略亦有异。如《古今图书集成》本《一撮金》,每卦只录三爻;故宫藏清康熙抄本《一撮金》(全名《增补详注六爻一撮金易数》),每卦则全录六爻,每首占诗下另附一首四字占诗。《一撮金》的占法是:随举两字,数其笔画,依先天卦序而定卦爻,再查出占诗以定吉凶。其书之所以托名邵雍,大抵正是以笔画占和先天卦序故。《一撮金》各爻诗义与爻义往往相关,如占得乾卦初九,占诗为"佳谋密用且潜藏,阳气方生运未强,直待龙蛇兴变日,高攀仙桂始荣昌"❷,正与"潜龙勿用"之爻辞相应。

类似《一撮金》的诗占十分常见。北京大学图书馆藏有清抄本《邵子秘传易数》,该书内容与《古今图书集成》本《一撮金》完全相同,仅书名有别,可见此类诗占在流传中已经分化出了异本。其他系统的托名诗占亦所在不少。如北京大学图书馆藏清抄本《邵康节先生灵机歌》,是以八卦两两相值的形式排列占诗;北京大学图书馆藏日本延宝六年(1678)和刻本《康节先生前定易数女命》、日本京都大学图书馆藏和抄本《康节先生前定男命易数》,则将占诗更详细地配于卦爻与干支之下。两书系日人抄刻,

---

❶ 王夫之:《周易内传发例》,《船山全书》第1册,第678页。
❷ (旧题)邵雍:《一撮金》,见(旧题)邵雍:《邵子易数》附录,第222页。

是邵雍占算形象波及日本的体现。前举诸书中，除数占、命理内容外，往往亦附有诗占，如《理数》《真数》所载《诗断秘诀》，即属此类。此外，《永乐大典》所摘录的"康节卦影"，则是以六十四卦为本，每爻配以干支、五行，每卦标明占卜主题，其下详录"解""诗""断"，较之上述一般诗占，内容更见丰富。❶ 以上仅是目前存世的数种托名邵雍的诗占，可以想见，当时流传而后来湮没不存者，为数必更众多。从本质上讲，此类诗占与宋元以来所谓签占，除占算方法小小不同之外，已经几无差别。❷

最后，托名邵雍的占法中，另有一种十分有趣的诗占，或可称为查字占。此类占法可以哈佛燕京图书馆藏清光绪刻本《邵康节先生袖里珠玑》（以下或简作《袖里珠玑》）为代表。《袖里珠玑》的正文类似密码簿，同一段中上下字文意并无连属，但按特定方法查询，便能得出占辞，十分奇妙。该书自序其占法云：

> 先由人顺口说出三字，用正官版字画第壹字每一笔作壹百数，第二字每一笔作壹拾数，第三字每一笔作壹数。可将三字次第计起，譬如头壹字五画即伍百字，第贰字八画即八拾，第三字九画即九数。总共伍佰捌拾玖，可将在位出去叁佰捌拾肆，实得叁佰零伍，就在书中寻出第叁佰零伍号之字写出，再

---

❶《永乐大典》卷一三八七五、卷一三八七六、卷一五一四三，第5986、5990、6871—6872页。《永乐大典》中摘录的"康节卦影"只有片断。从上下文还摘录有所谓"鬼谷卦影""郭璞《洞林》影"来看，这部分应该出自一种杂糅多家的占书。

❷ 关于签占的研究，参见容肇祖：《占卜的源流》，《中央研究院历史语言研究所集刊》第一本第一分，1928年，第72—78页；庞纬（Werner Banck）：《中国灵签研究》，台北：古亭书局，1976年；钟肇鹏：《谶纬论略》，辽宁教育出版社，1991年，第234—241页；徐洪兴：《中国古代签占》，九州出版社，2008年；林国平：《签占与中国社会文化》，人民出版社，2014年。

加叁佰捌拾肆共伍佰捌拾玖，又寻出第伍佰捌拾玖之字写出，又加叁佰捌拾肆共玖佰柒拾叁，又寻玖佰柒拾叁号之字写出。总之每次加叁佰捌拾肆在内，看数几何，然后寻字。要字字写起，方成句语。……起码至紧，计真笔画，如字画错误，便觉无灵。该卦占得之后，或诗或词，或歌或诀，自然成文，可自行推测，如见其肺肝矣。❶

实际上，上述查字法所以能够得出占诗，乃是编纂者事先将制好的占诗文字按照查字的规则分散编排所致。就求得的结果为占诗来说，《袖里珠玑》可说是一种诗占；就都设置了若干数位，并根据得数求占来说，其法亦可称为一种数占，与上引元会运世占法略有相似之处。不同于前述其他占书的是，此书除书名托于邵雍、占法略似元会运世之法之外，在内容上与邵雍全无任何干系。❷

三　余　论

以上简要梳理了自《梅花易数》以来四类典型的托名邵雍的

---

❶（旧题）邵雍：《邵康节先生袖里珠玑》，哈佛燕京图书馆藏清光绪觉觉斋刻本。
❷ 除前述占书外，《四库全书总目》子部术数类存目还列有《邵子加一倍法》，其书亦托名邵雍，"以六十甲子积数，以卜贵贱吉凶"（《四库全书总目》卷一百十一，第 943 页），也是数占之一种。同卷还收有《皇极大定动数得一论》《皇极数》《皇极生成鬼经数》，又曾提到"今世游食术人，妄造大定数、蠢子术托名康节"。诸种术法其详难考，但大抵均属数占类。此外传为邵雍所作的还有所谓《梅花诗》。该诗并非占书，而是谶谣，片段较早收于 1917 年初刊的《清稗类钞》（徐珂编：《清稗类钞》第 10 册，中华书局，2010 年，第 4541 页）。与同时代集中出现的多种谶谣一样，这当然也是至少经过了近人加工的托名之作。司马富（Richard J. Smith）曾留意到这一作品（*Fortune-tellers and Philosophers: Divination in Traditional Chinese Society*, Boulder: Westview Press, 1991, p. 217）。

占书。追根溯源，上述占书的思想源头大致有二：其一是宋代士人记录的所谓邵雍占例，其二是宋元以来术者群体综合旧有术数、借鉴邵雍思想而创造出的新的占法。审视诸书的衍变过程，可以发现以下特点：其一，托名占书往往在某个方面对邵雍的形象或思想有所借用，但又作了相当程度的变形，如《梅花易数》之邵雍占例、《邵子易数》之元会运世占法，因而不能被当成解读邵雍本人思想的依凭。其二，诸书区别于其他占书的本质特征，在于其占法主要都是数占，必须通过数字占算；除数字外，不必借助蓍草等其他占卜工具。诸书所以托名于邵雍而非他人，正是有取于邵雍与数字联系紧密之故。其三，诸书所收占法不一，新旧杂糅，数占、诗占、星占、命理并见，且总体来说，时代愈晚，占法交织的程度愈深。其四，诸书内容杂芜，彼此互相渗透，或多名一书，或一书多名，分合不定，这正是术数类书籍的常态。

从方法上来看，除命理外，上述种种占法虽然彼此不一，但根本上都属于"占"之一类：即通过"极数知来"（《系辞上》）的方法，求得对某个未知时间或事件的了解。这类占法虽然承认预测的有效性，但不必强调人生的内容都已清楚命定；相反，对未来某个时点的窥探，本身已经暗示了作为该时间点之背景的未来整体乃是模糊难测的。与此不同，宋元以来托名邵雍的术数类书籍中还有另外一种完全命定论的术法。其法是将邵雍《皇极经世》的历史年表按照元会运世的顺序从大到小逐层配卦，再根据卦爻论定吉凶，此即朱子所谓"《经世》以十二辟卦管十二会，绷定时节，却就中推吉凶消长"❶。南宋张行成、祝泌所传北宋牛无邪之

---

❶ 黎靖德编：《朱子语类》卷一百，第2547页。

学,即为此类代表。❶在此类术法中,时间与卦爻象一一对应,一切事项在原则上都属命定,不可能因占之时与占之人而有任何不同。如果说上文所列托名占法乃是"知来",那么,此类《皇极经世》值卦之法的重点则在"察往",即通过编定的卦爻为全部历史提供一种命定论乃至目的论的解释,而不在为未来指出可能性的方向。

最后,关于邵雍术数形象所呈现的不同文化群体之间互动的思想史意义,这里可以略作讨论。如宋元社会史研究所呈现出的,就整体文化氛围而言,士人与卜筮的关系在这一时期较受宽容。❷出现在诸多宋人笔记中的术数化的邵雍形象,在当时不仅没有被当作迷信而受到批判,反而折射出流行于士人群体中的某种追求神秘的审美趣味。这种审美趣味通过文人的传播而进一步渗透至民间,与民众固有的对于"决嫌疑,定犹与"(《礼记·曲礼》)的需求结合在一起。元明时期出现的、体现民间文学性格的《水浒传》《西游记》,不约而同地将邵雍文字作为开篇的定场诗文。❸这与其说是关注邵雍思想本身的价值,不如说是借助邵雍作为历史前知者的形象来抒发兴衰命运之感。最早出现在士人笔记中的邵雍的术数形象在民间生活和文学形式中大受欢迎,正是不同文化群体间交流互动的例证。应该说,宋代以来邵雍术数形象之流行,是包括文人塑造、民间传播和术士发挥在内的诸多因素共同作用的结果。

---

❶ 张行成:《易通变》,《景印文渊阁四库全书》第804册;祝泌:《观物篇解》,《景印文渊阁四库全书》第805册。关于此种值卦法的研究,参见王铁:《宋代易学》,第76—78页。

❷ 参见杨庆堃:《中国社会中的宗教》,范丽珠等译,上海人民出版社,2007年,第235页;刘祥光:《宋代日常生活中的卜算与鬼怪》,台北:政大出版社,2013年,第75页。

❸ 施耐庵、罗贯中:《水浒传》,第1—2页;吴承恩:《西游记》,第1—2页。

及至明清之际，士人群体对于邵雍的评价发生了巨大变化，邵雍及其学说突然成为学者批判的焦点。以王夫之为例：王夫之将邵雍等同于黄冠日者之流，把"观梅之术"直接归名于邵雍，明言"世所传邵子牡丹之荣悴、瓷枕之全毁，亦何用知之以渎神化哉""流俗所传《灵棋经》《一撮金》，同为小人细事之所取用，亵天悖理，君子不屑而过问焉"❶。将术数形象当作历史上的邵雍本人，这当然是误读，但王夫之的误读却有其背景与苦心——上述托名诸占书绝大多数成书在明代，当时世风之迷信程度可见一斑。王夫之所批判的，其实正是在明亡大背景下，受到包括占卜、长生等糟粕影响而失其阳刚健动、渐趋猥俗萎靡的时代精神。在这里，邵雍所发挥的只是悬设的批判靶的的作用。邵雍术数形象的原型和创造者都来源于士人，却在民间获得了最广泛的影响；当这一民间文化中的现象流行成为世风，又反过来遭到了士人群体的批评反对。从中不难窥见，围绕邵雍形象及其背后的这一主题，文化精英与民间大众、"大传统"与"小传统"（雷德菲尔德[Robert Redfield]语）❷之间构成了彼此抑扬竞争同时又相互影响塑造的复杂互动关系。

---

❶ 王夫之：《周易内传发例》，《船山全书》第 1 册，第 654、678、681 页。

❷ Robert Redfield, *Peasant Society and Culture,* Chicago: University of Chicago Press, 1956.

附录四　王夫之对邵雍思想的批评检论[*]

王船山在其《周易内传》《周易外传》等著作中，对前代学者颇有衡论，于邵雍尤多攻驳。其间不少批评深切邵雍思想而发，但也有一些说法不合邵雍学说的真实面貌。细读其文，可知王夫之是从其哲学立场出发，对特定时代背景与传承脉络中的邵雍思想和形象作出评判；除辨章学术的目的而外，似乎也有悬设靶的、别寄怀抱的意味。对相关问题加以检讨，不仅可以澄清邵雍其人其学的历史形象，也有助于理解王夫之含而未发的思考立场。

一　有　无

有无问题是王夫之批判邵雍的重点之一。这里所谓有无，指造化是否有开端与终结，或宇宙生成论是否成立。

王夫之持程颐"动静无端，阴阳无始"[1]说，反对任何主张宇宙生成的观点。王夫之认为，宇宙生成论之所以有误，在于其必然推出道气相离或阴阳相分的结论，而这与天地之道相悖。王夫

---

[*] 本文发表于《哲学门》第36辑，北京大学出版社，2018年。
[1] 程颐：《河南程氏经说》卷一，《二程集》下册，第1029页。

之所谓道气相离与阴阳相分，都有其具体所指：老子"有道而无天地"❶，是为道气相离；邵雍"有天而无地"，是为阴阳相分。这里对后一种批评作简要分析。

《周易外传》云：

> 呜呼！天地之生亦大矣。未生之天地，今日是也；已生之天地，今日是也。唯其日生，故前无不生，后无不生。"冬至子之半"，历之元也，天之开也；"七日来复"，"冬至子之半"也。如其曰"天昔者而开于子，有数可得而纪，而前此者亡有焉"，则《复》宜立一阳于冲寂无画之际，而何为列五阴于上而一阳以出也哉？然则天之未开，将毋无在而非坤地之体，充物障塞，无有间隙，天乃徐穴于其下以舒光而成象也乎？不识天之未出者以何为次舍，地之所穴者以何为归余也？❷

王夫之所谓"冬至子之半"，指邵雍《冬至吟》："冬至子之半，天心无改移。一阳初起处，万物未生时。"❸《先天图》以复卦当一年阳气生发之始，取一阳来复之意，故复可对应于子。所谓"天昔者而开于子"，指"天开于子，地辟于丑，人生于寅"之说。其说以十二支配一元之十二会：天生于一元一会，配子，地生于一元二会，配丑，万物生于一元三会，配寅；类似地，当其毁灭，则人灭于酉，地闭于戌，天阖于亥。

王夫之的思路是：既然复卦对应于子，天又开于子，所以复卦象征天开之时。由于复卦象征天开之时，所以复卦卦象一阳在

---

❶ 王夫之：《周易外传》卷一，《船山全书》第1册，第823页。
❷ 王夫之：《周易外传》卷二，《船山全书》第1册，第885页。
❸ 邵雍：《冬至吟》，《伊川击壤集》卷十八，《邵雍全集》第4册，第380页。

下，五阴在上，便象征天在下，地在上。而按照"天开于子，地辟于丑"，天生时地尚未生，不应有天地并立之象。因此，邵雍之说自相矛盾。

这一推论是否成立？分析可知，所谓邵雍之说自相矛盾的推论中暗含着两个前提。第一个前提是，复卦的"一阳初起"与"天开于子"两说含义相同，描述的都是天之始生的情景。只有这样，复卦卦象才能被用来解说天地始生的情状，得出天地同时而生又不同时而生的矛盾。但事实上，这个前提并不成立。无论是"冬至子之半"诗中所言，还是《先天图》图中所画，复所象征的都只是一年之始，是"今年初尽处，明日未来时"❶，而不是历元或整个天地之天的开始；换言之，这里邵雍所关注的是一年中万物之生长收藏，而非宇宙间天地之生灭有无。既然复卦所指并非天地生灭，那么以复卦卦象言说天地情状，自然也就不合邵雍原意。将复卦与天地生灭牵合起来并得出邵雍思想自相矛盾的结论，是王夫之以己意去取其间的结果。

第二个前提是，"一阳初起"与"天开于子"之说都是出于邵雍；否则，以此解读邵雍思想就难免存在张冠李戴的嫌疑。两说中，前说来自邵雍没有疑问，但后一说却值得讨论。《周易外传》云：

> 乃一阴立而旋阳，一阳立而旋阴，阴阳皆死生于俄顷，非得有所谓"地毁于戌、天毁于亥"也。盖阴孤而不可毁阳，阳孤而不可毁阴。
>
> 故天地而无毁也。藉有毁天地之一日，岂复望其亥闭而子开，如邵子之说也哉？

---

❶ 邵雍：《冬至吟》，《伊川击壤集》卷十八，《邵雍全集》第4册，第360页。

> 始无待以渐生，中无序以周给，则终无耗以向消也。其耗以向消者或亦有之，则阴阳之纷错偶失其居，而气近于毁。此亦终日有之，终岁有之，终古有之，要非竟有否塞晦冥、倾坏不立之一日矣。❶

《张子正蒙注》亦云：

> 邵子谓天开于子而无地，地辟于丑而无人，则无本而生，有待而灭，正与老释之妄同，非《周易》之道也。❷

王夫之的批判，正是在认定后说为邵雍思想的前提下展开的。批评中道出的王夫之阴阳无始、日消日生的观念，也确乎可谓卓识。然而，对于邵雍来说，这毕竟是一种误读。实际上，"天开于子"之说既然不见于《皇极经世》，也不见于邵雍的其他著作。从其文字来看，邵雍凡言生化，必然是天地对言，绝无有天无地之语；邵雍虽然承认作为物的天地有其终始❸，但从未如"天开于子"之说一样，认为天地生灭有其具体的时间进程，也不曾主张天地生灭有先后之分，更不曾提及天地毁灭之后又有重开之日。王夫之的批判与邵雍在著作中表露出的思想颇为枘凿，其立论的根据究竟何在呢？

其实，王夫之认定"天开于子"乃邵雍之说，并非自出机杼，

---

❶ 王夫之：《周易外传》卷四，《船山全书》第 1 册，第 975、976、978 页。
❷ 王夫之：《张子正蒙注》卷七下，《船山全书》第 12 册，第 277 页。
❸ 邵雍云："《易》之数穷天地终始。或曰：天地亦有终始乎？曰：既有消长，岂无终始？天地虽大，是亦形器，乃二物也。"（《观物外篇》卷下，《邵雍全集》第 3 册，第 1234 页）

而是渊源有自。邵雍虽不曾言天地生灭之期，但就在其身后不久，两宋之际的王湜已开启了以十二支来解释邵雍之说的思路。在其《易学》中，王湜为邵雍的历史年表配以《皇极经世一元图》，中有开物闭物字样。不过，王湜所谓十二支只是就物之开闭而言，并未以子丑对应天地，也没有提及天地生成有先后之别。❶ 其后，张行成在延续"开物于寅中、闭物于戌中"❷的说法外，又援引刘歆子丑寅对应天地人的三统之说❸，但理论表述仍未全备。那种习见的、将"天开于子"判定为邵雍关于天地生灭循环思想的系统表述，较早见于朱子。《朱子语类》载学生问"天开于子"，朱子回答："此是《皇极经世》中说，今不可知。"学生又问"不知人物消靡尽时，天地坏也不坏"，朱子答曰："也须一场鹘突。既有形气，如何得不坏？但一个坏了，又有一个。"❹ 观其意，朱子以"天开于子"为《皇极经世》之说，当系称述前人之语，其源已难确考；所谓"一个坏了，又有一个"的天地循环思想，则更像是朱子本人的态度。王夫之将"天开于子"的有天无地之论和"亥闭而子开"的天地循环之说认定为邵雍思想，应是承继朱子而来。这里，王夫之所批判的与其说是邵雍本人，毋宁说是朱子视野中

---

❶ 王湜：《易学》，《景印文渊阁四库全书》第805册，台北：台湾商务印书馆，1986年，第683页。《性理大全》亦录有类似图式，题作《经世一元消长之数图》（《性理大全》卷八，国家图书馆藏明嘉靖刻本）。

❷ 张行成：《易通变》卷四，《景印文渊阁四库全书》第804册，第237页。

❸ 张行成：《翼玄》卷三，《续修四库全书》第1048册，上海古籍出版社，1995年，第129页。天开于子、地辟于丑、人生于寅之说的真正渊源正是刘歆《三统历》。《三统历》云："三统之正，始施于子半……地统受之于丑初……人统受之于寅初……天施复于子，地化自丑毕于辰，人生自寅成于申。"刘歆这里约略表达出了一些宇宙生化的意味，但生灭循环的含义并不明显。若按三国如淳的注释，刘歆此处只是就物之生长来讲天施、地化、人功的因素，与宇宙演化的问题尚有不同（班固：《汉书》卷二十一上，第984—985页）。

❹ 黎靖德编：《朱子语类》卷四十五，第1155页。

的邵雍。

其实，不仅上述两个前提不能成立，王夫之的批判在自身的理路上也存在疑难。王夫之认为，天地生灭有先后将会导致孤阴孤阳的局面，这不符合阴阳并立、"阴孤而不可毁阳，阳孤而不可毁阴"的原则，由此可见天地生灭有先后的观念之谬。从上引"天地而无毁"等说法来看，王夫之此处是以天地为恒常的存在，或说以天地为阴阳。但王夫之似乎忽略了：在邵雍处，天地并不能等同于阴阳。"天地虽大，是亦形器，乃二物也"❶，对邵雍来说，天地是有形之物，阴阳则是构成天地的材质；形器虽有成毁，材质却无生灭。将邵雍思想中的天地成毁看作作为万物质料的阴阳的生灭，是混淆了天地之象与阴阳之体的根本差别。进一步，在邵雍处，不仅天地不能等同于阴阳，天地也不能分别与阳和阴绑定。王夫之认为从有天无地必然推出有阳无阴的结论，但与此相反，邵雍却主张"天之大，阴阳尽之矣；地之大，刚柔尽之矣"❷。这意味着，天不能等同于阳，地不能等同于阴，天地各有阴阳、柔刚，即使在所谓的有天无地之时，阴阳（刚柔）也是同时存在的。这里，王夫之的批评不仅曲解了邵雍原意，也与自己提出的"天不偏阳，地不偏阴"❸的原则相悖。

朱伯崑先生认为，王夫之的形上学以本体论为基本特征。❹ 如果不考虑王夫之对邵雍文本的种种误读，上述批评的实质乃是王夫之以本体论立场对"邵雍的"宇宙论立场加以驳斥。这一基本态度不仅体现在王夫之关于天地生灭问题的讨论上，也贯穿于其

---

❶ 邵雍：《观物外篇》卷下，《邵雍全集》第3册，第1234页。
❷ 邵雍：《观物内篇》，《邵雍全集》第3册，第1146页。
❸ 王夫之：《周易外传》卷一，《船山全书》第1册，第822页。
❹ 朱伯崑：《易学哲学史》第4卷，第45页。

关于事物运动变化的思考之中。这一点，在下节所论神化问题上可以看得更加明确。不过，由于所持论点与批评对象并不相符，王夫之所针对的与其说是历史上的邵雍本人，不如说是思想史脉络中经过简化和改造的一种邵雍影像。在王夫之的批评中，邵雍客观上扮演的更多是悬设靶的的角色，其作用仅在于引出王夫之关于事物存有与活动的思考。

二 神 化

王夫之对于邵雍的另一批判集中于神化问题。所谓神化，指变化是否不疾而速、不行而至，以及易学应当采用怎样的形式来对变化加以合理说明。王夫之的批评主要围绕《先天图》与先天卦序两个问题展开。这里首先讨论易图问题。

《周易内传发例》指出：

> 其经营砌列为方圆图者，明与孔子"不可为典要"之语相背。而推其意之所主，将以何为？如方圆图方位次序之饾饤铺排者……可以通志成务，不疾而速，不行而至耶？
>
> 《本义》绘邵子诸图于卷首，不为之释而尽去之，何也？曰：周流六虚，不可为典要，易之道，易之所以神也，不行而至，阴阳不测者也。邵子方圆二图，典要也，非周流也，行而至者也，测阴阳而意其然者也。❶

---

❶ 王夫之：《周易内传发例》，《船山全书》第1册，第651、668页。

《张子正蒙注》亦云：

> 不测者，乘时因变，初无定体。非幽明异致，阴阳分界，如邵子四方八段之说，亦非死此生彼，各有分段，如浮屠之言，明矣。❶

在王夫之看来，《周易》神妙万物，"不主故常"❷，这就决定了：第一，《周易》所谓变化是不疾而速、不行而至的，没有拘定的时间或次序；第二，《周易》所谓变化是不测的，人不能以确定的形式对其作出说明。王夫之据此批判邵雍《先天图》在形式上拘定死板，不足以尽变化之道；在内容上私意揣度，不足以通不测之神。换言之，邵雍《先天图》有常而无变，有迹而无神。

王夫之的上述批评是否合理？不妨从以下三个层面展开考察。

第一，常非变，迹非神，不能混淆。从上述批评看，王夫之对于概念之间的区别是自觉的，其所谓"周流""不测"即神，其所谓"典要""定体"即迹。但王夫之批评《先天图》有常无变、有迹无神，却又模糊了概念的界限：《先天图》作为一种图式，属于有形有迹之象，本来就不能与无形无象、周流变化之神等同。责《先天图》以神变之能，是要求现象具有本体的功用，这显然是不合理的。与王夫之这里的批评不同，对于神与象之别，邵雍则有明确的区分。《观物外篇》云：

> 太极一也，不动；生二，二则神也。

---

❶ 王夫之：《张子正蒙注》卷一上，《船山全书》第12册，第38—39页。
❷ 王夫之：《周易内传》卷五上，《船山全书》第1册，第531页。

神生数，数生象，象生器。

太极不动，性也，发则神，神则数，数则象，象则器。❶

邵雍哲学中的最高范畴是神或太极，数与象皆在其次。所谓神，指变化本身。《先天图》作为一种图像，是对变化过程及其中存在的数量关系的可见化表达，其本身必然是迹、是常；《先天图》中的卦象按阴阳消长排列成一定次第，所刻画的对象则是作为变化本原的变或神。邵雍并未以作为变化之迹的《先天图》充当作为变化本原的神，王夫之的批评是出于对邵雍思想的误解。

第二，常是否尽变，迹是否尽神。换言之，《先天图》作为一种图像，是否对变化作了足够传神的刻画。应该指出，上述批评中，王夫之的本意并非以象为神，而只是批评《先天图》之象不能尽神。其所以不能尽神，在于《先天图》的时间性与次序性过于清晰，表现在图像上，就是通过一阴一阳的法则推出前后秩序分明、处处对待流行的图式。这使得变化中不能以一阴一阳法则归纳的情况被排除在了图式之外，或说是使不疾而速、不行而至的神化落入了时间性、次序性的规定之中。王夫之的这一批判可谓深中肯綮。诚然，《先天图》本身只是一种象或迹，不必也无法穷尽神化的全部可能；《先天图》所谓次序，也不意味着事物生化只能以一成不变的方式拘而守之。但不可否认的是，《先天图》形式的简明性，确实与复杂万状的变化本身相去甚远；事物变化中处处可见的随机性、无规律性，在《先天图》一阴一阳的原则中其实遭到了消解。《先天图》用位置固定、次序严格的形式，极为简洁地呈现出阴阳对立消长关系的同时，也自然而然地具有了机

---

❶ 邵雍：《观物外篇》卷下，《邵雍全集》第 3 册，第 1238—1239 页。

械论、决定论和简单化的倾向。对于《先天图》的这些特征，王夫之的批评是极其敏锐的。

第三，如果常不能尽变、象不能尽神，常与象是否还有必要。王夫之的答案是否定的。在王夫之看来，"四方八段""饾饤铺排"的《先天图》描述的只是阴阳之迹，无法揭示《周易》的变动不测，更不足以开物成务，而只能构成对本体之神妙的遮蔽，因此理应"不为之释而尽去之"。王夫之强调本体之神化，却似乎忽视了本体必然表现于现象之中，对于本体的把握也只能通过现象实现。因此，包括《先天图》在内的常与象所蕴涵的现象及其内部的关联性不仅不能被取消，而且应作为把握本体的途径而得到重视。此即所谓即体成用，即用见体。反之，如果彻底取消了包括《先天图》在内的常与象，所谓本体之神妙亦难以安顿，这恰恰走上了王夫之所批判的离气言道的路子。对于彻底否定图像所可能带来的危险，王夫之似乎没有充分虑及，否则，当不容此与其"体用胥有而相需以实"❶的整体哲学原则相违背。

需要注意的是，王夫之这里的批判并不仅仅针对《先天图》，而是同样关联到前面提到的第二个问题，即对于图式的批评同时指向包括先天卦序在内的各种卦序。王夫之认为：

> （先天卦序）其为说也，抑有渐生而无变化。……《易》参天人而尽其理，变化不测，而固有本矣，奚待于渐以为本末也？如其渐，则泽渐变为火，山渐变为水乎？❷

---

❶ 王夫之:《周易外传》卷二,《船山全书》第1册, 第861页。
❷ 王夫之:《周易外传》卷五,《船山全书》第1册, 第989页。

如果说王夫之对《先天图》的质疑主要在于图像不足以穷神知化，那么，其对先天卦序的批评则更加侧重于诸卦彼此之间的关系问题。王夫之认为，先天卦序之不合理有两方面的原因：其一在于诸卦之间前后转化的关系不见于经验事实，如先天八卦圆图中兑与离、艮与坎位置相连，象征着"泽渐变为火，山渐变为水"，这无法在现实中得到解释。❶ 其二在于先天卦序将六十四卦之间彼此转化的关系当作了诸卦产生的根据，这是以不存在的联系取代了变化不测之本，即所谓"待于渐以为本末"。

王夫之所反对的并不仅仅是先天卦序，同样也包含其他卦序。这种态度早有发端。早在《周易外传》中，王夫之对《序卦传》解释的《周易》卦序已有不满，新作三种卦序以取而代之。❷ 按照王夫之的说明，这些卦序与《周易》卦序的真正意义都在于"其条理也，非其序也"❸，即六十二卦只是乾坤二卦有逻辑、有条理的展开，而不是时间性的顺序，彼此之间不是转化相生的关系。到了晚年，王夫之似乎认为《周易外传》对于卦序的否定仍不够彻底，于是在《周易内传》中对旧说全部扬弃，抛开卦序，直接以六十二卦为乾坤之变现。从自作卦序到抛弃卦序，王夫之在否定卦序的道路上越走越远。

如何理解王夫之对于先天卦序的批评？就易学而言，王夫之的批评根源于其乾坤并建说，其所以否定六十四卦之间前后转化的关系，是为了说明六十二卦皆自乾坤本体而来，而非辗转生成；就哲

---

❶ 王夫之将卦序中的前后关系一概解读为物象之间的转化关系，故而有泽变为火之论，这是一种误解。先天卦序中的卦象是对阴阳的刻画，卦象之间的阴阳转化关系不能被等同为所取物象之间的转化关系。

❷ 王夫之：《周易外传》卷七，《船山全书》第1册，第1096—1110页。

❸ 王夫之：《周易外传》卷七，《船山全书》第1册，第1094页。

学而言，王夫之的批评实际上是站在本体的立场上质疑卦序所反映的现象之间存在着运动关联。然而，承认本体的重要性，并不意味着必须否认现象具有运动转化的可能。现象固然是以本体为其存在的根据，如六十二卦皆由乾坤两卦变现而来，但现象之间仍然可以彼此转化，这并不与现象之以本体为根据相悖，如六十二卦虽然皆从乾坤生成，但其内部仍然可以存在阴阳进退、转化、消长的关系，如复一阳生而为颐，姤一阴生而为大过，这种转化只是现象间的运动，并非现象与本体之间所生与所从生的根据问题。王夫之以乾坤并建彻底否定卦序，在充分凸显出现象皆从本体而生的根源性关系的同时，也不得不以牺牲现象的主动性和内部关联的丰富性为代价：这样的《周易》体系中已经看不到乾坤屯蒙诸卦之间明显的时间和逻辑上的关联，也看不到各卦之间的阴阳消长关系，现象只是各自个别地、孤零零地处在与本体的连接之中。由此所造成的，是一个变化无不源自本体、现象全被机械决定的世界图景。王夫之批评邵雍《先天图》机械铺排，但其自身的易学建构，单纯从上述角度来说，似亦未能尽造圆转自如之境。

整体审视王夫之在神化问题上对于邵雍的批评，可以看到：王夫之始终强调本体相对于现象的超越性，即本体变现为现象乃是不疾而速、不行而至；但对于现象的地位与功用，即现象是本体唯一可能的表现方式，以及现象之间内部关联的丰富性与必要性，并未给予足够的重视。而这恰恰是邵雍的特出之处。邵雍哲学对于体用、正变、反易不易等范畴的强调，对于这些转化关系在《周易》卦象、万事万物和天时治道当中之体现的重视，在根本上都是对现象的分析，其意都在于呈现出现象之间自然而然的内在关联，而这关联正是本体之神化作用的表现。邵雍试图尽可能细致地对现象结构加以揭示，由此展示出本体所蕴涵的内在的丰富性，这种对于现象的重视或许是主要关注本体自身的王夫之卑之无甚高论的。

三　道　术

除有无、神化之外，学派归属也是王夫之批判邵雍的重要主题。在王夫之笔下，邵雍具有两重身份：其一是习丹经之术的道教徒，其二是窃阴阳之机的术数家。二者或慕长生，或推利害，概之不出求利二字，而与儒家的道德关怀无涉。两种形象构成了王夫之批判的前提，同时也决定了批判的结论。然而，略作分析即可发现，王夫之提供的邵雍形象并不合于史实，其推理也不无可议之处。以下首先就王夫之的批评略作述论，在辨明邵雍其人其学真实形象的基础之上，再对王夫之的立论用意加以评析。

先来考察第一种形象。王夫之认定邵雍为道教徒，是以邵雍师承为依据。在这方面，王夫之给出了两种说法。其一认为邵雍之学出于北宋江休复，《周易内传发例》云：

> 至宋之中叶，忽于杳不知岁年之后，无所授受，而有所谓先天之学者。或曰邵尧夫得之江休复之家。❶

所谓邵雍从其母得江氏藏书之说，见于张耒《续明道杂志》、章渊《稿简赘笔》等。❷但从江休复传世著作《嘉祐杂志》来看，其

---

❶ 王夫之：《周易内传发例》，《船山全书》第1册，第651页。
❷ 张耒：《续明道杂志》，宛委山堂本《说郛》卷四十三，《说郛三种》第5册，第2004页；章渊：《稿简赘笔》，涵芬楼本《说郛》卷四十四，《说郛三种》第2册，第720页。

书所载皆北宋史谈故事，与邵雍之学全无相关；❶欧阳修所作《墓志铭》、《宋史》本传叙江休复事迹，言其著有《唐宜鉴》《春秋世论》，亦不言其与道教有涉。❷邵雍得江氏之书云云，可说是无稽之语。事实上，对于这一传闻，王夫之也不甚重视。其所真正持以为据的，是第二种说法，即邵雍学于陈抟之说：

> 或曰陈抟以授穆修，修以授李之才，之才以授尧夫，则为抟取魏伯阳《参同契》之说，附会其还丹之术也无疑。所云先天者，钟离权、吕嵓之说也。❸
>
> 邵子之术，繁冗而实浅，固其不足从，以经考之自见。故读《易》者以不用《先天图》说为正，以其杂用京房、魏伯阳、吕嵓、陈抟之说也。❹

王夫之的思路是，既然陈抟是道士，邵雍师承陈抟，那么邵雍之学自然属于道教而非儒门。在此基础上，王夫之又将邵雍与魏伯阳《周易参同契》乃至传说中的钟离权、吕洞宾牵连在一起，以邵雍之学为长生炼养之术。事实是否确如王夫之所述？不妨从师承与著述两方面来加以分析。

从师承关系来看，邵雍之学主要传自邵古与李之才。邵古素业儒术，为乡教授；❺李之才从学穆修，穆李二人皆学儒入仕，其

---

❶ 江休复：《嘉祐杂志》，《景印文渊阁四库全书》第1036册。
❷ 欧阳修：《江邻几墓志铭》，《居士集》卷三十四，《欧阳修全集》第2册，第500—502页；脱脱等：《宋史》卷四百四十三，第13093页。并参见金生杨：《邵雍学术渊源略论》，《中华文化论坛》，2007年第1期。
❸ 王夫之：《周易内传发例》，《船山全书》第1册，第651页。
❹ 王夫之：《周易稗疏》，《船山全书》第1册，第790页。
❺ 陈绎：《邵古墓志铭》，吕祖谦编：《宋文鉴》卷一百十三，第1998页。

立身行事亦与道教无涉。❶从著述内容来看，邵雍有《皇极经世》《伊川击壤集》传世，其中无一字论及道教炼养之方，反而直斥长生求仙之非。其诗云："人言别有洞中仙，洞里神仙恐妄传。若俟灵丹须九转，必求朱顶更千年。"❷可见邵雍对长生之术并不信从。不仅如此，邵雍更明确以儒者自视。《伊川击壤集序》云："予自壮岁业于儒术，谓人世之乐何尝有万之一二，而谓名教之乐固有万万焉。"❸诗中亦云："自有吾儒乐，人多不肯循。"❹其思想宗旨与道教无关，可谓甚明。既然邵雍的著述与直接的师承关系都无法提供任何与道教相干的信息，那么，王夫之认为邵雍得道教炼养之术的说法又是从何而来呢？

与前文"天开于子"的情况相似，这里，王夫之对于邵雍学派的判断同样并非根据邵雍本人的思想与行事立论，而是受了前人论述的影响。邵雍传陈抟之学的说法早有来源。其说最早见于邵雍之子邵伯温，其后经晁说之发展，在朱震《进周易表》中得到了集大成的发挥。但邵伯温等人并未因此而将邵雍学术归于道教。❺最早认为邵雍思想与道教有涉的是朱子。其云："《先天图》直是精微，不起于康节。希夷以前元有，只是秘而不传。次第是

---

❶ 李之才诗文大多无传。今见李之才存世文字仅有墓志铭一篇，与其学术无关（《大宋左千牛卫将军卫君夫人高平县君墓志铭》，《全宋文》第26册，第185—186页）。世传《六十四卦反对图》和《六十四卦相生图》题为李之才所作（朱震：《汉上易传卦图》卷上，《景印摛藻堂四库全书荟要》第3册，第781—784页）。穆修有文集传世（《河南穆公集》，《四部丛刊初编》，商务印书馆，1922年）。穆、李两人行迹，见脱脱等：《宋史》卷四百三十一、卷四百四十二，第12823—12825、13069—13070页。
❷ 邵雍：《击壤吟》，《伊川击壤集》卷八，《邵雍全集》第4册，第139页。
❸ 邵雍：《伊川击壤集序》，《邵雍全集》第4册，第2页。
❹ 邵雍：《再答王宣徽》，《伊川击壤集》卷八，《邵雍全集》第4册，第141页。
❺ 邵伯温：《易学辨惑》，《景印文渊阁四库全书》第9册，第401—412页；晁说之：《传易堂记》，《嵩山文集》卷十九，《四部丛刊续编》，第15页上至第17页上；朱震：《进周易表》，《汉书易传》卷首，《通志堂经解》第1册，第1页。

方士辈所相传授底。《参同契》中亦有些意思相似。"❶ 这便通过陈抟将邵雍与道教《参同契》联系了起来。至于王夫之所谓先天之学与吕洞宾有关的说法，则当是受了《宋史》等所载陈抟与吕洞宾交往事迹的影响。❷ 将邵雍著述与《参同契》及钟吕丹法略加比较即可看出，其间差异至为明显，不容混淆。应该说，王夫之这里又一次将前人记述的邵雍形象当作历史上的邵雍本人。由此得出的邵雍为道教徒的结论，当然与其真实的历史面貌相去甚远。

以上对王夫之笔下邵雍的第一种形象作了澄清，接下来考察第二种形象。历史上的邵雍本人对卜筮有明确的批判。其诗云："买卜稽疑是买疑，病深何药可能医。梦中说梦重重妄，床上安床叠叠非。列子御风徒有待，夸父逐日岂无疲。劳多未有收功处，踏尽人间闲路歧。"❸ 与认定邵雍为道教徒类似，王夫之指责邵雍为术数家，同样不是根据邵雍本人立说，而是选取在历代解释中已经被改造和变形了的邵雍形象。两者之间也有不同：如果说王夫之关于邵雍之为道教徒的判断出于其对邵雍师承的误解，那么，邵雍之为术数家的身份则源于王夫之对于托名伪作的采信。

王夫之所依据的托名邵雍伪作有两种。其一是《一撮金》，《周易内传发例》云：

> 故赣之《易林》，诡于吉凶，而无得失之理以为枢机，率与流俗所传《灵棋经》《一撮金》，同为小人细事之所取用，亵天悖理，君子不屑而过问焉。❹

---

❶ 黎靖德编：《朱子语类》卷六十五，第 1617 页。
❷ 脱脱等：《宋史》卷四百五十七，第 13421—13422 页。
❸ 邵雍：《闲行吟》，《伊川击壤集》卷七，《邵雍全集》第 4 册，第 111 页。
❹ 王夫之：《周易内传发例》，《船山全书》第 1 册，第 678 页。

所谓《一撮金》，全称《邵康节易数一撮金》，其书假借邵雍之名，以先天卦序查占诗定吉凶，乃诗占之一种，今收于《古今图书集成·卜筮部》之中。这里，王夫之显然是错将托名之书当成了邵雍自著。❶

王夫之所采用的第二种伪作，便是著名的《梅花易数》。对于此书，王夫之多有引述。《周易内传发例》云：

> 故圣人作《易》，以鬼谋助人谋之不逮，百姓可用，而君子不敢不度外内以知惧，此则筮者筮吉凶于得失之几也。固非如《火珠林》者，盗贼可就问以利害。而世所传邵子牡丹之荣悴、瓷枕之全毁，亦何用知之以渎神化哉？❷

"邵子牡丹之荣悴、瓷枕之全毁"，指《梅花易数》记载的邵雍的两则轶闻。所谓"牡丹之荣悴"，《梅花易数》云：

> 巳年三月十六日卯时，（康节）先生与客往司马公家共观牡丹。时值花开甚盛，客曰："花盛如此，亦有数乎？"先生曰："莫不有数，且因问而可占矣。"遂占之。以巳年六数，三月三数，十六日十六数，总得二十五数，除三八二十四数，零一数为乾，为上卦。加卯时得四数，共得二十九数，又除三八二十四数，零五为巽卦，作下卦。得天风姤。又以总计二十九数，以六除之，四六二十四，零五爻动，变鼎卦，互见

---

❶（旧题）邵雍：《一撮金》，陈梦雷编：《古今图书集成》卷五百四十一，中华书局、巴蜀书社，1985年，第56898—56904页。《一撮金》另有故宫藏清康熙年间抄本，全名《增补详注六爻一撮金易数》，当系在《古今图书集成》本基础上增订而成。

❷ 王夫之：《周易内传发例》，《船山全书》第1册，第654页。

重乾。遂与客曰:"怪哉!此花明日午时,当为马所践毁。"众客愕然不信。次日午时,果有贵官观牡丹,二马斗啮,群惊花间驰骤,花尽为之践毁。❶

所谓"瓷枕之全毁",亦见于《梅花易数》:

> 一日午睡,有鼠走而前,以所枕瓦枕投击之,鼠走而枕破。觉中有字,取视之:"此枕卖与贤人康节,某年月日某时,击鼠枕破。"先生怪而询之陶家。其陶枕者曰:"昔一人手执《周易》憩坐,举枕其书,必此老也。今不至久矣。吾能识其家。"先生偕陶往访焉。及门,则已不存矣,但遗书一册,谓其家人曰:"某年某月某时,有一秀士至吾家,可以此书授之,能终吾身后事矣。"其家以书授先生。先生阅之,乃《易》之文并有诀例,当推例演数,谓其人曰:"汝父存日,有白金置睡床西北窖中,可以营葬事。"其家如言,果得金。先生受书以归。❷

两事之外,王夫之《周易内传发例》又提到所谓"观梅之术":

> 揣其意,不过欲伸康节观梅之术,与京房世应、《火珠林》禄马贵合刑杀之邪妄,以毁圣人而已。❸

---

❶ (旧题)邵雍:《梅花易数》卷一,国家图书馆藏清光绪五年(1879)书业堂刻本。此事在两宋之际的笔记中已有记载,只是未详推算之法(张邦基:《墨庄漫录》卷二,第65页;崔文印:《懒真子录校释》,第103页)。
❷ (旧题)邵雍:《序》,《梅花易数》卷首。
❸ 王夫之:《周易内传发例》,《船山全书》第1册,第681页。

"康节观梅之术",即所谓枯枝占,亦见于《梅花易数》。❶王夫之据牡丹、瓷枕、观梅三事判断邵雍为术士,其据皆出于《梅花易数》。《梅花易数》之为伪书,前人已有论述。早在王夫之以前,明代季本已指出此书与邵雍之学不同,当为元末之人伪作;❷今人郑万耕先生考证其成书不可能早于明初。❸《梅花易数》所载牡丹等事荒诞不经,王夫之不疑其书为伪,反而加以采信,作为判断邵雍身份之根据,则其结论之不可信,可以不言自明。

由上可见,王夫之对于邵雍两种形象的批判或据前人浮说,或取托名伪作,皆非信实之论。单就文献而言,这些批判可谓全是无根之谈。那么,王夫之的批评是否只是由文献不足而生的误解?似乎不然。明永乐以来,邵雍《观物内篇》《观物外篇》早已随其他北宋四子之书编入《性理大全》,悬为功令,学子信手可得,绝非罕见之书。以王夫之的博学,势不可能不见此书,数十年如一日单凭耳剽立论,也绝不至于全无辨别真伪精粗之能力。而且,将王夫之的批评简单视为一种误解,也无法回答这样一个问题:作为黄冠者流,陈抟比邵雍无疑更为典型,为何王夫之对于陈抟的攻讦并不多见,且往往只是一笔带过,却将邵雍作为主要的批判对象?这些问题提示,王夫之的立言宗旨可能未必全出于学理层面,而是有着更为复杂的历史时代关怀。

对于王夫之来说,明清之际天地鼎革、国破家亡的惨痛现实构成了其最大的思考背景。《周易外传》等著作极力张扬乾健正大之精神,批判士大夫柔弱萎靡的精神状况和猥俗偷生的人生态度,正是有惩于明亡之戒而发。一种可能的猜测是,王夫之所以批判

---

❶（旧题）邵雍:《梅花易数》卷一。
❷ 季本:《说理会编》卷十五,《续修四库全书》第939册,第58页。
❸ 郑万耕:《关于〈梅花易数〉的几个问题》,《国际易学研究》第3辑,第41—46页。

邵雍毫不假借，即使张冠李戴亦在所不惜，除学理不契外，似亦有借邵雍的名号对士大夫追求长生、沉迷命理、不能乾乾有为的精神加以猛烈鞭挞之意，由此达到针砭世风的目的。❶ 这也可以解释为什么王夫之着力攻击邵雍，对陈抟却不甚着意：王夫之批判邵雍，是将其作为士大夫之一员看待，批评其不能经纶世务，反而败坏人心；而陈抟只是方外之士，并非士人，不必也不能承担作为儒家人格主体与国家政治主体的责任，故不在深责之列。王夫之借用邵雍而非其他士人之名，则是因为：邵雍身为儒者，形象却与术士相近；❷ 历代术士又往往托名邵雍著书立说，眩惑世人。❸ 及至明清之际，邵雍的身份已经历了多重有意识的建构并流行于世，而与历史上的邵雍本人相去甚远。就邵雍在当时民间所具有的近于巫卜的形象而言，王夫之以之作为批判的代表，确实可谓得其关键。但如果真的将此种形象当成邵雍本人，则未免厚诬前贤。其实，即使在王夫之看来，这样的形象也未必全属真实：船山之意，原不在苛责邵雍，大抵借之以劝世而已。

---

❶ 这其中，王夫之在根柢处尤其不能接受的，是邵雍被认为带有命定论色彩的世界图景。盖如此则小而个体、大而家国，一切沉污皆属命定，而矻矻之人力全无意义。这是生当明亡、致力于为故国开生面的王夫之绝不能认同的。
❷ 这当然是后人建构的结果。对于邵雍的神化从邵伯温已经开始（《邵氏闻见录》卷十六至卷二十，第171—226页），两宋士人对邵雍的占算之能也颇有描述（丁传靖辑：《宋人轶事汇编》卷十，第457—463页）。
❸ 现存托名邵雍著作的十数种，绝大多数为占算之书，上文提到的《梅花易数》与《一撮金》只是其中两例。

引用文献

中 文

一 古籍

（一）出土文献

国家文物局古文献研究室编：《马王堆汉墓帛书》壹，文物出版社，1980年

清华大学出土文献研究与保护中心编，李学勤主编：《清华大学藏战国竹简（肆）》，中西书局，2013年

银雀山汉墓竹简整理小组编：《银雀山汉墓竹简》贰，文物出版社，2010年

（二）传世文献

［战国］《管子》，黎翔凤校注：《管子校注》，中华书局，2004年

［战国］吕不韦编，许维遹集释：《吕氏春秋集释》，中华书局，2009年

［战国］荀子撰，王先谦集解：《荀子集解》，中华书局，1988年

［战国］《战国策》，范祥雍笺证：《战国策笺证》，上海古籍出版社，2006年

［战国］庄子撰，王先谦集解：《庄子集解》，中华书局，1987年

［战国］庄子撰，郭庆藩集释：《庄子集释》，中华书局，2012年

［汉］班固撰：《汉书》，中华书局，1962年

［汉］班固编，［清］陈立疏证：《白虎通疏证》，中华书局，1994年

［汉］董仲舒撰，苏舆义证：《春秋繁露义证》，中华书局，1992年

［汉］何休解诂，［唐］徐彦疏：《春秋公羊传注疏》，《十三经注疏》，阮元校刻，中华书局，2009年

［汉］桓谭撰，朱谦之校辑：《新辑本桓谭新论》，中华书局，2009年

［汉］贾谊撰，闫振益、钟夏校注：《新书校注》，中华书局，2000年
［汉］京房撰，［吴］陆绩注：《京氏易传》，《四部丛刊初编》，商务印书馆，1922年
［汉］刘安编，刘文典集解：《淮南鸿烈集解》，中华书局，2013年
［汉］陆贾撰，王利器校注：《新语校注》，中华书局，2012年
［汉］司马迁撰：《史记》，中华书局，1959年
［汉］王充撰，黄晖校释：《论衡校释》，中华书局，1990年
［汉］王符撰，［清］汪继培笺，彭铎校正：《潜夫论笺校正》，中华书局，1985年
［汉］扬雄撰，汪荣宝义疏：《法言义疏》，中华书局，1996年
［汉］扬雄撰，［晋］范望注：《太玄经》，《四部丛刊初编》，商务印书馆，1922年
［汉］扬雄撰，［宋］司马光集注：《太玄集注》，中华书局，1998年
［汉］扬雄撰，郑万耕校释：《太玄校释》，中华书局，2014年
［汉］应劭撰，王利器校注：《风俗通义校注》，中华书局，1981年
［汉］郑玄注，［唐］孔颖达正义：《礼记正义》，《十三经注疏》，阮元校刻，中华书局，2009年
［魏］阮籍撰，陈伯君校注：《阮籍集校注》，中华书局，2012年
［魏］王弼注，［唐］孔颖达正义：《周易正义》，《十三经注疏》，阮元校刻，中华书局，2009年
［魏］王弼撰，楼宇烈校释：《王弼集校释》，中华书局，1980年
［晋］陈寿撰，［刘宋］裴松之注：《三国志》，中华书局，1982年
［晋］杜预集解，［唐］孔颖达正义：《春秋左传正义》，《十三经注疏》，阮元校刻，中华书局，2009年
［晋］范宁集解，［唐］杨士勋疏：《春秋穀梁传注疏》，《十三经注疏》，阮元校刻，中华书局，2009年
［晋］郭璞注，［宋］邢昺疏：《尔雅注疏》，《十三经注疏》，阮元校刻，中华书局，2009年
［刘宋］范晔撰：《后汉书》，中华书局，1965年
［梁］僧祐编：《弘明集》，《四部丛刊初编》，商务印书馆，1922年
［元魏］关朗撰（旧题）：《关氏易传》，《续修四库全书》第1册，上海古籍出版社，1995年
［北周］卫元嵩撰（旧题）：《元包经传》，《景印文渊阁四库全书》第803册，台北：台湾商务印书馆，1986年
［隋］王通撰，张沛校注：《中说校注》，中华书局，2013年
［唐］崔希范撰，［宋］萧廷芝注：《解注崔公入药镜》，《道藏》第4册，文物出版社、上海书店、天津古籍出版社，1988年

［唐］崔希范撰，［元］王玠注：《崔公入药镜注解》，《道藏》第2册，文物出版社、上海书店、天津古籍出版社，1988年

［唐］房玄龄等撰：《晋书》，中华书局，1974年

［唐］韩愈撰，马其昶校注：《韩昌黎文集校注》，上海古籍出版社，1986年

［唐］李翱撰：《李文公集》，《四部丛刊初编》，商务印书馆，1922年

［唐］李鼎祚集解：《周易集解》，中华书局，2016年

［唐］陆淳撰：《春秋集传辨疑》，《景印文渊阁四库全书》第146册，台北：台湾商务印书馆，1986年

［唐］魏徵等撰：《群书治要》，中华书局，2014年

［唐］无能子撰，王明校注：《无能子校注》，中华书局，1981年

［五代］彭晓注：《周易参同契分章通真义》，《道藏》第20册，文物出版社、上海书店、天津古籍出版社，1988年

［宋］佚名：《大易象数钩深图》，《道藏》第3册，文物出版社、上海书店、天津古籍出版社，1988年

［宋］佚名：《新刊国朝二百家名贤文粹》，《续修四库全书》第1652册，上海古籍出版社，1995年

［宋］佚名：《周易图》，《道藏》第3册，文物出版社、上海书店、天津古籍出版社，1988年

［宋］蔡沈撰：《洪范皇极内篇》，《景印文渊阁四库全书》第805册，台北：台湾商务印书馆，1986年

［宋］晁公武撰，孙猛校证：《郡斋读书志校证》，上海古籍出版社，2011年

［宋］晁说之撰：《嵩山文集》，《四部丛刊续编》，商务印书馆，1934年

［宋］陈亮撰：《陈亮集》（增订本），中华书局，1987年

［宋］陈抟撰（旧题）：《麻衣道者正易心法》，《四库全书存目丛书》子部第56册，齐鲁书社，1995年

［宋］陈抟撰，［宋］邵雍述（旧题）：《河洛理数》，国家图书馆藏明崇祯五年（1732）英德堂刻本

［宋］陈抟撰，［宋］邵雍述（旧题）：《河洛真数》，《续修四库全书》第1061册，上海古籍出版社，1995年

［宋］陈振孙撰：《直斋书录解题》，上海古籍出版社，1987年

［宋］程大昌撰：《易原》，《景印文渊阁四库全书》第12册，台北：台湾商务印书馆，1986年

［宋］程颢、［宋］程颐撰：《二程集》，中华书局，1981年

［宋］范祖禹撰：《范太史集》，《景印文渊阁四库全书》第1100册，台北：台湾商

务印书馆，1986 年

［宋］龚原撰：《周易新讲义》，《续修四库全书》第 1 册，上海古籍出版社，1995 年

［宋］郭雍撰：《郭氏传家易说》，《景印摛藻堂四库全书荟要》第 7 册，台北：世界书局，1988 年

［宋］胡方平、［元］胡一桂撰：《易学启蒙通释·周易本义启蒙翼传》，中华书局，2019 年

［宋］胡宏撰：《皇王大纪》，《景印文渊阁四库全书》第 313 册，台北：台湾商务印书馆，1986 年

［宋］胡瑗撰，［宋］倪天隐述：《周易口义》，《儒藏·精华编》第 3 册，北京大学出版社，2009 年

［宋］黄震撰：《黄氏日钞》，《景印文渊阁四库全书》第 708 册，台北：台湾商务印书馆，1986 年

［宋］江休复撰：《嘉祐杂志》，《景印文渊阁四库全书》第 1036 册，台北：台湾商务印书馆，1986 年

［宋］黎靖德编：《朱子语类》，中华书局，1986 年

［宋］李觏撰：《李觏集》，中华书局，2011 年

［宋］李简撰：《学易记》，《景印摛藻堂四库全书荟要》第 10 册，台北：世界书局，1988 年

［宋］李焘撰：《续资治通鉴长编》，中华书局，2004 年

［宋］李心传撰：《建炎以来系年要录》，中华书局，1988 年

［宋］林栗撰：《周易经传集解》，《景印文渊阁四库全书》第 12 册，台北：台湾商务印书馆，1986 年

［宋］林至撰：《易裨传》，《景印摛藻堂四库全书荟要》第 7 册，台北：世界书局，1988 年

［宋］刘安节撰：《刘左史集》，《景印文渊阁四库全书》第 1124 册，台北：台湾商务印书馆，1986 年

［宋］刘安上撰：《给事集》，《景印文渊阁四库全书》第 1124 册，台北：台湾商务印书馆，1986 年

［宋］刘牧撰：《易数钩隐图》附《遗论九事》，《景印摛藻堂四库全书荟要》第 15 册，台北：世界书局，1988 年

［宋］楼钥撰：《攻媿先生文集》，《中华再造善本·唐宋编》，北京图书馆出版社，2005 年

［宋］陆九渊撰：《陆九渊集》，中华书局，1980 年

［宋］吕希哲撰：《吕氏杂记》，《景印文渊阁四库全书》第 863 册，台北：台湾商

务印书馆，1986年
［宋］吕祖谦编：《宋文鉴》，中华书局，1992年
［宋］罗泌撰：《路史》，《中华再造善本·唐宋编》，北京图书馆出版社，2003年
［宋］马廷鸾撰：《碧梧玩芳集》，《景印文渊阁四库全书》第1187册，台北：台湾商务印书馆，1986年
［宋］马永卿撰，崔文印校释：《懒真子录校释》，中华书局，2017年
［宋］穆修撰：《河南穆公集》，《四部丛刊初编》，商务印书馆，1922年
［宋］欧阳修撰：《欧阳修全集》，中华书局，2001年
［宋］欧阳修、［宋］宋祁撰：《新唐书》，中华书局，1975年
［宋］邵博撰：《邵氏闻见后录》，中华书局，1983年
［宋］邵伯温撰：《邵氏闻见录》，中华书局，1983年
［宋］邵伯温撰：《易学辨惑》，《景印文渊阁四库全书》第9册，台北：台湾商务印书馆，1986年
［宋］邵雍撰：《重刊邵尧夫击壤集·邵尧夫先生诗全集》，《中华再造善本·唐宋编》，国家图书馆出版社，2014年
［宋］邵雍撰：《皇极经世》，中国科学院图书馆藏明刻本
［宋］邵雍撰：《皇极经世观物内篇·渔樵问对·附集》，中国科学院图书馆藏明刻本
［宋］邵雍撰：《皇极经世》，《道藏》第23册，文物出版社、上海书店、天津古籍出版社，1988年
［宋］邵雍撰：《皇极经世》，《景印文渊阁四库全书》第803册，台北：台湾商务印书馆，1986年
［宋］邵雍撰：《皇极经世》，《文津阁四库全书》第805册，商务印书馆，2010年
［宋］邵雍撰：《皇极经世全书》，北京大学图书馆藏明万历刘尧诲刻本
［宋］邵雍：《邵雍集》，中华书局，2010年
［宋］邵雍撰：《邵雍全集》，上海古籍出版社，2015年
［宋］邵雍撰：《邵子观物篇渔樵问对》，《中华再造善本·唐宋编》，北京图书馆出版社，2005年
［宋］邵雍撰：《邵子全书》，徐必达刻，哈佛燕京图书馆藏明万历刻本
［宋］邵雍撰：《邵子全书》，徐必达刻，清华大学图书馆藏明万历刻本
［宋］邵雍撰：《邵子全书》，徐必达刻，中国科学院图书馆藏明万历刻本
［宋］邵雍撰：《伊川击壤集》，《四部丛刊初编》，商务印书馆，1922年
［宋］邵雍撰（旧题）：《康节先生前定男命易数》，京都大学图书馆藏日本延宝八年和抄本
［宋］邵雍撰（旧题）：《康节先生前定易数女命》，北京大学图书馆藏和刻本

［宋］邵雍撰（旧题）：《梅花易数》，国家图书馆藏清光绪五年（1879）书业堂刻本

［宋］邵雍（旧题）：《邵康节先生灵机歌》，北京大学图书馆藏清嘉庆八年（1803）钞本

［宋］邵雍（旧题）：《邵康节先生袖里珠玑》，哈佛燕京图书馆藏清光绪觉觉斋刻本

［宋］邵雍（旧题）：《邵子秘传易数》，北京大学图书馆藏清钞本

［宋］邵雍（旧题）：《邵子易数》，九州出版社，2013年

［宋］沈括撰，胡道静校证：《梦溪笔谈校证》，上海古籍出版社，1987年

［宋］司马光撰：《潜虚》，《四部丛刊三编》，商务印书馆，1936年

［宋］司马光撰：《温国文正司马公文集》，《四部丛刊初编》，商务印书馆，1922年

［宋］司马光撰：《资治通鉴》，中华书局，1976年

［宋］孙复撰：《春秋尊王发微》，《景印文渊阁四库全书》第147册，台北：台湾商务印书馆，1986年

［宋］田锡撰：《咸平集》，《宋集珍本丛刊》第1册，舒大刚主编，线装书局，2004年

［宋］王称撰：《东都事略》，《景印文渊阁四库全书》第382册，台北：台湾商务印书馆，1986年

［宋］王湜撰：《易学》，《通志堂经解》第1册，江苏广陵古籍刻印社，1996年

［宋］王尧臣等编：《崇文总目》，《景印文渊阁四库全书》第674册，台北：台湾商务印书馆，1986年

［宋］王应麟撰，翁元圻等注：《困学纪闻》，乐宝群等校点，上海古籍出版社，2008年

［宋］王应麟撰：《玉海》，江苏古籍出版社、上海书店，1987年

［宋］卫湜撰：《礼记集说》，《中华再造善本·唐宋编》，北京图书馆出版社，2003年

［宋］魏了翁撰：《重校鹤山先生大全文集》，《四部丛刊初编》，商务印书馆，1922年

［宋］项安世撰：《项氏家说》，《景印文渊阁四库全书》第706册，台湾商务印书馆，1986年

［宋］谢良佐撰：《上蔡语录》，《朱子全书外编》第3册，朱杰人、严佐之、刘永翔主编，华东师范大学出版社，2010年

［宋］熊节撰，［宋］熊刚大注：《性理群书句解》，《景印文渊阁四库全书》第709册，台北：台湾商务印书馆，1986年

［宋］薛季宣撰：《浪语集》，《景印文渊阁四库全书》第1159册，台北：台湾商务印书馆，1986年

［宋］杨甲编，［宋］毛邦翰补：《六经图》，《景印文渊阁四库全书》第183册，台

北：台湾商务印书馆，1986年

[宋]杨时撰：《龟山先生语录》，《四部丛刊续编》，商务印书馆，1934年

[宋]叶适撰：《叶适集》，中华书局，2010年

[宋]尹洙撰：《河南先生文集》，《四部丛刊初编》，商务印书馆，1922年

[宋]张邦基撰：《墨庄漫录》，中华书局，2002年

[宋]张浚撰：《紫岩易传》，《景印摛藻堂四库全书荟要》第3册，台北：世界书局，1988年

[宋]张耒撰：《续明道杂志》，《说郛三种》第5册，上海古籍出版社，2012年

[宋]张栻撰：《张栻集》，中华书局，2015年

[宋]张行成撰：《皇极经世观物外篇衍义》，北京大学图书馆藏明万历刘尧诲刻本

[宋]张行成撰：《皇极经世观物外篇衍义》，《景印文渊阁四库全书》第804册，台北：台湾商务印书馆，1986年

[宋]张行成撰：《皇极经世索隐》，《景印文渊阁四库全书》第804册，台北：台湾商务印书馆，1986年

[宋]张行成撰：《易通变》，《景印文渊阁四库全书》第804册，台北：台湾商务印书馆，1986年

[宋]张行成撰：《翼玄》，《续修四库全书》第1048册，上海古籍出版社，2002年

[宋]张载撰：《张载集》，中华书局，1978年

[宋]张载撰：《张子语录》，《四部丛刊续编》，商务印书馆，1934年

[宋]章如愚撰：《山堂考索》，中华书局，1992年

[宋]章渊撰：《稿简赘笔》，《说郛三种》第2册，上海古籍出版社，2012年

[宋]钟过撰：《新编分门皇极经世书类要·邵子附录》，《傅斯年图书馆藏未刊稿钞本·子部》第8册，邱仲麟主编，台北："中研院"历史语言研究所，2016年

[宋]周敦颐撰：《周敦颐集》，中华书局，2009年

[宋]朱弁撰：《曲洧旧闻》，中华书局，2002年

[宋]朱熹撰：《四书章句集注》，中华书局，1983年

[宋]朱熹撰：《宋刊周易本义》，福建省文史研究馆影印南宋咸淳元年吴革刻本，福建人民出版社，2013年

[宋]朱熹撰：《朱子全书》（修订本），朱杰人、严佐之、刘永翔主编，上海古籍出版社、安徽教育出版社，2010年

[宋]朱元升撰：《三易备遗》，《景印摛藻堂四库全书荟要》第9册，台北：世界书局，1988年

[宋]朱震撰：《汉上易传》，《通志堂经解》第1册，江苏广陵古籍刊印社，1996年

[宋]朱震撰：《汉上易传卦图》，《景印摛藻堂四库全书荟要》第3册，台北：世

［宋］祝泌撰：《观物篇解》,《景印文渊阁四库全书》第 805 册,台北：台湾商务印书馆,1986 年

［宋］左圭编：《百川学海》,《中华再造善本·唐宋编》,北京图书馆出版社,2004 年

［元］鲍云龙撰：《天原发微》,《道藏》第 27 册,文物出版社、上海书店、天津古籍出版社,1988 年

［元］察罕撰：《帝王纪年纂要》,《四库全书存目丛书》子部第 6 册,齐鲁书社,1995 年

［元］杜道坚撰：《玄经原旨发挥》,《道藏》第 12 册,文物出版社、上海书店、天津古籍出版社,1988 年

［元］郝经撰：《陵川集》,《景印摛藻堂四库全书荟要》第 399 册,台北：世界书局,1988 年

［元］梁寅撰：《策要》,阮元辑：《宛委别藏》第 72 册,江苏古籍出版社,1988 年

［元］刘因撰：《静修先生文集》,《四部丛刊初编》,商务印书馆,1922 年

［元］马端临撰：《文献通考》,中华书局,1986 年

［元］脱脱等撰：《宋史》,中华书局,1977 年

［元］吴澄撰：《吴文正集》,《景印文渊阁四库全书》第 1197 册,台北：台湾商务印书馆,1986 年

［元］俞琰撰：《易外别传》,《道藏》第 20 册,文物出版社、上海书店、天津古籍出版社,1988 年

［元］张理撰：《易象图说》,《道藏》第 3 册,文物出版社、上海书店、天津古籍出版社,1988 年

［明］《八闽通志》,哈佛燕京图书馆藏明弘治刻本

［明］程敏政编：《明文衡》,《四部丛刊初编》,商务印书馆,1922 年

［明］程敏政编：《新安文献志》,《景印文渊阁四库全书》第 1375 册,台北：台湾商务印书馆,1986 年

［明］郭子章撰：《六语》,《北京图书馆古籍珍本丛刊》第 65 册,书目文献出版社,1996 年

［明］韩雍撰：《襄毅文集》,《景印文渊阁四库全书》第 1245 册,商务印书馆,1986 年

［明］何楷撰：《古周易订诂》,《景印文渊阁四库全书》第 36 册,台北：台湾商务印书馆,1986 年

［明］胡广编：《性理大全》,国家图书馆藏明嘉靖刻本

［明］黄畿撰,［明］黄佐注：《皇极经世书传》,《四库全书存目丛书》子部第 57

册，齐鲁书社，1995 年

［明］黄宗羲撰：《明儒学案》，中华书局，2008 年

［明］黄宗羲撰：《易学象数论》，中华书局，2010 年

［明］黄宗羲原著，［清］全祖望补修：《宋元学案》，中华书局，1986 年

［明］季本撰：《说理会编》，《续修四库全书》第 939 册，上海古籍出版社，1995 年

［明］季本撰：《易学四同别录》，《续修四库全书》第 6 册，上海古籍出版社，1995 年

［明］郎瑛撰：《七修类稿》，中华书局，1959 年

［明］马峦、［清］顾栋高编：《司马光年谱》，中华书局，1990 年

［明］倪宗正撰：《倪小野先生全集》，《四库全书存目丛书》集部第 58 册，齐鲁书社，1997 年

［明］施耐庵、罗贯中撰：《水浒传》，人民文学出版社，1997 年

［明］唐顺之撰：《荆川稗编》，《景印文渊阁四库全书》第 954 册，台北：台湾商务印书馆，1986 年

［明］王夫之撰：《船山全书》，岳麓书社，1988 年

［明］王阳明撰：《王阳明全集》，吴光、钱明、董平、姚延福编校，上海古籍出版社，2011 年

［明］吴承恩撰：《西游记》，人民文学出版社，2010 年

［明］解缙辑：《永乐大典》，中华书局，1986 年

［明］熊过撰：《周易象旨决录》，《景印文渊阁四库全书》第 31 册，台北：台湾商务印书馆，1986 年

［明］杨慎撰：《升庵集》，《景印文渊阁四库全书》第 1720 册，台北：台湾商务印书馆，1986 年

［明］杨时乔撰：《周易古今文全书》，《四库全书存目丛书》经部第 9 册，齐鲁书社，1997 年

［明］章潢撰：《图书编》，《景印文渊阁四库全书》第 968 册，台北：台湾商务印书馆，1986 年

［清］陈梦雷编：《古今图书集成》，中华书局、巴蜀书社，1985 年

［清］戴震撰：《孟子字义疏证》，中华书局，1982 年

［清］龚崧林编：《洛阳县志》，哈佛燕京图书馆藏清乾隆刻本

［清］胡渭撰：《易图明辨》，中华书局，2008 年

［清］惠栋撰：《易汉学》，中华书局，2007 年

［清］惠栋撰：《周易述》，中华书局，2007 年

［清］李光地撰：《榕村语录·榕村续语录》，中华书局，1995 年

[清]李颙撰:《二曲集》,中华书局,1996年

[清]刘斯组辑:《皇极经世绪言》,《四部备要》,中华书局,1936年

[清]毛奇龄撰:《毛奇龄易著四种》,中华书局,2010年

[清]皮锡瑞撰:《经学历史》,周予同注释,中华书局,1959年

[清]浦起龙撰:《史通通释》,上海古籍出版社,2009年

[清]钱大昕撰:《疑年录》,《续修四库全书》第517册,上海古籍出版社,1995年

[清]汪师韩撰:《韩门缀学》,《续修四库全书》第1147册,上海古籍出版社,1995年

[清]王植撰:《皇极经世书解》,《景印文渊阁四库全书》第805册,台北:台湾商务印书馆,1986年

[清]王梓材、[清]冯云濠编:《宋元学案补遗》,中华书局,2012年

[清]武攀龙编:《洛阳县志》,中州古籍出版社,影印清康熙刻本,2014年

[清]徐松辑:《宋会要辑稿》,中华书局,1957年

[清]徐文靖撰:《皇极经世考》,《四库全书存目丛书》子部第57册,齐鲁书社,1995年

[清]严可均校辑:《全上古秦汉三国六朝文》,中华书局,1958年

[清]永瑢等撰:《四库全书总目》,中华书局,1965年

[清]赵在翰辑:《七纬(附论语谶)》,中华书局,2012年

[清]周中孚撰:《郑堂读书记》,《续修四库全书》第924册,上海古籍出版社,1995年

[清]朱彝尊撰,林庆彰等主编:《经义考新校》,上海古籍出版社,2010年

《常熟翁氏世藏古籍善本丛书》,文物出版社,1996年

北京大学古文献研究所编:《全宋诗》,北京大学出版社,2008年

丁传靖辑:《宋人轶事汇编》,中华书局,1981年

徐珂编:《清稗类钞》,中华书局,2010年

徐元诰:《国语集解》,中华书局,2002年

王明编:《太平经合校》,中华书局,2014年

杨伯峻编著:《春秋左传注》(修订本),中华书局,1990年

曾枣庄、刘琳主编:《全宋文》,上海辞书出版社、安徽教育出版社,2006年

二 专著

包弼德(Peter K. Bol):《斯文:唐宋思想的转型》,刘宁译,江苏人民出版社,2017年

蔡德安:《康节先天易学平议》,台北:龙泉出版社,1973年
陈国符:《道藏源流考》,中华书局,1963年
陈来:《古代宗教与伦理:儒家思想的根源》,生活·读书·新知三联书店,1996年
陈来:《仁学本体论》,生活·读书·新知三联书店,2014年
陈来:《宋明理学》(第二版),华东师范大学出版社,2004年
陈来:《有无之境:王阳明哲学的精神》,生活·读书·新知三联书店,2009年
陈来:《中国近世思想史研究》(增订版),生活·读书·新知三联书店,2010年
陈来:《朱子哲学研究》,生活·读书·新知三联书店,2010年
陈美东:《中国古代天文学思想》,中国科学技术出版社,2007年
陈荣捷:《朱子新探索》,华东师范大学出版社,2007年
陈睿宏:《宋代图书易学之重要辑著:〈大易象数钩深图〉与〈周易图〉一系图说析论》,台北:政大出版社,2016年
陈苏镇:《〈春秋〉与"汉道":两汉政治与政治文化研究》,中华书局,2011年
陈垣:《中西回史日历》,中华书局,1962年
陈植锷:《北宋文化史述论》,中国社会科学出版社,1992年
陈钟凡:《两宋思想述评》,东方出版社,1996年
邓广铭:《邓广铭治史丛稿》,北京大学出版社,1997年
邓小南:《祖宗之法:北宋前期政治述略》,生活·读书·新知三联书店,2006年
丁治民:《邵雍"击壤三千首"考》,浙江大学出版社,2009年
方东美:《新儒家哲学十八讲》,台北:黎明文化事业股份有限公司,1989年
冯友兰:《三松堂全集》,河南人民出版社,2001年
副岛一郎:《气与士风:唐宋古文的进程与背景》,王宜瑗译,上海古籍出版社,2005年
高怀民:《宋元明易学史》,广西师范大学出版社,2007年
高怀民:《邵子先天易哲学》,作者自印,1997年
郭彧:《易图讲座》,华夏出版社,2007年
侯外庐、邱汉生、张岂之:《宋明理学史》,人民出版社,1984年
荒木见悟:《佛教与儒教》(第二版),廖肇亨译,台北:联经出版事业股份有限公司,2017年
黄庆萱:《魏晋南北朝易学书考佚》,台北:幼狮文化事业公司,1975年
劳思光:《新编中国哲学史》,广西师范大学出版社,2005年
李承贵:《儒士视域中的佛教:宋代儒士佛教观研究》,宗教文化出版社,2007年
李零:《中国方术考》,东方出版社,2001年
李尚信:《卦序与解卦理路》,巴蜀书社,2008年

李申:《易图考》,北京大学出版社,2001年
李申、郭彧编:《周易图说总汇》,华东师范大学出版社,2004年
李新魁:《汉语等韵学》,中华书局,1983年
李新魁:《李新魁语言学论集》,中华书局,1994年
李裕民:《宋人生卒行年考》,中华书局,2010年
林国平:《签占与中国社会文化》,人民出版社,2014年
林忠军:《象数易学发展史》第1卷,齐鲁社,1994年
林忠军:《象数易学发展史》第2卷,齐鲁社,1998年
刘复生:《北宋中期儒学复兴运动》,台北:文津出版社,1991年
刘家和:《史学、经学与思想:在世界史背景下对于中国古代历史文化的思考》,北京师范大学出版社,2013年
刘师培:《刘申叔遗书》,江苏古籍出版社,1997年
刘咸炘:《推十书》,上海科学技术文献出版社,2009年
刘祥光:《宋代日常生活中的卜算与鬼怪》,台北:政大出版社,2013年
刘玉建:《两汉象数易学研究》,广西教育出版社,1996年
柳立言主编:《传统中国法律的理念与实践》,台北:"中研院"历史语言研究所,2008年
吕思勉:《理学纲要》,商务印书馆,1931年
吕思勉:《吕思勉读史札记》(增订本),上海古籍出版社,2005年
吕思勉、童书业编著:《古史辨》,上海古籍出版社,1982年
陆志韦:《陆志韦近代汉语音韵论集》,商务印书馆,1988年
罗根泽:《诸子考索》,人民出版社,1958年
蒙培元:《理学范畴系统》,人民出版社,1989年
蒙文通:《蒙文通文集》,巴蜀书社,1987年
牟宗三:《生命的学问》,广西师范大学出版社,2005年
牟宗三:《心体与性体》,上海古籍出版社,1999年
牟宗三:《政道与治道》,吉林出版集团有限责任公司,2010年
牟宗三:《中国哲学十九讲》,上海古籍出版社,2005年
内藤湖南:《中国史通论:内藤湖南博士中国史学著作选译》,夏应元等译,社会科学文献出版社,2004年
潘雨廷:《读易提要》,上海古籍出版社,2003年
潘雨廷:《易学史丛论》,上海古籍出版社,2007年
潘雨廷:《易学史发微》,复旦大学出版社,2001年
庞纬(Werner Banck):《中国灵签研究》,古亭书局,1976年

彭国翔：《良知学的展开：王龙溪与中晚明的阳明学》（增订版），生活·读书·新知三联书店，2015年

钱穆：《宋明理学概述》，九州出版社，2011年

钱穆：《中国学术思想史论丛》，生活·读书·新知三联书店，2009年

钦伟刚：《朱熹与〈参同契〉文本》，巴蜀书社，2004年

饶宗颐：《澄心论萃》，上海文艺出版社，1996年

饶宗颐：《饶宗颐史学论著选》，上海古籍出版社，1993年

饶宗颐：《中国史学上之正统论》，上海远东出版社，1996年

任继愈主编、钟肇鹏副主编：《道藏提要》第三次修订版，中国社会科学出版社，1991年

任继愈主编：《中国道教史》，上海人民出版社，1990年

尚秉和：《焦氏易诂》，《尚氏易学存稿校理》第1卷，中国大百科全书出版社，2005年

尚秉和：《周易尚氏学》，《尚氏易学存稿校理》第3卷，中国大百科全书出版社，2005年

宋锡同：《邵雍易学与新儒学思想研究》，华东师范大学出版社，2011年

汤用彤：《汤用彤全集》，河北人民出版社，1999年

唐纪宇：《程颐〈周易程氏传〉研究》，人民出版社，2016年

唐君毅：《唐君毅全集》，九州出版社，2016年

唐琳：《朱震的易学视域》，中国书店，2007年

唐明邦：《邵雍评传》（附《陈抟评传》），南京大学出版社，1998年

田浩：《宋代思想史论》，杨立华、吴艳红等译，社会科学文献出版社，2003年

土田健次郎：《道学之形成》，朱刚译，上海古籍出版社，2010年

瓦格纳（Rudolf G. Wagner）：《王弼〈老子注〉研究》，杨立华译，江苏人民出版社，2008年

汪晖：《现代中国思想的兴起》，生活·读书·新知三联书店，2008年

王博：《易传通论》，中国书店，2003年

王风：《朱熹易学散论》，商务印书馆，2017年

王铁：《宋代易学》，上海古籍出版社，2005年

吴国武：《经术与性理：北宋儒学转型考论》，学苑出版社，2009年

吴康：《邵子易学》，台北：台湾商务印书馆，1959年

吴廷燮：《北宋经抚年表·南宋制抚年表》，中华书局，1984年

吴震、吾妻重二主编：《思想与文献：日本学者宋明儒学研究》，华东师范大学出版社，2010年

向世陵:《理学与易学》,长春出版社,2011年
萧公权:《中国政治思想史》,辽宁教育出版社,1998年
萧汉明、郭东升:《〈周易参同契〉研究》,上海文化出版社,2001年
小野泽精一、福永光司、山井涌编著:《气的思想:中国自然观与人的观念之发展》,李庆译,上海人民出版社,1990年
邢义田:《天下一家:皇帝、官僚与社会》,中华书局,2011年
熊琬:《宋代理学与佛教之探讨》,台北:文津出版社,1985年
徐复观:《中国人性论史·先秦篇》,上海三联书店,2001年
徐洪兴:《中国古代签占》,九州出版社,2008年
徐芹庭:《易图源流:中国易经图书学史》,中国书店,2008年
严复:《严复集》,王栻主编,中华书局,1986年
阎步克:《士大夫政治演生史稿》,北京大学出版社,2015年
杨立华:《气本与神化:张载哲学述论》,北京大学出版社,2008年
杨立华:《宋明理学十五讲》,北京大学出版社,2015年
杨庆堃:《中国社会中的宗教》,范丽珠等译,上海人民出版社,2007年
杨晓山:《私人领域的变形:唐宋诗歌中的园林与玩好》,文韬译,江苏人民出版社,2009年
杨柱才:《道学宗主:周敦颐哲学思想研究》,人民出版社,2004年
余嘉锡:《古书通例》,上海古籍出版社,1985年
余嘉锡:《四库提要辨证》,中华书局,2007年
余敦康:《汉宋易学解读》,华夏出版社,2006年
余敦康:《魏晋玄学史》(第二版),北京大学出版社,2016年
余英时:《朱熹的历史世界:宋代士大夫政治文化的研究》,生活·读书·新知三联书店,2011年
宇野哲人:《中国近世儒学史》,马福辰译,台北:中国文化大学出版部,1982年
张岱年:《张岱年全集》,河北人民出版社,1996年
张克宾:《朱熹易学思想研究》,人民出版社,2015年
张培瑜、陈美东、薄树人、胡铁珠:《中国古代历法》,中国科学技术出版社,2008年
张新智:《邵康节先天易学之历史哲学研究》,台北:花木兰文化出版社,2011年
张学智:《明代哲学史》,北京大学出版社,2000年
张学智:《心学论集》,中国社会科学出版社,2006年
章太炎:《章太炎全集》,上海人民出版社,2014年
章伟文:《易学历史哲学研究》,中国社会科学出版社,2012年

赵金刚:《朱熹的历史观:天理视域下的历史世界》,生活·读书·新知三联书店,2018年
赵汀阳:《历史·山水·渔樵》,生活·读书·新知三联书店,2019年
赵中国:《宋元明清易学史视野下的先天学研究》,中国社会科学出版社,2021年
郑定国:《邵雍及其诗学研究》,台北:文史哲出版社,2000年
郑开:《道家形而上学研究》(增订版),中国人民大学出版社,2018年
郑万耕:《扬雄及其太玄》,北京师范大学出版社,2009年
中国科学院图书馆整理:《续修四库全书总目提要·经部》,中华书局,1993年
中国科学院自然科学史研究所编:《钱宝琮科学史论文选集》,科学出版社,1983年
钟肇鹏:《谶纬论略》,辽宁教育出版社,1991年
周晋:《二程与佛教》,北京大学出版社,1999年
周祖谟:《问学集》,中华书局,1966年
朱伯崑:《易学哲学史》,华夏出版社,1995年
朱维铮主编:《周予同经学史论著选集》(增订版),上海人民出版社,1996年
祝尚书:《宋人别集叙录》,中华书局,1999年

三 论文

(一)期刊论文

曹胜高:《"霸王道"的学理形成与学说调适》,《中原文化研究》,2014年第5期
曹胜高:《帝道的学理建构与学说形成》,《哲学动态》,2015年第9期
陈仕华:《〈伊川击壤集〉板本考》,《"中央"图书馆馆刊》,1992年第1期
程刚:《"观物之乐"与"天地境界":邵雍三"乐"与冯友兰四"境界"之比较》,《中国文化研究》,2008年第2期
丁为祥:《命与天命:儒家天人关系的双重视角》,《中国哲学史》,2007年第4期
丁延峰:《星子县出图宋椠〈击壤集〉〈诗全集〉新考》,《古典文献研究》第20辑下卷,程章灿主编,凤凰出版社,2017年
杜宝瑞:《邵雍儒学建构之义理探究》,《华梵人文学报》,2004年第3期
方克立:《论中国哲学中的体用范畴》,《中国社会科学》,1984年第5期
方旭东:《〈近思录〉新论》,《哲学研究》,2008年第3期
方旭东:《邵雍"观物"说的定位:由朱子的批评而思》,《湖南大学学报》,2012年第6期
郭彧:《卦变说探微》,《周易研究》,1998年第1期

郭彧：《〈皇极经世〉与〈夏商周年表〉》，《国际易学研究》第 7 辑，朱伯崑主编，华夏出版社，2003 年

郭彧：《〈易学启蒙·原卦画〉与〈观物外篇〉》，《中国哲学史》，1996 年第 1—2 期

郭彧：《邵雍先天图卦序来自李挺之卦变说》，《周易研究》，1996 年第 3 期

胡迎建：《宋墓出土的两部邵尧夫诗集》，《文献》，1988 年第 4 期

江湄：《北宋诸家〈春秋〉学的王道论述及其论辩关系》，《哲学研究》，2007 年第 7 期

金生杨：《邵雍学术渊源略论》，《中华文化论坛》，2007 年第 1 期

金生杨：《宋代巴蜀对邵雍学术传播的贡献》，《周易研究》，2007 年第 1 期

金生杨：《〈太玄〉研究史浅论》，《西华大学学报》（哲学社会科学版），2008 年第 1 期

景海峰：《中国哲学体用论的源与流》，《深圳大学学报》（人文社会科学版），1991 年第 1 期

李存山：《从"两仪"释"太极"》，《周易研究》，1994 年第 2 期

李俊清：《关于司马光〈历年图〉的几个问题》，《山西大学学报》（哲学社会科学版），1988 年第 1 期

李晓春：《王弼"体用论"述真》，《兰州大学学报》（社会科学版），2010 年第 4 期

李震：《宋代易学中的数字五：以朱震为中心》，《周易研究》，2016 年第 1 期

李致忠：《九江星子出土邵雍〈击壤集〉〈诗全集〉略考》，《文献》，2013 年第 6 期

廖璨璨：《体用互余：论方以智易学哲学的"四分用三"说》，《周易研究》，2018 年第 4 期

林采佑：《略谈王弼体用范畴之原义："有体无用"之"用体论"》，《哲学研究》，1996 年第 11 期

林忠军：《毕达哥拉斯学派的数与〈易传〉的数之比较》，《大易集成》，刘大钧主编，文化艺术出版社，1991 年

刘成国：《宋代尊扬思潮的兴起与衰歇》，《史学月刊》，2018 年第 6 期

刘复生：《邵雍思想与老庄哲学》，《中国道教》，1987 年第 4 期

刘缙：《"北宋先天易学师承谱系"献疑》，《周易研究》，2019 年第 2 期

刘连香：《北宋邵雍书篆祖士衡墓志考》，《四川文物》，2008 年第 1 期

刘宁：《论中唐春秋学的义例思想》，《中国哲学史》，2011 年第 3 期

刘浦江：《"五德终始"说之终结：兼论宋代以降传统政治文化的嬗变》，《中国社会科学》，2006 年第 2 期

刘越峰：《邵雍〈春秋〉学论略》，《船山学刊》，2010 年第 1 期

平田昌司：《〈皇极经世声音唱和图〉与〈切韵指掌图〉：试论语言神秘思想对宋代

等韵学的影响》,《东方学报》第 56 册,1984 年 3 月

强昱:《崔希范〈入药镜〉的内丹学》,《北京师范大学学报》(社会科学版),2007 年第 1 期

饶龙隼:《击壤歌小考》,《古典文学知识》,2001 年第 2 期

任蜜林:《"河图""洛书"新探》,《西北师范大学学报》(社会科学版),2013 年第 4 期

容肇祖:《占卜的源流》,《国立中央研究院历史语言研究所集刊》第一本第一分,1928 年

沈顺福:《体用论与传统儒家形而上学》,《哲学研究》,2016 年第 7 期

王光辉:《论〈公羊〉学中的"功过相除计"》,《同济大学学报》(社会科学版),2016 年第 1 期

王竞芬:《天人统一于一心:论邵雍儒道兼综的境界哲学》,《孔子研究》,2000 年第 6 期

王瑞来:《〈稽古录〉发微》,《史学史研究》,2017 年第 3 期

王新春:《也论虞氏易学的卦变说》,《象数易学研究》第 3 辑,刘大钧主编,巴蜀书社,2003 年

吴圣林:《江西星子县宋墓出土宋版古籍》,《考古》,1989 年第 5 期

萧汉明:《道家功夫,仙人气象——读邵雍〈击壤集〉》,《道家文化研究》第 26 辑,陈鼓应主编,生活·读书·新知三联书店,2012 年

谢扶雅:《邵雍先天学新释》,《岭南学报》第 2 卷第 3 期,1932 年

熊学明:《宋刻〈邵尧夫先生诗全集〉考述》,《赣图通讯》,1987 年第 2 期

徐百兴:《试论〈易经〉先天序的数学描述》,《周易研究》,1996 年第 1 期

杨立华:《方法的幻相》,《中国哲学史》,2000 年第 3 期

杨兆贵:《先秦"五至"论与帝道、王道、霸道说》,《古代文明》,2009 年第 3 期

叶树勋:《"帝道"理念的兴起及其思想特征》,《中国哲学史》,2017 年第 1 期

虞万里:《正统道藏编纂刊刻年代新考》,《文史》,2006 年第 4 辑

翟奎凤:《易学史上的三易说》,《中国典籍与文化》,2009 年第 2 期

张西平:《莱布尼茨和白晋关于二进制与〈易经〉的讨论》,《中国哲学史》,2020 年第 6 期

张显运:《邵雍研究:二十年学术史的回顾与展望》,《孔子研究》,2012 年第 3 期

张学谦:《关于今传〈周易乾凿度〉文本构成的再考察》,《中国哲学史》,2020 年第 4 期

张学智:《宋明理学中的"终极关怀"问题》,《中国社会科学》,2016 年第 9 期

张学智:《中国哲学中身心关系的几种形态》,《北京大学学报》(哲学社会科学

版),2005年第3期

张钰翰:《北宋扬雄〈法言〉〈太玄〉疏解著述考》,《理论界》,2013年第7期

赵振华、商春芳:《洛阳邵雍遗迹研究》,《湖南科技学院学报》,2007年第10期

郑开:《道家心性论研究》,《哲学研究》,2003年第8期

郑开:《黄老的帝道:王霸之外的新思维》,《道家文化研究》第30辑,陈鼓应主编,中华书局,2017年

郑万耕:《关于〈梅花易数〉的几个问题》,《国际易学研究》第3辑,朱伯崑主编,华夏出版社,1997年

钟肇鹏:《论精气神》,《道家文化研究》第9辑,陈鼓应主编,上海古籍出版社,1996年

钟肇鹏:《说〈击壤歌〉》,《文史杂志》,1986年第2期

(二)学位论文

陈睿超:《北宋道学的易学哲学基础》,北京大学博士论文,2016年

陈旭东:《唐代易学著述考论》,福建师范大学博士论文,2012年

彭涵梅:《邵雍元会运世说的时间观》,台湾大学博士论文,2004年

王诚:《先天后天:邵雍哲学思想研究》,北京大学博士论文,2009年

杨逸:《邵雍〈春秋〉学思想研究》,浙江大学硕士论文,2013年

张跃明:《邵雍〈伊川击壤集〉版本考》,北京大学硕士论文,1991年

外 文

一 专著

Arrault, Alain. *Shao Yong (1012–1077): poète et cosmologue*, Paris: Collège de France, 2002

Birdwhistell, Anne D. *Transition to Neo-Confucianism: Shao Yung on Knowledge and Symbols of Reality*, Stanford: Stanford University Press, 1989

Ji, Xiaobin. *Politics and Conservatism in Northern Song China: the Career and Thoughts of Sima Guang (A.D. 1019–1086)*, Hong Kong: The Chinese University of Hong Kong Press, 2005

Lundbæk, Knud, trans. *Dialogue Between a Fisherman and a Woodcutter*, Hamburg: C. Bell Verlag, 1986

Redfield, Robert. *Peasant Society and Culture*, Chicago: University of Chicago Press, 1956

Schipper, Kristofer, and Franciscus Verellen, eds. *The Taoist Canon: A Historical Companion to the Daozang*, Chicago & London: University of Chicago Press, 2005

Smith, Kidder; Bol, Peter K.; Adler, Joseph A.; Wyatt, Don J., ed. *Sung Dynasty Uses of the I Ching*, Princeton: Princeton University Press, 1990

Smith, Richard J. *Fortune-tellers and Philosophers: Divination in Traditional Chinese Society*, Boulder: Westview Press, 1991

Stace, Walter Terence. *Mysticism and Philosophy*, Philadelphia: Lippincott, 1960

Wyatt, Don J. *The Recluse of Loyang: Shao Yung and the Moral Evolution of Early Sung Thought*, Honolulu: University of Hawai'i Press, 1996

大岩本幸次：《〈皇极经世解起数诀〉声音韵谱校异记》，京都：临川书店，2011年

川原秀城：《数と易の中国思想史：術数学とは何か》，东京：勉诚出版，2018年

今井宇三郎：《宋代易学の研究》，东京：明治图书出版株式会社，1958年

楠本正继：《宋明时代儒学思想の研究》，千叶：広池学园出版部，1962年

二 论文

Arrualt, Alain. "The Recluse of Loyang: Shao Yong and the Moral Evolution of Early Sung Thought" (book review), *T'oung Pao*, Vol.86, No.1 (2000):165-176

Berkowitz, Alan. "On Shao Yong's Dates", *Chinese Literature, Essays, Articles, Reviews*, Vol.5, No.1 (1983):91

Bol, Peter K. "On Shao Yong's Method for Observing Things", *Monumenta Serica*, Vol.61 (2013):287-299

Ding, Zijiang, "The Numerical Mysticism of Shao Yong and Pythagoras", *Journal of Chinese Philosophy*, Vol.32, No.4 (2005):615-632

Freeman, Michael D. "From Adept to Worthy: The Philosophical Career of Shao Yong", *Journal of the American Oriental Society*, Vol.102, No.3 (1982):477-491

Ryan, James A. "The Compatibilist Philosophy of Freedom of Shao Yong", *Journal of Chinese Philosophy*, Vol.20, No.3 (1983):279-291

Ryan, James A. "Leibniz' Binary System and Shao Yong's *Yijing*", *Philosophy East and West*, Vol.46, No.1(1996):59-90

出版后记

当前,在海内外华人学者当中,一个呼声正在兴起——它在诉说中华文明的光辉历程,它在争辩中国学术文化的独立地位,它在呼喊中国优秀知识传统的复兴与鼎盛,它在日益清晰而明确地向人类表明:我们不但要自立于世界民族之林,把中国建设成为经济大国和科技大国,我们还要群策群力,力争使中国在 21 世纪变成真正的文明大国、思想大国和学术大国。

在这种令人鼓舞的气氛中,三联书店荣幸地得到海内外关心中国学术文化的朋友的帮助,编辑出版这套《三联·哈佛燕京学术丛书》,以为华人学者上述强劲吁求的一种记录、一个回应。

北京大学和中国社会科学院的一些著名专家、教授应本店之邀,组成学术委员会。学术委员会完全独立地运作,负责审定书稿,并指导本店编辑部进行必要的工作。每一本专著书尾,均刊印推荐此书的专家评语。此种学术质量责任制度,将尽可能保证本丛书的学术品格。对于以季羡林教授为首的本丛书学术委员会的辛勤工作和高度责任心,我们深为钦佩并表谢意。

推动中国学术进步,促进国内学术自由,鼓励学界进取探索,是为三联书店之一贯宗旨。希望在中国日益开放、进步、繁盛的氛围中,在海内外学术机构、热心人士、学界先进的支持帮助下,更多地出版学术和文化精品!

生活·读书·新知三联书店
一九九七年五月

三联·哈佛燕京学术丛书
[一至十九辑书目]

第一辑

中国小说源流论 / 石昌渝著

工业组织与经济增长的
理论研究 / 杨宏儒著

罗素与中国 / 冯崇义著
——西方思想在中国的一次经历

《因明正理门论》研究 / 巫寿康著

论可能生活 / 赵汀阳著

法律的文化解释 / 梁治平编

台湾的忧郁 / 黎湘萍著

再登巴比伦塔 / 董小英著
——巴赫金与对话理论

第二辑

现象学及其效应 / 倪梁康著
——胡塞尔与当代德国哲学

海德格尔哲学概论 / 陈嘉映著

清末新知识界的社团与活动 / 桑兵著

天朝的崩溃 / 茅海建著
——鸦片战争再研究

境生象外 / 韩林德著
——华夏审美与艺术特征考察

代价论 / 郑也夫著
——一个社会学的新视角

走出男权传统的樊篱 / 刘慧英著
——文学中男权意识的批判

金元全真道内丹心性学 / 张广保著

第三辑

古代宗教与伦理 / 陈　来著
——儒家思想的根源

世袭社会及其解体 / 何怀宏著
——中国历史上的春秋时代

语言与哲学 / 徐友渔　周国平
　　　　　　陈嘉映　尚　杰　著
——当代英美与德法传统比较研究

爱默生和中国 / 钱满素著
——对个人主义的反思

门阀士族与永明文学 / 刘跃进著

明清徽商与淮扬社会变迁 / 王振忠著

海德格尔思想与中国天道 / 张祥龙著
——终极视域的开启与交融

第四辑

人文困惑与反思 / 盛　宁著
——西方后现代主义思潮批判

社会人类学与中国研究 / 王铭铭著

儒学地域化的近代形态 / 杨念群著
——三大知识群体互动的比较研究

中国史前考古学史研究 / 陈星灿著
(1895—1949)

心学之思 / 杨国荣著
——王阳明哲学的阐释

绵延之维 / 丁　宁著
——走向艺术史哲学

历史哲学的重建 / 张西平著
——卢卡奇与当代西方社会思潮

第五辑

京剧·跷和中国的性别关系 / 黄育馥著
(1902—1937)

奎因哲学研究 / 陈　波著
——从逻辑和语言的观点看

选举社会及其终结 / 何怀宏著
——秦汉至晚清历史的一种社会学阐释

稷下学研究 / 白　奚著
——中国古代的思想自由与百家争鸣

传统与变迁 / 周晓虹著
——江浙农民的社会心理及其近代以来的
　　嬗变

神秘主义诗学 / 毛　峰著

第六辑

人类的四分之一：马尔萨斯的神话
与中国的现实 / 李中清　王　丰著
(1700—2000)

古道西风 / 林梅村著
——考古新发现所见中西文化交流

汉帝国的建立与刘邦集团 / 李开元著
——军功受益阶层研究

走进分析哲学 / 王　路著

选择·接受与疏离 / 王攸欣著
——王国维接受叔本华 朱光潜接受克罗齐 美学比较研究

为了忘却的集体记忆 / 许子东著
——解读50篇"文革"小说

中国文论与西方诗学 / 余　虹著

第七辑

正义的两面 / 慈继伟著

无调式的辩证想象 / 张一兵著
——阿多诺《否定的辩证法》的文本学
　　解读

20世纪上半期中国文学的
现代意识 / 张新颖著

中古中国与外来文明 / 荣新江著

中国清真女寺史 / 水镜君　玛利亚·雅绍克著

法国戏剧百年 / 宫宝荣著
(1880—1980)

大河移民上访的故事 / 应　星著

第八辑

多视角看江南经济史 / 李伯重著
(1250—1850)

推敲"自我"：小说在18世纪的
英国 / 黄梅著

小说香港 / 赵稀方著

政治儒学 / 蒋　庆著
——当代儒学的转向、特质与发展

在上帝与恺撒之间 / 丛日云著
——基督教二元政治观与近代自由主义

从自由主义到后自由主义 / 应奇著

第九辑

君子儒与诗教 / 俞志慧著
——先秦儒家文学思想考论

良知学的展开 / 彭国翔著
——王龙溪与中晚明的阳明学

国家与学术的地方互动 / 王东杰著
——四川大学国立化进程（1925—1939）

都市里的村庄 / 蓝宇蕴著
——一个"新村社共同体"的实地研究

"诺斯"与拯救 / 张新樟著
——古代诺斯替主义的神话、哲学与精神修炼

第十辑

祖宗之法 / 邓小南著
——北宋前期政治述略

草原与田园 / 韩茂莉著
——辽金时期西辽河流域农牧业与环境

社会变革与婚姻家庭变动 / 王跃生著
——20世纪30—90年代的冀南农村

禅史钩沉 / 龚隽著
——以问题为中心的思想史论述

"国民作家"的立场 / 董炳月著
——中日现代文学关系研究

中产阶级的孩子们 / 程巍著
——60年代与文化领导权

心智、知识与道德 / 马永翔著
——哈耶克的道德哲学及其基础研究

第十一辑

批判与实践 / 童世骏著
——论哈贝马斯的批判理论

语言・身体・他者 / 杨大春著
——当代法国哲学的三大主题

日本后现代与知识左翼 / 赵京华著

中庸的思想 / 陈赟著

绝域与绝学 / 郭丽萍著
——清代中叶西北史地学研究

第十二辑

现代政治的正当性基础 / 周濂著

罗念庵的生命历程与
思想世界 / 张卫红著

郊庙之外 / 雷闻著
——隋唐国家祭祀与宗教

德礼之间 / 郑开著
——前诸子时期的思想史

从"人文主义"到
"保守主义" / 张源著
——《学衡》中的白璧德

传统社会末期华北的
生态与社会 / 王建革著

第十三辑

自由人的平等政治 / 周保松著

救赎与自救 / 杨天宏著
——中华基督教会边疆服务研究

中国晚明与欧洲文学 / 李奭学著
——明末耶稣会古典型证道故事考诠

茶叶与鸦片：19世纪经济全球化
中的中国 / 仲伟民著

现代国家与民族建构 / 昝涛著
——20世纪前期土耳其民族主义研究

第十四辑

自由与教育 / 渠敬东　王　楠著
——洛克与卢梭的教育哲学

列维纳斯与"书"的问题 / 刘文瑾著
——他人的面容与"歌中之歌"

治政与事君 / 解　扬著
——吕坤《实政录》及其经世思想研究

清代世家与文学传承 / 徐雁平著

隐秘的颠覆 / 唐文明著
——牟宗三、康德与原始儒家

第十五辑

中国"诗史"传统 / 张　晖著

民国北京城：历史与怀日 / 董　玥著

柏拉图的本原学说 / 先　刚著
——基于未成文学说和对话录的研究

心理学与社会学之间的诠释学进路 / 徐　冰著

公私辨：历史衍化与现代诠释 / 陈乔见著

秦汉国家祭祀史稿 / 田　天著

第十六辑

辩护的政治 / 陈肖生著
——罗尔斯的公共辩护思想研究

慎独与诚意 / 高海波著
——刘蕺山哲学思想研究

汉藏之间的康定土司 / 郑少雄著
——清末民初末代明正土司人生史

中国近代外交官群体的形成（1861—1911）/ 李文杰著

中国国家治理的制度逻辑 / 周雪光著
——一个组织学研究

第十七辑

新儒学义理要诠 / 方旭东著

南望：辽前期政治史 / 林　鹄著

追寻新共和 / 高　波著
——张东荪早期思想与活动研究
（1886—1932）

迈克尔·赫茨菲尔德：学术传记 / 刘　珩著

第十八辑

"山中"的六朝史 / 魏　斌著

长安未远：唐代京畿的乡村社会 / 徐　畅著

从灵魂到心理：关于经典精神分析的社会学研究 / 孙飞宇著

此疆尔界："门罗主义"与近代空间政治 / 章永乐著

第十九辑

何处是"中州"？ / 江　湄著
——十到十三世纪的历史与观念变局

波斯与东方：阿契美尼德帝国时期的中亚 / 吴　欣著

观物：邵雍哲学研究 / 李　震著

魔化与除魔：皮柯的魔法思想与现代世界的诞生 / 吴功青著

通向现代财政国家的路径：英国、日本与中国 / 和文凯著

汉字革命：中国语文现代性的起源（1916—1958）/ 钟雨柔著